中国公益研究院
China Philanthropy Research Institute

现代慈善与法治社会

2014年度中国公益事业发展报告

PHILANTHROPY AND LAW-BASED SOCIETY

Annual Report on the Charity
Sector in China (2014)

主　编／王振耀

社会科学文献出版社
SOCIAL SCIENCES ACADEMIC PRESS (CHINA)

编委会

序言
开启中国法治慈善序幕

历史的发展往往具有跳跃性！前几年，我们很难想象：2014年竟是中国慈善立法的关键年份！

2013年10月，人们期盼已久的国家慈善法的起草工作，正式由全国人大内务司法委员会启动。我还记得，当时刚得知这一消息，我就召集中国公益研究院的同事开会。我们判断，这个消息标志着慈善立法体制的重大变革。因为，由全国人大主导立法，避免了各个行政部门的矛盾，同时又鼓励政府部门和社会的多方参与。大家在较为开放的环境中积极对话和充分讨论，表达不同意见，实际上在立法治理体系建设方面探索出了一条良性发展的路径。如果不同意见缺乏合适的体制性表达机会，就可能会出现极端现象。通过在立法过程中的讨论，不同意见得到充分表达，既能得到多方面的理解与支持，又会促使立法质量的全面提升。

一年来的实践证明，全国人大立法起草组的开放式工作及广泛的社会参与，正在推动中国慈善领域的法治建设步入国家权力（立法）机关、政府部门与社会良性互动的新体制。

但是要看到，我国已经制定了不少与公益慈善相关的法律与法规，其中一些规定已经不适应社会发展的需要。某些法律与行政规定不适合于鼓励大额捐赠，为了促进大额捐赠和慈善事业的大发展，这些规定需要调整与修改。

多年来，慈善界盼望尽早进行股权捐赠税收政策等方面的改革是完全可以理解的：首要的是捐赠股权一定要缴所得税，捐赠房屋也要缴所得税，因为我们的有关法规将其视为交易处理；另一规定是基金会的收入也要缴企业所得税，将公益基金会视为商业公司看待；还有一个规定是慈善组织从业人员的工资水平不能高于当地平均工资的两倍，这等于降低了公益组织选聘人才的吸引力。

那么，如何通过慈善立法来达成社会共识并进行妥善的调整与完善？这是一项相当不容易的事情。因为，无论如何调整，都意味着要对现行的相关法律与政策进行改革，而调整现行规定意味着改变行政行为与管理规则。而通过开门立法推进较为重要的社会改革，也许是慈善立法的重要特征。

与立法相互映衬的是政策方面的重大进展，其标志是国务院在 2014 年年底颁布的《关于促进慈善事业健康发展的指导意见》（以下简称《慈善意见》）。应该说，这是一个具有里程碑意义的文件，也是中国式改革的典型体现。因为，国务院的文件内容，涉及多个政府部门，需要有关部门的参与，体现了中央政府相关部门在慈善管理与改革上达成共识。

这里仅引用该文件关于一个方面改革方向的规定："探索捐赠知识产权收益、技术、股权、有价证券等新型捐赠方式，鼓励设立慈善信托，抓紧制定政策措施，积极推进有条件的地方开展试点。动员社会公众积极参与志愿服务，构建形式多样、内容丰富、机制健全、覆盖城乡的志愿服务体系。倡导社会力量兴办公益性医疗、教育、养老、残障康复、文化体育等方面的机构和设施，为慈善事业提供更多的资金支持和服务载体。"这些规定，客观上为社会所普遍关心的股权和有价证券捐赠、慈善信托等，开放了较大的政策创新空间。而志愿服务体系建设与促进社会服务载体建设的政策，更是为慈善事业与志愿服务和社会服务的衔接搭建了政策性引导发展平台。

正是政府的积极政策信号，推动了慈善事业各要素的进一步发展。我们看到：

2014 年，公益捐赠方面，马云突破了百亿元捐赠大关，成为中国首善！慈善家热切捐赠的意愿，世人有目共睹！而以老牛基金会近 2 亿元年度公益支出为榜样的家族基金会的专业化运作，以中国扶贫基金会为代表的公募基金会的捐赠收入增长，更展现了各类慈善家与慈善组织的健康发展！

社会组织突破 60 万个大关。据民政部公布，2014 年年底，全国共有社会组织 60.6 万个，比上年增长 10.8%；吸纳社会各类人员就业 682.3 万人，比上年增加 7.2%；形成固定资产 1560.6 亿元；社会组织增加值为 638.6 亿元，比上年增长 11.8%，占第三产业增加值比重为 0.21%；接收各类社会捐赠 524.9 亿元。在经济增速放缓的形势下，社会组织的规模特别是就业增速提高，实际上是一种巨大的发展动力，在一些城市，社会组织就业人员甚至已经超过公务员与事业单位的人员数量，真正成为解决各类社会问题的一支不可或缺的力量；慈善事业的生产力价值，得到进一步展示。即使佛教慈善，也开始展现新的活力！

公益众筹，人人慈善，开始形成社会影响力。冰桶挑战，更是促成国际社会慈善界的积极互动。社会企业与社会影响力投资运动的兴起，使慈善创业成为大众创业的一个新领域。一些有志向的年轻人辞去高薪职位，投身慈善创业，服务社会大众，成为公益领域的新星！

公益慈善事业的支持系统，在 2014 年也有了长足的进步。各类培训进一步展现活力，国际国内培训格局初步形成，专业化的程度日益提升。

养老事业与儿童福利，也都在新起点上展现了较大的进步。政府的政策进一步健全，全国养老床位突破 580 万张，保护未成年人的国家监护责任的确立，都展示了社会福利与社会服务的发展前景。

当然，政策的突破还在过程之中，国家立法与国务院《慈善意见》的落实，还需要政府与社会的共同努力。应该看到，中国慈善事业的法治建设正处在一个十分关键的历史关头。在政府与社会良性互动的机制初步形成之后，法治慈善的发展方向究竟会呈现出何种格局？

历史的发展往往是社会力量综合相互作用的结果。社会的理念，往往决定着不同的家庭、不同的社会组织行为甚至政府政策的选择。我们如何思考未来，也可能就决定了未来的发展格局。

法治慈善，政府与民间良性互动，是善治的重要内容。民间向政府积极表达改革愿望并提出具体改进措施，有的时候甚至身体力行地主动弥补政策的不足，政府则积极调整政策以不断适应社会组织的需要，这样的政治与社会格局，是我们特别乐意看到的结果。不要追求没有错误和缺陷的过程，社会组织要理解政府政策一时的不足，政府也要理解社会组织的各类缺陷；对于政策的不足，想方设法来不断地推动，给予咨询、建议，以智库的体制来推进改革，这不就是发达国家的重要特征吗？

的确，2014 年，我们看到的是健康成长的社会，也看到了积极改革的政府。由此我们得出结论：中国法治慈善的序幕已经拉开！

我们相信，如果政府与社会的良性互动机制能够持续发展并不断巩固，如果政府与民间都不懈怠，如果慈善界更为主动地学习参与法治慈善的建设过程，那么中国慈善事业的发展很快就会迈上较高的台阶！这正是我和我们中国公益研究院团队所致力追求的一个基本目标！

王振耀

2014 年 6 月 19 日

目 录

总论
法治社会重构中国公益事业大格局

在国家治理体系和治理能力现代化建设及依法治国的时代大背景下，中国公益事业进入了一个组织规模快速增长、竞争日益激烈、行业格局不断调整优化的提速转型期。处于社会建设和创新潮流中的公益事业取得了很多成就，也面临着深层次的挑战。这些成就和挑战是中国经济发展到中等发达水平、社会改革全面深入推进、慈善事业多年探索发展的综合结果。当公益事业发展的内生性力量在法治社会土壤中萌芽时，中国数千年文化中蕴藏的"善"将得到激发和引导，走向既重视情义、又讲究法理的现代慈善事业发展模式。这种态势将对中国与世界的未来产生深刻影响。

一 中国公益行业迎来全面发展

2014年，中国公益行业迎来全面发展：社会治理和法治建设的时代定位给慈善事业带来更为有序的外部环境，中央政府首次出台慈善新政，促进与规范慈善事业发展；全国人大开门立法，现代慈善相关理念、热点事件得到充分传播，社会共识初步达成；移动互联技术推动公众慈善参与，"人人慈善"从理念变成现实；企业家个人捐赠达到百亿元量级，慈善渐显"国际化"趋势，中国正在进入全球慈善对话、并影响国际慈善格局的新时代。

（一）慈善列入政府重要议程，社会共识基本达成

自2004年中国共产党十六届四中全会第一次将慈善事业写入工作报告，慈善事业即开始以"社会保障体系的重要补充"之地位得到关注和发

展。然而社会各界对慈善的理解不尽相同。经历多个热点事件的讨论争辩后，现代慈善理念逐渐得到传播，并初步形成社会共识。

1. 慈善新闻关注度提升，慈善事业发展意见入选年度十大政策

2014 年 11 月 24 日，国务院出台《关于促进慈善事业健康发展的指导意见》（以下简称《慈善意见》）。12 月底，中国政府网微博推出"网友最关心的国务院 2014 年十大政策"评选投票，《慈善意见》入选。[①] 2014 年 12 月 31 日，人民网根据新闻量、微博量和热度三个指标评出"2014 年 20 件热点舆情事件"[②]。其中，与慈善捐助相关的"云南鲁甸 6.5 级地震"名列第三，仅次于"马航航班失联"和"香港'占领中环'事件"。

慈善新闻关注度提升，与慈善事业本身发展情况及相关部门强化传播有关。根据 2014 年全国民政舆情分析简报[③]，福利慈善类信息占民政总业务信息类的 22% 左右，名列第一；民政新闻事件媒体关注度 TOP10 排行中，《民政部称未发现嫣然财务问题》转载量 1188 次，《嫣然基金否认 7000 万元善款下落不明》转载量 988 次，分别排名第三和第十。

2. 热点事件讨论促进现代慈善理念传播

慈善越来越"热"，必然吸引越来越多的社会关注和监督。尽管有些"举报"查无此事，但其引发的讨论在客观上促进了现代慈善理念的传播。比如，关于"嫣然风波"的讨论让公众认识到民办非企业单位这种利用非国有资产举办的"非营利组织"可以开展收费服务，只要其收益不用于内部人员分配；崔永元公益基金被举报事件让公众了解专项基金不是独立的非营利法人，其年检及信息公布义务均通过其挂靠的基金会依法履行；"壹基金花钱慢"让公众了解救灾捐赠管理使用的专业性和复杂性；"天使妈妈"通过答复演员袁立的疑问解释了慈善组织运作实情，有助于公众对慈善组织发布信息的理解；政协委员提案关注慈善组织运作"管理费"和

---

① 《媒体梳理网友最关心的国务院 2014 年十大政策亮点》，人民日报 2015 年 1 月 4 日，http://theory.people.com.cn/n/2015/0104/c49150-26317552.html，最后访问时间：2015 年 3 月 18 日。

② 人民网舆情监测室：《2014 年中国互联网舆情分析报告》，http://www.sovxin.com/dt_22258.html，最后访问时间：2015 年 3 月 18 日。

③ 《2014 年全国民政舆情分析简报》中社网，http://www.shehuiwang.cn/2015/yaowen_0213/35013.html，最后访问时间：2015 年 3 月 4 日。

"人员薪酬"制约，也将逐渐促进社会对慈善专业队伍职业化、专业化必要性的认识；马云捐股拟在新加坡设立公益信托折射国内慈善税收和信托制度困境，有利于推动中国慈善制度环境的改善。

3. 全国人大开门立法促成现代慈善共识

中国慈善立法工作始于十年前，其过程如此曲折漫长，一个重要原因是社会各界的慈善理念大相径庭，人们在立法宗旨、政策定位、管理体制等许多方面，"都尚未成熟到达成共识的阶段，有些问题甚至还没有形成明确的立场、观点和方法"。[1] 其中的第一大分歧是如何定义慈善，其他争议包括慈善组织的管理体制，如双重登记管理、境外慈善组织管理等方面都存在认识分歧。随着慈善事件的广泛传播，公众对现代慈善理念的认同度提高，为慈善事业制定法律已经具备了良好的社会基础。

十二届全国人大常委会将制定《慈善事业法》列入立法规划中的一类立法项目，明确由全国人大内务司法委员会组织起草。经过一年准备，《慈善事业法》草案的征求意见稿（以下简称"意见稿"）已经形成。其社会参与广度和深度在我国立法历史上并不多见，其中仅全国人大内司委收到的慈善法草案专家建议稿就有 7 份，此外还有几十份专题报告和几百万字资料。同时，起草组也广泛吸取各界意见，在意见稿中基本解决了以前的主要分歧：第一，慈善定义偏向大慈善、现代慈善；第二，规定慈善事业主管机关是民政部门，财政、税务、教育、卫生、环保等其他部门负有相应责任；第三，设专章规定信息公开，回应了社会广泛关注的慈善组织公信力问题；第四，对慈善信托、慈善资产、境外慈善组织管理等社会关注的内容均有所回应；第五，意见稿全文 12 章、100 多条，比以往更强调法的针对性、实效性和可操作性。[2]

（二）慈善事业顶层设计定方向，法治和社会信用建设得到强化

中国慈善事业正在向现代化转型，多种问题和矛盾凸显，对制度设计、管理机制的要求越来越高。2014 年，"依法治国"成为十八届四中全

---

[1] 方可成：《等待慈善法》，《南方周末》，2010 年 9 月 24 日。

[2] 周茂梅：《慈善立法 营利性活动请止步利益相关者要公开》，《成都商报》2015 年 3 月 4 日，第 10 版。

会主题，这对中国慈善事业规范化、制度化发展意义重大。

1. 十八届四中全会强化社会组织法治建设

十八届四中全会通过《中共中央关于全面推进依法治国若干重大问题的决定》（以下简称《决定》），为健全中国慈善事业法律制度、完善社会组织依法参与社会治理奠定了政策基础。《决定》强调社会组织必须以宪法作为根本活动准则，首次明确要"加强社会组织立法，规范和引导各类社会组织健康发展"。还提出社会组织要发挥其在立法协商、普法和守法、推进法治社会建设等方面的作用，对"建立健全社会组织参与社会事务、维护公共利益、救助困难群众、帮教特殊人群、预防违法犯罪的机制和制度化渠道"，"支持行业协会商会类社会组织发挥行业自律和专业服务功能"等方面做出部署。该文件对加强社会组织法治化建设具有里程碑意义。

2. 国务院发文指导慈善事业发展，促进与规范并举

11 月 24 日，国务院发布《关于促进慈善事业健康发展的指导意见》。这是我国慈善领域第一个以国务院名义出台的规范性、纲领性文件。该意见明确了慈善组织的重要地位，指出慈善组织发挥着筹集和分配慈善资源、提供慈善服务的重要作用，是现代慈善业的运作主体。强调要坚持培育和规范并重，对慈善组织自我管理、开展募捐活动、使用捐赠款物、信息公开等提出了一系列明确的要求，为慈善组织发展壮大、规范透明运行提供了有力保证。专家认为，该意见将给我国慈善事业带来诸多积极变化。

3. 中央投资建设全国社会组织法人库，强化社会信用体系建设

6 月 14 日，国务院颁布《社会信用体系建设规划纲要（2014—2020年）》，提出依托法人单位信息资源库，加快完善社会组织登记管理信息。10 月 29 日，发展改革委正式批复了国家法人单位信息资源库项目（一期），中央直接投资全国社会组织法人库，重点建设部省两级社会组织数据中心和登记管理业务系统，实现信息及时汇总、动态更新，推动各级登记管理机关规范化、精细化管理，以大数据分析等方式为社会组织管理创新提供有力支撑。

（三）捐赠形式多样化，全民慈善氛围初步形成

捐赠是我国慈善组织的主要收入来源，也是衡量慈善事业发展水平的晴雨表。从 2007 年国内社会捐赠总额 223 亿元到 2014 年马云个人捐赠额突破百亿元，社会捐赠文化有了显著进步。与此同时，冰桶挑战、网络众筹、运动筹款、电视节目募捐等形式也创新了中国传统募捐方式，让公众参与慈善的渠道越来越多、越来越便捷，"全民慈善"正在从理念演变为现实。

1. 中国慈善家开启百亿元级捐赠时代

4 月 25 日，阿里巴巴创始人马云和蔡崇信宣布将捐出阿里巴巴集团 2% 的期权，成立个人公益信托基金，着力于环境、医疗、教育和文化领域，地域涉及中国内地、中国香港和海外。根据市场估值，该基金规模将在 30 亿 ~ 40 亿美元左右，有望成为亚洲最大的公益信托。这笔捐赠刷新了中国慈善家的单笔捐赠纪录，引领中国慈善捐赠进入"百亿元捐赠"时代。马云因此被誉为"中国的比尔·盖茨"，专家表示这一捐赠行动将带动更多慈善家散财，同时也将促进中国富裕阶层参与公益慈善事业的专业化和国际化。

2. "冰桶挑战"创新捐赠模式，"众筹"让公众参与慈善更便捷

2014 年 8 月，风靡美国、呼吁公众关注"渐冻人病"的冰桶挑战网络社交游戏传至中国，社会名人纷纷参与游戏募款。新浪微公益与瓷娃娃罕见病关爱中心借势发起"一起'冻'起来"微公益项目，不到半个月获得 800 余万元善款。这一活动给中国公益行业带来很多反思。而基于互联网支付技术的"众筹"模式从商业领域发展到公益领域，也大大拓展了公众参与慈善捐助的渠道，全年有 299 个公益项目通过众筹方式获得 1272 万元资金。人们只要动一动手指，就能参与捐款、追踪善款使用情况，直接促进了"全民慈善"时代的到来。

3. 杨六斤募捐事件引发公募权责之辩

14 岁的深山"遗孤"杨六斤因"广西独居少年吃野草"的电视节目打动国人，几十天就获得 660 余万元捐款。但随着媒体的跟进报道，人们发现杨六斤并非独居 4 年，吃野菜也是当地习惯。对于媒体是否可以利用

公权力为个体公开募捐、谁具有巨额善款的使用权、募捐救助活动收到超额善款该如何处置等问题，引发专家和社会各阶层讨论"公募权责"的法理依据和现实困境，也引起了立法者的思考。对此，国务院在《关于促进慈善事业健康发展的指导意见》中有所规范："新闻媒体、企事业单位等和不具有公募资格的慈善组织，以慈善名义开展募捐活动的，必须联合具有公募资格的组织进行。"

（四）公益行业结构渐趋合理，慈善组织权益保护意识提升

社会组织是现代慈善事业的重要主体，公益慈善类组织的培育和规范发展、财务管理和服务能力的提升、捐助活动的公开透明和社会各界对慈善行业的信任，是促进慈善事业健康发展的有效保证。2014 年，中国慈善行业虽然依然面临各种挑战，但是在行业规模和结构上日趋壮大、完善。在法治建设大背景下，组织自身的专业水平和法治能力也在明显提升。

1. 组织数量、资产规模、人员队伍等数量增长明显

2014 年，我国社会组织继续快速增长，总数超过 60 万家，比上年增长 10.75%。其中，社会团体 30.97 万家，比上年新增 2.07 万家，增长 7.16%；基金会 4117 家，净增 568 家，增长率为 16%；民办非企业单位 29.22 万家，同比净增 3.75 万家，增长率为 14.72%。在财务方面，2013 年，我国社会组织总支出 1675.3 亿元，比上年提升 10%。在就业方面，截至 2014 年年底，全国社会组织吸纳社会各类就业人员就业 682.3 万人，比上年增长 7.18%。

2. 行业分工越来越精细，专业化、组织化行业态势形成

"布局合理、类型齐全、分工明确、管理完善、公开透明、自主高效的现代公益慈善组织体系初步形成，慈善服务网点全面覆盖城乡社区"是《中国慈善事业发展指导纲要（2011—2015 年)》提出的发展目标。随着组织数量的增长、募捐市场竞争机制的形成，慈善行业分工越来越精细。比如在教育领域，其业务焦点已经细化到"高中生"或职业学校学生资助、农村地区幼儿园教师资助、校本教材开发、特定学科研究等。在大病救助领域，也已经从综合式的、个案式的救助，到专门病种的资助模式探索、医疗水平提升。这种行业内部分工不仅有助于各类组织提升自身核心

竞争力，也有助于捐赠者和求助者提供资源或寻找机会，可以促进慈善资源配置效率的提高。与此同时，智库类、行业联合类组织在快速发展，资助型基金会越来越多，这些支持性机构的发展有助于促进慈善行业生态的完善。

3. 公益慈善组织借助法律手段维护自身权益

2014 年，公益行业出现了几场值得关注的"官司"，包括崔永元反诉方是民对其慈善事业的评论涉嫌"诽谤"、壹基金给四月网发律师函要求其撤回"李连杰贪污雅安地震款"的微博言论并公开道歉。如果说这些关于"名誉权"的法律纠纷源于社会监督的无序和无奈，是一种不得已的"被动应对"，那么，上海民间组织禾邻社诉深圳万科公益基金会对《全民植物地图》知识产权侵权案的胜诉，则体现了公益组织防侵权意识和能力的提升。这个案例让公益组织认识到"法律面前人人平等"，开始主动培养法治思维、运用法律手段解决问题。

（五）多领域公共服务市场开放，社会组织发展空间扩大

十八届三中全会提出"国家治理体系和治理能力现代化"的总体目标，而治理的关键点是厘清政府与市场、社会的关系。在此背景下，各级政府放开公共服务市场，给公益行业提供了更大发展空间。2014 年，中央政府各部门推出一系列具体政策，"社会力量"、"购买服务"成为部委文件中的高频词。这对养老、儿童福利、扶贫、教育、医疗和环境保护领域影响尤为明显。

1. 多个省级养老法规出台，国务院政策推动养老事业社会化

2014 年 11 月，国务院发文要求创新投融资机制、鼓励社会投资养老和医疗等社会事业。此前，民政部、国家发改委、国土资源部、国家税务总局等部门也出台《关于做好政府购买养老服务工作的通知》等多个政策，提出建立政府购买养老服务制度，鼓励社会力量参与发展养老服务业；教育部、民政部等九部门联合发文推进养老服务业人才培养。北京、天津、江苏和浙江等省级行政区推动养老服务立法成果显著，多个省级养老法规的相继出台，使养老服务管理法制化，保证了养老服务工作的稳定性及连续性。

2. 儿童福利制度日趋完善，社会力量开展儿童慈善活动有规可循

2月17日，民政部发布《关于建立儿童福利领域慈善行为导向机制的意见》，明确了积极支持社会力量进入儿童福利事业的合作态度与实现路径，赋予袁厉害式的爱心个人、慈善组织、企事业单位和其他机构依法依规开展关爱儿童的慈善活动的合法性。同时，全国适度普惠型儿童福利制度建设试点规模由4个扩大至50个，民政部发文强调试点地区通过政府购买服务等举措，促使社会力量广泛参与。年底，最高人民法院、最高人民检察院、公安部、民政部联合印发《关于依法处理监护人侵害未成年人权益行为若干问题的意见》，明确了国家监护责任，建立了"人身安全保护裁定"和"撤销监护人资格"制度。专家认为，下一步急需完善撤销监护权后的安置与服务保障机制，而这需要公益慈善组织发挥更大作用。

3. 环保公益诉讼制度建立，社会组织取得诉讼主体资格

4月24日，新修订的《中华人民共和国环境保护法》审议通过。新法赋予"依法在设区的市级以上人民政府民政部门登记，专门从事环境保护公益活动连续五年以上且无违法记录的社会组织"环境公益诉讼的主体资格。这一变化引起社会关注，被称为新环保法的一大亮点。据统计，符合新法规定的环保组织国内有300家左右。这些社会组织获得提起环境公益诉讼的主体资格，将使其参与环境保护有法可依，对整个公益行业的发展具有重大意义。

4. 多部委发文推动社会力量进入公共服务领域

2014年，多个部委通过政策鼓励包含社会组织在内的社会力量进入社会公共服务领域。在残疾人服务方面，《关于做好政府购买残疾人服务试点工作的意见》提出力争到2020年，在全国基本建立比较完善的政府购买残疾人服务机制；在扶贫方面，《关于进一步动员社会各方面力量参与扶贫开发的意见》要求支持社会团体、基金会、民办非企业单位等各类组织积极从事扶贫开发事业；在禁毒方面，《关于加强禁毒工作的意见》强调，要积极引导全社会力量参与禁毒工作，发挥中国禁毒基金会等禁毒社会组织作用。

（六）慈善领域展现创业创新活力

中国经济已经进入中等发达水平，经济领域正在告别高速发展阶段而进入"稳定增长"的新常态。有人将此称为"经济建设三十年后，进入社会建设三十年"。在此背景下，社会建设成为国家战略，社会领域发展活力日益被激发，慈善领域的创业、创新热情高涨。

1. 社会影响力投资兴起，行业联合发起"中国社会企业与社会投资论坛"

2007 年，洛克菲勒基金会提出社会影响力投资这个概念——社会价值、环境价值和财务价值协同的投资。2010 年，摩根士丹利和洛克菲勒基金会同时发布了研究报告，提出将影响力投资界定为资产类别。2011 年，瑞银集团提出影响力投资的标准，把理念、类别、标准都落实下来，直到这时社会影响力投资才开始在全球传播开来。[①] 2014 年，"社会影响力投资"在中国已经显示出蓬勃的生命力。11 月，深圳慈善会、深圳企业社会责任创新中心、社会企业研究中心在美国哥伦比亚大学发布"中国社会影响力投资"报告，得到公益界和投资界的高度关注。与社会影响力投资概念相关的社会企业也迎来突破性进展。9 月，国内 16 家关注社会企业与社会投资的基金会、研究机构、社会投资机构联合发起"中国社会企业与社会投资论坛"（简称 CSESIF）。论坛被定位为中国社会企业和社会投资行业的类协会式网络和行业生态系统的积极构建者，将从政策、人才、资本、支持性服务和社会认知五个方面推动整个市场的构建。[②]

2. 手机支付助力公众筹款，移动互联推动"人人慈善"

媒体是慈善事业的天然盟友，而互联网作为新媒体、自媒体，对慈善事业影响逐渐加大、加深。在筹款方面，微信支付成为公众捐款的亮点。2015 年 2 月 9 日，"免费午餐"发起人邓飞利用微信朋友圈召集人们加入"青螺营"，并将抢到的红包捐给"免费午餐"公益项目。截至 2 月 26 日，包括"免费午餐"和大病医保在内的 5 个公益项目利用微信抢红包平台筹

---

① 朱小斌：《社会影响力投资将成为未来金融投资主流趋势》，《社会影响力投资在中国 2014》，第 12 页。

② 《中国社会企业与社会投资论坛新闻发布会在京召开》，中国经济网，http://gongyi.ce.cn/ news/201409/04/t20140904_1898998.shtml。最后访问时间：2015 年 5 月 11 日。

款近 182 万元。① 福布斯基金会榜单上的 25 家基金会有 19 家开通微博、16 家开通微信。这些自媒体不仅短平快地传播了基金会信息，也增加了捐款的便捷性和互动体验。据腾讯公益平台统计，其 2014 年度平台筹款总额中，约四成来自公众通过微信朋友圈的劝捐。可见，微信支付已经成为公众筹款最重要的渠道之一，移动互联网将通过人际圈传播引爆民间捐赠能量。

（七）公益人才薪资问题受关注，人才培养模式多元

公益行业的社会影响力、公信力均有赖于高素质的人才队伍。综观 2014 年行业人才队伍建设，政府、市场、组织三方合作，通过多方资金投入，开展了内容系统、形式多样、运作各异的公益教育培训，共同为社会组织和公益行业输送人才，提升公益慈善行业整体专业水平。

1. 社会开始理性认识从业者待遇问题

第三届深圳慈善会期间，《2014 中国公益行业人才发展现状调查报告》《2014 中国公益慈善行业高端人才就业市场及薪资指南》相继发布。前者调查范围包括公益行业中各个层级的从业者，与四年前的调查结果对比，2014 年公益组织从业者的综合素质有所提升，公益组织的机构建设已经取得一定成效。但薪酬的改善不明显，行业平均月薪为 3998 元，这一数据与从业者理想薪酬有较大差距，也造成较大的人才流失。② 后者发现，国内基金会秘书长一职平均年薪为 30 万元左右，而同等职位在国际机构中近 80 万元，在企业中近 100 万元。这一报告以非常直观的数据论证了中国公益行业高端人才薪资偏低的现状，引起广泛关注，一些政协委员以"提高公益行业人才待遇"为主题向 2015 年两会提交提案。

2. 公益培训教育产品供给日趋丰富

针对公益行业人才缺失的问题，民政部已通过"中央财政支持社会组织参与社会服务项目"连续多年每年投入 1500 万元开展培训资助，南都

---

① 骆沙、吴雪阳：《微信红包捐赠能"飞"多远》，《中国青年报》2015 年 3 月 18 日，第 8 版。

② 王会贤：《〈2014 中国公益行业人才发展现状调查〉发布》，《公益时报》2014 年 9 月 23 日，第 3 版。

基金会、安利基金会、老牛基金会也相继投入千万元资金培训人才，国内多所高等院校和公益机构已付诸行动提供了各种教育、培训产品。比如北京师范大学珠海分校宋庆龄公益慈善教育中心培养公益慈善行业本科生；清华大学公共管理学院和北京师范大学社会发展学院提供基金会管理方向的 MPA。而"慈善千人计划·老牛学院"，南都公益基金会"银杏伙伴成长计划"不仅提供免费培训，还对优胜者提供各种形式的资助；中国公益研究院的 EMP 和基金会中心网的"秘书长培训班"则开拓了付费培训的市场。这些多元化的公益教育培训将促进国内慈善人才队伍建设。

（八）慈善国际化进程加速，中国力量参与构建世界慈善格局

慈善向来具有"民间外交"的功能。随着中国成为世界第二大经济体，公益行业的国际化进程也在加快，中国慈善家的巨额捐赠和中国慈善项目的海外拓展，向世界输出了中国慈善资源。中国力量正在参与世界慈善格局的构建。

1. 马云、潘石屹海外施捐扩大中国慈善家国际影响力

继马云、蔡崇信宣布捐赠数十亿美元期权拟在新加坡成立公益信托后，7 月，潘石屹、张欣夫妇也分别向哈佛大学、耶鲁大学捐赠 1500 万美元、1000 万美元设立"SOHO 中国助学金"，用于资助在两所学校攻读本科的中国贫困学生。10 月，香港恒隆地产的陈启宗家族又给哈佛捐了 3.5 亿美元。这些捐赠不仅在中国慈善捐赠排行榜上名列前茅，在美国也称得上"巨额捐赠"。中国慈善家施捐海外原因很多，但是客观上展现了中国慈善力量的崛起，也开启了中国"捐赠资源输出"的新历史，提升了中国慈善家的国际影响力，也在一定程度上改变着世界慈善格局。

2. 中外深度交流合作推动中国慈善走向世界

中国公益行业"走向世界"已经超越"访问交流"，深入项目合作或资助层面。2014 年，国内不少慈善组织的"国际化"战略启动或初见成效。2014 灵山公益慈善促进大会设立"公益非洲"主题分会，中国扶贫基金会发起"微笑儿童非洲项目"，设立专项基金定向募集善款，埃塞俄比亚备选为首个援助国家。老牛基金会与托尼·布莱尔签订合作协议，由老牛基金会出资 100 万英镑、非洲治理促进会自筹 130 万英镑，从 2014 年 7

月正式启动"非洲治理倡议项目——支持马诺河联盟的有效治理",对西非的塞拉利昂、利比里亚和几内亚等国家领导人、政府重要部门进行能力建设。中国青年黄泓翔在肯尼亚建立了非洲第一家关注中国海外投资的中国社会企业组织中南屋(China House),帮助中国企业运营企业社会责任项目、发展可持续投资战略。这些对外项目成为"民间外交"的重要内容,有助于提升中国的国际形象。

二 规范、融合、创新成为慈善事业主动力

经过三十余年的曲折发展,中国公益行业已经完成"起步阶段"的探索、增长,目前正在进入一个以主流化、现代化、国际化为目标的转型提升期,规范、融合、创新正成为行业的发展亮点和动力源泉。

(一)法治建设引导公益行业规范发展

在很长时间内,中国慈善事业发展面临着"过度管理"和"监管不力"两重困境。现今,国家法治建设强力推进、慈善事业法草案将提交讨论,法制化将促进公益行业"规范"发展。

1. 慈善事业法立法进展顺利,监管部门纠错能力将提升

现行慈善管理体制主要存在两方面问题:一是公益慈善组织登记管理体制不统一,职责不明确,监管不到位;二是公益慈善领域法治建设严重滞后于实践发展,对于捐赠人、志愿者、公益组织从业人员的权益缺乏保障,而对于骗捐、诈捐、冒用慈善组织名义诈骗、侮辱诽谤慈善人物名誉、借公益慈善之名营利等行为缺乏必要的威慑和惩治,致使公益慈善领域出现超越底线的丑恶现象,引发公众不满。[1] 在此背景下出台的《慈善事业法(草案)》,对慈善募捐、捐赠、财产管理使用、慈善信托、志愿服务、信息公开和监督管理等社会期待解决的问题基本都有所回应,并就社会监督做了制度安排。同时,国务院公布的《慈善意见》也亮出"加强监

---

① 周茂梅:《慈善立法 营利性活动请止步 利益相关者要公开》,《成都商报》2015年3月4日,第10版。

督管理"的利器。在执法方面，民政部门以年检为主要手段促进慈善组织的法定信息公开、撤销一些违规组织的登记资格。税务、财政部门也分别通过免税资格的审核、购买服务资金的管理加强对慈善组织的监督。这些举措将大大提升全社会对慈善事业的监管力量、提升监管部门对违规组织的纠错能力。

2. 法律政策体系厘清公益与私益的边界

慈善事业涉及公共利益，慈善组织应当接受社会监督。但是慈善事业遵循自愿原则，公民个人是否参与慈善、如何参与慈善，都应当受到尊重。同时，慈善组织作为非公有制、非营利性机构，也面临一定的市场竞争。这些属性决定了慈善组织的"商业机密"应得到法律保护。但是近几年由社会监督引起的慈善质疑风波反映了一些机构和公众未能分辨慈善领域的公权和私权，给慈善组织带来困扰。正在制定中的慈善事业法、国务院出台的慈善事业指导意见都注意到了这一点。前者有一条文专门规范"信息保密"，要求慈善组织对捐赠人和受益人的姓名、名称、住所等隐私信息予以保密，后者提出"依法及时查处诺而不捐、以诽谤造谣等方式损害慈善组织及其从业人员声誉等违法违规行为"，这一表述既立足于公共利益，又注意保护慈善组织法定权益和个人隐私，将帮助监督者和被监督者明晰公益私益边界，更好地"依法维权"。

3. 法律人才加入慈善组织，提升行业法治能力

道德感在慈善文化中占据重要地位，以至于有不少人在处理慈善组织相关事务的时候容易用道德取代法治。在现代慈善事业规范化、组织化、专业化目标引导下，越来越多的法律工作者投身公益行业，给社会组织种下法治基因。现在，越来越多的慈善组织聘请法律顾问防控风险，比如"天使妈妈"邀请律师进入理事会，在面对网络爆料时能发布有理有据的答复信；"爱的分贝"将合规性目标贯穿于每一个工作流程，资助程序、信息公开各个环节都有专业律师把关，将风险消灭于萌芽阶段；上海民间组织禾邻社打赢"植物地图"知识产权官司，更是鼓舞弱势机构通过法律保护自身权益。这些经验和事件都说明慈善组织的法律意识明显提升。在中国法治建设推进过程中，慈善组织将走上规范有序的发展道路。而这一点，正是现代慈善事业健康发展的基础。

（二）契约精神推进跨界合作，行业融合呈现多元趋势

契约精神是任何市场有序发展的文化基础，也是人类文明的重要内容。在市场经济占主导、法治中国成为时代主题的大背景下，基于"契约精神"的平等、诚信、合作理念也日渐融入慈善行业，推动了政府与社会、市场与社会的有序合作，同时也推动了中外跨境的慈善合作。

1. 政府放权与购买服务相结合将推动政社分治和合作

党的十八大《决定》强调"创新社会治理体制"，具体包括改进社会治理方式、激发社会组织活力、创新有效预防和化解社会矛盾体制、健全公共安全体系等内容。在此大方针下，中央和地方政府公布一系列"放权"政策，比如多地开始取消行业协会一业一会限制，北京、天津、海南、广东、陕西、贵州、河南、新疆、江苏、山东、山西等地制定了行业协会商会脱钩改革方案；中央组织部发文严格规定退（离）休领导干部兼任社会团体职务的数量、届数、年龄、审批程序以及兼任社会团体职务的退（离）休领导干部的职责、领取薪酬等。此举将推进政社分治。

但政府放权不等于放弃公共服务责任。随着政府职能转移的推进，政府购买服务的额度和范围不断扩大。继 2013 年国务院发布《关于政府向社会力量购买服务的指导意见》后，2014 年，中央部委出台了多部关于政府购买服务的规范，包括财政部发布的《关于政府购买服务有关预算管理问题的通知》、财政部和民政部联合下发的《关于支持和规范社会组织承接政府购买服务的通知》、财政部、民政部和国家工商行政管理总局联合发布的《政府购买服务管理办法（暂行）》。由此，我国政府购买服务制度逐步形成，对社会组织开展公共服务的经济成本进行了制度化安排。公共服务市场的开放与政府购买服务制度的推进，将在促进政社分治的同时，也推动政府和公益慈善类组织建立合作关系。

2. 社企边界融合，"商业手段解决社会问题"成为公益创新重要方向

把商业模式和公益目标融合在一起、用社会创新的手段来解决社会问题，已经成为公益创新的一种世界潮流。在这样的趋势下，"社会影响力投资"和"社会企业"得到商业机构和公益机构的共同关注，相关的研究、培训机构和实践活动不断涌现，比如位于上海的社会企业研究中心和

瑞银（UBS）在 2013 年博鳌论坛上发布首份中国社会企业白皮书，在大学设立"社会创新与社会创业"学分课程；福特基金会资助青年返乡社会创业教学试验；深圳建设银行和深圳市创新企业社会责任促进中心借鉴尤努斯小额贷款银行和美国社区服务模式，推出全国首个公益特色产品——"融益贷"，以金融创新解决社会组织的政府购买支付延时和机构发展的资本支持问题；华润集团在贫困农村地区建设"希望小镇"，通过统一规划，就地改造、重建，改变农村居住环境的同时帮助农民成立专业合作社，发展新型农村集体经济。这些案例强调用商业手段解决社会问题，淡化了商业营利天性和"公益"非营利性的冲突，代表社会创新的一个主流方向。

3. 慈善国际化趋势已现端倪，中国将向"慈善输出国"转型

在过去很多年，境外组织是中国不少民间组织的重要资源提供者。但是这一形势正在发生转变。一是中国经济地位上升，越来越多的国际组织减少对中国的资助；二是境外 NGO 在华活动的法律环境没有得到改善，境外组织开展活动遇到合法性困扰，一些机构可能被迫放弃在中国开展业务的计划；三是中国经济国际化进程加快，中国企业海外投资增加，他们必然回馈境外社区、寻求可持续发展；四是中国慈善组织影响力扩大，也会承担更多国际责任，尤其在救灾、公共建设、教育、环境领域，中国慈善经验"走出去"将促进其他国家的发展。国际资源的减少、中国企业和慈善组织的国际参与，将共同改变世界慈善格局，也将推动中国从慈善输入国向输出国转型。

（三）社会需求和开放竞争激发慈善创新

创新的本质是不断解决新问题、满足新需求，也包括不断探索新方法解决老难题或提高解决问题的效果和效率。随着行政力量的退出以及多行业精英的加入，慈善行业逐渐进入开放的竞争环境。没有危机意识、不主动创新的机构将面临萎缩和被淘汰的命运。因此，创新必然成为今后慈善机构的主动追求。

1. 直面社会新需求和新问题，发挥试验功能探索解决方案

我们正在经历由自然变化、社会变迁、文化交叠而带来的种种新问题与新需求，人们已经意识到，用传统的、简单的慈善救助模式不能有

效解决问题。因此，有洞见的慈善组织已经开始通过新技术、新思维、新模式开展各种社会创新试验。如阿里巴巴和腾讯、新浪等互联网公司，发挥其技术优势推广慈善筹款平台，既降低了公众募捐成本，又通过特别的流程设计提高了募捐项目的透明度。民间教育组织歌路营策划"新一千零一夜"睡前故事项目，通过为农村寄宿学校提供故事广播关爱留守儿童、提高他们的语言能力和情感体验。北京十方缘融合宗教、心理、医学等多种知识，开发"老人心灵关怀项目"，从精神层面服务老年人和临终者。中国扶贫基金会贯彻"输血式扶贫"理念，通过中农和信发放小额贷款，帮助有意愿的人脱贫致富。这些资助模式和公益项目的创新，不仅会提升组织自身的核心竞争力，更能以有效的方式推动社会进步。

2. 开放竞争重塑公益格局，不断改革创新才能适者生存

随着社会组织登记门槛降低、公共服务市场开放，全国慈善组织数量将持续高速增长。在行业壮大的过程中，一些组织行政优势不断弱化、互联网技术普及让募捐市场更加开放，名人发起的公募基金会和专项基金、民间公益组织将持续受到公众捐赠市场的青睐；公益行业的项目同质化竞争、替代品威胁加剧，差异化、专业化的公益产品与服务将成为竞争焦点；大量新兴慈善组织的进入，将让公益行业竞争更加激烈。另外，随着社会救助制度的不断完善、国家投入的不断增加，很多公益项目受益人的需求发生结构性变化。因此，密切跟踪国家各类社会政策实施过程中受益对象的需求变化，以需求为导向开发、升级新的产品和服务，是一项至关重要的任务。不过，一批老牌基金会已经感觉到外部形势的严峻，纷纷谋划改革转型。比如，中国青少年发展基金会在2014年确定了未来四年改革发展思路，以"创新求变、集中资助、高效动员、精细管理、卓越绩效"作为未来数年实施希望工程的基本方针，并决定加速推进希望工程全面升级和"救助—发展"模式的完善。[①] 2014年，中国扶贫基金会、中国妇女发展基金会、中国人口福利基金会等一批国字号公募基金会在谋求创新变

---

① 涂猛：《未来四年中国青基会改革发展思路》，中国青少年发展基金会，http://www.cydf. org. cn/index. php? m = content&c = index&a = show&catid = 302&id = 85，最后访问时间：2015 年 4 月 14 日。

革。而壹基金、南都、腾讯、敦和等新基金会从成立伊始就有创新基因。这种创新竞赛，将带来更激烈的竞争局面，也会激发整个公益行业的活力和潜能。

三　小结与展望：构建情义法理和谐共生的现代慈善事业

本报告探求依法治国战略下中国公益行业的方向和转型。毋庸置疑，建章立制、依法办事是整个行业健康发展的基础、是一切组织和个人的行动准则。但是我们还应该认识到，任何国家、民族的慈善事业都生发于特定的文化传统和社会基础，在刚性的规制之外，具有中国特色的现代慈善事业也需要继承发扬"情义"等文化蕴含来引导变化。

中国传统文化崇尚慈心善举，社会中历来不乏乐善好施之士，这种基于邻里宗族和熟人社会的捐助活动更具人情味、更能暖人心。社交媒体的兴起，让各地陌生人集结为有连接的社群，"守望相助"不再限于熟人社会。2008 年以来，人人慈善氛围渐浓，越来越多的公众自发捐款帮助灾民和病患儿童，更有人身体力行参与志愿服务。移动互联网和手机支付的普及，让"朋友圈"成为公众参与并带动身边的人参与慈善的主要途径，让慈善融入普通人的生活方式。人们在奉献爱心和资源的同时，也得到了情感满足。与此同时，慈善组织越来越重视专业服务、渐渐学会维护参与者的个人权利和尊严。这种传承和文明的提升能帮助各个社会阶层和谐共处、成就现代慈善事业的"情"。

现代社会以资本和市场为导向的分配制度造成贫富差异扩大。兴起于20 世纪的企业社会责任运动席卷全球，企业公民理念在中国得到推广，大型企业开始履行责任、回馈社会，其中一个重要方式是捐赠款物、发动员工参与志愿服务、在企业经营中遵守可持续发展规则。积累了大量财富的企业家、社会名流，也纷纷慷慨施捐，或者以个人名义发起公益组织。这些企业和富人的捐赠，即是经济学意义的"第三次分配"，它弥补了市场分配、财政分配的不足，同时也为慈善事业提供了人、财、物资源，构成了中国慈善组织 70% 以上的捐赠收入。这种"损有余以补不足"之"天道"的集体行为，成就了现代慈善事业的"义"。

公益慈善领域不是理想的乌托邦，而是真实人性的集结地。这人性既包括儒家所概括的"恻隐、羞恶、辞让、是非"之"四端"，也包含亚当·斯密著作中屠宰商、酿酒师和面包师们对自身利益的关切。因此，现代慈善事业的良好运行不能仅仅依赖人们善良的初心和道德感召，还需要法律制度的规范和流程标准的引导。法治是社会公正的根本保障，法治中国的建设，能给现代慈善事业营造更好的社会环境，能推进政府部门和社会组织的分治、合作，促进营利和非营利部门的跨界合作和权责规范，保护人们的公益之心更有效地发挥作用，从而推动中国慈善事业从"有情、有义"向"有法、有理"升级。

第一章
公益规制：法治为慈善事业发展护航

完善的法律法规和政策体系是慈善事业健康发展的必要条件。2014年10月，中国共产党第十八届中央委员会第四次全体会议通过《中共中央关于全面推进依法治国若干重大问题的决定》，为健全完善中国慈善组织法律体系以及慈善参与法治建设带来良好契机。同时，慈善事业立法工作有序推进，全国人大牵头起草的《慈善事业法》完成征求意见稿起草工作，计划于2015年年底进入正式立法程序，限制慈善事业发展的法律缺位问题有望在一两年内得到解决。全国各地积极落实"大力推进社会组织发展"的决定，社会组织登记注册的门槛进一步降低，直接登记制度已基本覆盖全国。私募基金和异地商会的审批权进一步下放，社区基金会的创新试点也在多地开展。我国慈善组织的法律政策环境日益改善，迎来赋权时代。多项慈善政策和管理体制的改革创新也为完善我国慈善法律体系注入新的驱动力。在未来慈善事业发展中，相关法律政策会更加完善，进一步促进慈善组织在社会治理中发挥积极作用。

一　十八届四中全会推动依法治国，慈善立法进入倒计时

法律制度的不完善是我国慈善事业发展的一大瓶颈，但这一现状在2014年出现改观。慈善事业立法工作取得实质性进展，慈善立法的突破将完善国家慈善制度、给慈善事业的发展带来极大的促进作用。同时，中共中央确立了全面深化依法治国的方略，为慈善法治的进一步发展奠定了基础。

（一）全国人大内务司法委员会牵头立法引领法治慈善

经过多年努力，《慈善事业法》被列入十二届全国人大常委会立法规划第一类项目并确定由全国人大内务司法委员会牵头起草。过去一年中，《慈善事业法》的立法工作紧锣密鼓地有序进行，有了切实的进展。2014年2月，全国人大内务司法委员会召开了慈善事业立法领导小组第一次全体会议，确定了慈善立法的时间表和路线图。① 其后，慈善事业法起草工作组在各地进行了多次调研，并召开专题讨论会，充分广泛征求各方意见，加快步伐进行了《慈善事业法》草案的起草工作。

这次《慈善事业法》的立法过程采取开门立法方式，遵循科学立法、民主立法的原则，广泛征求各方的意见。2014年年底，包括北京师范大学中国公益研究院、北京大学法学院非营利组织法研究中心和清华大学NGO研究所、中国社会科学院法学研究所、上海交通大学第三部门研究中心、中山大学中国公益慈善研究院在内的6家民间研究机构公布了5个民间版本的慈善法专家建议稿。不同的民间慈善法版本为《慈善事业法》的立法工作提供了更为多元的意见参考，也使存有争议的问题和立法难点更为突出，助力全国人大起草出一部能够有效并适度规范慈善行为，促进慈善事业健康发展的良法。

2015年2月，《慈善事业法》已经形成草案征求意见稿，可望在2015年年底提请全国人大常委会审议②，正式进入立法审议程序。如果审议顺利，《慈善事业法》将于一两年内出台。届时我国慈善领域没有全国人大颁布的法律，现有法规效力位阶低，慈善组织的权责不明确等问题都将得到解决，我国慈善事业的发展将进入一个新的法治化时代。

（二）十八届四中全会《决定》规划社会组织法制化战略

2014年10月23日，中国共产党第十八届中央委员会第四次全体会议

---

① 《全国人大内司委召开慈善事业立法领导小组第一次全体会议》，民政部网站，http://www.mca.gov.cn/article/zwgk/mzyw/201402/20140200592829.shtml，最后访问时间：2015年4月17日。

② 《慈善事业法：年底提请全国人大常委会审议》，全国人大网站，http://www.npc.gov.cn/npc/sjb/2015-03/11/content_1923739.htm，最后访问时间：2015年4月17日。

通过了《全面深化依法治国若干问题的决定》（以下简称《决定》），为健全未来中国慈善事业法律制度，完善社会组织参与社会治理制度奠定了政策基础。《决定》中有八处直接提及"社会组织"，明确提出要"加强社会组织立法，规范和引导各类社会组织健康发展"。《决定》还对充分发挥"社会组织在立法协商中的作用"，"发挥人民团体和社会组织在法治社会建设中的积极作用"，"建立健全社会组织参与社会事务、维护公共利益、救助困难群众、帮教特殊人群、预防违法犯罪的机制和制度化渠道"，"支持行业协会商会类社会组织发挥行业自律和专业服务功能"，"发挥社会组织对其成员的行为导引、规则约束、权益维护作用"等方面做出了部署。

我国慈善法律政策体系以及慈善组织管理体制正处于一个深化改革、不断完善的时期。《决定》的要求将促进慈善领域的法律制度进一步完善。尤其是对于"深入推进科学立法、民主立法"的要求，将会促进慈善领域立法过程更加开放民主、广泛采纳社会各方的意见，从而更有针对性地解决当前慈善事业实践中遇到的问题。而《决定》对"深入推进依法行政，加快建设法治政府"的要求也促使今后政府在对慈善组织进行监管过程中，要依法依规，不能任意、主观地对包括慈善组织在内的社会组织进行管理。因此，《决定》为社会组织的健康发展提供了有力的法治保障。

除了《慈善事业法》，同时期已经在全国人大开展工作的还有《中华人民共和国红十字会法》修改工作。2015 年 3 月，国家发改委牵头的《行业协会商会法》的起草工作也开始启动。[①] 可以预见，在全面推进依法治国的东风之下，长期影响中国慈善事业健康发展的法律缺失问题将得到解决，中国的慈善事业法律体系将逐步建立和完善起来。

二　社会组织准入门槛降低，社会组织迎来赋权时代

我国慈善部门总体发展水平较低，慈善组织数量不多，这与原有慈善法律制度下社会组织注册难有很大关系。过去一年中，十八届三中全会通

---

① 许诺：《与行政机关脱钩 发改委论证行业协会商会法》，中国经营报网站，http://news. cb. com. cn/html/economy_9_24506_1. html，最后访问时间：2015 年 4 月 15 日。

过的《中共中央关于全面深化改革若干重大问题的决定》得到贯彻落实，各地法律政策为社会组织进一步赋权，多项慈善政策改革在各地得以实施。直接登记制度基本覆盖全国①；社会组织的准入门槛进一步降低；私募基金会和异地商会的审批权下放至市级或县级；社会组织被赋予环保公益诉讼的原告资格；行业协会商会也开始与政府部门脱钩。通过各项改革，慈善组织享受的政策空间更为宽松，获得了更多的权利，为它们更好地参与社会治理奠定了基础。

（一）社会组织直接登记覆盖全国

2014 年，"重点培育和优先发展行业协会商会类、科技类、公益慈善类、城乡社区服务类社会组织，成立时直接依法申请登记"的政策得到广泛地贯彻和落实。直接登记制度在全国范围内开展，大多数省份打破了原有双重管理体制的限制，社会组织注册难的情况得到了显著改善。截至目前，全国已经有 30 个省、自治区和直辖市开展或试行了社会组织直接登记工作②（详见表 1 – 1）。

表 1 – 1　全国实施社会组织直接登记的省、自治区、直辖市

北京市	黑龙江省	江西省	广东省	云南省
天津市	上 海 市	山东省	广西壮族自治区	陕西省
河北省	江 苏 省	山西省	海南省	甘肃省
内蒙古自治区	浙 江 省	河南省	重庆市	青海省
辽宁省	安 徽 省	湖北省	四川省	宁夏回族自治区
吉林省	福 建 省	湖南省	贵州省	新疆维吾尔自治区

数据来源：中国公益研究院通过各地政府公开发布的规范性法律文件整理。

直接登记制度实施以来，我国社会组织进一步快速发展。自 2013 年 3

---

① 本书所涉及的全国性表述与统计数据，除特殊注明外，均未包括香港、澳门特别行政区和台湾。

② 该数据为笔者统计。根据民政部 2014 年 9 月在公开报道中透露的数字，截至 2014 年 9 月，全国实行直接登记的省份有 27 个。参见《民政部：已有 27 省区市开展或试行社会组织直接登记》，人民网，http://politics.people.com.cn/ywkx/n/2014/0924/c363762 – 25725297.html，最后访问时间：2015 年 4 月 2 日。

月《国务院机构改革和职能转变方案》明确开展直接登记制起，全国直接登记的社会组织约 3 万个，占同期登记的社会组织 40% 以上。[1] 在北京，社会组织直接登记量占 2013 年全年登记量的 33.79%。[2] 2014 年北京市民办非企业单位新增 707 家，增幅 15.3%，其中直接登记的民办非企业单位 119 家，占新增数量的 16.8%。[3] 在上海，实施直接登记后，公益慈善类、城乡社区服务类等社会组织发展势头迅猛。截至 2014 年 6 月，上海市的社会组织中服务性、公益性社会组织占 66%。[4] 2014 年，云南省社会组织总数达 19959 个，比 2013 年增长 13.9%；省级新登记社会组织 139 个，比 2013 年增长 18%；直接登记社会组织 107 个，占新登记总数的 90.68%。[5]

从各地直接登记制度的发展趋势来看，过去一年开展直接登记工作的省份进一步增加：原来没有实施直接登记的省份，如河南、贵州、湖北开始施行直接登记制度；在 2014 年以前已经开展或试行直接登记的省份，在过去一年中直接登记制度得到进一步推广，体现在一些省份直接登记覆盖的组织类型更加广泛，一些省份从个别城市的试点推广到全省。

湖南省在 2013 年颁布的《湖南省民政厅关于对四类社会组织实行直接登记管理的暂行办法》规定行业协会商会类、科技类、公益慈善类、城乡社区服务类等四类社会组织实行直接登记，在 2014 年 2 月发布的《关于加强和创新社会组织建设与管理的意见》将直接登记的组织范围进一步扩大，规定除依据法律法规需前置行政审批的政治法律类、宗教类社会组织和境外非政府组织在湘代表机构等外，其他各类社会组织按照分级负责的

---

① 《民政部：已有 27 省区市开展或试行社会组织直接登记》，人民网，http://politics. people. com. cn/ywkx/n/2014/0924/c363762 - 25725297. html，最后访问时间：2015 年 4 月 2 日。

② 《无须再找业务主管部门获得前置审批，北京社会组织直接登记量占全年登记量 33.79%》，法制网，http://www. legaldaily. com. cn/index/content/2014 - 03/02/content_5322804. htm? node = 20908，最后访问时间：2015 年 3 月 31 日。

③ 《北京市 2014 年民办非企业单位发展迅速作用明显》，中国社会组织网，http://www. chinanpo. gov. cn/3501/85428/newsindex. html， http://www. chinanpo. gov. cn/3501/84074/newsindex. html，最后访问时间：2015 年 4 月 30 日。

④ 张骏：《公益慈善类社区服务类社会组织发展势头迅猛》，《解放日报》2014 年 6 月 4 日，第 02 版。

⑤ 《云南省社会组织总数已达 19959 个增长 13.9%》，中国社会组织网，http://www. chinanpo. gov. cn/3501/84074/newsindex. html，最后访问时间：2015 年 4 月 30 日。

原则，由各级人民政府民政部门实行直接登记。

从 2014 年 2 月 1 日开始施行的《云南省社会组织登记办法》规定除法律法规规定需前置审查及政治法律类、宗教类的社会组织外，其他社会团体、民办非企业单位、基金会可以直接向所在地县级以上民政部门申请登记。

2014 年 4 月实施的《上海市社会组织直接登记管理若干规定》对"公益慈善类社会组织"进行了解释和界定，具体是指"从事社会福利、救灾救助、社会保障及社会事务的社会服务类社会组织和教育、卫生、文化、体育、生态环境等社会事业类社会组织"。这让民政部门在具体执行落实直接登记制度时更加清晰明确，有据可依。

（二）下放社会组织审批权逐步普及

社会组织准入门槛的进一步降低还体现在各地对社会组织审批权的下放。2013 年 11 月 8 日，《国务院关于取消和下放一批行政审批项目的决定》取消了民政部对全国性社会团体分支机构、代表机构设立登记、变更登记和注销登记的行政审批项目。根据党的十八大以来简政放权和激发社会组织活力的精神，民政部决定"取消社会团体筹备成立的审批，取消社会团体和基金会设立分支机构的审批，同时将异地商会和基金会的登记成立的审批权从省级民政部门下延到县级以上民政部门"[①]。

简政放权、审批权下放的政策在各地也得到了贯彻和执行。在 2014 年之前，已有 7 个省份下放基金会审批权。其中，安徽省率先于 2012 年 12 月 31 日公布和实施《安徽省人民政府关于公布省级行政审批项目清理结果的决定》，将非公募基金会及其分支机构和代表机构设立、变更、注销登记下放至设区的市民政主管部门。[②] 2013 年，广东、浙江、山东、陕西、江苏、宁夏相继发文下放非公募基金会审批权限。当年 4 月 2 日，

---

① 《民政部：将取消社会团体筹备成立的审批》，凤凰网，http://news.ifeng.com/mainland/detail_2014_02/13/33758225_0.shtml，最后访问时间：2015 年 4 月 15 日。

② 《安徽省人民政府关于公布省级行政审批项目清理结果的决定》，安徽省人民政府网站，http://www.ah.gov.cn/UserData/DocHtml/1/2013/7/12/8945397723958.html，最后访问时间：2015 年 4 月 30 日。

广东省民政厅发布《关于进一步促进公益服务类社会组织发展的若干规定》，第三条规定"非公募基金会，可向已获得授权的地级以上市民政部门直接申请登记"，将 2012 年在广州市实施非公募基金会管理权下延进一步扩大和确认。① 6 月 18 日，浙江省民政厅发布《关于下放非公募基金会登记管理权限的通知》，将非公募基金会的登记管理权限下放至各设区市民政局和义乌市民政局。② 11 月 1 日，山东省人民政府发布《关于加快服务业发展的若干意见》，将异地商会登记管理权限下放到设区的市，非公募基金会的登记权下放到设区的市和县（市、区）。③ 12 月 7 日，陕西省人民政府公布《关于取消和下放行政审批事项的决定》，将非公募基金会的设立、变更和注销登记审批权限下放到市级政府民政部门，异地商会的审批权下放到县级以上民政部门。④ 12 月 16 日，江苏省民政厅下发《关于下放基金会登记管理权限的通知》，决定自 2014 年 1 月 1 日起，将基金会登记审批权限下放给各设区市、县（市、区）民政局。⑤ 12 月 28 日，宁夏回族自治区发布并施行《宁夏社会组织登记暂行办法》，第四条规定："非公募性基金会、市级异地商会的登记审批权限下放至各地级市。"⑥

　　2014 年，福建、湖南、新疆、青海、甘肃、辽宁也发文下放基金会或异地商会的审批权限。1 月 29 日，福建省人民政府发布《关于取消、下放

---

① 《广东省民政厅关于进一步促进公益服务类社会组织发展的若干规定》，湛江市人民政府网站，http：//www. zhanjiang. gov. cn/fileserver/newshtml/95cefccb－aca9－4566－9fc9－6bd83addb72f. htm，最后访问时间：2015 年 4 月 30 日。

② 《杭州市民政局关于转发〈浙江省民政厅关于下放非公募基金会登记管理权限的通知〉的通知》，杭州市民政局网站，http：//www. hzmz. gov. cn/Html/201309/17/94920. html，最后访问时间：2015 年 4 月 30 日。

③ 《山东省人民政府关于加快服务业发展的若干意见》，济南市物业管理行业协会网站，http：//www. jinanwuye. com/jnwy/DATA/policy/policy_0047. html，最后访问时间：2015 年 4 月 30 日。

④ 《陕西省人民政府关于取消和下放行政审批事项的决定》，陕西省人民政府网站，http：//www. shaanxi. gov. cn/0/103/10216. htm，最后访问时间：2015 年 4 月 30 日。

⑤ 《关于下放基金会登记管理权限的通知》，江苏社会组织网，http：//mjzz. jsmz. gov. cn/web/news. aspx？item_id=5203，最后访问时间：2015 年 4 月 30 日。

⑥ 《宁夏社会组织登记暂行办法》，宁夏民政厅网站，http：//www. ycmca. gov. cn/zcfg/shzz_2137/201404/t20140429_52541. htm，最后访问时间：2015 年 4 月 30 日。

和调整一批省级行政审批项目的通知》，其中将非公募基金会和异地商会的登记管理权限都下放到县级以上民政部门。① 2月14日，中共湖南省委办公厅和湖南省人民政府办公厅联合发布《关于加强和创新社会组织建设与管理的意见》，明确市州、县市区民政部门可以登记基金会和异地商会。② 4月16日，新疆维吾尔自治区民政厅发布《关于改进社会组织登记工作的通知》，规定"自治区民政厅对省级（含副省级城市）异地商会实行直接登记，其它异地商会登记由各地县民政部门负责。非公募基金会的登记权限由自治区民政厅下放至各地州市民政部门"③。7月10日，青海省人民政府办公厅发布《关于印发青海省教育厅等8个厅局主要职责内设机构和人员编制规定的通知》，其中青海省民政厅下放的职责列表中明确列明将异地商会和非公募基金会登记管理职责下放市（州）、县（市、区）民政部门。④ 9月19日，甘肃省人民政府发布《关于公布省级政府部门第十四批中央在甘单位第八批取消调整和下放行政审批项目等事项的决定》，将非公募基金会和异地商会的登记管理审批权限都下放到县级以上人民政府民政部门。⑤ 11月21日，辽宁省人民政府发布《关于取消和下放一批行政审批项目的决定》，将非公募基金会的设立、变更、注销登记下放至市级民政行政主管部门管理。⑥

---

① 《福建省人民政府关于取消、下放和调整一批省级行政审批项目的通知》，福建省人民政府网站，http://www.fujian.gov.cn/zwgk/zxwj/szfwj/201402/t20140210_697650.htm，最后访问时间：2015年4月30日。

② 《中共湖南省委办公厅湖南省人民政府办公厅关于加强和创新社会组织建设与管理的意见》，湖南省人民政府网站，http://www.hunan.gov.cn/zwgk/zjzf/hnzb/2014/201307_52311/swbgtszfbgtwj/201404/t20140408_1065971.html，最后访问时间：2015年4月30日。

③ 《关于改进社会组织登记工作的通知》，新疆社会组织网，http://www.xjngo.gov.cn/article/zcfg/201404/20140400622139.shtml，最后访问时间：2015年4月30日。

④ 《关于印发青海省教育厅等8个厅局主要职责内设机构和人员编制规定的通知》，青海省人民政府网站，http://xxgk.qh.gov.cn/html/1670/273441.html，最后访问时间：2015年4月30日。

⑤ 《甘肃省人民政府关于公布省级政府部门第十四批中央在甘单位第八批取消调整和下放行政审批项目等事项的决定》，甘肃政府网，http://www.gansu.gov.cn/art/2014/9/23/art_3289_196886.html，最后访问时间：2015年4月30日。

⑥ 《辽宁省人民政府关于取消和下放一批行政审批项目的决定》，辽宁省人民政府网站，http://www.ln.gov.cn/zfxx/zfwj/szfwj/zfwj2011_103250/201411/t20141128_1492202.html，最后访问时间：2015年4月30日。

截至 2014 年年底，已有 14 个省级行政单位正式发布文件将非公募基金会和异地商会的审批权下放至市级或县级民政部门；另外还有 4 个省份虽然未正式出台文件，但已经实行了非公募基金会和异地商会审批权的下放（详见表 1 - 2）。

表 1 - 2 非公募基金会或异地商会审批权下放地方政策文件汇总

序号	地区	政策名称
1	安徽	《安徽省人民政府关于公布省级行政审批项目清理结果的决定》（安徽省人民政府令第 245 号）
2	广东	《广东省民政厅关于进一步促进公益服务类社会组织发展的若干规定》（粤民民〔2013〕111 号）
3	浙江	《浙江省民政厅关于下放非公募基金会登记管理权限的通知》（浙民民〔2013〕151 号）
4	山东	《山东省人民政府关于加快服务业发展的若干意见》（鲁政发〔2013〕25 号）
5	河北	《河北省民政厅关于将异地商会和非公募基金会登记管理权限下延至设区市的通知》（冀民〔2013〕123 号）
6	陕西	《陕西省人民政府关于取消和下放行政审批事项的决定》（陕政发〔2013〕48 号）
7	江苏	《江苏省民政厅关于下放基金会登记管理权限的通知》（苏社管〔2013〕190 号）
8	宁夏	《宁夏社会组织登记暂行办法》
9	福建	《福建省人民政府关于取消、下放和调整一批省级行政审批项目的通知》（闽政〔2014〕6 号）
10	湖南	《中共湖南省委办公厅湖南省人民政府办公厅关于加强和创新社会组织建设与管理的意见》（湘办发〔2014〕7 号）
11	新疆	《新疆维吾尔自治区民政厅关于改进社会组织登记工作的通知》
12	青海	《青海省人民政府办公厅关于印发青海省教育厅等 8 个厅局主要职责内设机构和人员编制规定的通知》（青政办〔2014〕119 号）
13	甘肃	《甘肃省人民政府关于公布省级政府部门第十四批中央在甘单位第八批取消调整和下放行政审批项目等事项的决定》（甘政发〔2014〕91 号）
14	辽宁	《辽宁省人民政府关于取消和下放一批行政审批项目的决定》（辽政发〔2014〕30 号）

数据来源：中国公益研究院通过各地政府公开发布的规范性法律文件整理。

除上述 14 个省区市以外，天津、湖北、山西和江西也下放了审批权。天津市于 2014 年开展了下放非公募基金会登记管理权限试点工作。[①] 2013 年，湖北省开展非公募基金会登记管理改革试点，将非公募基金会登记权限下放到武汉、宜昌、荆州 3 个市。[②] 2014 年 1 月，山西省继下延异地商会登记管理权限后，决定下放非公募基金会登记管理权限。各市、县、区民政部门可作为非公募基金会的登记管理机关，负责本行政区域内活动的非公募基金会的登记和管理。[③] 截至 2015 年 2 月，江西省已经将非公募基金会和异地商会的审批管理权下延至 11 个设区市及 6 个省直管县（市）。[④]

此外，北京市、吉林省和河南省已经明文将非公募基金会和异地商会审批权列入民政工作重点。包括慈善组织在内的社会组织的审批权的下放，将进一步降低社会组织注册的难度，激发社会组织活力。这也会促进我国社会组织管理体制的改革。

（三）地方试点放宽社会组织注册条件

1. 广州市注册资金由实缴制改为认缴制，准入门槛大幅降低

2014 年 10 月 30 日，广州颁布《广州市社会组织管理办法》。这是综合规范社会组织从注册到退出等各方面事项的地方性政府规章，秉承了广州开放的社会组织管理理念，将直接登记、引入一业多会、政社分开等多项改革试点的经验以法律文件的形式确立下来。并从会员数量、使用场地、资金要求等方面，进一步降低社会组织成立条件，开放程度走在全国前列。除了基金会的注册资金仍实行"实缴制"外，成立民办非企业单位和社会团体都实行注册资金"认缴制"，并且成立社团的会员数量要求也

---

① 《天津市社团局 2014 年上半年工作总结》，天津市社会组织网，http：// www. tjmz. gov. cn/ tjshzz/ system/2014/08/27/010025719. shtml，最后访问时间：2015 年 4 月 30 日。

② 《湖北非公募基金会登记权限下放，武汉宜昌荆州试点》，湖北省人民政府网站，http：// www. hubei. gov. cn/ zwgk/ szsmlm/ shzqb/201305/t20130513 _448187. shtml，最后访问时间：2015 年 4 月 30 日。

③ 《山西非公募基金会登记管理权限下延至县级》，山西民政网，http：// www. sxmz. gov. cn/ article/ ywkd/201409/20140900693961. shtml，最后访问时间：2015 年 4 月 30 日。

④ 《江西省社会组织发展迅速》，中国江西网，http：// jiangxi. jxnews. com. cn/ system/2015/ 02/08/013614713. shtml，最后访问时间：2015 年 4 月 30 日。

降低到 15 人。该办法大幅降低成立社会组织的门槛，激发民间成立社会组织的热情，为社会组织更好地承接政府转移的职能、有效参与社会治理创造了良好的法律政策条件。

2. 深圳、重庆和上海等地探索社区基金会，激发社会组织参与社区共治

与此同时，深圳、重庆和上海等地还在积极探索社区基金会制度的创新。2014 年 5 月，《深圳市社区基金会培育发展工作暂行办法》出台，同时 5 家试点社区基金会获批成立，首期募集原始基金 1400 多万元，是全国首批试点成立的社区基金会。[①] 与其他基金会相比，社区基金会更立足于服务社区居民生活、提高社区治理能力，以非公募的方式在本社区范围筹集慈善资金。同时社区基金会在推动社区志愿服务和基层慈善文化建设方面也将发挥作用。根据《深圳市社团基金会培育发展工作暂行办法》，在深圳成立社区基金会的注册资本要求比其他基金会更低，注册资金达到 100 万元即可成立，而现有法律对基金会注册资金最低要求是 200 万元。截至 2014 年 11 月，深圳市已正式成立 10 家社区基金会。[②] 而上海、重庆和天津等地也在深圳之后积极探索推动社区基金会发展，引导社区居民参与社区公共事务、激发社会组织参与社区共治。2015 年 3 月 16 日，上海市首家社区级非公募基金会江浦社区基金会正式成立，原始基金为 200 万元。[③] 4 月 1 日，重庆市首家致力于社区公益和社区社会组织发展的非公募基金会民泰社区公益事业发展基金会正式授牌成立，首期成功募集到 600 万元善款，加上区政府资助的 800 万元，基金会资金规模达到 1400 万元。[④] 4 月 24 日，天津市首个社区基金会——桃源居社区公益组织发展基金会以及桃源居社区公益服务中心正式成立。将在健全社区公共服务体

[①] 王奋强：《光明新区试点全国首批社区基金会改革》，《深圳特区报》2014 年 3 月 27 日，第 A09 版。

[②] 《2015 年全国民政工作视频会议深圳专题》，民政部网站，http：//mzzt.mca.gov.cn/article/qgmzgzsphy2015/gzld/201412/20141200749000.shtml，最后访问时间：2015 年 4 月 7 日。

[③] 《上海市首家社区级非公募基金会在杨浦成立》，上海市政府网站，http：//www.shanghai.gov.cn/shanghai/node2314/node2315/node15343/u21ai994302.html，最后访问时间：2015 年 4 月 2 日。

[④] 《我区成立全市首个社区基金会》，重庆市南岸区网站，http：//www.cqna.com.cn/na_content/2015-04/04/content_3735623.htm，最后访问时间：2015 年 4 月 30 日。

系、改善社区民生和公共福利、提升社区自治和社会治理水平等方面发挥重要的作用。① 我国社区基金会的探索尝试，已经从深圳开始，在全国各地得到多元发展。未来将有更多的社区基金会在各地成立，社区基金会已经走上蓬勃发展之路。

基层社会组织的发展空间很大，是推动我国慈善部门发展壮大的重要驱动力。降低注册门槛，也会促进我国社会组织管理体制更为完善和科学，向分级分类监管和建立与组织性质类型相适应的现代管理体制方向发展。但由于社区基金会的注册要求比现有法律规定的要低，在实施过程中需要注意适当把控。防止多数基金会都涌向社区注册。应该适当审核组织的使命和主要服务对象，符合社区基金会性质的，可以按照社区基金会的管理制度注册运营。

（四）环保组织获公益诉讼原告资格

2014 年 4 月 24 日，新修订的《中华人民共和国环境保护法》（以下简称"新《环保法》"）审议通过并向社会公布。其中第五十八条对环境公益诉讼的主体资格进行了规定："对污染环境、破坏生态，损害社会公共利益的行为，依法在设区的市级以上人民政府民政部门登记，专门从事环境保护公益活动连续五年以上且无违法记录的社会组织可以向人民法院提起诉讼。"据统计，目前在全国范围内 5 年以上没有违法记录，并且在市级以上民政部门登记的环保组织有 700 家左右。② 作为新《环保法》的一大亮点，赋予社会组织提起环境公益诉讼的主体资格，对整个慈善部门的发展具有重大意义。我国的慈善事业发展起步晚，慈善部门相对弱小。与政府部门和商业部门相比，慈善部门发展相对滞后。赋予社会组织参与公益诉讼的主体资格，有利于其充分发挥其不同于政府和商业部门的独特价值，提高慈善组织参与社会治理的能力。

新《环保法》中关于公益诉讼原告资格的立法是一个逐渐开放的过

---

① 《民政部副部长顾朝曦揭牌天津首家社区基金会》，民政部网站，http：//mjj. mca. gov. cn/article/shgz/201504/20150400807472. shtml，最后访问时间：2015 年 4 月 30 日。
② 《全国 700 多家社会组织可提起环保公益诉讼》，《齐鲁晚报》2015 年 1 月 16 日，第A08 版。

程。从最初环保法修正草案未列入公益诉讼的事项，到二审稿中仅规定中华环保联合会以及在省、自治区、直辖市设立的环保联合会具有公益诉讼的主体资格，再到三审稿中所规定的"国务院民政部门登记，专门从事环境保护公益活动连续五年以上，且信誉良好的全国性社会组织"，最终出台的新版《环保法》将环保公益诉讼主体资格确定在市一级的社会组织，是一个很大的进展。2015 年 1 月 7 日起施行的《最高人民法院关于审理环境民事公益诉讼案件适用法律若干问题的解释》第二条进一步明确："依照法律、法规的规定，在设区的市级以上人民政府民政部门登记的社会团体、民办非企业单位以及基金会等，可以认定为环境保护法第五十八条规定的社会组织。"因此，像自然之友这样在朝阳区民政局登记的具有多年从事环保工作经验的组织也具备了提起环保公益诉讼的资格。经过这一修订过程，最终确定的能够提起环保公益诉讼的社会组织范围比最初法律草案的设定有了很大的扩展。立法机关在整个审议过程中考虑了民间环保组织的建议，赋予了市级以上注册的社会组织提起公益诉讼的资格和权利。

（五）引入竞争，政社分开，激发社会组织活力

1. 多地取消"一业一会"限制

为了贯彻落实《国务院机构改革和职能转变方案》中所提出的"探索一业多会，引入竞争机制"的改革。2014 年，全国多地开始取消行业协会一业一会限制。2013 年 12 月 28 日《宁夏社会组织登记暂行办法》施行，规定"允许同一行业相同或相似的公益慈善类、社会福利类、社会服务类、文化体育类和行业类社会组织申请登记"。2014 年 2 月实施的《云南省社会组织登记办法》也明确规定"同一行政区域内，可以成立两个以上业务范围相同或者相似的社会组织"。2014 年 4 月实施的《深圳经济特区行业协会条例》也打破原有一业一会限制的规定。

放开一业多会，将在行业协会组织中引入竞争机制，促使这些组织加强自身服务管理水平，增强行业自律，使行业协会组织真正成为"提供服务、反映诉求、规范行为"的主体。社会组织在良性竞争中健康发展，也有利于整个慈善部门公信力的提升。

2. 行业协会商会与政府机关脱钩得到具体落实

在 2014 年，与引入一业多会改革密切相关的行业协会商会与政府脱钩的改革也取得了有效进展。十八届三中全会的决定明确提出，限期实现行业协会商会与行政机关真正脱钩。由于历史原因，部分政府体制内派生出来的社会组织，尤其是行业协会类组织具有较强的行政色彩，并不是完全意义上独立于政府的第三部门。进行行业协会与政府机关的改革，将有助于加快政府职能转变，也有利于激发社会组织活力，将社会组织还给社会。

2014 年 3 月，海南省民政厅出台《关于行业协会商会与行政机关脱钩试点方案》，开始对行业协会商会的脱钩工作进行试点。2014 年 7 月，广东省出台《关于行业协会商会与行政机关脱钩方案》，分三个阶段对协会商会与行政机关限期脱钩。据统计，广州市全市有 70 家行业协会商会实现与行政机关脱钩。[1] 2015 年 1 月，陕西省发改委和民政厅下发《关于行业协会商会与行政机关脱钩有关问题的通知》。同月，贵州省发改委等六部门印发《贵州省行业协会商会与行政机关脱钩试点方案》。截至目前，北京、天津、海南、广东、陕西、贵州、河南、新疆、江苏、山东、山西等地都制定了行业协会商会脱钩改革的方案。从全国层面看，由发改委和民政部共同牵头制定《行业协会商会与行政机关脱钩的总体方案》也已经出炉，"预计在 2015 年底前实现行业协会商会与政府机关的全面脱钩"。[2]

三　公益政策支持慈善事业发展，志愿服务制度建设深化

在我国公益政策不断改革完善的趋势下，我国首次由国务院发布的促进慈善事业发展的政策文件——《国务院关于促进慈善事业健康发展的指导意见》出台。该意见发布后，民政部和各地方政府陆续出台相应的实施

---

[1] 贺风玲：《70 个行业协会商会与行政机关脱钩》，《广州日报》2014 年 11 月 28 日，第 ZSA1 版。

[2] 《行业协会商会与行政机关脱钩的总体方案出炉》，中国政府网，http://www.gov.cn/wenzheng/2015 – 03/10/content_2831973.htm，最后访问时间：2015 年 4 月 2 日。

意见，从鼓励慈善活动、培育慈善组织和加强慈善监管等方面推动促进慈善事业发展。与此同时，我国公益政策的发展也注重增强社会慈善氛围，发展志愿服务文化，完善志愿者管理制度。2014 年，《中国社会服务志愿者队伍建设指导纲要（2013—2020 年）》发布，在各地志愿服务条例的基础上，制定全国性的志愿服务立法。

（一）中央及地方政策促进慈善事业发展

2014 年 11 月 24 日，《国务院关于促进慈善事业健康发展的指导意见》（国发〔2014〕61 号，以下简称《慈善意见》）发布。该意见从"总体要求"、"鼓励和支持以扶贫济困为重点开展慈善活动"、"培育和规范各类慈善组织"、"加强对慈善组织和慈善活动的监督管理"和"加强对慈善工作的组织领导"五个方面提出了意见和要求。该意见突出了优先发展扶贫济困的慈善事业，提出了"加快完善相关法规政策，规范和引导慈善事业健康发展"，"探索捐赠知识产权收益、技术、股权、有价证券等新型捐赠方式，鼓励设立慈善信托，抓紧制定政策措施，积极推进有条件的地方开展试点"，"落实企业和个人公益性捐赠所得税税前扣除政策，研究完善慈善组织企业所得税优惠政策，切实惠及符合条件的慈善组织"等多个促进慈善事业发展的措施。在倡导鼓励培育慈善组织的同时，也强调了慈善组织自我管理、行业自律和政府监管。

《慈善意见》的出台意义重大。这是首次在中央政府层面出台指导意见，对各部委和各级地方政府都具有约束力。该意见的内容涉及目前慈善领域和社会各界都非常关注并期望优化的慈善法规政策、慈善组织免税制度、新型捐赠方式、慈善信托制度等多个方面，对慈善立法的突破有很大的推动作用。同时，在该指导意见出台以后，各职能部委对具体落实该指导意见也进行了分工。因此，落实该指导意见对我国慈善事业管理体制的改革也具有探索作用。在全面推进依法治国的背景下，《慈善意见》的出台对我国慈善事业法律体系和管理体制的完善起到了关键的促进作用。

《慈善意见》下发之后，民政部发布了《民政部关于贯彻落实〈国务院关于促进慈善事业健康发展的指导意见〉的通知》。该通知共提出 16 项具体任务，从慈善组织核心监管部门的角度，就落实国务院的指导意见、加强慈善组织监管、促进慈善组自律做出了具体部署。

在地方层面，北京市于 2014 年 1 月 1 日开始施行《北京市促进慈善事业若干规定》。该规定对受其规范的慈善组织进行了界定，对包括公开募捐在内的慈善活动进行规范，明确细化慈善组织的监管体制，设定相应的处罚措施并鼓励基金会发挥资金募集优势和专业性，倡导基金会转变为资助型基金会与其他慈善组织展开合作。

广州市拟定通过 6 个方面共 23 条举措贯彻落实《慈善意见》的规定。通过对慈善组织管理体制的创新，包括开发重大疾病救助信息平台，试行募捐管理二维码认证等多种方式来贯彻落实国务院的《慈善意见》。

2015 年 3 月，江苏省政府出台《关于促进慈善事业健康发展的实施意见》，这是全国首个由省级政府出台促进慈善事业发展的实施意见。该文件描述了具有江苏特色的现代慈善事业发展的新蓝图，通过可考量、可验收的量化目标任务，提出了政府支持指数、社会捐赠指数、慈善组织指数、志愿服务指数、慈善文化指数、慈善透明指数等六大指数目标。力争在 2020 年使全省家庭参与捐赠或者提供志愿者服务比例达 20% 以上，社会捐赠总额占 GDP 的比例达到 0.2%。[①]

（二）政策法规推进志愿服务制度化

志愿者与志愿服务是慈善事业中的重要资源和要素，但目前全国性的志愿服务法规尚未形成。继 2013 年年底民政部发布《中国社会服务志愿者队伍建设指导纲要（2013—2020 年）》后，2014 年 2 月 19 日中央文明委印发《关于推进志愿服务制度化的意见》，为进一步推进志愿服务的体系化制度化，促进志愿者与志愿服务信息记录与整合，鼓励志愿者队伍的扩大提出具体意见。针对当前我国志愿服务管理分散，志愿者能力参差不齐，配套管理和奖励机制不健全等有待完善的方面，该意见提出要"建立健全志愿者招募和注册制度、培训管理制度、志愿服务记录制度并健全志

---

① 《江苏省政府关于促进慈善事业健康发展的实施意见》，江苏慈善网，http://www.jscharity.org.cn/gzdt/mcse/2015 - 04 - 10/18624.html，最后访问时间：2015 年 4 月 30 日。

愿服务激励机制"，通过"完善全国志愿者队伍建设信息系统志愿服务信息平台"来更好地实现志愿服务供需双方信息对接。通过发挥各类社会组织的作用，为志愿者进行系统培训，来提升志愿者能力、服务水平和服务意识。同时，该意见还提出通过"志愿者利用参加志愿服务的工时，换取一定的社会服务，同时在就学、就业、就医等方面享受优惠或待遇"等方面的激励机制来鼓励更多人参与志愿服务，扩大志愿者队伍。这一系列政策性文件的出台，都将推动我国志愿服务工作向制度化规范化方向发展。

地方性志愿服务立法工作早已启动。2003 年，福建省和黑龙江省就已经颁布实施地方志愿服务条例。截至目前，包括福建、黑龙江、吉林、宁夏、湖北、江苏、江西、天津、浙江、上海、新疆、海南、广东、四川、湖南和山西在内的 16 个省、自治区和直辖市已经颁布了专门规范志愿服务的省级行政法规（详见表 1-3）。此外，辽宁、河北、内蒙古、安徽、山东、广西和云南辖区内的一些市也出台了地方性志愿服务条例。[①] 这些地方性志愿服务法规的颁布和实施，为全国性志愿服务法规的出台奠定了基础。从目前的慈善立法进展情况来看，正在由全国人大起草的《慈善事业法》有望设专章对志愿服务进行规范。同时民政部门还在积极着手《志愿服务条例》的起草工作，极力推动相关法规早日出台。[②]

表 1-3　各省、区、市出台的地方志愿服务法规汇总

序　号	法规名称	实施日期
1	《福建省青年志愿服务条例》	2003 年 5 月 4 日
2	《黑龙江省志愿服务条例》	2003 年 8 月 1 日
3	《吉林省志愿服务条例》	2006 年 1 月 1 日
4	《宁夏回族自治区志愿服务条例》	2006 年 7 月 1 日
5	《湖北省青年志愿服务条例》	2006 年 8 月 1 日
6	《江苏省志愿服务条例》	2007 年 5 月 1 日

[①] 这些城市具体是：唐山、包头、大连、抚顺、合肥、淄博、青岛、济南、南宁、昆明。

[②] 《窦玉沛：发展志愿组织 深化社区服务》，民政部网站，http://www.shehuiwang.cn/2014/bsldbdj_0423/31535.html，最后访问时间：2015 年 4 月 7 日。

序　号	法规名称	实施日期
7	《江西省青年志愿服务条例》	2008 年 3 月 1 日
8	《天津市青年志愿服务条例》	2008 年 3 月 5 日
9	《浙江省志愿服务条例》	2008 年 3 月 5 日
10	《上海市志愿服务条例》	2009 年 6 月 1 日
11	《新疆维吾尔自治区志愿服务条例》	2009 年 7 月 1 日
12	《海南省志愿服务条例》	2009 年 8 月 1 日
13	《广东省志愿服务条例》	2009 年 9 月 1 日
14	《四川省志愿服务条例》	2009 年 12 月 1 日
15	《湖南省志愿服务条例》	2012 年 12 月 1 日
16	《山西省志愿服务条例》	2014 年 3 月 1 日

数据来源：中国公益研究院根据公开资料整理。

四　政府购买社会服务制度越发充实，推进社会治理创新

政府向社会组织购买公共服务是政府转移职能的主要形式。但由于政府购买服务制度在我国开展的时间较短，尚无相关法律规范，有关政府购买社会服务的政策制度还不健全。2013 年 9 月底，《国务院办公厅关于政府向社会力量购买服务的指导意见》发布以后，从中央各有关部委到各地政府部门都出台了一系列的指导和实施意见，构建了我国政府购买服务的基本制度框架，确立了实施政府购买服务项目的基本原则，也为下一阶段规范政府购买社会服务的法律法规的出台奠定了基础。

（一）多部委合力规范完善政府购买服务制度

近年来政府购买服务的额度和范围随着政府职能转移的推进而不断扩大。各地方政府就政府购买服务工作的具体开展出台了多个实施意见，但全国性的政策文件直至 2013 年下半年才出台。2013 年 9 月 26 日，《国务

院办公厅关于政府向社会力量购买服务的指导意见》发布，对开展购买服务工作的原则和购买服务过程中包括购买主体、承接主体、购买内容、购买机制、资金管理和绩效管理等各项要素做了指引。在其后的2014年，政府购买服务法规政策有了显著的进展。

2014年1月，财政部发布《关于政府购买服务有关预算管理问题的通知》，对政府用于购买服务的资金如何做预算上的安排做出规定。针对现有政府购买服务的资金在财政预算上没有专门的类别问题，该通知规定："政府购买服务所需资金列入财政预算，从部门预算经费或经批准的专项资金等既有预算中统筹安排。"并要求加强预算管理，"对政府购买服务的预算有效监控，信息公开并进行绩效评价"。对政府购买服务的资金在预算上进行规范，可以有效地防止购买服务的资金被滥用和政府购买服务过程中腐败问题的发生。

11月，财政部和民政部联合下发《关于支持和规范社会组织承接政府购买服务的通知》，就地方财政部门和民政部门培育发展社会组织，坚持公共性和公益性原则，采取多种有效方式选取服务提供方等做出规定。同时也具体规范了承接政府购买服务项目的社会组织所应该具有的资格以及资格的审核程序，并要求加强政府向社会组织购买服务的绩效管理和绩效评价。

12月，财政部、民政部和国家工商行政管理总局三部门联合公布《政府购买服务管理办法（暂行）》，对"政府购买服务"的含义进行了界定，明确规定了购买主体和承接主体的范围。该办法还确定了政府购买服务工作的原则，购买服务的内容和购买的方式和程序，并对具体的预算管理和绩效考核相关的内容进行了规范。这是在中央层面首次出台的专门规范政府购买服务的规范性法律文件，是到目前为止内容相对全面、规范也较为细致的政府购买服务的法律依据，但是该暂行办法还是规范性文件，法律效力层级低。应该结合政府购买服务的实践经验尽快出台行政法规或专门法律，对政府购买社会服务的行为进行规范。

总体来说，2014年多个中央部委政策的出台，为各级政府实施购买公共服务项目确立了规范。由此，我国政府购买服务的制度逐步形成，不断完善。

表1-4 全国性政府购买服务政策文件汇总

序号	文件名称	发布部门
1	《国务院办公厅关于政府向社会力量购买服务的指导意见》	国务院
2	《关于政府购买服务有关预算管理问题的通知》	财政部
3	《关于支持和规范社会组织承接政府购买服务的通知》	财政部和民政部
4	《政府购买服务管理办法（暂行）》	财政部、民政部和国家工商行政管理总局

数据来源：中国公益研究院根据公开资料整理。

（二）地方政府购买服务政策框架全面确定

在《国务院办公厅关于政府向社会力量购买服务的指导意见》出台以后，各地方政府就该指导意见做了具体的贯彻落实，先后有30个省、自治区和直辖市政府公布了向社会力量购买服务实施意见，就当地如何具体落实政府向社会力量购买服务的工作做出规定。（具体各省级行政区出台政府向社会力量购买服务的实施意见的情况见图1-1，1-2。）各省级行政区还发布了向社会力量购买服务的指导性目录，对政府向社会力量购买服务的内容进行明确的列举。同时各地财政也积极筹措资金，专门用于政府向社会力量购买服务的项目。

各地方政府也积极投入财政资金落实政府购买社会服务项目。2014年，北京市"投入7000多万元市级社会建设专项资金，用于购买社会组织的民生服务项目"[①]。天津市2014年支持社会组织公益项目补贴资金总额达到5000多万元。[②] 据初步统计山东省"2014年全省部门预算安排涉及政府购买服务资金约55.5亿元"[③]。"安徽省2014年政府购买服务试点项目预计涉及资金69.5亿元"。[④] 总而言之，随着政府职能转变工作的深入，

[①] 童曙泉、骆倩雯：《今年投7000余万购买社会组织服务》，《北京日报》2014年1月21日，第04版。

[②] 王音、宋庆翠：《天津市社团局创新管理模式 推进政府购买服务工作》，人民网，http://www.022net.com/2015/2-6/481946162336975.html，最后访问时间：2015年4月17日。

[③] 李继学：《政府购买服务改革取得明显成效》，和讯网，http://news.hexun.com/2014-11-22/170662342.html，最后访问时间：2015年4月7日。

[④] 李继学：《政府购买服务改革取得明显成效》，和讯网，http://news.hexun.com/2014-11-22/170662342.html，最后访问时间：2015年4月7日。

全国各地的政府购买服务工作有了长足进展。不仅各省针对政府购买服务工作有了政策法规依据，如何做财政上的安排和开展具体工作也更加明确，资金的投入也不断增多。我国的政府购买服务工作正向着常态化、制度化的方向发展。

表 1－5　全国性政府购买服务政策文件汇总

序号	规范性法律文件	发文日期
1	《北京市人民政府办公厅关于政府向社会力量购买服务的实施意见》	2014 年 6 月 6 日
2	《天津市人民政府办公厅转发市财政局关于政府向社会力量购买服务管理办法的通知》	2014 年 2 月 19 日
3	《河北省人民政府办公厅关于政府向社会力量购买服务的实施意见》	2014 年 1 月 27 日
4	《山西省人民政府办公厅关于印发山西省政府购买服务暂行办法的通知》	2014 年 6 月 1 日
5	《内蒙古自治区人民政府办公厅关于政府向社会力量购买服务的实施意见》	2014 年 7 月 5 日
6	《辽宁省人民政府办公厅关于推进政府向社会力量购买服务工作的实施意见》	2014 年 9 月 25 日
7	《吉林省人民政府办公厅关于政府向社会力量购买服务的实施意见》	2014 年 2 月 22 日
8	《黑龙江省人民政府办公厅关于政府向社会力量购买服务的实施意见》	2014 年 6 月 16 日
9	《江苏省人民政府办公厅印发关于推进政府购买公共服务工作指导意见的通知》	2013 年 10 月 21 日
10	《浙江省人民政府办公厅关于政府向社会力量购买服务的实施意见》	2014 年 6 月 25 日
11	《安徽省人民政府办公厅关于政府向社会力量购买服务的实施意见》	2013 年 12 月 29 日
12	《福建省人民政府关于推进政府购买服务的实施意见》	2014 年 7 月 29 日
13	《江西省人民政府办公厅关于政府向社会力量购买服务的实施意见》	2014 年 8 月 5 日
14	《山东省人民政府办公厅关于印发政府向社会力量购买服务办法的通知》	2013 年 11 月 12 日
15	《河南省人民政府办公厅关于推进政府向社会力量购买服务工作的实施意见》	2014 年 12 月 2 日
16	《湖北省人民政府办公厅印发〈关于政府向社会力量购买服务实施意见（试行）〉》	2014 年 1 月 27 日
17	《湖南省人民政府关于推进政府购买服务工作的实施意见》	2014 年 6 月 28 日

序号	规范性法律文件	发文日期
18	《广东省人民政府办公厅关于印发政府向社会力量购买服务暂行办法的通知》	2014 年 7 月 2 日
19	《广西壮族自治区人民政府办公厅关于政府购买服务的实施意见》	2014 年 4 月 8 日
20	《海南省人民政府办公厅关于印发海南省政府购买服务实施暂行办法的通知》	2014 年 6 月 20 日
21	《重庆市人民政府办公厅关于印发重庆市政府购买服务暂行办法的通知》	2014 年 12 月 12 日
22	《四川省人民政府办公厅关于推进政府向社会力量购买服务工作的意见》	2014 年 7 月 16 日
23	《贵州省人民政府办公厅关于政府向社会力量购买服务的实施意见》	2014 年 10 月 31 日
24	《云南省人民政府办公厅关于印发云南省县级以上政府向社会组织购买服务暂行办法的通知》	2013 年 10 月 10 日
25	《西藏自治区人民政府办公厅关于政府向社会力量购买服务的实施意见》	2015 年 2 月 10 日
26	《陕西省人民政府办公厅关于政府向社会力量购买服务的实施意见》	2014 年 10 月 15 日
27	《甘肃省人民政府办公厅关于政府向社会力量购买服务的实施意见》	2014 年 5 月 4 日
28	《青海省人民政府办公厅关于印发政府向社会力量购买公共服务实施办法的通知》	2014 年 5 月 12 日
29	《宁夏回族自治区关于推进政府购买服务工作指导意见的通知》	2014 年 5 月 14 日
30	《新疆维吾尔自治区关于政府向社会力量购买服务的实施意见》	2014 年 12 月

来源：中国公益研究院通过各地政府公开发布的规范性法律文件整理。

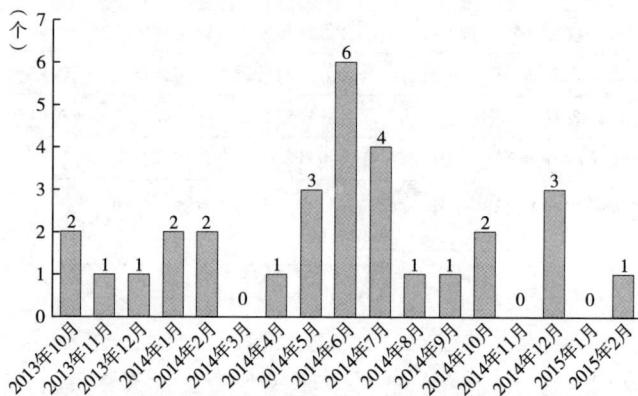

图 1-1 关于政府向社会力量购买服务的指导意见出台后各省（区、市）出台实施细则的进度

数据来源：中国公益研究院通过各地政府公开发布的规范性法律文件整理。

五 慈善税收新政助推非营利组织境外活动

慈善税收优惠一般包括非营利组织自身税收优惠和公益性捐赠税收优惠两个方面。2014年，非营利组织自身税收优惠领域取得突破性进展。财政部、国家税务总局发布的《关于非营利组织免税资格认定管理有关问题的通知》（财税〔2014〕13号）中，不再将非营利组织活动范围主要在中国境内作为该组织取得免税资格的条件。国务院《慈善意见》要求落实企业和个人公益性捐赠所得税税前扣除政策，并研究完善慈善组织企业所得税优惠政策，切实惠及符合条件的慈善组织。慈善税收优惠政策亟待在探索中不断完善。

（一）非营利组织免税活动范围实现突破，助力非营利组织国际化

2014年1月，《财政部 国家税务总局关于非营利组织免税资格认定管理有关问题的通知》（财税〔2014〕13号，简称"13号文"）发布，这是继2009年11月《财政部 国家税务总局关于非营利组织免税资格认定管理有关问题的通知》（财税〔2009〕123号，以下简称"123号文"）之后，两部门再次对非营利组织免税资格认定管理的有关问题出台新政。比较13号文和123号文中有关非营利组织免税认定的条件，其中第1条第2款的内容由123号文的"从事公益性或者非营利性活动，且活动范围主要在中国境内"变为13号文的"从事公益性或者非营利性活动"；新规定删除了"且活动范围主要在中国境内"的条件要求。由此可以看出，13号文中放宽了对申请免税认定的非营利组织活动范围的限制，不再要求中国非营利组织活动范围主要限于中国境内。

这对于致力于开展境外慈善活动的组织无疑是重大的利好消息，也释放出中国政府鼓励非营利组织积极拓展境外活动的信号。中国非营利组织通过积极参加境外慈善活动，能够增加与其他国家非营利组织和政府的良性互动，不断提升和完善非营利组织自身建设，彰显非营利组织的国际影响力。这无疑是树立中国非营利组织，乃至整个中国良好国际形象的极为有效的途径。从这一角度分析，13号文较123号文有较大进步，13号文为

非营利组织国际化提供坚实的法律基础和税收优惠保障。

（二）非营利组织境外活动规制性建设的挑战

然而，除了免税组织的活动范围得到扩展之外，13 号文较 123 号文并无其他突破。主要体现在以下两个方面。

第一，非营利组织免税资格认定与公益性捐赠税前扣除资格需向不同机构分别申请。

根据 13 号文，非营利组织免税需向财政、税务部门申请；而根据《财政部 国家税务总局 民政部关于公益性捐赠税前扣除有关问题的通知》（财税〔2008〕160 号），公益性捐赠税前扣除资格需向民政、财政和税务部门申请。这使得依据《基金会管理条例》和《社会团体登记管理条例》成立的基金会、慈善组织等公益性社会团体，需要分别申请免税资格与公益性捐赠税前扣除资格。

非营利组织免税资格的赋予，体现了一个国家在一定时期内的政策导向。慈善捐赠的税收优惠，更是体现国家对于部分非营利组织的特别支持。就国际经验而言，在美国、加拿大、新加坡等国，经相关部门认定或登记的非营利组织一般情况下都能够享受自身免税，而具备出具慈善捐赠税收优惠收据的非营利组织必须满足更为严苛的条件。因为慈善捐赠的税收优惠对于捐赠人而言更有引导作用，具备向捐赠人出具慈善捐赠税收优惠票据的非营利组织往往能够较为容易吸引捐赠。因而，许多国家和地区仅仅赋予从事有助于不特定公众的慈善活动的非营利组织以自身免税和慈善捐赠的税收优惠。从事慈善活动，且该慈善活动有利于公众或绝大多数公众的组织通常被称为慈善组织。

由于我国并未对一般非营利组织和慈善组织做法律上的区分，使得许多实际上从事有利于公众慈善活动的组织也需要向不同机构分别申请免税认定和公益性捐赠税前扣除资格，一定程度上造成慈善组织税收优惠与非营利组织税收优惠的同质化。在我国《慈善事业法》起草之际，应当考虑将慈善组织的两种税收优惠的申请合并，从而切实助推慈善组织的发展。

第二，非营利组织从事境外活动应受到合理规制。

国家通过赋予非营利组织免税资格或授予慈善组织公益性捐赠税收优

惠资格等方式，让渡了一定的税收利益以支持非营利组织和慈善组织的发展。国家希望慈善组织可以为本国提供公共服务，或是慈善组织开展的国际活动应符合该慈善组织所在国法律规定的慈善目的。慈善组织开展境外活动方式主要包括直接实施境外活动，委托其他组织实施境外活动以及向境外捐赠。13 号文并无关于非营利组织应当开展何种境外活动以及如何开展境外活动的规定，这可能致使境内非营利组织将在境内取得的收入转移到境外用于与慈善无关的事业，造成境内非营利组织成为境外"金钱管道"现象的产生。如何防范此类现象的发生值得深思。从国际经验看，慈善组织直接开展境外活动时，相关活动要符合慈善组织所在国的慈善目的；委托其他组织开展慈善活动时，慈善组织应能够有效地控制和监督慈善资源的使用；直接向境外捐款时，受赠机构应当属于本国法律规定的名单之列。违反上述规定开展慈善活动的慈善组织，可能因此丧失慈善组织资格，从而无法继续享受税收优待。我国应尽快制定相关法律，合理规制非营利组织和慈善组织境外活动的开展，以从根本上保障慈善目的的实现。

（三）非货币性资产捐赠面临税收政策障碍，捐赠支出结转扣除政策尚待落实

《企业所得税法实施条例》第 25 条规定：企业发生非货币性资产交换，以及将货物、财产、劳务用于捐赠、偿债、赞助、集资、广告、样品、职工福利或者利润分配等用途的，应当视同销售货物、转让财产或者提供劳务，但国务院财政、税务主管部门另有规定的除外。《关于企业处置资产所得税处理问题的通知》（国税函〔2008〕828 号）第 2 条规定：企业将资产移送他人的下列情形，因资产所有权属已发生改变而不属于内部处置资产，应按规定视同销售确定收入。（一）用于市场推广或销售；（二）用于交际应酬；（三）用于职工奖励或福利；（四）用于股息分配；（五）用于对外捐赠；（六）其他改变资产所有权属的用途。《企业所得税法实施条例》第 53 条规定：企业发生的公益性捐赠支出，不超过年度利润总额 12% 的部分，准予扣除。年度利润总额，是指企业依照国家统一会计制度的规定计算的年度会计利润。

按照上述规定，在税收处理上，先要依据捐赠的股权等非货币性资产公允价值计算出增值部分所得并征税，然后再按照税法规定计算捐赠的税前扣除。如果股权捐赠支出超过企业年度会计利润12%，则超过部分不得扣除。这使得大额股权捐赠的企业在并未取得实际收益的情况下，需要缴纳巨额所得税，由此带来极为沉重的额外税收负担。

虽然2013年2月《国务院批转发展改革委等部门关于深化收入分配制度改革若干意见的通知》（国发〔2013〕6号）第20条规定对企业公益性捐赠支出超过年度利润总额12%的部分，允许结转以后年度扣除。但是，该通知并未明确结转制度的实施细则且适用范围仅限于企业。时至今日，有关部门也未出台相关细则，致使对捐赠支出超出当年限额部分可以结转的政策仍未落地。

目前，我国有一批企业家在致富后有意回馈社会，很多人选择以捐赠股权的方式支持社会公益事业。股权捐赠所带来的股权分红和股息成为慈善组织重要的稳定资金来源，有利于慈善组织的持续生存和慈善事业的健康发展。但是我国股权等非货币性资产捐赠视同销售且慈善捐赠支出无法结转的现行税收政策并未有效鼓励股权捐赠的发展，亟待改进。

六 小结与展望：中国公益步入法治时代

2014年，随着中共中央十八届四中全会通过《中共中央关于全面推进依法治国若干重大问题的决定》，我国慈善事业进入一个法律政策的建制时期。《慈善事业法》预计在2015年年底提请全国人大常委会审议。同时已经进入全国人大立法日程的还有《红十字会法》的修正案和《境外非政府组织管理法》。在全面深化依法治国方略的推动下，我国慈善法律体系将在未来一两年内取得实质性突破，限制我国慈善事业发展的法律缺位问题将得到解决。

过去一年中，我国在培育和发展慈善组织，改善慈善事业的政策制度环境方面也取得多项进展。社会组织直接登记制度向更多领域和更广地域覆盖，绝大多数省、自治区和直辖市都已经开展或试行了直接登记制度。社会组织注册门槛进一步降低，广州民办非企业单位和社会团体的注册资金在 2014 年从实缴制转变为认缴制。深圳、上海等地积极探索社区基金会，进一步降低基金会的准入标准。全国 700 多家环保组织获得环境公益诉讼资格，慈善组织迎来赋权时代。各地政府加快职能转变，政府向社会组织购买公共服务的财政投入不断增大，相关配套制度逐渐完善。同时在政府简政放权的趋势下，多个省份下放私募基金会和异地商会的审批权。这些慈善政策改革创新的广泛实施，为我国慈善立法政策的改革奠定了实践基础。2014 年，我国首次由国务院发布的慈善政策文件《国务院关于促进慈善事业健康发展的指导意见》出台。该文件涵盖了目前慈善领域和社会各界都非常关注并期望改革的慈善法律政策完善、慈善组织免税制度、新型捐赠形式规范、慈善信托制度完善等多个议题，为我国慈善法律政策的未来改革勾画了路线图。

可以预见，在十八届四中全会推动下，在国务院《关于促进慈善事业健康发展的指导意见》的指引下，未来我国的慈善法律政策将在以下四个方面逐步健全完善：第一，包括社区基金会、慈善信托、非货币捐赠制度在内的地方创新试点将继续推进，为全国性慈善法律制度的完善积累经验；第二，除了已经进入全国人大立法或修订程序的《慈善事业法》和《红十字会法》等慈善事业相关立法工作以外，《行业协会商会法》《志愿服务法》的立法工作也将逐步向前推进；第三，在《慈善事业法》出台以后，相关主管部门还将陆续制定相关配套的实施办法或细则，为各级监管部门实施《慈善事业法》提供明确指引；第四，慈善组织的免税优惠制度也有望在未来几年内进一步完善，并以法律法规的形式确立下来。在未来几年中，我国的慈善事业法律体系将逐步建立完善，慈善组织在参与社会治理，提供社会服务方面将发挥更大的作用。

第二章
公益捐赠：百亿级捐赠引领财富向善

2014 年慈善捐赠领域亮点频出：个人捐赠额首次达到百亿元量级，股票期权成为大额捐赠的重要内容；财富人群的公益慈善意识集体觉醒，"亿"元捐赠者创新高；慈善家境外施捐趋势明显；"冰桶挑战"、公益众筹等募捐活动形式丰富活泼，让公众以轻松、愉快的心态参与公益筹款与募捐，推动公众小额捐赠的进一步发展。

一 股票期权成为大额捐赠重要内容

中国公益研究院发布的《2014 中国捐赠百杰榜》显示，2014 年度入榜人员捐赠总额（含承诺）总计 304.16 亿元，最高捐赠额为 169 亿元，最低捐赠额为 1110 万元，其中 24 人年度捐赠总额达到或超过 1 亿元，创造了该榜单编制以来亿元捐赠者数量的最高纪录。马云因捐赠个人持有价值超过 169 亿元的阿里巴巴股票期权而位居榜单第一，同样捐赠个人持有阿里巴巴股票期权的蔡崇信以 72.4 亿元的额度排名第二，何享健以 4.25 亿元的捐赠额排名第三（见表 2－1）。

表 2－1　2014 中国捐赠百杰榜

单位：万元

序号	排名	捐赠金额	姓　名	公司名称	主要捐赠用途
1	1	1690000 *	马云	阿里巴巴集团	向慈善信托捐赠 3500 万股阿里巴巴集团股份
2	2	724000 *	蔡崇信	阿里巴巴集团	向慈善信托捐赠 1500 万股阿里巴巴集团股份

续表

序号	排名	捐赠金额	姓　名	公司名称	主要捐赠用途
3	3	42500	何享健	美的集团	捐赠 4 亿元成立广东省何享健基金会
4	4	39774	陶欣伯	南京伯藜置业管理有限公司	向江苏陶欣伯助学基金会捐赠 6500 万美元
5	5	34500	唐立新	新尚集团	向重庆大学捐赠 3 亿元
6	6	32000	王建林	大连万达集团	捐赠 1 亿元建设四川师范大学广元万达中学
7	7	31040	邢福平	力旺集团	向吉林大学捐赠 3.1 亿元
8	8	27817	许连捷家族	恒安国际集团	向晋江市慈善总会捐赠 2 亿元
9	9	25000	马化腾	腾讯科技（深圳）有限公司	向腾讯公益慈善基金会捐赠 2.5 亿元
10	10	20000	陈远东	西部发展控股有限公司	向北京大学捐赠 2 亿元
11	11	18000	林腾蛟	阳光城（控股）集团	向福州大学捐赠 1.3 亿元
12	12	16000	卢朝康	重庆康德实业集团	捐赠 1.6 亿元修建綦江中学和綦江陵园小学
13	13	15298	潘石屹夫妇	SOHO 中国有限公司	通过基金会向哈佛大学捐赠 1500 万美元
14	14	14051	卢志强	泛海集团	向中华艺文基金会捐赠 5000 万元
15	15	14000	陈锋	海航集团	向海南省慈航公益基金会捐赠 1.4 亿元
16	16	11000	杨国强家族	碧桂园集团	向广东扶贫济困日认捐 1 亿元
17	17	10300	赵伟国	北京健坤投资集团	向南开大学捐赠 1 亿元
18	18	10200	宗庆后家族	娃哈哈集团	向西安交通大学捐赠 1 亿元
19	19	10000	霍通恩	上海玛咖人生生物科技有限公司	向中国儿童少年基金会捐赠 1 亿元（分 10 年）
20	19	10000	李德福	中源协和细胞基因工程股份有限公司	捐赠 1 亿元成立深圳市中源协和生物治疗公益基金会
21	19	10000	李文顺	宏泰集团	向林州市慈善总会捐赠 1 亿元
22	19	10000	宋治平	吉林康乃尔医药有限公司	向吉林大学捐赠 1 亿元

续表

序号	排名	捐赠金额	姓 名	公司名称	主要捐赠用途
23	19	10000	王苗通家族	浙江华通控股集团	捐赠 1 亿元建设上虞体育会展区华通体育馆（分 3 年）
24	19	10000	游志胜	四川川大智胜软件股份有限公司	向四川大学捐赠 1 亿元（分 10 年）
25	25	9500	苏志团	太东集团	在广东扶贫济困日认捐 9500 万元（分 2 年）
26	26	8400	艾路明	武汉当代科技产业集团	向武汉大学捐赠 7000 万元
27	27	8000	薛行远	祥兴（福建）集团	向北京师范大学捐赠 5000 万元
28	28	7500	康玉柱夫妇	河北秀兰房地产集团	向中国传媒大学捐赠 7000 万元
29	29	6902	周希俭	南京中脉科技发展有限公司	捐赠 5000 万元成立中脉道和公益基金会
30	30	6800	郭英成	佳兆业集团	向深圳大学捐赠 3500 万元（分 5 年）
31	31	6000	戴建良	贵阳西南国际商贸城有限公司	在贵州扶贫日活动中认捐 5000 万元
32	32	5696	古润金	完美（中国）有限公司	在完美 20 周年慈善盛典上捐赠 2670 万元
33	33	5000	叶庆均	浙江敦和投资有限公司	向浙江敦和慈善基金会捐赠 5000 万元
34	33	5000	郑东	—	向天津大学捐赠 5000 万元
35	33	5000	蒋仁生	重庆智飞生物制品股份有限公司	向广西桂林医学院捐赠 5000 万元
36	33	5000	涂亿万	湖北高铁新城投资开发有限公司	向湖北省慈善总会捐赠 5000 万元
37	33	5000	尤钰涵	钰涵（福建）园林有限公司	向厦门大学捐赠 5000 万元
38	38	4000	阎志	卓尔发展集团	向武汉大学捐赠 4000 万元
39	39	3060	柯希平	厦门恒兴集团	向福建农林大学安溪茶学院捐赠 2000 万元

序号	排名	捐赠金额	姓 名	公司名称	主要捐赠用途
40	40	3050	张泽保	河南东方今典房地产集团	向中国光彩事业促进会捐赠3000万元
41	41	3000	程连英	武汉新居城房地产开发有限公司	向中南大学捐赠3000万元
42	41	3000	许家印	恒大地产集团	向威马逊台风受灾地区捐赠1000万元
43	41	3000	袁艳明	广安明兴科技发展有限公司	向西南大学捐赠3000万元
44	41	3000	彭磷基夫妇	祈福集团	向中国扶贫基金会捐赠3000万元
45	45	2800	陈东升	泰康人寿保险股份有限公司	向武汉大学捐赠2000万元
46	46	2400	谢鹏程	深圳市京武投资（集团）有限公司	向中国人权发展基金会捐赠2100万元
47	47	2380	陈泽坚	金旺角投资（集团）公司	向北流市奖学助学协会捐赠1880万元
48	48	2210	南存辉	正泰集团	捐赠2000万元支持浙江省"五水共治"行动
49	49	2208	赵汉杰	广州市长江企业集团	在广东扶贫济困日认捐2208万元
50	50	2200	许明金	深圳市香缤投资集团	捐赠1000万元支持建立"南音南戏发展基金"
51	51	2130	邓伟	亿阳集团	向北京邮电大学捐赠1600万元
52	52	2100	陈红天	祥祺集团	向对外经济贸易大学捐赠1200万元
53	52	2100	于立荣	北京凌盛集团	向首都师范大学捐赠1000万元
54	52	2100	张刚强	湖南皇爷食品有限公司	向湖南省青少年发展基金会捐赠2100万元
55	55	2040	刘锋	山东永锋集团	向德州市慈善总会捐赠2000万元
56	56	2000	陈能松	武汉融港投资有限公司	向武汉大学捐赠2000万元

续表

序号	排名	捐赠金额	姓 名	公司名称	主要捐赠用途
57	56	2000	陈鸿道	加多宝集团	向清华大学捐赠1000万元
58	56	2000	章如庚	新华印染有限公司	捐赠2000万元成立章如庚慈善基金会
59	56	2000	陈世强	河南弘昌集团	向中国光彩事业促进会捐赠2000万元
60	56	2000	雷全友	河南永和置业有限公司	向林州市慈善总会捐赠2000万元
61	56	2000	林龙安	禹洲地产股份有限公司	捐赠2000万元成立禹洲公益基金会
62	56	2000	茅理翔	方太集团	向浙江大学捐赠2000万元
63	56	2000	山东某彩民	—	向山东省体育彩票管理中心捐赠2000万元
64	56	2000	王海云	山西兴凯安邦集团	捐赠2000万元用于武乡县洪水镇北反头村整村改造
65	56	2000	张宏伟	山东天地缘集团	向滨州市慈善总会捐赠2000万元
66	56	2000	张家福	青岛春明集团	向胶州市慈善总会捐赠2000万元
67	56	2000	周晓兴	常州豪泰置业有限公司	向常州市钟楼区教育局捐赠2000万元
68	56	2000	朱昌和	德州长河豪门集团	向德州市慈善总会捐赠2000万元
69	56	2000	陈柯	成都尚古轩文化传播有限公司	向北京外国语大学捐赠2000万元
70	56	2000	朱孟依	合生创展集团	向北京外国语大学捐赠2000万元
71	56	2000	王向阳	鞍山中奥投资有限公司	向北京外国语大学捐赠2000万元
72	56	2000	冯为民	北京盛世金泉投资顾问有限公司	向中央财经大学捐赠2000万元

续表

序号	排名	捐赠金额	姓 名	公司名称	主要捐赠用途
73	56	2000	廖昕	成都勤智数码科技股份有限公司	向电子科技大学捐赠2000万元
74	56	2000	史世奇	—	向北京师范大学捐赠2000万元
75	56	2000	郑志	北京国中商联投资管理服务有限公司	向对外经济贸易大学捐赠2000万元
76	56	2000	麦照容	广东鸿发投资集团	向中央财经大学捐赠2000万元
77	77	1800	顾家龙	南宁荣顾房地产开发有限责任公司	向北流市奖学助学协会捐赠1800万元
78	77	1800	陈经纬	经纬集团	向中国传媒大学捐赠1000万元
79	79	1750	孙荫环	亿达集团	向大连理工大学捐赠1500万元
80	80	1677	黄文仔	星河湾集团	在广东扶贫济困日捐赠1627万元
81	81	1660	陈云河夫妇	瑞安绝缘材料有限公司	向中山大学捐赠1660元
82	82	1522	朱镕基	—	向实事助学基金会捐赠1522万元
83	83	1500	刘绍喜	宜华企业集团	在广东扶贫济困日捐赠1500万元
84	83	1500	王正华	上海春秋国际旅行社（集团）有限公司	向中国绿色碳汇基金会捐赠1500万元
85	83	1500	林玉明	北京康邦博大医疗投资管理有限公司	向中国儿童少年基金会捐赠1000万元
86	83	1500	牛钢	大商集团	向云南鲁甸地震灾区捐赠1000万元
87	87	1474	欧宗荣	正荣集团	向福建省正荣公益基金会捐赠1474万元
88	88	1400	梁少贞夫妇	鹏兴国际建筑投资有限公司	在广州慈善项目推介会上捐赠1400万元
89	89	1300	杜升	深圳市潜龙实业集团	捐赠1300万元修建辉县市文昌阁广场
90	89	1300	林伟光	万泽实业股份有限公司	向中南大学捐赠1300万元

序号	排名	捐赠金额	姓名	公司名称	主要捐赠用途
91	91	1250	苏志刚	广东长隆集团	在广东扶贫济困日认捐 1000 万元
92	92	1200	陈华伟	深圳市华讯伟业房地产开发有限公司	在茂名扶贫济困日认捐 1200 万元
93	92	1200	李运荣	——	向北流市奖学助学协会捐赠 1200 万元
94	92	1200	苏庆灿	厦门眼科中心集团	向厦门大学捐赠 1200 万元
95	92	1200	山西某彩民	——	向山西省慈善总会捐赠 1200 万元
96	92	1200	李贤义	信义玻璃控股有限公司	捐赠 1000 万元支持建立"南音南戏发展基金"
97	92	1200	沈小平	通鼎集团	向吴江市慈善总会捐赠 600 万元
98	98	1112	傅胜龙	大汉控股集团	向中央财经大学捐赠 1000 万元
99	99	1100	王健沂	富通集团	向天津大学捐赠 1000 万元
100	99	1100	王开湖	武汉天龙投资有限公司	向华中科技大学捐赠 1000 万元

注：1. 本榜单统计 2014 年 1 月 1 日至 2014 年 12 月 31 日民营企业或个人 1000 万元人民币及以上的单笔捐赠。统计数据包括当年的承诺捐赠，往年承诺捐赠不计入当年统计。

2. 统计内容为现金或等同于现金的有价证券，物资捐赠不纳入统计，未能确定是否含物资的捐赠，暂按现金捐赠处理。

3. 企业或个人向其发起成立的基金会进行大额捐赠后，基金会的支出不纳入统计，例如何仁慈善基金会、老牛基金会等。基金会和企业共同捐赠的款项如无法区分则不纳入统计。

4. 本统计中的外币捐赠，统一按 2014 年 12 月 31 日的中国人民银行外汇中间价计算汇率。

＊以 2014 年 12 月 31 日阿里巴巴美股收盘价 103.94 美元为准减去行权价格 25 美元，计算所得。

表 2-1 列出的大额捐赠总额为 304.16 亿元，与 2013 年的 147 亿元相比，增长 107%。这是百杰榜启动以来，入榜者捐赠总额首次突破 150 亿元，将捐赠量级提升到了 300 亿元以上。

不仅仅是榜单整体和头名的捐赠额度有大幅上升，2014 年中国大慈善家的整体捐赠投入也有所增长：捐赠额度在 1 亿元及以上额度的捐赠者达到 24 位，这创造了百杰榜发榜以来的纪录；之前三年的亿级捐赠者人数分别为 18、17 和 22。同时，所有捐赠总额在 1 亿元及以上的捐赠者，都有单笔过亿元的捐赠支出。种种迹象表明，中国财富阶层的慈善意识正集中爆发。

分析 2014 中国捐赠百杰榜，发现大额捐赠呈现以下特点。

（一）大额捐赠主要流向教育领域和捐赠人自办组织

从捐赠方式来看，2014 中国捐赠百杰榜上的捐赠主要用于资助教育、医疗和环保领域；慈善家或企业自办的慈善组织成为最主要的捐赠接收方；境外施捐和股票期权捐赠成为一些企业家的战略选择。

1. 捐赠境外金额大幅度增长

2013 年，百杰榜上有 4 位捐赠者合计向境外组织捐赠超过 1 亿元人民币，在当时看来，这样的捐赠规模已经具有突破性的意义。时隔一年，中国的对外捐赠再次迈上新的台阶：2014 年，马云和蔡崇信捐出阿里巴巴期权拟在新加坡设立公益信托基金①，分步接收两人持有的总计 5000 万股阿里巴巴期权；潘石屹与张欣夫妇在 SOHO 中国基金会设立了 1 亿美元的"SOHO 中国助学金"，并在 2014 年通过基金会向哈佛大学和耶鲁大学捐赠 2500 万美元②，专门资助进入美国名校就读的中国贫困学生。

2. 股票期权成为大额捐赠的重要内容

在阿里巴巴股价不出现大幅动荡的前提下，马云捐赠的 3500 万股股票期权，使其成为截至目前中国捐赠总额第一人。这也是继 2012 年的王文彪 100 亿元承诺捐赠之后，百杰榜再次有单笔捐赠（含承诺）超过百亿元者出现。同时，马云及蔡崇信的该项股票期权捐赠也是目前为止中国大陆地区数额最大的两笔股票期权捐赠。③

---

① 阿里巴巴向美国证券交易委员会提交的 F－1A 格式招股说明书，http：//www. sec. gov/Ar-
chives/edgar/data/1577552/000119312514184994/d709111df1. htm # toc，最后访问时间：
2015 年 5 月 12 日。

② SOHO 中国基金会官方网站，http：//sohochinafoundation. sohochina. com/harvard、http：//
sohochinafoundation. sohochina. com/Yale，最后访问时间：2015 年 5 月 12 日。

③ 同股权捐赠一样，股票期权捐赠也属于非货币捐赠。股票期权（Stock Option）指公司给
予经理人员在未来一定时间内以一定价格（这种价格是契约约定的，一般不低于赠与日
的市价）购买一定数量公司股票的选择权。股票期权是公司对员工进行股权激励的三种
形式之一，属于长期激励的范畴。股票期权制度实现了股东和经理人员之间的利益捆
绑。——编者注

3. 大额捐赠主要投向教育、医疗、环保

在 2014 年捐赠百杰榜的 304 亿元捐赠中，256.9 亿元捐给了各类慈善机构，其中 15.5 亿元未限定所使用的领域，另外由马云与蔡崇信捐出的价值 241.4 亿元期权"将着力于环境、医疗、教育和文化领域"，但目前并未明确各领域的具体金额①，这两部分捐赠占总额的 84.46%；投向各大专院校、用于高等教育领域的捐赠接近 29 亿元，占总额的 9.32%；投入中小学建设和各类助学工程的基础教育领域捐赠额度超过 5 亿元，占总额的 1.66%；扶贫领域获得的捐赠接近 4 亿元，占总额的 1.29%；其余领域吸纳的捐赠额合计约占捐赠总额的 3.31%。

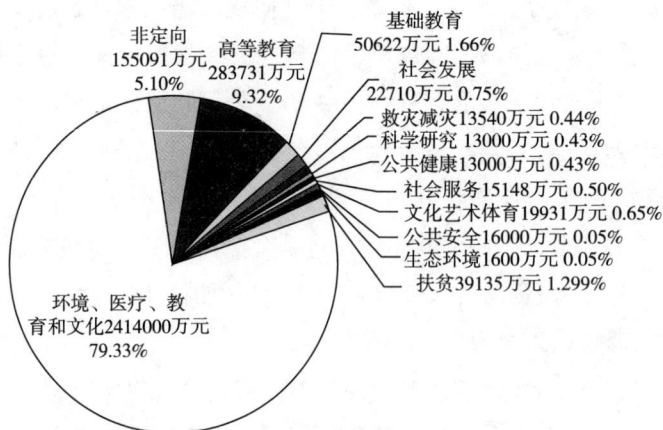

图 2-1　2014 年大额捐赠主要资助方向一览②

从各捐赠领域的捐赠笔数来看，高等教育所吸纳的捐赠达到 61 笔，占捐赠总笔数的 1/3。在其余投入领域中，基础教育、社会发展、扶贫和救灾减灾也均有 10 笔以上的捐赠，非定向捐赠则有 24 笔。

（二）慈善家身份呈现多样化趋势

从大额捐赠者的分布开看，在所有行业中，房地产与制造业参与捐赠

---

① 《马云先生夫妇，蔡崇信先生夫妇捐资成立个人公益基金》，阿里巴巴的官方微博公告，http://weibo.com/1897953162/B1kT29sVM，最后访问时间：2015 年 5 月 12 日。

② 图中"环境、医疗、教育和文化"领域的捐赠为马云与蔡崇信做出的，由于金额巨大且无法按照具体领域拆分，故单独列项处理。

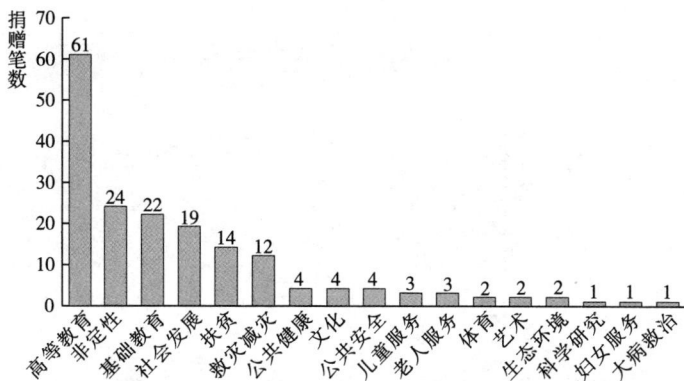

图 2 - 2　2014 年大额捐赠各资助方向捐赠笔数

人数最多；广东省与浙江省分别占据了捐赠人数与捐赠资金总额的第一名。从捐赠人身份来看，女性捐赠者增多，退休高官、文化领域、彩民等上榜者也丰富了大额捐赠人的身份代表性。

1. 房地产与制造业参与捐赠人数最多

在所有上榜捐赠者中，从事房地产行业的个人或家族数量为 35 个，继续位居所有行业第一；制造业企业经营者人数为 24 人，位居第二；互联网行业 7 人入榜，位居第三。

值得注意的是，在公开行善越来越成为主流趋势的今天，2014 中国捐赠百杰榜上却出现了四位无法从公开资料获得所从事职业信息的捐赠者：天津大学 92 级校友郑东，广东省东莞市广西商会副会长李运荣，以及两位分别来自山东和山西的彩票获奖者。同时，这也是自 2011 年百杰榜启动以来，首次有两名匿名捐赠者入榜。

2. 广东入榜人数第一，浙江捐赠者最慷慨

百杰榜入榜者所在企业总部分布在全国 20 个省级行政区。从入榜人数看，广东省有 25 位捐赠者入榜，再度成为大额捐赠者最多的地区；北京市 14 人入榜，位列第二；浙江省和福建省分别以 9 人和 7 人排在第三位和第四位。

在捐赠金额上，得益于马云与蔡崇信的巨额股份捐赠，浙江省慈善家以超 244 亿元的成绩排在捐赠额度第一。广东省和北京市分别以 13.48 亿元和 11.32 亿元居于第二、第三名。上述三省市入榜者捐赠总额均超过 10

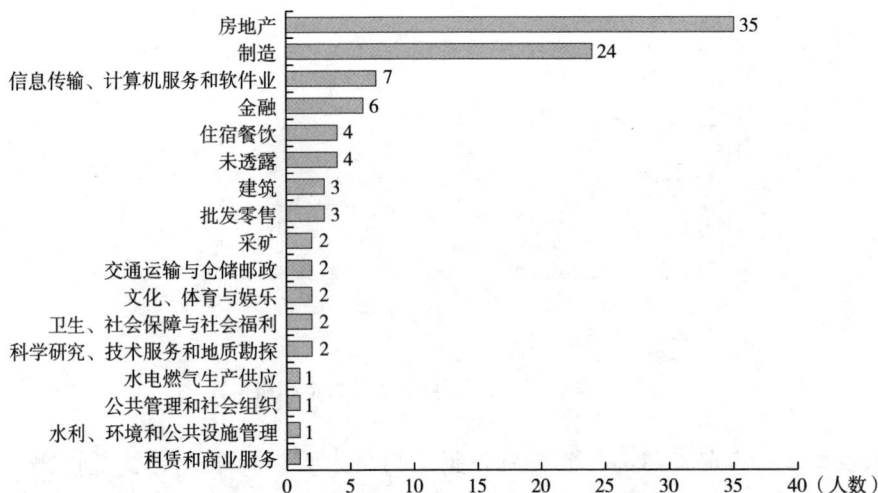

图 2-3 2014 年大额捐赠者所在行业分布

亿元。

从各省上榜者人均捐赠额来看，浙江省以 27 亿元遥遥领先位居第一；各自仅有 3 人和 1 人上榜的吉林省和海南省分别以 1.7 亿元和 1.4 亿元排名第二、第三位。人均捐赠上亿元的省级行政区有 7 个。

表 2-2 2014 中国捐赠百杰榜地区入榜人数及金额统计

省 份	人数	排名	金额（万元）	排名	平均捐赠额（万元）	排名
广 东	25	1	134891	2	5396	12
北 京	14	2	113179	3	8084	9
浙 江	9	3	2446654	1	271850	1
福 建	7	4	64551	4	9222	8
湖 北	6	5	23500	8	3917	14
山 东	6	5	12040	12	2007	17
四 川	5	7	51500	5	10300	6
江 苏	4	8	49876	7	12469	4
吉 林	3	9	51040	6	17013	2
上 海	3	9	13100	11	4367	13
河 南	3	9	7050	15	2350	15
辽 宁	3	9	5250	17	1750	18

续表

省　份	人数	排名	金额（万元）	排名	平均捐赠额（万元）	排名
重　庆	2	13	21000	9	10500	5
广　西	2	13	4180	18	2090	16
山　西	2	13	3200	20	1600	19
湖　南	2	13	3134	19	1567	20
海　南	1	17	14000	10	14000	3
天　津	1	17	10000	13	10000	7
河　北	1	17	7500	14	7500	10
贵　州	1	17	6000	16	6000	11

注：中国大陆缺黑龙江、内蒙古、安徽、江西、陕西、甘肃、青海、宁夏、新疆、西藏、云南等11个省级行政区的统计资料。

3. 非企业家群体继续助力大额捐赠

2014年年初，原国务院总理朱镕基登上2013中国捐赠百杰榜，引起媒体普遍关注，当时他是整个榜单上唯一一位非企业家身份的捐赠人。一年之后，朱镕基再度上榜，两年总计捐赠4000万元左右让这位前国家领导人成为公益捐赠领域引人瞩目的"新面孔"。同时，登上2014年度百杰榜的还有著名书法家、文物鉴定家史树青。他向北京师范大学捐赠2000万元，成为2014年文化界捐赠者的代表。而两位匿名捐赠的彩民，则进一步扩充了非企业家群体的规模。

表 2 - 3　2014中国捐赠百杰榜非企业家入榜者

单位：万元

	姓　名	金　额	主要捐赠用途
1	史世奇	2000	向北京师范大学捐赠2000万元
2	山东彩民	2000	向山东省体育彩票管理中心捐赠2000万元
3	朱镕基	1522	向实事助学基金会捐赠1522万元
4	山西彩民	1200	向山西省慈善总会捐赠1200万元

4. 女性大额捐赠者比重显著增加

在2011年至2013年的百杰榜上，出现过一些女性慈善家的身影，包括张茵、许淑清、何巧女、翟美卿等人，不过每届人数最多不超过7人。2014年，有9位女性慈善家登上中国捐赠百杰榜，创造了新的纪录。其中张欣、宗馥莉和宋治平三人的捐赠规模达到了 1 亿元以上，除宗馥莉和梁少贞之外，其余的女性捐赠者均为首次上榜。

表 2-4　2014 中国捐赠百杰榜女性入榜者

单位：万元

	姓　名	金　额	主要捐赠用途
1	张　欣	15298	与潘石屹共同向哈佛大学等捐赠 2500 万美元
2	宗馥莉	10000	向西北工业大学捐赠 1 亿元
3	宋治平	10000	向吉林大学捐赠 1 亿元
4	郝海玲	7000	与康玉柱共同向中国传媒大学捐赠 7000 万元
5	孟丽红	3000	与彭磷基共同向中国扶贫基金会捐赠 3000 万元
6	程连英	3000	向中南大学捐赠 3000 万元
7	于立荣	2100	向三所大学捐赠 2100 万元
8	刘修婉	1660	与陈运河共同向中山大学捐赠 2100 万元
9	梁少贞	1400	在广州慈善项目推介会上捐赠 1400 万元

二　互联网推动慈善募捐方式创新

2014 年网络捐赠额约为 10 亿元[①]，虽然在全国捐赠总额中份额不大，但其低门槛、低成本和高增长、高参与度吸引了很多大型慈善组织的关注和投入。据不完全统计，新浪微公益在 2014 年的募款人数为 140 万人，募款总额达到 5225 万元[②]；在支付宝 E 公益平台上，截至 2015 年 5 月 14 日捐赠次数超过 1 亿次，捐赠总额超过 2.8 亿元。[③] 移动互联网平台同样表现不俗，截至 2014 年 4 月，通过手机支付宝钱包客户端捐赠的爱心人士已超过 100 万人次，捐赠总额超过 1000 万元。[④]

---

① 胡雅婷：《网络慈善要鼓励也要规范》，人民网，http：//xj. people. com. cn/n/2015/0113/ c188514 - 23541943. html，最后访问时间：2015 年 5 月 14 日。

② 《微公益三周年募款突破 2.4 亿》，新浪公益网站，http：//gongyi. sina. com. cn/gyzx/2015 - 01 - 14/115951212. html，最后访问时间：2015 年 5 月 14 日。

③ 支付宝 E 平台官方网站，https：//love. alipay. com/donate/index. htm，最后访问时间： 2015 年 5 月 14 日。

④ 《支付宝钱包公益捐赠超千万》，牛华网，http：//www. newhua. com/2014/0429/259194. shtml， 最后访问时间：2015 年 5 月 14 日。

互联网技术无疑是推动募捐市场向前发展的重要力量，2014 年募捐市场中两个重要的募款模式创新也是借助互联网发展起来的。"冰桶挑战"与公益众筹以全新的募款形式出现在公众面前，这些募款手段、方式的创新，给公众带来更加便捷、快乐、轻松的慈善体验。

（一）"冰桶挑战"激发社会捐赠热情

2014 年夏天，一股清凉的"冰桶挑战"气息为炎热夏季带来阵阵凉爽。这个公益筹款项目一改传统、沉闷、严肃的面孔，以轻松、愉快、有趣的形式示人，迅速吸引了全球人的目光，点燃了公众参与公益、为弱势群体捐赠的热情。

1."冰桶挑战"借名人效应席卷全球

冰桶挑战（Ice Bucket Challenge）是一项在社交网络上发起的公益筹款活动，意在引起人们对肌萎缩性脊髓侧索硬化症（ALS，亦称"渐冻人症"）患者及其亲属的注意。参加者需要将一桶冰水倒在自己头上，并且将整个过程拍成视频，上传至社交网络。参加者完成挑战的同时，另可最多点名三人要求其效仿此行为。被点名者需于 24 小时内，在接受"挑战"和向慈善团体捐款 100 美元这两项中选择其一去完成，或者两者都做。

冰桶挑战最先由新西兰的一个癌症协会发起，之后在个人社交网络上分享与传播。但是随着美国一些知名人士的加入，这一公益活动顿时受到了全世界的关注，影响力波及全球政界、商界、演艺界人士。互联网对冰桶挑战的助力是不言而喻的：谷歌在线视频服务显示，在短短一个月之内"冰桶挑战"的视频点击率超过 10 亿次，其中比尔·盖茨视频的点击率高达 1970 万次。数据显示，共有超过 150 个国家和地区的公民参与了"冰桶挑战"，这场公益募捐活动成了名副其实的全球性运动。[①]

"冰桶挑战"的募款模式获得了巨大的成功。在美国，短短半个月的时间里，ALS 协会和全美的分会收到近 400 万美元的捐款，相比 2013 年同期的 112 万美元增长了近 3 倍。

---

① 杨碧欣：《"冰桶挑战"视频点击率过十亿 比尔·盖茨最高》，中国网，http：// news. china. com. cn/world/2014 – 09/10/content_33470564. htm，最后访问时间：2015 年 3 月 27 日。

2. "冰桶挑战"在中国：好玩的公益让罕见病走进公众视野

借助互联网的快捷便利，"冰桶挑战"于 2014 年 8 月登陆中国。小米科技创始人雷军率先投入挑战，他将自己被浇冰水的视频发布在优酷视频，并在新浪微博上发布博文"我接受了投资家 Yuri 的#冰桶挑战#，同时我挑战天王刘德华、富士康郭台铭和百度李彦宏。我已向美国 ALS 协会捐款 100 美元，同时向中国的'瓷娃娃罕见病关爱基金'ALS 项目捐款 1 万元人民币，希望大家一起为 ALS，行动起来！"雷军的这条视频被播放超过 180 万次，微博被转发 1 万余次，收到 6000 多条评论和近 15000 个赞。国内各界名人纷纷应战，冰桶挑战迅速走进中国公众的视野，吸引众人投入其中。在《公益时报》联合新浪公益、问卷网、凤凰公益推出的网络调查中，48.14% 的网友表示，冰桶挑战有创新性，传播效果非常好，是对慈善事业很好的宣传和推动，29.26% 的网友表示，如果被冰桶挑战点名，会选择既"冰水浇头"又去捐款。①

当"冰桶挑战"来袭之时，瓷娃娃罕见病关爱基金多次频繁被"点名"作为接收善款的基金。瓷娃娃罕见病关爱基金迅速与社交媒体合作，8 月 17 日晚，瓷娃娃罕见病关爱中心在新浪"品牌捐"② 平台上线了"助力罕见病，一起'冻'起来"的冰桶挑战中国项目，号召大家通过冰桶挑战的活动关注、支持 ALS 患者在内的罕见病群体。参与具体方式为，参与者准备好冰水，并在录制视频中讲明："我是某某，现在已经决定接受'冰桶挑战'，我现在点名某某、某某、某某某，如果你在 24 小时之内不接受挑战的话，请向瓷娃娃罕见病关爱基金捐款 100 元人民币。"然后将冰水从头浇下，并将视频上传到微博，@ 三位好友进行挑战。具体浇水形式可以自由发挥。冰桶挑战活动项目受到了公众的普遍欢迎，8 月 31 日，瓷娃娃罕见病关爱中心举办"冰桶挑战"公益项目媒体见面会，向公众通报两周以来瓷娃娃的工

---

① 王会贤：《冰桶挑战：三成网友愿浇水又捐款》，公益时报网，http://www. gongyish-ibao. com/html/yaowen/6896. html，最后访问时间：2015 年 3 月 27 日。

② "品牌捐"（或称"定额捐"）是新浪微公益推出的公益产品。该产品倡导爱心人士，通过定额的、小额的捐款形式长期关注并支持优秀品牌公益项目，充分汇聚微博平台 5 亿网友爱心，发挥名人劝募力量，通过完善社会化参与、社会化激励、社会化传播、社会化监督等运营机制，逐步培育用户定向捐赠、定额月捐的习惯，助力国内公益事业的长足发展。

作进展、监督委员会名单、接收捐赠明细、善款使用方案等信息，并接受到场媒体、公众的提问。在不到半个月的时间里，"冰桶挑战"话题阅读量达44.4亿人次，"冰桶挑战"专项捐款金额总计人民币814万余元，根据捐赠人的捐赠意愿，其中557万余元，用于渐冻人群体的相关救助服务等，其余善款257万余元，用于支持各类罕见病群体。前者557万余元作为专项首期用款，"冰桶挑战——关爱渐冻人"项目由此启动。

据不完全统计，2010～2013年，我国共有16个针对罕见病/渐冻人的公益基金或公益活动，他们绝大多数由基金会发起，并主要从医疗救助、科学研究、心理健康等领域关注罕见病/渐冻人。其中，真正为公众所认识、了解的机构与项目寥寥无几。此现状非常容易导致善款的相对集中。

表2－5　罕见病公益项目/活动列表（2010～2013年）

序号	项目/活动名称	机构名称	执行年度	关注领域
1	儿童罕见病项目	浙江圣爱慈善基金会	2013	医疗救助
2	瓷娃娃罕见病关爱基金	中国社会福利基金会	2013	医疗救助
3	瓷娃娃2013全国病人大会	浙江敦和慈善基金会	2013	公益行业发展
4	LAM/TSC罕见病专项基金	北京协和医学基金会	2013	科学研究
5	曾宪梓助残研究基金	北京市中国人民大学教育基金会	2013	科学研究
6	关爱杜氏肌营养不良儿童专项基金	上海市慈善基金会	2013	医疗救助
7	罕见病日慰问活动	上海市儿童健康基金会	2012	医疗救助
8	罕见病社会救助公益体	中国出生缺陷干预救助	2012	卫生保健
9	海洋天堂项目	深圳市壹基金公益基金会	2012	心理健康、医疗救助
10	罕见病日活动	广东唯品会慈善基金会	2012	扶贫助困
11	瓷娃娃罕见病关爱基金	中国社会福利基金会	2012	医疗救助
12	罕见疾病救助基金	山东省红十字会	2012	医疗救助
13	王甲渐冻人关爱基金	中国宋庆龄基金会	2012	医疗救助
14	罕见病救助项目	深圳市郑卫宁慈善基金会	2011	医疗救助
15	海洋天堂项目	深圳市壹基金公益基金会	2011	心理健康
16	瓷娃娃关爱基金	中国社会福利基金会	2010	医疗救助

在已有专项基金的基础上，2014 年的"冰桶挑战"活动催生了更多的关爱罕见病/渐冻人的公益机构，其中包括 1 个基金会和多个专项基金。10月 19 日，由上海市医学会罕见病分会发起的"上海市罕见病防治基金会"在沪正式成立，这是我国第一个专门为罕见病而设立的基金会。专项基金的数量也呈现了爆发式的增长，2014 年我国共设立 4 个医疗救助性质的罕见病/渐冻人专项基金，这种"盛况"是从未出现过的。

表 2-6　2014 年新设立罕见病公益基金列表

序号	项目/活动名称	机构名称	执行年度	关注领域
1	彩云南关爱罕见病儿童基金	云南省青少年发展基金会	2014	医疗救助
2	中国儿童罕见病救助基金	中华社会救助基金会	2014	医疗救助
3	渐冻人联合劝募基金	中国社会福利基金会	2014	医疗救助
4	铜娃娃慈善公益基金	中华少年儿童慈善救助基金会	2014	医疗救助

从捐赠数额和新设立的专项基金、基金会的情况来看，冰桶挑战的中国项目取得了巨大的成功。在互联网技术的支持下，此类不同于传统慈善项目的筹款项目，为公众带来轻松有趣的公益体验，更为亟待帮助的弱势群体带来了全社会的普遍关注。这场史无前例的公益项目模式作为中国公益圈的"他山之石"，带来的收益并未局限于募款方式的创新，而是进一步推动了罕见病相关公益组织的专业化、实体化，为整个公益事业的发展拓展了空间和思路。

（二）公益众筹创新筹款模式

当"众筹"这一大众募资形式尚未被广泛认知的时候，公益事业又一次抢先"创新"，以"公益众筹"的形式开展募捐，并在 2014 年取得不菲成绩。

1. 公益众筹转变筹款思路，变捐赠为投资

众筹，翻译自英文 Crowdfunding，意为群众募资、大众筹资，指一群人为某个项目、个人或者公司募资，以资助其正当的生产经营、创作、创新甚至生活活动。① 互联网众筹可追溯至 2003 年②，至今不过 10 余年时

① 零壹财经、零壹数据著《众筹服务行业白皮书（2014）》，中国经济出版社，2014，第 1 页。
② 世界上最早建立的众筹网站是 ArtistShare，于 2003 年开始发布众筹项目，主要面向音乐界的艺术家及其粉丝。

间，但是其筹资规模和发展速度已经不容小觑。据不完全统计，全球范围内的互联网众筹平台筹资规模在 2011 年为 15 亿美元，2012 年为 27 亿美元，预计 2013 年为 51 亿 ~ 60 亿美元。世界银行预测，至 2025 年，全球发展中国家的众筹投资将达到 900 亿 ~ 960 亿美元，其中中国为最有潜力的发展中国家，众筹金额有望达到 460 亿 ~ 500 亿美元。①

从是否营利的角度来看，众筹可以分为营利性众筹与公益众筹两种。公益众筹是指发起人（公益机构、个人或企业）在众筹平台发起公益性的筹款项目，出资者对项目进行资金支持，并在项目成功后，获得相应的回报。②

目前公益众筹项目主要出现在各类综合性质的众筹平台中，如众筹网、淘宝众筹、追梦网、京东众筹、青橘众筹等，2014 年专门为公益众筹开设的众筹平台也相继成立，如积善之家、新公益等。公益众筹的规则与流程主要为：发起方将个人/机构简介、项目缘起、项目目标、可能存在的风险、项目支持方式、回报方式等以图文甚至是视频的形式展现出来。根据众筹平台的要求，每个项目均有一定的筹款周期和筹款金额目标，如果在规定周期内达到目标金额则视为项目成功，众筹平台会将善款支付给发起方正式开始项目运作，否则就视为项目失败，众筹平台向出资人退还全部善款。

虽然同为公益项目筹款，但是公益众筹与传统的募捐以及网络募捐却有着明显的不同。相对而言，公益众筹更加强调与出资人的互动。出资人与项目的互动形式多种多样，最为常见的形态为众筹项目发起人根据筹款金额、时间给予出资人实物或非实物的回报，且回报多与项目本身以及受益人相关。如受益人主题的明信片、电子相片、受益人制作的工艺品、出资人成为项目志愿者的权利、项目运营报告等。公益众筹的回报方式将出资人更加深入地拉入公益项目情景之中，让出资人更为深刻地体会到受益群体/社会/环境因个人而改变的可能，让出资行为本身超越了单纯的"捐赠"而带有了"投资"的意味。出资人在对发起方和自己的公益梦想"投

---

① The World Bank：*Crowdfunding's Potentail for the Developing World*，Conrerence Version，2014，p. 43.

② 瑞森德、众筹网：《2014 中国公益众筹研究报告》，瑞森德官方网站，http：//www. recende. com/Item/Show. asp？m = 1&d = 1517，最后访问时间：2015 年 5 月 13 日。

资"。因这一特点，公益众筹也被纳入社会影响力投资的范畴。

公益众筹与捐赠的另外一个明显区别在于发起方的法人身份。根据《基金会管理条例》的规定，只有公募基金会才具备向公众募捐的资格。通常来讲，募捐活动一般是由具备公募资质的基金会发起或认领的。而公益众筹则不受此限制，发起方可以是任何个人、企业或社会组织，其对公募资质没有要求。众筹对项目发起方不设门槛，能否吸引资金全靠项目本身的设置，这为公益众筹注入了极大的活力。

2. 2014 年公益众筹总额超过 1000 万元

据《2014 中国公益众筹研究报告》统计，2014 年共有 299 个公益项目通过众筹的方式获得资助，众筹总金额达到 1272 万元。在这 299 个公益众筹项目中，18.6% 来自淘宝众筹平台，共募集善款超过 524 万元；53.18% 来自众筹网，共募集善款达 500 余万元。淘宝众筹与众筹网分别成为募款金额和成功项目最多的众筹平台，在公益众筹市场处于领先地位。另外，淘宝众筹吸引了超过 32 万余人为公益项目出资，成功项目平均筹款额为 9.7 万元，是公益众筹市场上最为优秀的成绩。

表 2-7　2014 年中国公益众筹市场规模分析表

序号	众筹平台	成功项目数	成功项目占比（%）	筹集善款金额（元）	筹集善款占比（%）	投资人数	成功项目平均筹款额（元）
1	众筹网	159	53.18	5008522.00	39	21638	31500.14
2	淘宝众筹	54	18.06	5247859.40	41	322568	97182.58
3	追梦网	60	20.07	1539042.00	12	4710	25650.70
4	青橘众筹	6	2.01	428832.69	4	1050	71472.12
5	京东众筹	10	3.34	423477.00	3	6996	42347.70
6	积善之家	5	1.67	750.80	1	—	150.16
7	新公益	5	1.67	—	—	—	—

数据来源：瑞森德、众筹网，《2014 中国公益众筹研究报告》。

实践证明，公益众筹能够结合个人、公司、社会组织等各方力量的参与，并借助社交媒体、网络技术将项目进行广泛传播，为众筹的成功提供必要条件。2014 年 11 月 20 日，由深圳市龙越慈善基金会联合奇虎 360 公司发起的项目"寻找你身边的抗战老兵　一份礼包一份致敬"在众筹网上线，目标是在 2015 年 1 月 20 日之前筹集 40 万元善款，为 500 位老兵赠送价值 800 元的"致敬大礼包"。该项目有着较好的执行基础，发起方已经于当年 9 月通过"寻找你身边的抗战老兵"活动确认了 2500 名抗战老兵。这让该筹款活动变得更加有针对性。

项目为出资人提供 12 个支持选项，众筹金额从 1 元到 30 万元不等，除了非实物的项目进展报告以外，奇虎 360 公司为出资人提供了最主要的实物回报。截至 2015 年 1 月 2 日，该众筹项目共获得 1141 人的支持，完成 404209 元的筹资额，达到预定目标的 102%。在众多出资人中，奇虎 360 公司董事长周鸿祎一人出资 30 万元，并在自己的新浪微博中加以推广，通过社交网络的传播将项目不断扩散。此外，联合发起方奇虎 360 公司为项目投入了导航搜索以及开机助手资源，为项目带来大量流量。[①]

表 2 - 8　"寻找你身边的抗战老兵　一份礼包一份致敬"众筹项目回报

序号	众筹资金（元）	非实物回报	实物回报	出资人数
1	1		—	335
2	30		"寻找你身边的抗战老兵"主题纪念版明信片一张	305
3	70		1）360 智键一个 2）"寻找你身边的抗战老兵"主题纪念版明信片一张	87
4	100		1）周鸿祎签名书《我的互联网方法论》一本 2）"寻找你身边的抗战老兵"主题纪念版明信片一张	80
5	150	电子版"致敬大礼包"项目进展	1）360 随身 wifi 一个 2）360 智键一个 3）"寻找你身边的抗战老兵"主题纪念版明信片一张	99
6	380		1）360 智能摄像机一个 2）"寻找你身边的抗战老兵"主题纪念版明信片一张 3）"寻找你身边的抗战老兵"纪念封一枚	33
7	500		1）360 儿童卫士智能手表一个 2）"寻找你身边的抗战老兵"主题纪念版明信片一张 3）"寻找你身边的抗战老兵"纪念封一枚	32

① 瑞森德、众筹网：《2014 中国公益众筹研究报告》，瑞森德官方网站，http://www.recende.com/Item/Show.asp? m = 1&d = 1517，最后访问时间：2015 年 5 月 13 日。

序号	众筹资金（元）	非实物回报	实物回报	出资人数
8	918	1）项目进展 2）随机挑选10位支持者参与关爱老兵活动。（路程费用自理）	1）360儿童卫士智能手表一个 2）360路由器一个 3）"寻找你身边的抗战老兵"主题纪念版明信片一张 4）"寻找你身边的抗战老兵"纪念封一枚	28
9	3500	电子版"致敬大礼包"项目进展	1）360儿童卫士智能手表一个 2）360智能摄像机一个 3）360路由器一个 4）"寻找你身边的抗战老兵"主题纪念版明信片一张 5）"寻找你身边的抗战老兵"纪念封一枚	1
10	10000	1）电子版"致敬大礼包"项目进展 2）参与关爱抗战老兵活动（路程费用自理）	1）360儿童卫士智能手表一个 2）360智能摄像机一个 3）360路由器一个 4）周鸿祎签名书《我的互联网方法论》一本 5）"寻找你身边的抗战老兵"主题纪念版明信片一张 6）"寻找你身边的抗战老兵"纪念封一枚	0
11	300000	感谢周鸿祎先生的大力支持，为抗战老兵们送上祝福	—	1
12	无私支持	—	—	140

数据来源：众筹网，http://www.zhongchou.com/deal – show/id – 32167#maodian，最后访问时间：2015年5月14日。

刚刚崭露头角的公益众筹在2014年提交了一份出色的成绩单，这一低门槛、重投资、多主体的新型筹款方式将在不远的将来发挥更大的优势，吸引更多的人参与到公益事业中。

三　社会组织获捐比例逐渐升高

近年来，随着公益慈善政策的逐渐放开，我国社会组织的数量出现了明显的增长，其承担的社会功能也得到不断的加强，这其中包括社会组织吸纳善款的能力。与此形成鲜明对比的是，政府部门逐步淡出募捐市场。

（一）政府部门接收捐赠占比呈下降趋势

分析 2009 ~ 2013 年的数据，发现全国捐赠总量随着自然灾害的发生而出现爆发式增长，但是从总体趋势来看，全国捐赠总量呈现较为稳定的增长，这说明我国公众慈善意识的觉醒。

表 2 - 9　2009 ~ 2013 年全国各部门接收社会捐赠统计

单位：亿元

年度	捐赠总额	民政部门	基金会	慈善会	其他党政机关与人民团体	红十字会系统	其他
2009	542	78.40	144.45	90.60	113.90	28.16	52.04
2010	1032	191.29	337.18	242.50	175.13	67.29	18.31
2011	845	111.12	400.67	222.14	73.50	28.67	11.18
2012	817	132.99	376.19	268.65	43.63	21.88	20.04
2013	989	136.47	373.46	399.11	50.30	27.74	27.74

数据来源：中民慈善捐助信息中心，2010、2011、2012、2013 年度《中国慈善捐助报告》。

值得注意的是，除去 2010 年发生的重特大自然灾害等因素，民政部门获捐款物金额总量虽然逐年上升，但是，其获捐款物占社会捐赠总量的比例却在整体上呈下降趋势。五年中，民政部门获捐占比最高达 18.54%，最低为 13.15%，平均为 15.25%。详见图 2 - 4。

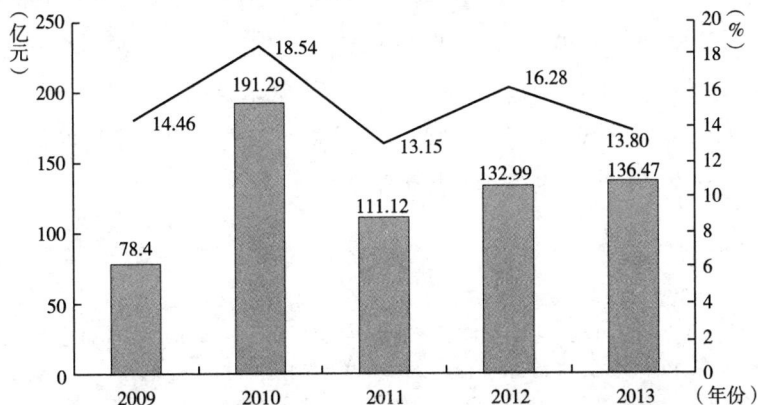

图 2 - 4　2009 ~ 2013 年民政部门接收社会捐赠总额及占比

在各级党政机关及人民团体接收捐赠方面，数据显示，除 2010 年以外，其接收社会捐赠金额整体呈下降的趋势。另外，其在社会捐赠总额中的占比则出现了较明显的下降趋势。2011 年开始更是降到 10% 以下。详见图 2－5。

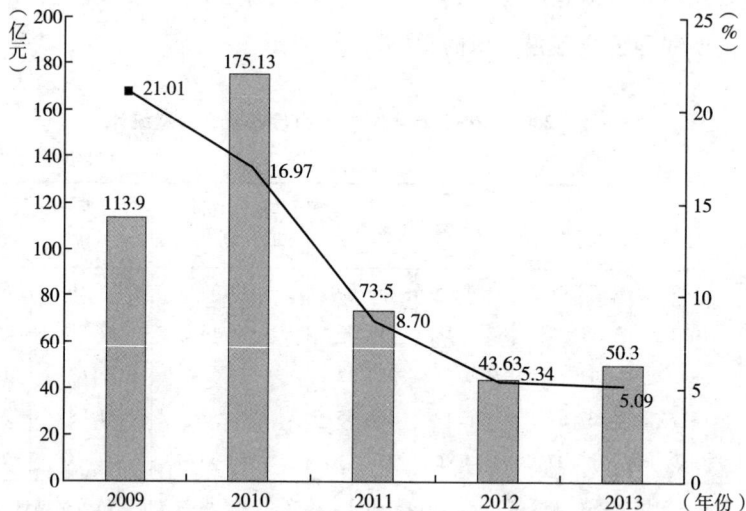

图 2－5　2009～2013 年度党政机关与人民团体接收社会捐赠及占比

政府退出募捐市场，是近年来政府与社会组织共同的呼声。2013 年 7 月，云南省政府在与民政部共同举办的"推进社会建设创新社会组织座谈会"上宣布"政府退出公益慈善募捐市场，除发生重大灾害，不再参与社会募捐"①，此举广受舆论好评。2014 年在社会各界代表为慈善立法奔走呼吁之时，中国扶贫基金会副秘书长陈红涛在一次立法研讨会上表示，"政府应退出募捐市场，限制行政募捐这种扼杀公众捐赠热情的募捐方式"。② 2009～2013 年各级民政部门、党政机关与人民团体接收捐赠的数据从客观上反映了政府逐渐淡出募捐市场的趋势。

---

① 《云南政府将退出公益募捐市场》，京华网，http://epaper.jinghua.cn/html/2013－07/19/content_10804.htm，最后访问时间：2015 年 4 月 7 日。

② 刘映花：《慈善界关于慈善立法 6 条建议：政府退出募捐市场》，北京晨报，http://www.chinanews.com/sh/2014/07－14/6380863.shtml，最后访问时间：2015 年 4 月 7 日。

（二）基金会成为捐赠主要接收方

与政府部门获捐善款数额逐渐下降的趋势形成对比的是，社会组织，特别是基金会、慈善会等机构接收的善款数额与占比始终保持较高水平。

基金会是利用自然人、法人或者其他组织捐赠的财产，以公益事业为目的，按照《基金会管理条例》规定成立的非营利性法人。2004 年《基金会管理条例》出台以后，基金会数量增速惊人。在 2009 年至 2013 年 5 年间，基金会总数从 1843 家增涨至 3549 家，几乎翻倍，2014 年全国基金会数量达到 4044 家。① 与此同时，基金会的捐赠收入也增长迅速。在 2009～2013 年，基金会的捐赠收入在各受赠主体中均位列第一名，除 2009 年，其占比均超过三成，2011、2012 两年更是超过 45%，成为接收善款的绝对主体。除 2009 年以外，基金会募捐金额均超过 330 亿元，2011 年更是达到了 400 亿元。

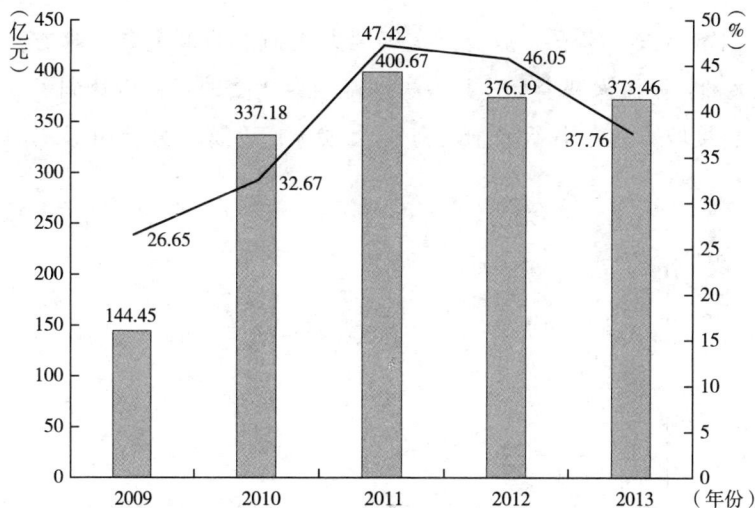

图 2 - 6　2009～2013 年基金会接收社会捐赠及占比

---

① 中民慈善捐助信息中心，2010、2011、2012、2013 年度《中国慈善捐助报告》；《2014 年 4 季度社会服务统计季报》，民政部规划财务司，http：//files2. mca. gov. cn/cws/201501/20150129172531166. htm，最后访问时间：2015 年 5 月 12 日。

根据 2014 年捐赠百杰榜数据，捐向境内的捐赠中，由各类基金会接收的超过 45 亿元。其中，各高校基金会接收捐赠总额超过 21 亿元，占基金会接收捐赠总额的近一半；全国各慈善会系统接收近 6 亿元捐赠，而各级政府接收的捐赠仅为 3.58 亿元。

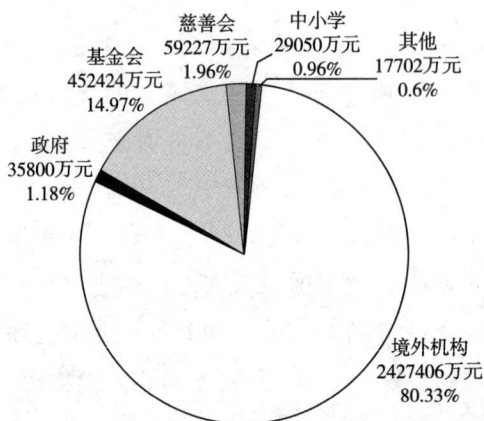

图 2-7　2014 年大额捐赠主要接收机构一览

从捐赠笔数上来看，基金会是年度大额捐赠的最主要接收方，共有 106 笔大额捐赠流入基金会，其中高校基金会接受的捐赠就达到了 52 笔。其他主要接收方包括各级政府、慈善会系统，以及部分社团形式的公益组织。

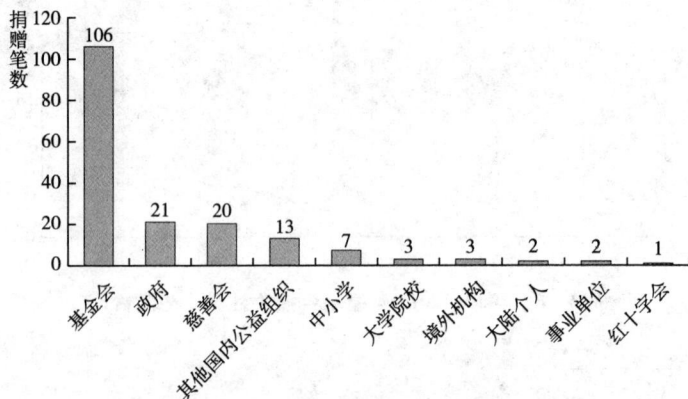

图 2-8　2014 年各接收方接收大额捐赠笔数

（三）慈善会获捐规模与占比逐年上升

政府直接接收捐赠额虽然明显减少，但各类政府主办的公募基金会和地方慈善会等有政府背景的慈善组织在募捐市场中依然占有重要地位。比如，2014 年广东扶贫济困日捐赠所得 2.28 亿元全部由有政府背景的慈善组织接收。

近年来慈善会接受善款的规模和占比也增长迅速。截至 2013 年 6 月，全国慈善会数量已经增加至 1966 个，慈善会合作网络覆盖全国。[①] 慈善会获得捐赠的规模与占比逐年上升，2013 年捐赠收入超过 300 亿元，占全国捐赠总额 1/3 以上。[②]

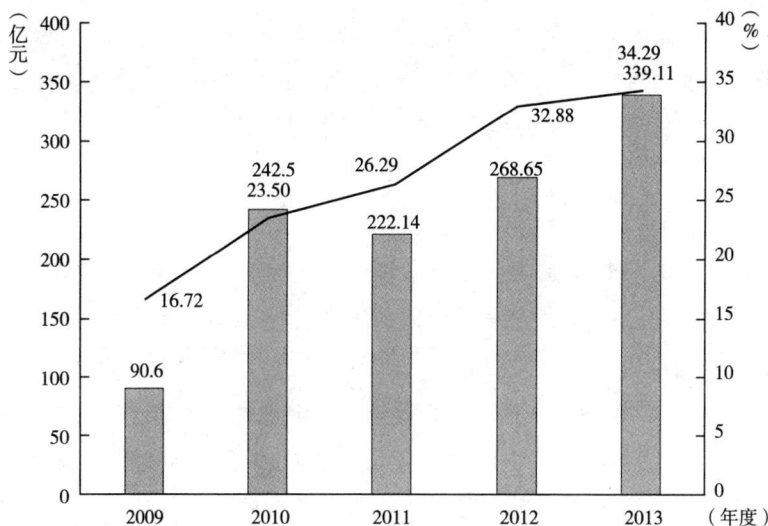

图 2-9 2009～2013 年慈善会接收社会捐赠及占比

与其他受赠机构不同的是，慈善会系统接收的捐赠中有一大部分来自物资捐赠。以 2013 年为例，慈善会接收的药品、救灾物品等物资占慈善会接收款物总额的 76.96%。

---

① 杨刚、成易蔓：《2013 中国慈善会成长报告》，《中国慈善发展报告（2014）》，社会科学文献出版社，2014，第 63 页。

② 中民慈善捐助信息中心，2010、2011、2012、2013 年度《中国慈善捐助报告》。

2009～2013 年中国社会捐赠总额的持续增长展示了中国慈善事业的不断成长。从受赠结构来看，政府部门淡出、社会组织主导的情势显示了中国捐赠事业正朝着健康的方向发展。

四 彩票公益金成就多领域公益事业

1987 年，我国政府为了筹集社会公益资金，成立了第一个全国性专业彩票发行管理机构——中国福利彩票有奖募捐委员会（后更名为中国福利彩票发行管理中心）。同年 7 月，8000 万张面值 1 元的"中国社会福利有奖募奖券"在河北、江苏、浙江、上海等 10 个省、直辖市试点发行。1994 年，我国体育彩票管理中心（后更名为国家体育总局体育彩票管理中心）正式成立。2009 年，国务院颁布《彩票管理条例》，确定福利彩票和体育彩票两类彩票形式。福利彩票与体育彩票的发行宗旨分别是"扶老、助残、救孤、济困"和"公益体彩，乐善人生"，充分体现了两类彩票的公益性。

（一）全国募集彩票公益金累计超 6000 亿元

根据现行彩票管理制度规定，彩票公益金来源于彩票发行销售收入和逾期未兑奖的奖金。在彩票发行销售收入中，根据不同彩票品种，彩票公益金提取比例有所不同，主要有以下 4 种类型：一是以双色球、超级大乐透、3D、排列三为主的乐透数字型彩票，其中绝大部分彩票游戏的彩票公益金提取比例为 35%；二是即开型彩票，彩票公益金的提取比例为 20%；三是以中福在线为主的视频型彩票，彩票公益金的提取比例为 20%；四是以足球彩票为主的竞猜型彩票，其中大部分彩票游戏的彩票公益金提取比例为 18%。[①]

根据中国福利彩票发行管理中心的统计，1987～2014 年，我国共销售福利彩票 11702.1 亿元，相应提取福利彩票公益金 3574.7 亿元。公益金提取约占福彩销售的 30%。历年数据详见图 2 - 10。

---

① 《中华人民共和国财政部公告 2014 年第 63 号》，中华人民共和国官方网站，http：//zhs. mof. gov. cn/zhuantilanmu/caipiaoguanli/201408/t20140829_1133302. html，最后访问时间：2015 年 6 月 4 日。

根据国家体育总局体育彩票管理中心的统计，1995～2014年，我国共销售体育彩票8781.92亿元，相应提取体育彩票公益金2484.55亿元。公益金提取约占体彩销售的28%。历年数据详见图2-11。

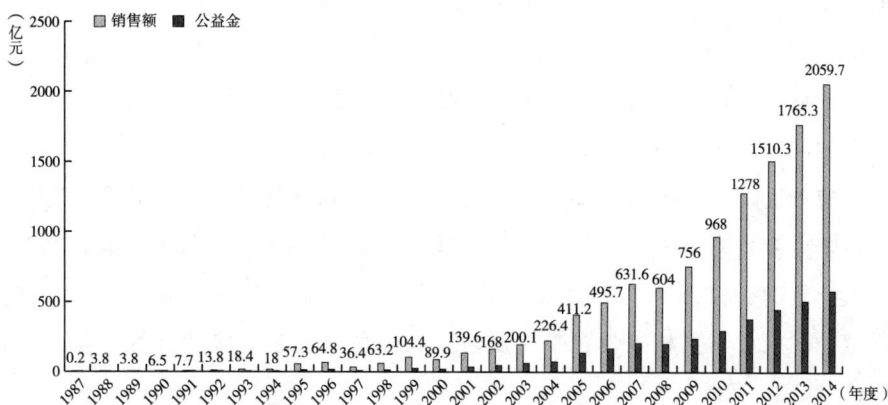

图 2-10 1987~2014年度福利彩票销售及提取公益金金额

数据来源：中国福彩网，http：//www.cwl.gov.cn/gyj/gyjcjqk/383051.shtml，最后访问时间：2015年4月9日。

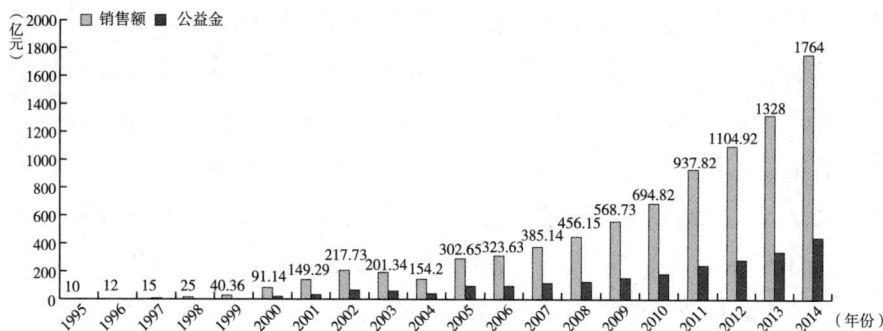

图 2-11 1995~2014年度体育彩票销售及提取公益金金额

数据来源：中国体彩网，http：//www.lottery.gov.cn/topic/pandiangongyi2014/index.html，最后访问时间：2015年4月9日。

历年来，两类彩票共筹集公益金6059.25亿元。根据国务院批准的彩票公益金分配政策，彩票公益金在中央和地方之间按1：1的比例分配，专项用于社会福利、体育等社会公益事业，按政府性基金管理办法纳入预算，实行"收支两条线"管理，专款专用，结余结转下年继续使用。中央集中彩票公益金，在全国社会保障基金、中央专项彩票公益金、民政部和国家体育总局之间分别按 60%、30%、5% 和 5% 的比例分配。地方留成彩票公益金，由省级财政部门协商民政、体育等有关部门研究确定分配原则。多年来，公益金为中央、地方政府的公益事业提供了雄厚的资金保障。

中央专项彩票公益金用于国务院批准的社会公益事业，由使用彩票公益金的部门或单位向财政部提出申请，经财政部审核报国务院批准后，组织实施和管理。根据财政部有关公益金的筹集和分配的公告，2009~2013 年，中央专项彩票公益金共计 505.94 亿元，主要用于抗震救灾、农村和城市医疗救助、教育助学、残疾人事业、红十字事业、文化事业、扶贫、法律援助、未成年人校外教育事业及新疆和西藏社会公益事业和社会福利机构建设。

根据民政部的统计及民政部门户网站发布的彩票公益金使用情况公告，1987~2013 年，各级民政部门使用的彩票公益金为 903.92 亿元。根据《彩票管理条例》，民政部安排使用的彩票公益金主要用于社会福利和社会公益事业发展。民政部按照福利彩票"扶老、助残、救孤、济困、赈灾"的发行宗旨，重点用于老年人、残疾人、孤儿、有特殊困难及遭受自然灾害等特殊群体的社会福利设施建设和受助对象直接受益的项目，具体分为老年福利类项目、儿童福利类项目、社会公益类项目。1987~2010 年，老年人、残疾人、儿童福利类项目占公益金总量的 73.18%，社会公益类项目占 26.82%。24 年间，福利彩票公益金配套各级政府投入，资助新建、改建和扩建设施类项目 16.72 万个，新增建筑面积 2.06 亿平方米，新增床位 289.87 万张；资助非设施类项目共 7.74 万个，主要用于残疾孤儿手术康复、残疾儿童特殊教育、贫困学生助学、贫困家庭助医、伤残军人更换假肢等。截至 2010 年年底，全国共有城乡各类社会福利机构 40490 个，比 1987 年增加了 31202 个，增长了近 3.4 倍。24 年共资助近 6000 万人，间接受益 1.6 亿多人。[①] 2009~2013 年，民政部安排使用 102.25 亿

---

① 《1987 年—2010 年福利彩票公益金使用概况》，中国福利彩票官方网站，http://www.cwl.gov.cn/gyj/syqk/mzb/382485.shtml，最后访问时间：2015 年 4 月 10 日。

元，用于老年人和残疾人福利项目，保障老年人、残疾人等社会福利服务对象的供养、康复、照料等工作，促进老年人和残疾人社会福利事业发展；安排使用 20.49 亿元，用于儿童福利类项目，支持儿童福利机构建设，开展资助健全孤儿、弃婴等困境儿童养育、治疗、康复、特殊教育和职业技能培训工作，为困境儿童分类保障制度提供重要的资金保障和服务保障；安排使用 6.98 亿元，支持社会公益事业发展，推动以改善民生为重点的社会建设，提高基本公共服务水平。2013 年，民政部安排中央级项目 1.82 亿元，补助地方项目资金共计 21.23 亿元。

在支持体育事业方面，体育彩票公益金为体育事业的发展做出了突出贡献，成为体育事业支柱型的资金来源。通过持续不断的体育彩票公益金投入，全国公共体育设施建设取得了明显进展。据统计，2007～2013 年，全国各级体育部门使用体育彩票公益金建成农民体育健身工程近 43 万个，已覆盖 68% 的行政村，有 7 个省实现了全覆盖；2011～2013 年，建成乡镇体育健身工程 1.3 万余个（占全国乡镇数的 38%）、全民健身活动中心（含雪炭工程）2730 个、体育公园 1662 个、健身广场 23744 个、户外营地 750 个、健身步道 8859 条、室外健身器材 137 万多件、社区多功能运动场近 1.9 万个。全国共增加公共体育设施面积约 5.66 亿平方米，人均增加约 0.4 平方米。目前由公益金资助的社会体育指导员超过 90 万人，有力促进了社会体育指导员和体育教师等投身全民健身志愿服务活动。[1]

（二）22 位彩民捐赠 3700 余万元

近年来，媒体经常报道某获奖彩民捐出奖金的新闻。2014 中国捐赠百杰榜中更是出现了 2 名千万级的彩民捐赠者。一项网络调查显示，超过六成的彩民表示，若自己真能中得大奖，会毫不犹豫捐出一部分支持慈善事业。[2]

---

[1] 《2014 体彩盘点：20 周年成绩斐然 销量公益两翼齐飞》，中国体彩网，http://www.lottery.gov.cn/topic/pandiangongyi2014/index.html，最后访问时间：2015 年 4 月 10 日。

[2] 中国日报网，http://www.chinadaily.com.cn/hqgj/jryw/2011-10-28/content_4200245.html，最后访问时间：2015 年 4 月 10 日。

据不完全统计，2014 年共有 22 名彩民在中奖之后捐赠了部分奖金，善款累计达到 3700.9 万元。详见表 2 - 10。

表 2 - 10　2014 年彩民捐赠不完全统计

序号	彩票类型	彩票名称	中奖金额（万元）	捐赠金额（万元）	占比（%）	捐赠对象	捐赠领域	捐赠人性别	地域
1	福利彩票	刮刮乐	100	2	2.00	无锡市慈善总会	医疗	男	江苏
2	福利彩票	南粤风采	500	1	0.20	广州市慈善会	扶贫	男	广东
3	体育彩票	超级大乐透	627	1	0.16	未说明	—	男	安徽
4	体育彩票	超级大乐透	672	30	4.46	上海体育基金会	—	男	上海
5	体育彩票	超级大乐透	749	20	2.67	贵州省体育发展基金会	体育	男	贵州
6	体育彩票	超级大乐透	842	10	1.19	未说明	救灾	男	黑龙江
7	福利彩票	双色球	866.9	16.9	1.95	周口市慈善总会	—	男	河南
8	体育彩票	超级大乐透	1000	5	0.50	未说明	—	女	辽宁
9	福利彩票	双色球	1250	5	0.40	广州市慈善会	扶贫	男	广东
10	体育彩票	超级大乐透	1481	10	0.68	未说明	教育	男	广东
11	体育彩票	超级大乐透	1500	15	1.00	江西省体育彩票管理中心	—	女	江西
12	体育彩票	超级大乐透	1500	15	1.00	未说明	—	男	湖南
13	体育彩票	超级大乐透	1500	50	3.33	未说明	教育	男	浙江
14	体育彩票	超级大乐透	1500	50	3.33	贵州省体育发展基金会	体育	男	贵州

序号	彩票类型	彩票名称	中奖金额（万元）	捐赠金额（万元）	占比（%）	捐赠对象	捐赠领域	捐赠人性别	地域
15	体育彩票	超级大乐透	1600	30	1.88	广东中山红十字会（20万元）广东中山市体育总会（10万元）	红十字/体育	男	广东
16	体育彩票	超级大乐透	1600	40	2.50	贵州省体育发展基金会	—	男	贵州
17	体育彩票	超级大乐透	1600	40	2.50	贵州省体育发展基金会	体育	男	贵州
18	体育彩票	超级大乐透	2075	10	0.48	未说明	教育	男	安徽
19	福利彩票	双色球	2098	50	2.38	未说明	教育	男	山西
20	福利彩票	双色球	2136	100	4.68	广州市慈善会	扶贫	男	广东
21	体育彩票	超级大乐透	49700	2000	4.02	山东省体育彩票管理中心	—	男	山东
22	福利彩票	双色球	52500	1200	2.29	山西省慈善总会	救灾	男	山西

数据来源：中国公益研究院根据新闻报道整理。

在这22名彩民中，彩票的最高中奖额度为5.25亿元，最低中奖额度为100万元。捐款最高额为2000万元，最低额为1万元。若计算捐赠额在中奖额中的比例则可以发现，彩民捐款在中奖总额中均未超过5%。

在捐赠对象的选择方面，有6名彩民选择捐赠给所在省市的慈善会，5名彩民选择捐赠给所在省市的体育发展基金会，1名彩民捐赠给红十字事业，另有3名彩民捐赠给所在省份的体育总会或彩票管理中心。

在捐赠领域上，教育最受彩民青睐，共获得4名彩民价值120万元的捐赠；其次是扶贫和体育发展领域，分别获得3名彩民106万元和120万元的捐赠。

如果说购买彩票行为本身已经是对国家统筹的公益事业的支持，那么彩民在中奖之后的捐赠行为则完全是个人社会责任感的体现。在获得意外钱财的同时，能够主动承担起财富带来的社会责任，反映了公民慈善意识的觉醒。

五　小结与展望：善经济疏导社会财富

2014 年，中国"善经济"继续向前发展。无论是企业还是个人，都在慈善理念的影响下改变了经济行为。在大额捐赠方面，本年度出现了价值169 亿元的股票期权捐赠，使得期权捐赠成为公众瞩目的捐赠方式。同股权捐赠相似，期权捐赠已经成为中国慈善家进行大额捐赠时采用的重要手段之一。另外，退休国家领导人的持续捐赠，对中国公益事业乃至整个社会的影响意义深远。

在互联网科技的影响下，创新的募捐形式不断刷新公众对公益慈善事业的认知，快乐、活泼、梦想、投资等成为新型募款手段获得成功的关键词。"冰桶挑战"、公益众筹等创新募捐手段正带领中国公益事业走出悲情，走向轻松。

近年来的捐赠数据证实了政府退出募捐市场的趋势。民政部门、党政机关与人民团体的获捐金额与比例呈逐渐下降趋势，而基金会、慈善会等社会组织的获捐情况则刚好相反。中国的募捐市场将逐渐走向健康发展的方向。

由国家统一规划统筹的彩票公益金来源于福利彩票和体育彩票等两类彩票的销售。统计数据显示，自福利彩票、体育彩票发行至今，已经为国家筹集千亿元善款，资助公益项目数以十万计。对于普通彩民来说，用于博彩的零用钱既能起到娱乐的作用，又能成就国家的公益项目。随着公民公益慈善意识的觉醒，更有越来越多的彩民在中奖之后捐出部分奖金，用更为主动的方式履行个人的社会责任。

2014 年年底出台的《国务院关于促进慈善事业健康发展的指导意见》明确指出："鼓励和支持社会公众通过捐款捐物、慈善消费和慈善义演、义拍、义卖、义展、义诊、义赛等方式为困难群众奉献爱心。探索捐赠知识产权收益、技术、股权、有价证券等新型捐赠方式。"这将为 2015 年以及更远的未来捐赠市场的发展提供巨大的动力。

财富向"善"，意味着社会价值引领经济价值新格局的开启。商业与慈善的紧密结合为公益慈善领域带来巨额善款，个人与慈善的亲密碰撞增添了公益慈善领域的活力。随着"善经济"的进一步发展，越来越多的财富将被有效疏导、妥善管理，并在广阔的社会领域发挥更大的价值。

第三章
公益组织：生态链的结构转型

组织在公益事业生态链建设中发挥主体作用。在过去一年，社会组织规模取得新突破，行业生态链进一步完善深化，组织职能分工走向清晰化，现代公益组织体系正逐步形成。到 2014 年年底，全国社会组织总数超过 60 万家，迈入一个新的发展阶段。基金会继续引领行业发展，总量跃上 4000 家的新台阶，并向行业资助者角色努力前行；顺应公众参与的需求，更多非公募基金会尝试向公募转型，承担起公益价值传播的职责。慈善会在地方步入改革的征程，剥离行业支持职能和公募职能。社区社会组织探索多样化发展，并走向专业化，让社会服务能落地生根。行业综合性枢纽组织和服务平台在更多的地方建立起来，行业支持系统日臻完善。

一　社会组织总量超 60 万，经济贡献潜力显现

2014 年是《国务院机构改革和职能转变方案》颁布实施的第二年，也是全国广泛开展简政放权、社会组织直接登记政策落实的关键一年。这一年里，我国社会活力得到再度激发，社会组织总数、增量再创新高。

（一）全国社会组织突破 60 万家

根据民政部发布的《2014 年社会服务发展统计公报》，2014 年，我国社会组织总量为 606048 家，提前一年实现《民政事业发展第十二个五年规划》设定的 60.5 万家的目标。

1. 社会组织年增近 6 万家，增速突破 10%

与 2013 年相比，2014 年我国社会组织新增 58803 家，净增量是目前为止的历年最高；增长率为 10.75%，从 2007 年以来首次突破 10%。[①]

在三类社会组织中，社会团体有 309736 家，比上年新增 20710 家，增长 7.17%；基金会 4117 家，净增 568 家，增长率为 16%[②]；民办非企业单位 292195 家，比上年新增 37525 家，增长率 14.73%（见图 3-1）。由此可见，社会团体依然是规模最大的，但由于基数大、且增长放缓，增长率最低。基金会增速最高，但随着总量的增大，增长速度出现回落。在社会团体与基金会增长下降的情况下，民办非企业单位增速继续保持提升，使其与社会团体的规模逐步拉近，二者差距从 2011 年的 50581 家下降至 2014 年的 17541 家。同时，民办非企业单位以 3.75 万家的净增长量，带动了社会组织整体维持与上年持平的增长态势，贡献突出。

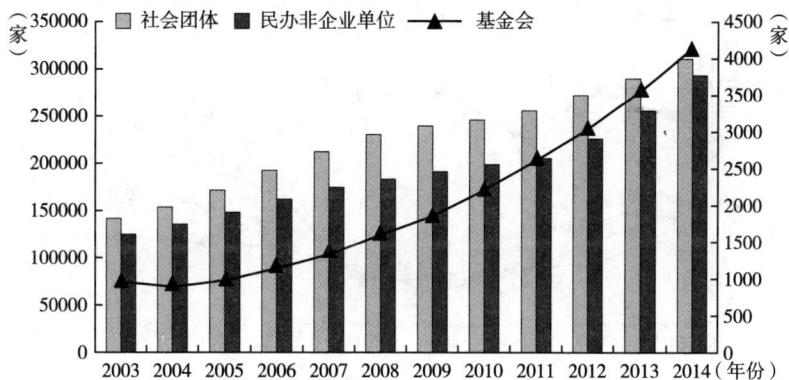

图 3-1　2003～2014 年三类社会组织发展趋势

2003～2013 年数据来源：中华人民共和国民政部编《2014 中国民政统计年鉴》，中国统计出版社，2014，第 176 页；

2014 年数据来源：《2014 年社会服务发展统计公报》，来源：中华人民共和国民政部，http：//cws. mca. gov. cn/article/tjbg/201506/20150600832439. shtml，最后访问日期：2015 年 6 月 11 日。

---

① 《2014 年社会服务发展统计公报》，中华人民共和国民政部，http：//cws. mca. gov. cn/article/tjbg/201506/20150600832439. shtml，最后访问日期：2015 年 6 月 11 日。

② 为保持数据比较的一致性，在本节中，整体考察社会组织发展情况时，我们采用的基金会数据为民政部统计数据。

2. 直接登记过 3 万家，每万人社会组织数仍偏低

我国社会组织一直保持较快增长。从 2006 年的 35.4 万家发展到 2014 年的 60.6 万家，增长 71.2%，年均增长率 6.9%。尤其在 2011 年民政部在全国正式试点推行社会组织直接登记政策后，我国社会组织发展迎来增长率发展的拐点。2012 年社会组织增长率比上年高出 4.4 个百分点（见图 3-2）。2013 年 3 月十二届全国人大一次会议通过的《国务院机构改革和职能转变方案》，进一步明确社会组织直接登记的政策方向。9 月，国务院发布《关于严格控制新设行政许可的通知》（国发〔2013〕39 号），严格控制行政许可的设定。各级民政部门普遍实施行业协会商会类、科技类、公益慈善类、城乡社区服务类等四类社会组织优先直接登记等简政放权措施，直接促成了 2014 年社会组织的快速发展。当年社会组织增量再次刷新纪录。自该政策出台至 2014 年 9 月，全国直接登记的社会组织超过 3 万家，占同期登记社会组织的 40% 以上[1]。

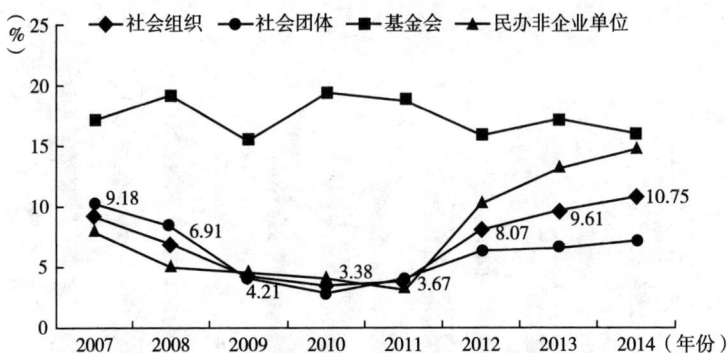

图 3-2　中国社会组织增长率发展趋势

从规模与速度来看，我国注册的社会组织发展取得不错的成绩。但与庞大的人口规模相除，每万人拥有 4.43 个社会组织[2]，低于日本的 27.04

---

① 《民政领域行政审批逐层下放　简政放权势在必行》，中国政府网，http://www.gov.cn/xinwen/2014-09/24/content_2755511.htm，最后访问时间：2015 年 4 月 20 日。

② 2014 年年底中国人口总数 13.6782 亿人，数据来源：《中华人民共和国 2014 年国民经济和社会发展统计公报》，中华人民共和国国家统计局，http://www.stats.gov.cn/tjsj/zxfb/201502/t20150226_685799.html，最后访问时间：2015 年 3 月 25 日。

个和美国的 47.70 个。① 可见，我国社会组织仍然有很大的发展空间。

（二）社会组织经济贡献潜力大

从支出与吸纳就业来看，我国社会组织的规模还比较小，但发展潜力较大。2013 年，我国社会组织总支出 1675.3 亿元②，比上年提升 10%。社会组织总支出占 GDP 的比例为 0.29%，与 2012 年基本持平（见图 3-3）。

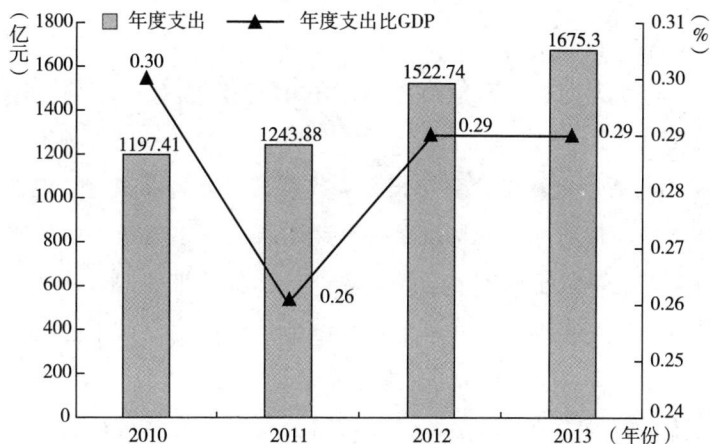

图 3-3 我国社会组织支出规模与占 GDP 比例

2010 年和 2011 年数据来源：中华人民共和国民政部编《2012 中国民政统计年鉴》，中国统计出版社，2012，第 106～107 页；

2012 年和 2013 年数据来源：中华人民共和国民政部编《2014 中国民政统计年鉴》，中国统计出版社，2014，第 125～126 页。

---

① 因各国统计口径的不一致，很难进行完全匹配的统计数据对比。此处采取类似组织数据，日本数据采用公民社会组织（Civil Society Organizations）数据，美国数据采用免税组织（Tax - Exempt Organizations）数据。截至 2014 年 7 月，日本公民社会组织超过 343598 个。数据来源：日本公益法人协会，Databook2014。截至 2014 年 10 月，日本总人口数 1.27 亿。数据来源：日本统计局，http：//www. stat. go. jp/data/jinsui/new. htm，最后访问时间：2015 年 3 月 25 日。截至 2015 年 4 月，美国免税组织总数 1521052 个。数据来源：National Center For Charitable Statistics，http：//www. nccs. urban. org/statistics/quick-facts. cfm，最后访问时间：2015 年 5 月 20 日。截至 2015 年 3 月 19 日，美国总人口数约 3.19 亿。数据来源：人口网，http：//www. renkou. org. cn，最后访问时间：2015 年 3 月 25 日。

② 中华人民共和国民政部编《2014 中国民政统计年鉴》，中国统计出版社，2014，第 125～126 页。

截至 2014 年年底，全国社会组织吸纳社会各类就业人员 682.3 万人[1]，比上年增长 7.18%，占全国就业人口的 0.88%。在发达经济体，公益性社会组织是一支强大的经济力量。根据美国国家慈善统计中心（NCCS）的统计数据，2014 年，美国非营利部门贡献了美国 5.3% 的 GDP，其增长速度超过了商业部门和政府部门。在 2009 年，美国非营利部门吸纳了全国 10% 的就业人口[2]。相比而言，我国社会组织带动经济发展潜力虽然逐渐发挥，但还有较长的一段路要走。

二 基金会行业资助功能渐显

2014 年，我国公募基金会增长逐步放缓，但非公募基金会继续保持蓬勃的增长态势，带动基金会整体保持高速增长。更多省级行政区将基金会管理行政审批权下放至地市、县级民政部门，直接带来四成新成立的基金会在市县登记。一直以来，基金会在我国公益组织生态链中扮演项目执行的角色。但是从 2007 年开始，一些基金会开始探索资助模式。同时，一些非公募基金会转型为公募基金会，在获得公开募款资格的同时，承担起公益价值传播和推动公众参与的责任。

（一）基金会总量突破四千，市县级登记基金会发展迅速

根据中国基金会中心网提供的数据，截至 2014 年年底，我国共有基金会 4209 家[3]，其中，公募基金会 1487 家，非公募基金会 2722 家。非公募基金会数量是公募基金会的 1.8 倍，二者规模差距进一步拉大（见图 3-4）。

---

[1] 《2014 年社会服务发展统计公报》，中华人民共和国民政部，http：//cws.mca.gov.cn/article/tjbg/201506/20150600832439.shtml，最后访问日期：2015 年 6 月 11 日。

[2] National Center For Charitable Statistics，http：//www.nccs.urban.org/statistics/quick-facts.cfm，最后访问时间：2015 年 3 月 25 日。

[3] 民政部与基金会中心网所公布的数据存在差距，民政部所统计的基金会数据包括公募基金会、非公募基金会、涉外基金会（从 2013 年开始有统计数据）和境外基金会代表机构（从 2008 年开始有统计数据）四类，基金会中心网所统计的基金会数据包括公募基金会和非公募基金会两类。由于数据的完整性，以及为保持与往年报告的连续性，本节基金会的分析数据均采用中国基金会中心网统计数据。

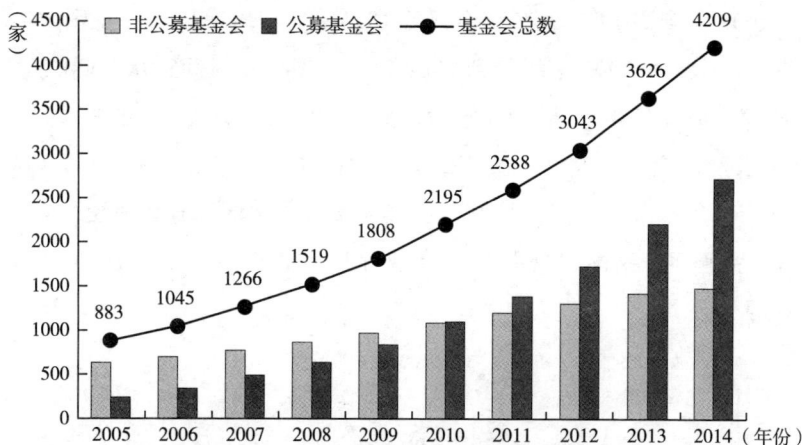

图 3 - 4　2005～2014 年中国基金会发展趋势

数据来源：基金会中心网直接向北京师范大学中国公益研究院提供，本节图表数据来源相同。

1. 非公募基金会保持快速增长，公募增长再放缓

2014 年全国基金会净增加 583 家，与上年相当，增长率为 16.08%。其中，非公募基金会增加 517 家，增长 23.45%，持续高速增长。非公募基金会的净增长量超过 2013 年的 472 家，成为至今增量最多的年份。公募基金会增加 66 家，增长率为 4.64%，增长进一步放缓，是自 2004 年《基金会管理条例》出台以来的增长最低位。非公募基金会净增长量比公募基金会净增长量多出 451 家。前者的净增量与增长速度分别为后者的 7.8 倍和 5 倍，创下历史最高位，差距进一步扩大（见图 3 - 5）。

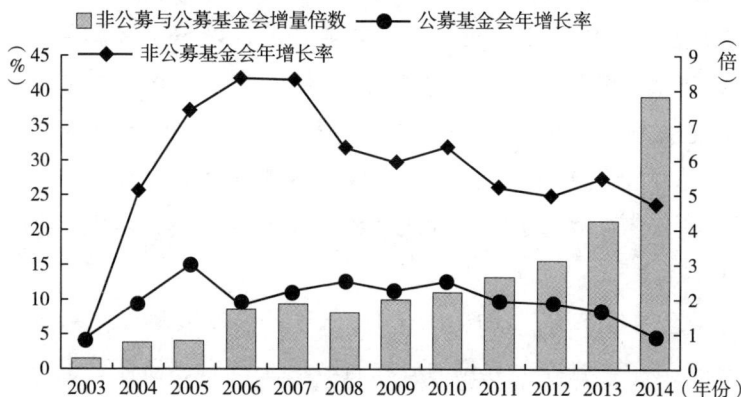

图 3 - 5　2003～2014 年我国公募与非公募基金会增长情况

从 2003 年到 2014 年，基金会保持 18.5% 的年均增长率（见图 3 - 6）。我国基金会总量从 1000 家增长到 2000 家，用了 4 年时间；从 2000 家发展到 3000 家历时 2 年半；从 3000 家增长到 4000 家的时间进一步缩短到不足 2 年。非公募基金会对其增速贡献最大。我国非公募基金会从 1000 家发展至 2000 家，用了 3 年时间，比基金会整体实现同样的增长用时更短。按照当前的发展速度，我国非公募基金会预计将用 2 年时间实现从 2000 家到 3000 家的上升。

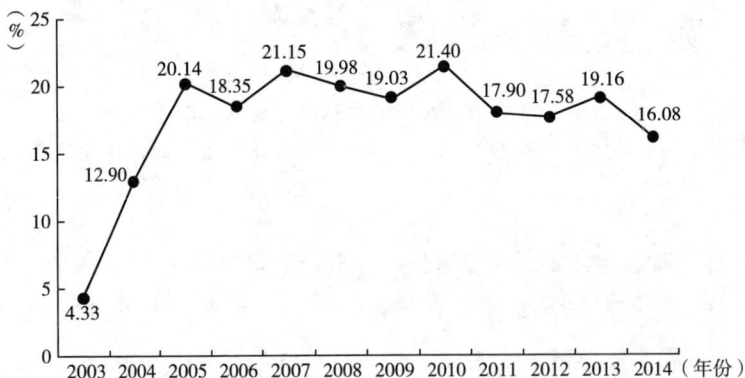

图 3 - 6　2003~2014 年我国基金会增长率变化图

2. 粤苏京浙沪基金会增长迅猛，五省市基金会数占全国一半

从省级行政区分布来看，截至 2014 年年底，广东省基金会总数达到 567 家，继续排在各省级行政区之首，也是基金会总数超过 500 家的唯一省份。江苏和北京分别以 488 家和 482 家的基金会总数名列第二、第三位，发展规模较上一年拉近。浙江紧随其后，以 385 家基金会的总数排第四位。上海基金会增长至 205 家，超过湖南、福建，进入前五的行列。基金会总数排前五位的省级行政区，其拥有的基金会之和达到 2127 家，超过全国基金会总量的一半。山东基金会数量突破 100 家，使得我国基金会总数超过 100 家的省级行政区上升至 11 个，比上一年增加 1 个（见图 3 - 7）。

从基金会增量来看，2014 年有 18 个省级行政区新成立基金会均在 10 家之上。其中，排在前五位的省级行政区是广东、浙江、上海、北京和江苏，与基金会规模前五的方阵保持一致。同时，这五省、市基金会

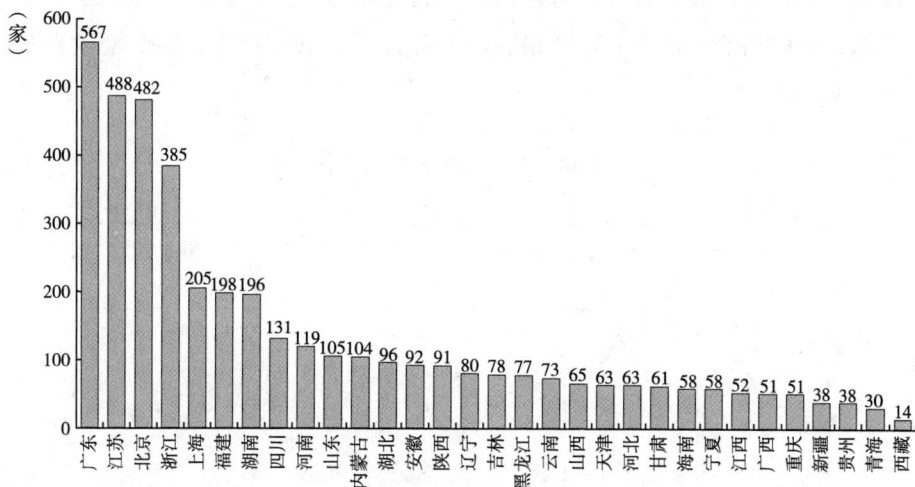

图 3-7　2014 年各省级行政区基金会数量

增量占全国基金会净增量的 54%，显示其基金会发展的整体性优势。广东以 120 家基金会的净增量蝉联第一，也是增量过百的唯一省级行政区，增长率达到 27%。2014 年，上海基金会发展较为迅速，净增加 50 家基金会，增量从 2013 年的第十八位大幅上升至第三位，增速达 19%。这一增量创造了上海基金会发展之最，是往年最大增量的 3 倍。[①] 从 2014 年 4 月 1 日起，上海施行行业协会商会类、科技类、公益慈善类、城乡社区服务类等四类社会组织直接登记。政策的放宽是上海基金会大量涌现最为直接的因素。在增加的 50 家基金会中，公益慈善类 48 家，科技类 2 家。在公益慈善类中，以教育（14 家）、医疗（8 家）、扶贫（7 家）、文化（7 家）居多。

各省级行政区基金会的增长主要由非公募基金会带动，也反映出全国基金会发展的整体趋势。31 个省级行政区均实现非公募基金会的增长，且至少增加 2 家；15 个省级行政区的非公募基金会增长超过 10 家。省级行政区公募基金会平均增长量 2.1 家。各省级行政区公募基金会增量皆在 10 家以内，最高为湖南，增加 8 家。北京、广西、陕西、重庆、西藏、内蒙

---

① 《上海基金会历年增量图》，上海社会组织网，http：//www.shstj.gov.cn/YWSJ.aspx，最后访问时间：2015 年 3 月 27 日。

古等 6 个省级行政区的公募基金会数未能实现增长。在基金会发展迅猛的广东，在增加的 120 家基金会中，非公募占 118 家，而公募基金会仅有 2家（见表 3-1）。

表 3-1 2014 年各省级行政区基金会增长情况

单位：家

省级行政区	公募基金会增量	非公募基金会增量	基金会增量	省级行政区	公募基金会增量	非公募基金会增量	基金会增量
广东	2	118	120	广西	0	10	10
浙江	4	51	55	黑龙江	3	7	10
上海	4	46	50	山西	1	8	9
北京	0	48	48	天津	1	8	9
江苏	4	39	43	陕西	0	8	8
湖南	8	17	25	宁夏	2	4	6
福建	1	24	25	贵州	1	5	6
湖北	1	17	18	海南	2	4	6
甘肃	4	13	17	江西	1	4	5
四川	7	9	16	新疆	2	3	5
河南	4	11	15	青海	2	2	4
山东	1	13	14	辽宁	1	3	4
安徽	2	11	13	重庆	0	3	3
云南	2	10	12	西藏	0	2	2
吉林	5	7	12	内蒙古	0	2	2
河北	1	10	11	总计	66	517	583

3. 登记权下放引导近四成基金会市县登记

在 2014 年新成立的 583 家基金会中，在民政部登记的有 7 家，全为非公募基金会。在省级民政部门登记的基金会共 346 家，占全部新成立基金会的 59%。可见，在省级民政部门登记目前还是基金会的主流选择，但相比 2013 年，比例减少 21 个百分点，呈下降趋势。在地市级和县级民政部门登记的基金会分别为 184 家和 46 家。在地市和县级民政部门登记的基金会的比例已从上一年的 17% 提高到近 40%。

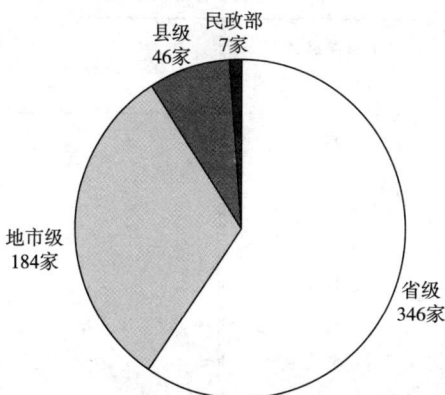

图 3－8 2014 年新增基金会登记级别分布 （单位：家）

地市级和县级登记的基金会数量的明显上升，体现了几年来全国基金会登记管理权限下放政策深入开展取得的显著成效。广东对基金会发展支持力度全国最大。2009 年民政部与深圳市签署《推进民政事业综合配套改革合作协议》，深圳市尝试开展基金会、跨省行业协会、商会和涉外基金会在市级民政部门登记管理，拉开我国基金会登记权限下放政策的帷幕。2012 年，广东民政厅首次正式发文授权广州市下放两类基金会登记管理权。2013 年，广东发布《关于进一步促进公益服务类社会组织发展的若干规定》（粤民民〔2013〕111 号），向已获授权地市级以上民政部门下放相应级别非公募基金会直接登记权限。在政策的连续推动下，2014 年，广东有 82 家基金会在市级民政部门登记成立，其中 81 家为非公募基金会，占全国所有新登记市级基金会的 46%。其中，仅深圳市就完成了 50 家基金会的登记工作。

继 2013 年广东、安徽、陕西等省将非公募基金会登记管理权下放至市级民政部门后，2014 年，江苏、福建、山西等省将非公募基金会的登记管理权限下放至县级民政部门，浙江以部分委托方式向各市、县（市、区）民政局下放由内地居民担任法定代表人的基金会登记管理权限，实行分级管理。这些省份的政策直接影响到基金会登记的积极性。江苏有 16 家和 22 家基金会分别在市级和县级民政部门登记；浙江的数目分别是 26 家和 11 家；福建有 17 家基金会为市级登记。

表 3 - 2　2014 年地市级民政部门新登记基金会情况

省级行政区	地市级民政部门登记基金会数	省级行政区	地市级民政部门登记基金会数
广　东	82	河　北	3
浙　江	26	河　南	2
福　建	17	广　西	2
江　苏	16	辽　宁	1
山　东	8	内蒙古	1
湖　北	7	陕　西	1
湖　南	6	山　西	1
甘　肃	6		
安　徽	5	总　计	184

表 3 - 3　2014 年县级民政部门新登记基金会情况

省级行政区	县级民政部门登记基金会数	省级行政区	县级民政部门登记基金会数
江　苏	22	宁　夏	2
浙　江	11	甘　肃	1
云　南	3	湖　南	1
山　东	3	山　西	1
广　西	2	总　计	46

4. 基金会平均净资产近 3000 万元，呈金字塔形分布

截至 2015 年 3 月 16 日，基金会中心网公布的有净资产数据的基金会数为 3050 家。本小节关于基金会净资产的分析基于这一样本量。[①]

3050 家基金会的净资产总额达 911 亿元人民币。其中，非公募基金会 1737 家，净资产总额为 465 亿元；公募基金会 1313 家，净资产总额 446 亿元。非公募基金会的净资产整体规模超过公募基金会。全国基金会平均净

---

①　数据更新至 2015 年 3 月 16 日。基金会中心网，http://fti.foundationcenter.org.cn/fti_new/foundationlist.aspx，最后访问时间：2015 年 3 月 16 日。

资产 2987 万元，接近 3000 万元（见表 3 - 4）。

表 3 - 4　基金会净资产整体规模

	公　募	非公募	总　和
基金会数量（家）	1313	1737	3050
净资产总额（万元）	4459941	4650099	9110040
净资产总额比例（%）	49	51	100
平均资产规模	3397	2677	2987

数据来源：基金会中心网，http：//fti. foundationcenter. org. cn/fti_new/foundationlist. aspx，最后访问时间：2015 年 3 月 16 日。本小节数据来源下同。

从分档来看，基金会净资产规模分布呈金字塔形。其中，净资产在 1 亿元以上的基金会，数量不足基金会总数的 6%，但其净资产额超过所有基金会净资产总额的六成，平均每家基金会的净资产为 3.15 亿元。净资产规模在 1000 万元至 1 亿元的基金会，基金会的数量、资产总额的比例比较一致，均在所有基金会中约占三成，平均净资产规模为 2880 万元，与全部基金会的均值最为接近。63% 的基金会净资产在 1000 万元以下，其净资产之和在所有基金会中仅占 7%，平均每家净资产为 342 万元，仅第一阶梯基金会水平的 1%（见表 3 - 5）。

表 3 - 5　基金会净资产规模级别分布

	基金会规模		资产规模		平均资产规模（万元）
	数量（家）	比例（%）	总额（万元）	比例（%）	
1000 万元以下	1912	63	653815	7	342
1000 万~1 亿元	957	31	2756118	30	2880
1 亿元以上	181	6	5700107	63	31492
总　和	3050	100	9110040	100	2987

比较不同类型基金会的净资产规模，发现公募基金会整体平均净资产为 3397 万元，高于非公募基金会 2677 万元的平均水平。公募基金会的优势主要分布在 1000 万元以下级别，以 442 万元的平均净资产规模高于非公募基金会的 287 万元。但 1235 家、70% 的非公募基金会的净资产额在

1000 万元以下；相较而言，仅有一半的公募基金会的净资产规模在这一级别。在其余的两个阶梯，非公募基金会平均资产规模大于公募基金会。尤其在 1 亿元以上规模级别，非公募基金会的平均资产规模为 3.54 亿元，相比公募基金会的 2.79 亿元，优势明显。基金会平均资产规模的分布特征与各级基金会注册资金门槛不同有直接的联系。

（二）部分运作型基金会向资助型转型

根据美国 1969 年税法对基金会的基本分类，按照资金使用方式，基金会可分为运作型（Operating Foundation）和资助型（Grant making Foundation），前者由基金会自己使用资金从事公益活动，享受更优惠的税收待遇，后者则将资金资助给他人或非营利组织开展项目。[①] 独立运作项目向参与式资助项目或资助项目转变、操作型基金会向混合型基金会或资助型基金会转型是近年来的趋势。在这一转型过程中，基金会对自身"资助型"性质的自我认同加强，在资助方式上不断创新。此外，转型的艰难逐渐被认识到，应对困难的创新方法也相应出现。

1. 部分基金会对"资助型"的自我认同提高

到 2011 年年底，已有部分基金会兼具资助和运作两类模式，或明确表示要向资助型方向转型。[②] 2011 年以来，这一趋势得到加强。据不完全统计，在基金会中心网 2013 年公益支出前 50 位的公募基金会和非公募基金会两个榜单的 100 家基金会中，分别有 10 家公募基金会和 8 家非公募基金会开展至少一个具"资助型"性质的项目。[③] 在榜单之外，也有数家基金

---

① 徐宇珊：《论基金会：中国基金会转型研究》，中国社会出版社，2010，第 29 页。
② 王振耀：《现代慈善与社会服务 2011 年度中国公益事业发展报告》，社会科学文献出版社，2012，第 60 页。
③ 其中公募基金会包括上海市慈善基金会、中国青少年发展基金会、中国扶贫基金会、中国社会福利基金会、深圳壹基金公益基金会、中国法律援助基金会、上海文化发展基金会、上海市老年基金会、中华少年儿童慈善救助基金会、爱德基金会，非公募基金会包括神华公益基金会、江苏元林慈善基金会、老牛基金会、河仁慈善基金会、腾讯公益慈善基金会、华润慈善基金会、安利公益基金会、招商局慈善基金会。各基金会项目的资料来自相应基金会官网。本节下文中如无特殊注明，则相关基金会及其项目资料均来自相应基金会官网。

会因其"资助型"性质项目被报道。[1] 这些具"资助型"性质的项目主要包括如下两类：首先是"资助型"项目，基金会仅扮演资金提供者的角色，由其他公益组织负责项目的具体执行。如中华少年儿童慈善救助基金会 2011 年启动的"童缘资助项目"，投入 3000 万元资助了 214 个民间公益项目。其次是"参与式资助型"项目，基金会提供资金，同时与其他社会组织合作，共同负责项目的具体执行。如神华公益基金会 2011 年启动的"神华爱心书屋"项目，"采取资助与实操相结合运作模式，依托中国光华科技基金会'书海工程'项目为公益平台。四年来，基金会已累计向边远贫困地区的中小学校共捐赠图书 3.547 亿元码洋、1541 万册，建立 7193 所神华爱心书屋，为 563 万名中小学生送去丰富的精神食粮"[2]。

值得注意的是，这些项目大都启动于 2011 年及以后，且其中不乏对基金会转型历程具标志性意义的项目，如南都公益基金会 2012 年实现了对"新公民学校"项目由直接管理转向目标评估管理的转变，从而实现了由"运作型"向"资助型"的战略转型；西部阳光基金会则于 2013 年制定"五年计划"，将"运作型项目、资助型项目和教育类公益项目评估的资金投入比例设定为 4：4：2"。

---

① 包括南都公益基金会，相关报道：王会贤：《南都公益基金会：破解公益人才和资源瓶颈》，《公益时报》，新华网，http：//news.xinhuanet.com/gongyi/2014 - 12/31/c _ 127349543.htm，最后访问时间：2015 年 3 月 30 日；中国社会救助基金会，相关报道：《影响·2014 中国公益 100 人》，公益时报网，http：//www.gongyishibao.com/html/yao-wen/7747.html，最后访问时间：2015 年 3 月 30 日；北京光华基金会，相关报道：张枭翔：《基金会转型做 NGO 的"奶源"》，《中国慈善家》2014 年 10 月刊，和讯网，ht-tp：//funds.hexun.com/2014 - 10 - 21/169531591.html，最后访问时间：2015 年 3 月 30 日；西部阳光基金会，相关报道：同上；广东省千禾社区公益基金会，相关报道：赵新星：《广东企业基金会数量全国领先 基金会从运作型向资助型转变》，《南方日报》，ht-tp：//epaper.southcn.com/nfdaily/html/2012 - 12/13/content _7150760.htm，最后访问时间：2015 年 3 月 30 日；爱德基金会，相关报道：徐永光：《公募基金会改革转型：困境与创新》，《慈善蓝皮书》，南都公益基金会官网，http：//www.naradafoundation.org/html/2012 - 07/15156.html，最后访问时间：2015 年 3 月 30 日；自然之友基金会、阿里巴巴公益基金，相关报道：王会贤：《"基金会资助"到底是什么?》，公益时报网，新华网，ht-tp：//news.xinhuanet.com/gongyi/2015 - 03/27/c _127628615.htm，最后访问时间：2015 年 3 月 30 日；SEE 基金会，SEE 基金会官网，http：//www.see.org.cn/foundation/whoamI.aspx，最后访问时间：2015 年 3 月 30 日。

② 神华爱心书屋介绍，神华公益基金会官网，htt：//www.shf.org.cn/gyxm/axsw/index.sht-ml，最后访问时间：2015 年 3 月 30 日。

尽管一些基金会目前具"资助型"之名而无"资助型"之实，但这一自我定位在一定程度上体现了其发展目标。据不完全统计，有十几家基金会在其官网中明言宣告了自身的"资助型"性质。其中，将自身定性为"资助型"的基金会包括亿方公益基金会、万通公益基金会、上海联劝公益基金会和广东省千禾社区公益基金会。中华少儿童慈善救助基金会"成立之初即以资助型为方向"，2010年中国扶贫基金会确定从"运作型"基金会战略转型为"筹资型"基金会，春桃慈善基金会"正在向资助型基金会转型"。此外，友成企业家扶贫基金会主要采用"参与式资助的运作模式"，中华少年儿童慈善救助基金会"以资助和促进民间公益慈善组织为少年儿童服务为宗旨"，南都公益基金会确立了"三大资助方向"，桃源居公益事业发展基金会"对依法成立具备条件的社区公益组织给予一次性资本金资助"，北京市企业家环保基金会"致力于支持中国民间环保组织及其行业发展"，万科公益基金会"与中国50多个公益组织建立了紧密的合作关系，自成立以来，基金会共捐资7627万元用于各类公益项目的开展"。

值得注意的是，在上述基金会中，除中国扶贫基金会、中华少年儿童慈善救助基金会和上海联劝公益基金会外，其余全为非公募基金会；而除中国扶贫基金会成立时间较早（1989年），其他基金会的成立时间均在2007年及以后。

2. 善用互联网平台授人以渔

培养公益人才、提高公益机构的项目执行能力是"资助型"模式能良好运行的保证，因此很多具"资助型"性质的项目致力于公益人才培养、公益机构能力提升和公益行业研究。例如，神华公益基金会联合北京师范大学社会公益研究中心开展"中国前沿公益模式研究"项目，联合中国社会组织促进会开展"中国基金会网络平台建设项目"；安利公益基金会启动"中国公益慈善人才培养计划"；爱德基金会成立"南京爱德社会组织培育中心"等。

另一些项目则利用电视、网络等工具，将电视节目、广告、网校等方式和资助行为结合起来。如中国社会福利基金会设立"梦想助力基金"，通过"中国梦想秀"公益节目先后帮助34位追梦人实现公益梦想。此外，中国福利基金会还联系电视媒体向公益项目捐赠公益广告时间，以此种方式资助公益项目的发展。河仁慈善基金会与中央电视台合作，通过《社区英雄》节目帮助全国各地有创造力的社区公益项目的实施，共投入资金240万元。

3. 创新资助模式，推动渐进转型

在从"运作型"向"资助型"转型的过程中，基金会遇到了许多困难。首先是筹款难，尤其对于公募基金会而言，"大多数捐赠者在捐赠时就会指定一个特定的项目作为资助对象，而不是捐赠非指定用途资金"。中国现有的公益政策及公益环境似乎更适合于非公募基金会做转型的探索。[①] 其次是项目执行效果欠佳。"当前草根组织还处在初级发展阶段，多数项目都没有专业团队执行，项目的科学性、透明度、效果评估、公众参与等方面都达不到专业要求"[②]，"草根组织自身能力有限，发育缓慢，无法完全承担起从项目申请到实施的全过程"。[③]

针对转型过程中出现的问题，一些创新型应对方法产生。中国扶贫基金会采取"折中筹款法"，即"用自己的项目进行筹款，并同时告知捐赠人该项目将由合作的草根公益组织来具体实施，中国扶贫基金会进行监管"[④]。基金会的"轻资产化"[⑤]与"折中筹款法"有些类似：基金会将项目外包给NGO，接受委托的NGO以基金会的名义来运作项目。这种基金会"贴牌生产"的模式可通过变通的方式达到捐赠人指定资助项目的要求。"联合劝募中心"则是另一个创举，由基金会和社会组织联合筹款，"既可以解决草根组织没有合法募集资金的身份而陷入'筹资难'的困境，也可以解决公募基金会由于公众捐款大多带有指定性而面临的募集'资助

---

① 《公募基金会转型困局》，京华网，http：//epaper. jinghua. cn/html/2013 – 11/04/content_37065. htm，最后访问时间：2015 年 3 月 30 日。

② 《公募基金会转型困局》，京华网，http：//epaper. jinghua. cn/html/2013 – 11/04/content_37065. htm，最后访问时间：2015 年 3 月 30 日。

③ 徐宇珊：《论基金会 中国基金会转型研究》，中国社会出版社，2010，第182 页。

④ 《公募基金会转型困局》，京华网，http：//epaper. jinghua. cn/html/2013 – 11/04/content_37065. htm，最后访问时间：2015 年 3 月 30 日。

⑤ 褚蓥：《"轻资产化"或助基金会转型》，公益时报网，http：//www. gongyishibao. com/html/zhening/20140513/6457. html，最后访问时间：2015 年 4 月 3 日。

型'资金的困难"①，中国社会福利基金会 2013 年成立了联合劝募中心来应对。以上三种方式都致力于解决筹资难的问题，南都公益基金会提出的"战略性资助模式"② 则致力于解决项目执行效果欠佳的问题。该模式改变以项目为本的资助方式，转而资助公益人才和机构发展，"授人以渔"，有望从根本上打破"项目执行效果欠佳—捐赠人不满—筹款难"的死循环。

（三）非公募转型公募激活基金会社会动员力

2014 年，上海真爱梦想公益基金会和北京市企业家环保基金会由非公募基金会转为公募基金会。这是继海南成美慈善基金会、北京新阳光慈善基金会、深圳壹基金公益基金会之后，向公募基金会转型的两个新个案。

1. 上海真爱梦想公益基金会：运用互联网思维传播公益价值

2014 年 1 月，上海真爱梦想公益基金会由上海市民政局批准登记为地方性公募基金会，迎来该机构发展历程中的第二次转型。其第一次转型是在 2008 年，由在香港成立的真爱·梦想中国教育基金有限公司，在上海正式设立登记为非公募基金会——上海真爱梦想公益基金会。此番由非公募转制公募在上海基金会中属于首例。

上海真爱梦想公益基金会由几位金融界资深人士创建。从成立到 2013 年年底，凭借创办人在金融界积累的人脉与募款能力，以及基金会在项目设计和信息公开方面的出色表现，该基金会已募集善款 1.63 亿元人民币。③ 上海真爱梦想公益基金会专注于推动中国素质教育的发展，其理事长解释转型的初衷在于激发更广泛的社会参与，"更广泛而迅速地传播价值理念"④。这也是在互联网迅猛发展的时代背景下，促使基金会反思原有筹资模式和项目推动模式后做出的变革。

---

① 《公募基金会转型困局》，京华网，http：//epaper. jinghua. cn/html/2013 – 11/04/content_ 37065. htm，最后访问时间：2015 年 3 月 30 日。

② 杨阳：《中国慈善发展报告（2012）》，社会科学文献出版社，2012，第 158 页。

③ 《上海真爱梦想公益基金会 2013 年度报告》，第 1 页，上海真爱梦想公益基金会，ht- tp：//www. adream. org/uploadfile/report/2013bao. pdf，最后访问时间：2015 年 3 月 30 日。

④ 《唤醒未来——真爱梦想 2013 年报发布会》，上海真爱梦想公益基金会，http：//www. ad- ream. org/news/20140414173735. html，最后访问时间：2015 年 3 月 30 日。

上海真爱梦想公益基金会 2013 年 10 月底向上海民政局申请登记为公募基金会，2014 年 1 月拿到公募基金会登记证书，用时不到 4 个月。这得益于基金会一直以来的公开透明和良好的项目运作得到信任。自 2010 年起，上海真爱梦想公益基金会连续四年按照上市公司的标准公开年报，并召开年报发布会，是国内首家按照上市公司标准公开年度财务状况的基金会。到 2014 年，该基金会连续四年名列《福布斯》发布的"中国慈善基金榜"榜首。上海真爱梦想公益基金会的核心产品是"梦想中心"标准化教室。截至 2015 年 1 月 1 日，基金会在 31 个省、自治区和直辖市，建立了 1648 所"梦想中心"，培训了 27646 名梦想教师，为 1832600 名学生带去近 100 万课时的梦想课程。①

登记为公募基金会后，基金会展开了一系列改革以适应公募的身份。首先在产品设计上实现升级转型。2014 年，梦想中心在硬件配置上实现升级，推出"5.0 版本"，引入平板电脑、电子白板、实物投影仪等，引领学生进入触屏学习时代。在 2014 年确认建立的 429 间梦想中心中，91% 竣工完成，均采用平台电脑。②

其次在筹款模式上，上海真爱梦想公益基金会在 2013 年便开始尝试向公募靠拢，通过年会短信、微信朋友圈等方式，探索众筹微捐模式。这一尝试初见成效，当年共发动 501 位捐赠人参与众筹，获得 92 万元善款。同时，基金会还发起"微股权"的筹款创新，号召认同公益精神的企业家捐赠企业的千分之一微股权。至 2013 年年底，有 7 家公司捐出千分之一或更高比例的企业股权收益权。③ 2014 年转登记为公募基金会后，上海真爱梦想公益基金会正式以合法法人身份发展众筹活动，通过腾讯公益平台、支付宝公益平台募集资金。从 2009 年至 2014 年，该基金会前十大捐赠者的捐赠额占该基金会全部捐赠收入的比例从 64.7% 降到了

---

① 上海真爱梦想公益基金会，http：//www. adream. org/index. php，最后访问时间：2015 年 4 月 9 日。

② 《上海真爱梦想公益基金会 2014 年度报告》，第 13 页，上海真爱梦想公益基金会，ht-tp：//www. adream. org/uploadfile/report/2014nb. pdf，最后访问时间：2015 年 5 月 13 日。

③ 《上海真爱梦想公益基金会 2014 年第三季度报告》，第 5 页，上海真爱梦想公益基金会，http：//www. adream. org/uploadfile/report/zamx201403jb. pdf，最后访问时间：2015 年 4 月 9 日。

34%，该基金会总的捐赠收入笔数则从176笔大幅提高到了4.6万笔。其中，公募活动参与44509人次，共募集资金近180万元，平均每人次捐赠40元。公募活动参与捐赠人次比2013年增长40倍[①]，可以说发动了更为广泛的公众参与。

为适应转型公募身份带来的潜在变化，上海真爱梦想公益基金会在组织决策层面进行了一定的调整。在新一届理事会与监事会中，引入了资深媒体人士，大数据、人力资源和金融互联网界的专家，力图能更好地把握新媒体时代传播模式，创新募款、活动方式，激发公众参与潜能。公募身份带来在财务管理和信息公开方面要求的提升，上海真爱梦想公益基金会在内部管理制度上也做相应的改革，制定或修订在财务内控、财务及授权管理、关联交易管理、专项基金、保值增值、专业委员会、理事管理等方面的制度，使内部管理规范、合规。

跻身公募基金会行列，上海真爱梦想公益基金会的公众参与越来越突出。但从捐赠收入结构可以看到，公募收入在上海真爱梦想公益基金会2014年度总募款额中占比不到2.4%，任重道远。上海真爱梦想公益基金会未来将如自身所期待的那样，投入更多的精力发展适合公众的创新性小额公益筹款产品，为实现广泛传播教育价值观创造条件。同时，也担负着更为严格的信息公开、培养公众捐赠与参与习惯的责任。

2. 北京市企业家环保基金会：搭建公众环保公益平台

2014年11月3日，北京市企业家环保基金会（简称SEE基金会）获得公募资格，成为由非公募基金会向公募基金会转型的又一成功案例。

SEE基金会由阿拉善SEE生态协会（简称SEE生态协会）在2008年年底发起成立，致力于中国民间环保公益组织生态链建设。其资金主要来自于SEE生态协会会员的会籍捐赠和其他基金会的捐赠。[②] 六年里，基金

---

① 《上海真爱梦想公益基金会2014年度报告》，第11页，上海真爱梦想公益基金会，ht-tp://www.adream.org/uploadfile/report/2014nb.pdf，最后访问时间：2015年5月13日。

② 《北京市企业家环保基金会2014年度审计报告》，第12~13页，北京市企业家环保基金会，http://www.see.org.cn/UploadFiles/File/2014% e5% b9% b4% e5% ba% a6% e5% 9f% ba% e9% 87% 91% e4% bc% 9a% e5% ae% a1% e8% ae% a1% e6% 8a% a5% e5% 91% 8a.pdf，最后访问时间：2015年7月21日。

会获得 300 位稳定企业家会员捐赠人的捐赠，累计支持 300 余家环保组织环保事业的开展和近 100 个新生环保组织创业，并推动了多个环保议题和环境法律制度的变革。[①] 很明显，过去，SEE 基金会是一家典型的、由特定企业家群体支持的非公募基金会。在 SEE 生态协会的章程中明确规定其所有会员皆为 SEE 基金会的捐赠人，每位会员每年的会籍捐赠门槛是 10 万元。[②] 较高的会费准入条件将普通公众参与 SEE 基金会公益事业拦在门外。随着 SEE 基金会在环保公益领域影响力的增强，以及公众慈善力量的崛起，SEE 基金会的战略目标有所调整，未来将"为更多社会力量搭建参与推动环保公益的平台"，成为基金会转型的动力。

在登记为公募基金会后的第二天，SEE 基金会在其微信公共平台公布了一份与其他环保类基金会和类似的企业家非公募基金会的财务数据比较分析报告，对未来的战略调整做准备。报告从净资产和年度收支规模，以及收支平衡与稳定性方面进行比较，认为基金会已具备公募基金会的实力。获得公募资质，意味着 SEE 基金会可以突破限于相对小众的企业家参与，引入更广大的社会力量投入环保事业，但需要探索出符合公募的运作方式。

上海真爱梦想公益基金会和 SEE 基金会转制前都是依靠企业家支持的基金会。随着基金会自身业务的发展，其视野变得更为开阔，从之前单纯的运作项目或资助向注重社会倡导转变。同时，在互联网时代，公众参与是大趋势，顺应这个趋势是每个公益组织的必然选择。因此，向公募转型成为一些基金会实现公益价值理念传播和解决社会议题的途径。

向公募基金会转型，也意味着在项目实施和组织建设能力、资金使

---

① 郭霞、史梦华：《SEE 基金会与公募和非公募基金会财务数据比较》，阿拉善 SEE 公益机构微信公众平台，http：//mp. weixin. qq. com/s？__biz = MjM5ODA3MDQzNw = = &mid = 202415357&idx = 1&sn = 22ad4b25481bb8302feff8e8b35a5f5e&scene = 1&key = 0dd6657c2b606 79e2d03cc7d532abf71c7cd85cc28cec461c9d86702005c52cd8702cc2f685753183-c284f2b0582f05 8&ascene = 1&uin = NDgxNTcwNQ% 3D% 3D&devicetype = webwx&version = 70000001&pass_ ticket = C% 2B13K3lnQhdECNayuaXY4NH4u9ojnVhIUnTiZzaKpaU% 3D，最后访问时间：2015 年 4 月 10 日。

② 《阿拉善 SEE 生态协会章程》，阿拉善 SEE 生态协会，http：//www. see. org. cn/see/，最后访问时间：2015 年 4 月 10 日。

用、信息公开等方面面临更大的挑战。因此，对于刚实现在登记形式上转型的基金会，需要明确新的战略规划，实现组织内部管理制度、甚至是产品设计、人事层面的一系列调整，提升组织的公共传播能力和公信力，才能真正实现向公募的转型。

三 慈善会系统渐进转型

慈善会这一组织形式兴起于 20 世纪 90 年代，在 21 世纪前 10 年得到蓬勃发展，对弘扬慈善文化、扶贫济困、社会救助等工作起到了推动作用。但在 20 年的发展历程中，慈善会系统逐渐暴露出一些问题和不足，如组织定位不够清晰，慈善会以社团身份登记，按公募基金会运转，却并不严格受《基金会管理条例》的辖制；与政府关系过密，丧失了一定的独立自主性；透明性不足，且缺乏外部监督制约机制；在部分地区，慈善会是接受捐款的唯一指定机构，在一定程度上形成了垄断，不利于其他慈善组织的发展；等等。①

中华慈善总会和地方慈善会针对上述挑战试图做出应对。一方面，总会和地方慈善会致力于市、县、乡、村四级慈善网络的覆盖，构建更为庞大的组织体系；另一方面，上海、广州、深圳、北京四地改革的努力彰显着慈善会发展的可能方向。2014 年，这些努力在往年的基础上承袭，又取得了一些新进展。

（一）慈善会建立四级网络体系，加强基层服务能力

要充分发挥慈善会系统的作用，就要将慈善会的触角深入到乡镇乃至村庄等基层，以更精准、及时、方便地了解并满足基层困难民众的需求，

---

① 王辉：《慈善会系统的转型去向》，《中国发展简报 2010 年春季刊》，http://www.chinadevelopmentbrief.org.cn/news - 13372.html，最后访问时间：2015 年 4 月 10 日；钮小雪：《徐永光十问慈善会》，基金会中心网，http://finance.inewsweek.cn/20130829，70166,all.html；黄英男：《徐永光：基金会有责任"挣钱"》，京华时报，http://epaper.jinghua.cn/html/2011 - 08/22/content_692388.htm，最后访问时间：2015 年 4 月 10 日；杨团：《中国慈善发展报告（2013）》，社会科学文献出版社，2013，第 54～67 页。

让慈善"接地气"。从这个角度看，市、县、乡、村四级慈善网络体系的建设具有重要意义。截至 2013 年 6 月，慈善会系统四级网络体系的建设已取得相当成果：全国慈善会数量达到 1996 个，范围覆盖 31 个省级行政区。① 有 6 个省级行政区的县级及以下慈善会数量超过 100 个，14 个省级行政区的县级及以下慈善会数量超过 50 个。②

2014 年，多个地方继续积极展开四级网络体系的建设。如辽宁省辽阳市"下辖的 7 个县（市）区慈善总会，62 个乡镇（街）慈善分会，676 个村（社区）慈善工作站全部建立"③，本溪市"建立起乡镇、街道慈善分会 51 个，建立起村屯、社区慈善工作站 239 个，建立起慈善义工管理平台 20 余个，吸纳慈善义工 4600 人"④；山东省德州市"县（市、区）全部建立慈善分会，134 个乡镇（街道）全部建立了慈善分会，在条件成熟的村（社区）建立慈善工作站 1322 个，覆盖率在 25.3%，在城区市直机关和大中企业建立了 18 个慈善分会，90 家慈善工作站"⑤，聊城市"135 个乡镇（街道）全部成立了慈善分会，4907 个村居（社区）成立了慈善工作站，覆盖率达 83%"⑥；河南省濮阳市"五县二区已建立了慈善总（协）会，市城乡一体化示范区、工业园区成立了慈善工作站，88 个乡（镇、办）建立了慈善分会。市（县）直机关、企业全部设立了联络组（员），3054 个村（居）成立了慈善联络站（组），占全市 3156 个村的 96%"⑦。

---

① 中华慈善总会官网"会员网络"条目内容，http：//www. chinacharityfederation. org/Web-Site/GroupList/48，最后访问时间：2015 年 4 月 10 日。
② 数据是根据 2013 年中华慈善总会慈善杂志通讯录统计得出。
③ 《我市实现四级慈善组织全覆盖》，辽阳新闻网，http：//ly. nen. com. cn/7684487196023-1936/20140619/2918749. shtml，最后访问时间：2015 年 4 月 10 日。
④ 《本溪慈善工作实现网络化覆盖》，《本溪日报》，光明科技网，http：//tech. gmw. cn/newspaper/2014 - 09/17/content_100930430. htm，最后访问时间：2015 年 4 月 10 日。
⑤ 《德州市促进市县乡村四级慈善组织网络全覆盖》，中国山东网，http：//dezhou. sdchina. com/show/3043936. html，最后访问时间：2015 年 4 月 10 日。
⑥ 《聊城四级慈善组织初步形成，村民有望"足不出村"获救助》，聊城新闻网，http：//news. lcxw. cn/liaocheng/yaowen/20140630/553585. html，最后访问时间：2015 年 4 月 10 日。
⑦ 《濮阳市建成四级基层慈善组织网络》，河南省人民政府门户网站，http：//www. henan. gov. cn/zwgk/system/2015/02/02/010525206. shtml，最后访问时间：2015 年 4 月 10 日。

（二）地方慈善会改革，剥离行业指导与募捐职能

上海、广州、深圳、北京四地先后开始对慈善会进行改革。其中上海开始较早，始于 2004 年，但近年来仍有重要进展；其余三地的主要改革工作则都在近年完成或着手准备。

上海市在慈善会改革事业中走在前列。早在 2004 年，上海市慈善总会就登记为慈善基金会，并在 2008 年出台《资助社会慈善公益项目管理办法》，同年开始招募社会慈善公益项目。在 2014 年的资助社会慈善公益项目签约培训会上，上海市慈善基金会共签约资助社会慈善公益项目 75 个，资助金额累计 1129 万余元。① 慈善会向资助型基金会转变，并进行联合劝募的尝试②，是上海市在慈善会改革上取得的新进展。

广州市对慈善会改革的探索可追溯到 2012 年《广州市募捐条例》的出台，在该条例和 2013 年开始举办的慈善项目推介会共同作用下，慈善会的募捐垄断权被打破。2013 年年底，广州市民政局印发《关于广东扶贫济困日活动捐款使用管理的函》，规定 "慈善会与其原来承接的部分行业指导职能剥离，推动成立广州市公益慈善联合会（简称'慈联会'），由慈联会承担剥离的职能"，"广州市慈善会作为募捐组织，与其他公益慈善组织地位平等，按照《广州市募捐条例》规定依法开展募捐活动"。2014 年 6月 12 日，广州市公益慈善联合会正式成立，召开了成立大会并选举产生了第一届理事会，申请入会的公益慈善组织和个人达到 84 个。慈联会的正式成立意味着广州市慈善会的改革迈出了关键的一步。③

深圳市早在 2010 年即提出对具有政府背景的公益慈善类组织进行去行政化和去垄断化改革；2011 年深圳市民政局局长辞去深圳市慈善会法定代

---

① 《上海市慈善基金会 2014 年度资助社会慈善公益项目签约》，基金会中心网，http：// news. foundationcenter. org. cn/html/2015 - 03/90616. html，最后访问时间：2015 年 4 月 10 日。

② 《慈善会 "怪胎"》，《中国财富》，东方财富网，http：//money. eastmoney. com/news/ 1583，20130712305638573. html，最后访问时间：2015 年 4 月 10 日。

③ 《让慈善阳光透明，让慈善回归民间：深入推进我市慈善事业改革发展》，广州市民政局，2014， http：//www. gzmz. gov. cn/publicfiles/business/htmlfiles/gzsmzj/2014cstjh/201407/ 2683251. html，最后访问时间：2015 年 4 月 10 日。

表人职务，更展示了改革慈善会的决心。① 2013 年，深圳市提出将分别成立慈善公益联合会和慈善基金会的改革方案②，引起了慈善会改革的大讨论。2014 年，深圳市慈善会改革明确了"两个步骤，一次完成"的思路和"政社分开""会会分离"目标③。同时，对慈善公益联合会和慈善基金会的具体发展方向也做出了规划：深圳经济特区慈善公益联合会，将由深圳民间慈善组织联合发起，其将主要发挥慈善公益事业指导、服务和协调之行业枢纽作用，搭建政府与社会的桥梁，同时承办每年举办的中国公益慈善项目交流展示会；深圳市慈善基金会的定位和业务范围是：公募基金会，走社会化、专业化、实体化的城市级社区基金会发展之路。④

北京市慈善协会和其他慈善会系统的组织一样，具有面向社会募捐的资格。但 2013 年 12 月 13 日，北京市慈善基金会正式成立。与此同时，2014 年 1 月 1 日正式施行的《北京市促进慈善事业若干规定》中规定："依法成立的公募基金会以外的其他慈善组织依照章程开展慈善活动确需面向不特定的社会公众公开募集财产的，应当与公募基金会联合开展募捐活动。"⑤ 而"北京市慈善基金会和此前的北京市慈善协会是不同的人员班子，各自独立运作"⑥，这意味着北京市慈善协会以及各区县慈善协会组织将不再拥有公募资质。尽管有人认为改革需继续深入，但这一举措对于北京市慈善协会未来的发展无疑是至关重要的。

---

① 《中国官办慈善组织去行政化转型提速，倒逼体制破冰》，《半月谈》，中国新闻网，http：//www. chinanews. com/gn/2012/08 – 06/4085012. shtml，最后访问时间：2015 年 4 月 10 日。

② 萝莉琼：《深圳探索公益慈善改革新路》，《深圳特区报》，http：//sztqb. sznews. com/html/2014 – 08/11/content_2967957. htm，最后访问时间：2015 年 4 月 10 日。

③ 《深圳打破官办慈善机构募捐资质和渠道垄断》，公益时报网，http：//www. gongyishibao. com/newdzb/html/2014 – 03/04/content_8509. htm？div = – 1，最后访问时间：2015 年 4 月 10 日。

④ 《深圳打破官办慈善机构募捐资质和渠道垄断》，公益时报网，http：//www. gongyishibao. com/newdzb/html/2014 – 03/04/content_8509. htm？div = – 1，最后访问时间：2015 年 4 月 10 日。

⑤ 《北京市促进慈善事业若干规定》，北京民政局，http：//www. bjmzj. gov. cn/news/root/csgz_gz/2013 – 12/109268. shtml？NODE_ID = root，最后访问时间：2015 年 4 月 10 日。

⑥ 《慈善协会将不再单独募捐》，新京报网，http：//www. bjnews. com. cn/news/2013/12/14/297423. html，最后访问时间：2015 年 4 月 10 日。

总结以上四地的改革，可以看到，将行业指导职能与募捐职能剥离，促使慈善会与行政体制脱钩、取得更加独立的地位是改革的主要方向。那么，地方的改革是否能引领风潮、推动总会向相应的方向转型？2014 年，中华慈善总会少有关于今后走向的表态。但 2013 年，中华慈善会会长在接受采访时对于总会的性质和未来发展做过一些说明。同时，从他在对中华慈善总会 2015 年的工作要求中也能看出一些端倪，"通过打造全国慈善会系统联动的慈善项目，开展对外广泛合作，拓展筹募渠道，丰富筹募模式，加大筹募力度"。[①] 据此预测，中华慈善总会在未来一段时间里的走向很可能包括：坚持募捐职能，强化募捐力度；按基金会性质管理，但保持社会团体身份；不预备转型为行业协会性质的社会组织；提高与地方各级慈善会联系紧密度，形成全国慈善会系统合力；有望在民间化上做出努力。[②] 作为我国最重要的全国性公益慈善系统之一，慈善会系统的发展动向尤其令人关注。一方面，民间慈善发展壮大，对慈善专业化、透明化的要求越来越高；另一方面，慈善会系统暴露出的问题招致越来越多的批评。在这样的背景下，慈善会系统很难不做出相应改变。减弱行政体制力量的影响、提高系统的透明化程度是总会可以预见的改革方向，还可能有其他哪些改革方向，如何进行改革，改革到何种程度等问题则还需要继续探索。

四 社区组织深化公益服务

社区是社会治理最基础的一环。以社区为单位做好社会服务，满足社区居民需求，消融社会矛盾，将问题在社区中解决，是创新社会治理的重

---

① 李本公：《中华慈善总会 2014 年工作总结暨 2015 年工作安排》，中华慈善总会网站，http：//www. chinacharityfederation. org/WebSite/NewsShow/103/1231，最后访问时间：2015 年 5 月 13 日。

② 《中华慈善总会会长：慈善总会不会退出筹募领域》，新民网，http：//finance. ifeng. com/a/20131009/10810474_0. shtml，最后访问时间：2015 年 4 月 10 日；《"总会是纳入基金会管理的民间公益机构"——访中华慈善总会会长李本公》，中华人民共和国民政部，http：//www. mca. gov. cn/article/zwgk/gzdt/201307/20130700485405. shtml，最后访问时间：2015 年 4 月 10 日。

要内容。公益组织是提供社会服务的主力，也是推进社区自治进程的重要主体。

社区社会组织[①]在 2014 年呈现出遍地开花的形势，不论是数量还是形态，都有了极大的丰富；尤其在形态上，涌现出了一批可圈可点的区域试点项目。社区社会组织为基于社区的、更紧密联系民间力量的慈善模式探索出了不少有益经验，在中国公益行业生态链中，日益承担起服务提供者角色，促进多层次、多元化慈善事业体系的形成。

（一）社区组织发展样态呈多元化格局

社区社会组织类型多种多样，可谓包罗万象。就全国范围来看，2014年，慈善、社会服务类的社区组织也在各地都有不同形态的新发展。从 20世纪 90 年代便开始摸索社区服务的上海和深圳，分别通过打造社区基金会群和建立社区基金，继续深化改革。北京试点慈善社区、福建发展模式化社区社会组织，探索社区社会组织和社区服务的发展新路径。

1. 深圳市打造项目化、本土化的社区基金会群

2008 年，全国首家社区基金会——桃源居公益事业发展基金会在深圳成立。这是一家以培育社区公益组织的企业型非公募基金会。2013 年 12月，深圳建立圆梦南坑社区基金会。在多年经验积累的基础上，2014 年，深圳将社区基金会的模式拓展至更多社区。到 2015 年 2 月为止，深圳已登记设立了 13 家各具特色的社区基金会及 1 家社区冠名基金，其中包括光明新区、宝安幸福海裕等试点。它们大都被定位为资助型基金会，主要以非公募的方式在本社区内筹措资金，以项目化的方式开展救助和资助。其服务内容与社区居民生活息息相关，例如资助孤寡老人、开办老年食堂、举办"小候鸟"夏令营、教居民手工制作，等等。

目前，深圳的社区通常有社区党委、居委会、社区工作站及社区服务中心等机构，这些均靠政府投入维持运作。社区基金会除了协助保障底线民生之外，更多是一种社区治理体制的创新，也是促进社区融合的好方法。社区基金会的出现为社区自治弥补了资金短板，切实帮助居民解决社

---

① 这里的社区社会组织主要指公益慈善类和开展社会服务的社区社会组织。

会服务需要，并通过一个民主议事和社区治理的平台，从而以慈善、公益、自治、互助的方式解决许多社会问题。①

深圳社区基金会立足于社会发展，从社区建设、社区文化角度关注民生，对于如何筹集社区资源、建立多方参与和可持续发展的社区筹募和资助机制的议题是非常有价值的探索。社区资源"从社区中来，到社区中去"，切实服务于社区居民，这种模式值得在全国范围内推广，对于社区慈善具有创新和开拓意义，探索了公益慈善的发展新方向。②

2. 上海浦东、北京朝阳开展社区基金的试点

上海早在1995年便试水创新社区服务。当年上海浦东新区社会发展局委托基督教青年会（YMCA）托管的上海浦东新区罗山街道社区服务机构，建立"罗山市民会馆"，尝试"政府规划、社团运作、公众参与"的新社区服务模式。2014年，上海市浦东新区浦兴路街道与上海市慈善基金会浦东新区分会商讨，成立了社区基金。同样是创新社区服务，但与"罗山市民会馆"不同的是，社区基金的建立是基于更加合理、有效使用慈善资金的出发点。通过社区基金项目化的运作，拓展工作触角，在安老、扶幼、助学、济困等方面，承接公共服务，推动公共治理。③

浦兴路社区基金成立之前，社区善款经由立项、申请以及慈善基金会划拨流程，用于资助公益项目、帮助弱势群体。但在街道看来，"这笔钱还没有发挥最大价值"。随着市民生活水平的提高，简单地发放钱款、物资已不能满足需求，还可能"养懒汉"。"我们需要用善款来撬动社会资源，邀请专业的社会组织，参与社会帮困和公益慈善，成立基金的目的正在于此。"如果把原来的做法比作"发盒饭"，基金成立后就要为受助对象"烧桌头"了，各类社会组织是"大厨"。为了确保找到合适的"大厨"，需要一整套规范的制度，工作难度比"发盒饭"大。上海市慈善基金会浦东分会承担起"总

---

① 《服务本土民生 深圳试水社区基金会》，21世纪网，http：//jingji. 21cbh. com/2014/5－8/xNMDA2NTFfMTE1OTcxNA. html，最后访问时间：2015年3月29日。

② 《深圳首家社区基金会探路管理自治》，深圳商报，http：//www. sz－qb. com/html/2013－12/09/content_80917. htm，最后访问时间：2015年3月29日。

③ 《浦东新区浦兴街道"社区基金"签约》，中国文明网，http：//sh. wenming. cn/pudong/pd_yw/201405/t20140513_1936674. htm，最后访问时间：2015年3月29日。

厨"的功能——通过慈善基金会的项目招投标平台，浦兴路街道的社区基金在完成需求调研、立项讨论后，可以顺利地找到合适的项目承接者，做到过程管控、事后评价。目前，街道正在调研的项目主要针对社区内因病致贫的家庭，特别是有精神障碍的居民家庭，为他们减轻生活负担。①

2013年7月，全国首个慈善社区创建试点工作在朝阳区太阳宫社区正式开展。2014年3月2日，朝阳区智耘弘善社会工作事务所、朝阳区太阳宫社区在太阳宫社区圣馨家园文化广场共同主办了太阳宫社区善客基金成立暨第一届慈善文化节启动仪式。主办方制定了创建慈善社区行动计划，探索开展了"善客传习坊""慈善日"两大品牌活动，通过主题讲座、结对帮扶、爱心募捐、手工制作等各种活动，服务社区群众2000余人次。

3. 福建省推广模式化社区社会组织

福建省民政厅于2014年5月发布《关于大力培育发展社区社会组织的指导意见》（闽民管〔2014〕213号文件，以下简称《指导意见》），要求在2015年前，按照"3+X"模式，初步形成发展有序、覆盖广泛、布局合理的社区社会组织体系。

"3"指一个社区社会组织联合会、一个社区居家养老服务站（中心）、一个社区志愿者服务协会；"X"指社区结合实际成立的社区社会组织，包括社区服务、社区事务、慈善救助、文化体育等类型的组织。②

按照《指导意见》，社区社会组织实行直接登记，民政部门履行登记管理和业务主管一体化职能。但是，相关法律法规规定需前置行政审批的，以及政治法律类、宗教类、社科类的社会组织，仍按照双重管理体制进行登记管理。

"3+X"模式中，"3"具有基础性，反映了社区社会组织所需要满足的社会需求的构成。社区社会组织联合会（枢纽组织，如安徽省正在着力建设的社区枢纽组织项目）具有综合管理协调能力；社区居家养老服务站（中心）则是对人口结构老龄化和计划生育政策导致的当下社会现实的回

---

① 《慈善捐助用在哪听"管委会"社区基金用善款撬动社会资源》，东方网，http://sh. eastday. com/m/20140129/u1a7914503. html，最后访问时间：2015年3月29日。

② 《福建"3+X"模式推进社区社会组织建设》，公益时报网，http://www. gongyishibao. com/html/gongyizixun/6475. html，最后访问时间：2015年3月29日。

应；社区志愿者服务协会则是以小成本撬动大力量的杠杆。

至于"＋X"部分，福建省也是有所侧重地进行发展。重点扶持从事体育运动、文化娱乐、老年康乐、妇女保健、青少年帮教、社区服务、科普宣传、学术联谊等不以营利为目的、满足群众不同需求的社区社会组织，特别是为社区老年人、妇女、儿童、残疾人和失业人员等特殊群体服务的社会组织。对活动正常、作用明显、群众欢迎的社区服务型、公益型社会组织实行经费补助制度；引导鼓励和支持各种社会力量兴办社区公益服务组织，对社区社会组织初创期给予资金、场地上的扶持，并适当补贴其从事公益、服务活动经费。形成政府、基层自治组织与社会组织密切合作的现代社区治理机制，建设和谐社区。①

（二）市场导向和公开透明成为社区组织运作原则

慈善募捐所得善款的流向总是最受关注的内容，把钱花在刀刃上，是慈善行为取得成效的必要条件。随着市民生活水平的提高，简单地发放补助钱款、物资已不能满足社会需求。为了争取更多支持，越来越多的社区组织根据市场需求和支持者心理调整项目内容方式，并在运作过程中坚持透明原则以赢取公众信任。

1. 以善款撬动更多社会资源，并以市场机制优化配置

上海市浦东新区浦兴路社区基金较之传统基金的运作模式（把既定善款进行适度分配），突出的进步就是不再着眼于"小缝小补""授人以鱼"，而是依靠既有资金搭建一个平台，使得能够胜任某一项目的特定组织承接其适合的项目。这一模式达到了慈善资源配置的"市场化""自由化"，提高了慈善资源的分配效率，并开发了资金之外的其他形式的慈善资源，如咨询、疏导、护理、关怀等各类服务。

这种思路上的转变，使得基金从原先的"一碗水端不平"的资金有限的布施者，演变为能够将慈善资源和慈善需求相匹配的"红娘"。基金会通过善款这一杠杆，撬动更强的社会力量；不再局限于"捐钱捐物"，而

---

① 《福建省按照"3＋X"模式推进社区社会组织建设》，中央政府门户网站，http://www.gov.cn/xinwen/2014－05/16/content_2680598.htm，最后访问时间：2015年3月29日。

是为慈善需求提供更个性化、符合具体需求的多样的慈善资源。

这一理念创新，是基金运作模式创新的思想基础，可资其他慈善机构借鉴。

2. 社区基金践行"法治、自治、民主、透明"理念

以往，由于社区基金和行政、事业单位等机构往往存在挂靠等从属关系，其决策难免带有行政色彩，无法及时、充分回应基层需求。2014年，上海市浦东新区浦兴路社区基金设计了一套制度，由社会组织、人大代表、居民代表等按照适当比例组成"基金管理委员会"，冲淡了决策的公权力性质，更加贴近基层，更容易反映具体的、迫切的慈善需求。

上海市浦东新区浦兴路社区基金还引入招投标制度为慈善项目的两端（受助者和慈善组织）牵头，在供求关系的引导下发挥市场优化配置资源的优势。例如，由浦兴路街道办事处负责兴建、慈善基金会浦东分会提供设备资助，上海福苑养老服务中心受委托运营管理的上海浦兴社区福苑长者照护之家在2014年9月建成，主要为长岛花苑及周边小区内的中度失能长者提供全日制托管服务，并为居家长者提供健康监测、社工活动、居家上门护理、康复等拓展性服务。

为了确保善款使用公开透明，并找到合适的社会组织来承接符合浦兴路街道需求的项目，浦兴路街道的社区基金可以通过上海市慈善基金会的项目招投标平台，定制式地找到合适的项目承接者，并且做到过程管控，事后评价。这意味着原本由党委、政府决定的慈善款项，将更多地由社区基层来商讨决定；且招投标制度引入多个竞争主体，有利于监督项目运作、压缩腐败空间。

深圳市也在透明化、去行政化上下了一些功夫。深圳社区基金会开始大面积试点之前，社区基金会的定位和功能一直不够明晰，其辖区范围与社区工作站重复，社区综合党组织、社区工作站、居民委员会、社区服务中心等多个服务管理主体权责不清，资源配置不佳，社区服务行政化等问题一直受到各界人士的质疑。社区基金会的诞生，有助于构建一个"政府主导、社会多元主体共同参与"的社区治理体系。其创新性的服务理念，能够启发地方政府转变社区工作方法，促进政府职能转变，也能为社区社会组织培育提供新的资金渠道和运作机制。

3. 社区组织促进慈善融入日常生活

善客传习坊是北京市朝阳区太阳宫慈善社区项目的系列活动之一，已组织了财商知识讲座、快乐手工、亲子慈善拍卖会、元宵节慰问等活动。此外，具有慈善救助、志愿服务等经验的志愿者，也用真实感人的亲身经历介绍、宣传慈善理念和活动经验，鼓励居民从小事做起、主动参与慈善活动。青年社会工作者也号召大家都从力所能及的志愿服务做起。[①] 该活动注重从点滴细节出发，以趣味性的、温暖的服务形式使居民获得精神归属感和文化认同感，使居民能更容易地共享慈善成果，使慈善逐渐成为人们的生活习惯。

慈善日是太阳宫社区的另一品牌活动，它将太阳宫社区原有的党员献爱心日、小棉袄暖心行动日和慈善日三者合一，集中在每月 21 日开展各类公益慈善活动，使日常化、大众化的公益服务进入寻常百姓家，同时通过向居民传播慈善文化理念鼓励居民积极参与社区慈善事业。[②] 慈善日以及其承载的慈善日常化、可持续理念，使得人们所进行的并非偶发性的、发生一次两次后就不再可期待的慈善行为，而是有生命力的、可持续的。

北京市朝阳区太阳宫社区的慈善项目设计富有人情味，通过趣味性、交互性、归属感等优势，扎根社区，依靠现存社会力量，有较强的可持续性。它为居民构建一个慈善平台，着力营造"人人崇尚慈善，人人支持慈善，人人参与慈善"的浓厚氛围，使得慈善活动不再局限于某几个特定的形式，而是以丰富多彩的方式渗透到居民的日常生活中。

（三）社区社会组织完善公益行业服务体系，促进社区自治

公益行业生态链中最为核心的环节是服务，而服务的对象是生活在社区中的每个人。因此，立足社区、利用社区资源开展公益服务是未来公益行业发展的主流趋势。但当前我国的社区服务结构和公益组织发展均与这一要求尚未吻合。一方面，长期以来，我国的社区服务主要是以城市街

---

① 《朝阳区成立首家善客传习坊》，北京市智耘弘善社会工作事务所官方网站，http：//bj-cyzyhs. com. cn/shownews. asp? id＝463，最后访问时间：2015 年 3 月 29 日。

② 《快乐家园慈善日 春光明媚服务至》，北京市智耘弘善社会工作事务所官网，http：//bj-cyzyhs. com. cn/shownews. asp? id＝402，最后访问时间：2015 年 3 月 29 日。

道、居民委员会、社区服务中心、社区服务站等各类社区服务设施为依托的，实质上是政府主导的社区服务体系。其存在的问题包括：现有社区服务机构尚未完全承担起应负的社区服务责任；当前社区服务仍然是集中于少数弱势群体的救助型服务，尚未形成面向全体社区居民的普惠型、多样化的服务体系；在当前的社区服务模式下，居民参与不足，社区自治程度低。另一方面，本应为社区服务主体的公益组织，大部分基于社区而建立的，直接参与社区服务的规模不大。

因此，社区社会组织的形态创新和逐渐推广，不仅标志着我国社区服务体系正逐步建立，也表明在我国公益行业生态链中，服务提供者队伍在壮大，关键环节正在夯实。

五 公益组织综合服务机制初步建立

公益行业生态链中，在服务提供者与资金提供者取得重要发展的同时，承担行业支持和综合服务功能的公益组织综合服务机制也逐步建立起来。尤其是"枢纽型"社会组织，在社会组织孵化基础上，通过研究倡导、资源对接、政社关系协调，逐渐成为社会组织综合性服务载体。

（一）多地推动"枢纽型"社会组织网络体系建设

近年来，社会组织直接登记政策在全国范围内推行，为防止因业务主管单位的取消造成对社会组织监管的漏洞，"枢纽型"社会组织应运而生。2009 年，北京市出台《关于构建市级"枢纽型"社会组织工作体系的暂行办法》，通过认定的方式，在全国首先探索建立"枢纽型"社会组织模式。"枢纽型"社会组织对"同类别、同性质、同领域社会组织进行联系、服务和管理，在政治上发挥桥梁纽带作用、在业务上处于龙头地位、在管理上承担业务主管职能"。此后，上海、广东效仿北京，相继在 2011 年和 2012 年以规范性文件方式，确定建立"枢纽型"社会组织体系。① 2014

---

① 马庆钰：《纠正枢纽型社会组织的发展偏向》，中国经济网，http://views.ce.cn/view/ent/201410/16/t20141016_3716518.shtml，最后访问时间：2015 年 4 月 21 日。

年，"枢纽型"社会组织在前几年基础上取得进一步发展。

北京市继续扩大"枢纽型"社会组织范围，市、区县、街道（乡镇）三级纵向组织体系得到巩固，形成一个广泛联系各级社会组织的网络。2009～2012年，北京市先后认定了三批、共27家"枢纽型"社会组织，将2.6万家社会组织纳入其联络管理范畴。2014年，北京市又将北京社会工作者协会、北京市慈善义工协会、中关村社会组织联合会等9家机构认定为"枢纽型"社会组织，使市级"枢纽型"社会组织总数上升到36家。同时，区县、街道级枢纽型社会组织网络得到扩展。截至2014年7月，北京市认定的区县级"枢纽型"社会组织达到208家，街道级269家。①

2012年，广东省社会工作委员会发布《关于构建"枢纽型"社会组织体系的意见》，提出以工会、共青团、妇联等人民团体为主体，打造"枢纽型"社会组织体系的目标。2014年，广州、中山两市首次认定了一批"枢纽型"社会组织，使得这项工作有了实质性的进展。5月，广州市社会工作委员会发布了广州市第一批"枢纽型"社会组织名单，广州市志愿者联合会、广州市商业总会等16家机构被授予"枢纽型"社会组织牌匾。从机构类型来看，广州市"枢纽型"组织主要是行业协会、商会、社会组织服务机构、社会工作服务中心等四类组织。中山市第一批枢纽型社会组织认定几乎与广州市同步完成。该市从30家申报组织中评选出的中山市青年志愿者协会等7家组织为市级"枢纽型"社会组织，并遴选出另外6家机构作为培养对象。这13家机构共联系中山市16%的社会组织。② 中山市社工委对枢纽型社会组织提供启动资金、品牌项目运作、孵化基地建设等方面的支持。

贵州省在贵阳市率先推进枢纽型社会组织体系建设。2014年，贵阳市首次认定枢纽型社会组织，建立以总工会、团市委、妇联等7家人民团体为主体，志愿者协会、慈善总会等4家社会组织为补充的枢纽型社会组织体系。③

---

① 《北京市认定新一批批市级"枢纽型"社会组织》，人民网－北京频道，http://bj. peo-ple. com. cn/n/2014/0728/c82840－21801334. html，最后访问时间：2015年4月21日。
② 罗丽娟、易剑：《枢纽型社会组织将延伸至社区一级》，网易新闻，http://news. 163. com/14/1226/08/AECJ344D00014AED. html，最后访问时间：2015年4月21日。
③ 骆明、常青：《贵阳认定首批市级枢纽型社会组织》，贵阳网，http://www. gywb. cn/content/2014－07/05/content_1023798. htm，最后访问时间：2015年4月21日。

　　安徽省民间组织管理局于 2013 年 12 月出台《关于培育发展社区枢纽（联合）型社会组织指导意见》①，提出在"十二五"期间，全省要基本确立培育扶持政策，实现各地社区"枢纽型"社会组织覆盖率达到 50% 以上。2013 年，安徽全省社会组织近 2 万家，但登记管理机构面临编制少的挑战，70% 县（市、区）处于"无专门机构、无行政编制、无专职人员、无专项经费"的状态，登记管理力量与快速发展的社会组织数量严重不相匹配，不堪重负。② 因此，该意见提出"引导社区枢纽型社会组织加强自身建设，建立健全独立自主、权责明确、运转协调、有效制衡的法人治理结构"，社区枢纽型社会组织对社会组织发挥培育孵化、综合服务、资源支撑、学习交流、自律管理、人才聚集等功能。意见颁布后，安徽各市加快了有关进程。铜陵市就出台了有关方案，以加快社区"枢纽型"社会组织的培育发展。

表 3 – 6　各地认定"枢纽型"社会组织类别与职能

地　区	"枢纽型"社会组织类别	目标职能
北京市	工、青、妇等人民团体 行业协会、商会 公益慈善类	在对同类别、同性质、同领域社会组织的发展、服务、管理工作中，在政治上发挥桥梁纽带作用、在业务上处于"龙头"地位、在管理上经市政府授权承担业务主管职能
广州市	行业协会、商会 社会组织服务机构 社会工作服务中心	通过健全的组织系统和有效的服务支持，加强统筹协调与纽带联系，实现同类型、同性质、同领域社会组织的孵化培育、协调指导、合作发展、自治自律、集约服务、党团管理
中山市	工、青、妇等人民团体 行业协会商会类 公益慈善类 城乡基层群众生活类	承接政府职能转移，对社会组织的政治引领、行业自律、培育与联结、项目合作、资源共享
贵阳市	工、青、妇等人民团体 公益慈善类	承担对社会组织的政治领导、业务指导、管理服务责任
安徽省	同一社区内各类社会组织自愿组成的联合性社会团体	培育孵化、综合服务、资源支撑、学习交流、自律管理、人才聚集

---

① 《关于培育发展社区枢纽（联合）型社会组织的指导意见》，安徽省社会组织信息网，http：//www.ahnpo.gov.cn/thread–15509–1.html，最后访问时间：2015 年 3 月 21 日。

② 《枢纽型社会组织建设问题探讨》，安徽省社会组织信息网，http：//www.ahnpo.gov.cn/thread–15416–1.html，最后访问时间：2015 年 3 月 29 日。

从北京、广东、贵州等地经验来看，"枢纽型"社会组织的认定首先选择工青妇等人民团体，它们拥有自上而下完整的组织体系和良好的社会组织基础。其次是行业协会、商会。同时向影响力较大的公益慈善类枢纽组织、基层社区枢纽组织扩展。不难发现，这些组织多是开展直接登记的社会组织原来的业务主管单位。因此，各地政府对于"枢纽型"社会组织的期待是填补业务主管单位的监管职能。它们承担政府转移的职能，对社会组织进行政治领导、法律政策执行的引导、业务指导，推进行业自律，为社会组织搭建资源平台、交流合作平台。安徽省对于社区枢纽型社会组织的探索，对于社区组织的发展起到了综合协调的集成功效，体现在推动慈善氛围建设、培育发展社区社会组织、培养社区社会组织人才、探索社区社会组织的自治模式、加强社区社会组织间的学习交流、为社会组织提供更优质的服务、提供整合社会资源的新路径。这些效果的取得与枢纽型组织的固有功能密不可分，是社区组织意识到体系化、整体化后取得的重要进步，印证了枢纽组织综合协调治理思路的可行性。

（二）社会组织综合服务载体建设初见成效

近 10 年来，大批社会组织在孵化器中诞生。随着这些社会组织陆续走出初创期，并独立发展起来，政府视线从重视对新兴社会组织的培育，转移到推动全体社会组织能力建设和与各界的资源对接、交流合作，并将之纳入社会治理创新工程体系。社会组织综合型服务载体由此逐渐建立。同时，社会组织孵化培育并没有停止，并更具针对性。

深圳市经过一年筹备，在 2014 年 5 月正式启动运营社会组织总部基地。该基地位于福田区，总面积 3500 平方米，被定位为"社会组织发展的成长加油站、创意梦工厂和综合服务 MALL"。基地采用"政府运作 + 社会运作 + 多元互动 + 合作共赢"的模式，除了承担社会组织孵化功能；也开展社会问题研讨、创新项目策划、政府职能转移对接、人才培训实践，为社会组织提供系统性服务；为政府、社会组织、基金会、企业、金融机构、媒体等多方搭建资源对接常态化平台。首批入驻的 20 多家社会组织中包括深圳市壹基金公益基金会（总部）、恩派非营利组织发展中心等。

四川省社会组织发展迅速。2014 年 3 月，四川省群团组织社会服务中心揭牌成立，该中心具体承担三项职能：为社会组织和志愿者提供法律和政策咨询、培训交流等服务；承接并发布政府委托群团组织购买社会服务项目；联结社会组织与企业、高校，为社会组织发展提供专业、人才支持。中心成立当天发布了共 752 万元、18 个项目的招标，重点资助创业就业、贫困地区青少年服务、特殊儿童帮扶三类项目。而后，四川省群团组织社会服务中心又与省内四家大型企业和多个高校签署合作协议，在公益平台建设、社工人才培养、社会工作体系建设等方面展开战略合作。通过建立群团组织社会服务中心，将更好地发挥四川省群团组织对社会组织的枢纽和服务功能，同时为四川省社会组织与政府、企业、高校等创造战略合作渠道。

社会组织孵化器模式经历了 9 年的发展，为更多地方借鉴这一模式沉淀了宝贵经验。2014 年，多地建立的孵化器更具有针对性，重点将青年组织作为培育目标，包括：浙江宁波公益性社会组织及青年志愿服务组织孵化中心、湖北青年志愿公益组织孵化中心、新疆青年社会组织服务中心、福建晋江市青年公益组织孵化基地。此外，厦门市在年底发布《厦门海峡两岸社会组织服务中心管理办法》，计划在 2015 年成立"厦门海峡两岸社会组织服务中心"，打造厦门市培育工商经济类、城乡社区服务类、公益慈善类及涉台社会组织的综合发展服务基地，促进两岸社会组织的交流。

六　小结与展望：践行法治，深化改革

2014 年，我国现代公益组织体系逐渐形成，"服务提供者—资助者—支持者"的公益生态链继续深化发展，行业内分工合作格局日渐明朗。

从社会组织整体发展来看，直接登记、行政审批权限下放等系列简政放权政策的落实带来我国社会组织发展规模新的突破。但每万名中国人拥有 4.38 个社会组织的水平与发达国家相比，仍然偏低，无法满足日益上涨的社会服务需求。

从行业资助者来看，非公募基金会继续以蓬勃的发展态势带动基金会整体保持高速增长。多家基金会在过去几年里对于自身的行业资助角色逐渐觉醒，并通过创新资助模式，开始了向资助型转型的历程。

慈善会体系在目前的公益组织生态链中，既扮演着募款者角色，又扮演服务实施者角色，造成一定的垄断。深圳、广州等地慈善会系统迈出改革的步伐，在慈善会体系中又打开了一扇窗口。

从服务提供者来看，社区组织呈现遍地开花的形势，在中国公益行业生态链中，日益承担起服务提供者角色，促进多层次、多元化慈善事业体系的形成。

从行业支持者来看，"枢纽型"社会组织网络体系在北京、广东、贵州、安徽等地得到建立与推广，社会组织综合服务载体深化发展。行业综合性服务机制初步建立，为公益组织的健康发展创造了条件。

2015年是全面深化改革、推进法治建设的关键之年，也是"十二五规划"的收官之年。这一年，在社会治理创新和"法治"理念下，公益组织在获得更为宽松的发展环境的同时，也将深化自身内部的改革，运作走向规范化，公益行业生态链将朝更为健康的方向发展。具体有以下5个方面。

一是在依法治国、简政放权、深化改革的大格局下，社会组织将在更为开放、法治的政策环境中成长。2014年年底国务院印发的《关于促进慈善事业健康发展的指导意见》对未来公益组织的发展具有纲领性指导意义：一方面，继续为公益组织的直接登记提供政策支持，加大政府购买服务力度；另一方面，加强对公益组织的监督和推进行业自律，推动公益组织法治化建设。这意味着，未来公益组织将迎来"宽进严管"，公益组织在数量上将保持增长，激活民间社会力量。同时，公益组织必须提升自身能力、公信力，才能应对日益加强的来自政府和行业的外部监管。

二是基金会将更多地发挥行业资助和价值传播的功能，继续引领行业的发展。基金会作为行业资助者的角色虽然在过去几年里成为行业共识，但要实现成功转型，有赖于社会捐赠氛围的养成、捐赠人对基金会定位有充分的认识、社会组织专业化服务能力提升。未来一段时间内，需要各方通力协作、良性互动。非公募基金会转型公募基金会，并非基金会发展的整体趋势，而是受当前公募权限制的权宜之选。未来，公募权限的放开是需要解决的。同时，在互联网时代，无论是哪一类公益组织，都必须重视价值传播和公众参与。

三是虽然慈善会全面系统的改革仍然艰难，但朝支持服务型组织转型将是大势所趋，未来将有更多的地方慈善会加入改革的行列。

四是社区社会组织应该是未来中国公益组织生态链中最为重要的服务提供者，是公益服务体系和基层自治的主体力量。未来，社区社会组织应该提升专业化、贴近社区需求，提供便利专业的社会服务；同时也需要凝聚政府、社会组织、企业、居民等多方力量，厘清治理结构和角色关系，优势互补、协同合作。

五是行业综合性服务机制要更好地发挥作用，未来需要深化服务职能。

第四章
公益教育与培训：多元化人才培养
格局形成

教育与培训是公益人才培养的重要方式，对公益慈善行业长远发展具有基础性、支撑性、持续性作用。2014年我国公益人才培养体系的市场化和多元化格局进一步深化。一方面，国家和地方政府加大公益培训资金投入；另一方面，公益培训市场细分趋势初现，从基层到高层的阶梯式培训模式形成。与此同时，高等教育机构将研究成果转化为教育实践、自主建设公益慈善学科体系；公益组织开发出丰富多样的培训项目助力专业人才发展。公益培训市场化效应初显，一些培训项目逐步摆脱单纯依赖资助模式，积极寻求"自我造血"。而公益教育借助国际合作与互联网平台，为社会大众和潜在公益人才提供更加丰富的课程资源。2014年，多部门合力推进多元互补的公益人才培养格局、吸引更多人才投身公益行业就业"蓝海"。

一　政府和基金会合力推动公益人才队伍建设

高素质的人才队伍是社会组织提供高效率、专业化公共服务的重要保障。而且，各界认识到，随着我国社会组织数量的不断增加，社会组织吸纳就业的能力也将不断增强。因此，政府部门通过政策引导、财政支持强化社会领域的人才战略，而以社会组织为主的社会力量也从行业角度投入资源支持各种培训活动。这些举措对公益行业人才队伍建设起到了重要推动作用。

（一）国家和地方政策合力推动公益人才队伍建设

随着社会组织数量和规模的不断增长，其促进解决就业的优势与潜力越来越明显。为此，国家从战略规划和法规政策层面加快发展慈善事业、推进社会组织人才队伍建设，为公益人才培养营造更广阔的前景。① 各级政府也出台了相关政策，引导就业人员向社会组织流动。

1. 国家政策完善社会组织人才培养和就业政策

《国民经济和社会发展第十二个五年规划纲要》（以下简称"十二五规划"）提出要"促进各类人才队伍协调发展"，"积极发展社会福利和慈善事业"。2014 年是完成"十二五规划"目标的关键年，中央和地方政府均提供了一系列政策和资金支持，以推动慈善事业发展、优化社会组织工作人才队伍建设。

2014 年 5 月 9 日，国务院办公厅印发《关于做好 2014 年全国普通高等学校毕业生就业创业工作的通知》，提倡"充分挖掘社会组织吸纳高校毕业生就业潜力，对到省会及省会以下城市的社会团体、基金会、民办非企业单位就业的高校毕业生，所在地的公共就业人才服务机构要协助办理落户手续，在技术职称评定方面享受与国有企事业单位同类人员同等待遇"②。通知首次对社会组织吸纳大学生就业落户和专业技术职称评定工作做出明确规定，体现了国家对社会组织的充分认可，对有意投身公益行业的大学生也传递了积极信号。

11 月 24 日，国务院发布《关于促进慈善事业健康发展的指导意见》，特别提出要"完善慈善人才培养政策，加强慈善从业人员劳动权益保护和职业教育培训，逐步建立健全以慈善从业人员职称评定、信用记录、社会保险等为主要内容的人力资源管理体系"③。12 月 15 日，民政部发布了

---

① 新华社：国民经济和社会发展第十二个五年规划纲要（全文），中央政府门户网站：ht-tp：//www.gov.cn/2011lh/content_1825838.htm，最后访问时间：2015 年 4 月 3 日。

② 国务院办公厅：《关于做好 2014 年全国普通高等学校毕业生就业创业工作的通知》，中国政府网，http：//www.gov.cn/zhengce/content/2014 – 05/13/content_8802.htm，最后访问时间：2015 年 4 月 3 日。

③ 中华人民共和国民政部：《民政部解读关于促进慈善事业健康发展的指导意见》，http：//www.mca.gov.cn/article/zwgk/mzyw/201501/20150100756325.shtml，最后访问时间：2015 年 4 月 3 日。

《关于贯彻落实〈国务院关于促进慈善事业健康发展的指导意见〉的通知》，提出"支持高等院校、慈善组织等开展慈善事业专业人才培养工作。大力宣传各类慈行善举和正面典型，为慈善事业发展营造良好社会氛围"①。

2. 社工人才建设成果显著

为提高对社会工作人才的认知度，2014 年 3 月 18 日第 8 个国际社工日时，民政部首次在全国范围内开展了社工日主题宣传活动，并首次开始选拔社会工作领军人才，获选者将享受《民政行业领军人才选拔培养办法》规定的有关激励和培养措施。② 据《2014 年中国民政工作报告》，共有 27 个省份出台了本地区加强社会工作专业人才队伍建设的实施意见或专项规划，结合 2012 年中央组织部、中央政法委、民政部等 19 个部委和群团组织联合印发的我国第一个关于社会工作专业人才队伍建设的中长期规划《社会工作专业人才队伍建设中长期规划（2011—2020 年）》，二者初步完成了社会工作专业人才队伍建设顶层制度设计，社会工作制度框架基本确立。

在推动公益慈善和社会工作专业人才队伍的扩大、提升行业人员素质方面，地方政府不乏亮点。2014 年，吉林、黑龙江等省出台完善民政事业单位专业社会工作岗位开发设置政策。购买社工服务的省份也已扩展到以往社会组织发展较为缓慢的地区，如河南省、江西省等。③ 根据民政部发布的"2014 我国社会工作十大亮点"，各地在相关事业单位、城乡社区和社会组织开发设置的社会工作专业岗位达 113907 个，比 2013 年增长 37.5%，其中北京、广东、上海、江苏社工岗位突破 1 万个。④ 但部分

---

① 参见《民政部关于贯彻落实〈国务院关于促进慈善事业健康发展的指导意见〉的通知》，中华人民共和国民政部网站，http：//www. mca. gov. cn/article/zwgk/fvfg/shflhshsw/201412/20141200745496. shtml，最后访问时间：2015 年 4 月 3 日。

② 《李立国部长在 2014 年国际社工日主题宣传活动启动仪式上的讲话》，民政部门户网站，http：//mzzt. mca. gov. cn/article/gjsgr2014/bd/201403/20140300603834. shtml，最后访问时间：2015 年 4 月 3 日。

③ 中华人民共和国民政部：《2014 中国民政工作报告（节选）：社会组织管理制度改革稳步实施》，http：//www. gsshzzw. gov. cn/articles/2014/12/30/article_12_339_1. html，最后访问时间：2015 年 4 月 22 日。

④ 中华人民共和国民政部：《"数"说 2014 社会工作发展》，中华人民共和国民政部网站，http：//www. mca. gov. cn/article/ztzl/zxzt/201501/20150100763783. shtml，最后访问时间：2015 年 4 月 22 日。

"后发"省份依旧面临不少发展难题。首先是注册问题。根据规定，要想申报政府购买必须先注册，而河南省已完成注册的社工机构仅有29家。其次，国内外基金会和NGO机构倾向于把资源投放在西部地区和一线城市，中部省份出现"中空"状态。①

在人才奖励方面，各省（区、市）因地制宜，纷纷出台相关政策。如内蒙古自治区在2014年启动社会工作优秀人才"百人计划"，给予产生优秀社工人才的社区、机构、民间组织物质奖励。②

在社会组织发展较为领先的区域，地方政府在落实社会工作人才激励机制方面进行了制度性建设和实践性探索。如2014年12月浙江省海宁市出台《关于鼓励民办非企业单位专职工作者参加国家级社会工作者职业水平考试的通知》，从"两免一补三优先"等方面提出6条具体措施，"两免"包括免费提供考试用书，免费提供报名培训，"一补"为给予考试通过人员发放学习补助（600～800元不等）。该通知成为国内首个鼓励社会组织社工人才发展的专门性扶持政策。③

在关注社工人才的继续优化、培养和留住人才的问题上，广东省东莞市在2014年开始对过去购买岗位的社工服务情况进行评估。④ 而深圳市社工协会于2013年9月首次被纳入"深圳市人才安居扩大试点单位"，深圳社工自此开始享受安居工程租房补贴。根据2014年第一批次深圳市人才安居租房补贴申请人名单显示，共有299名社工将获得租房补贴。⑤ 深圳此举无疑为全国社工人才福利制度设计起到了积极示范作用。

---

① 《市场信息报》：《河南首次政府购买社工服务遇"粥多僧少"》，中华人民共和国民政部网站，http：//sw. mca. gov. cn/article/mtgz/201407/20140700676885. shtml，最后访问时间：2015年4月15日。

② 《内蒙古晨报》：《内蒙古自治区社工人才"百人计划"启动》，中华人民共和国民政部网站，http：//sw. mca. gov. cn/article/dfdt/201408/20140800689751. shtml，最后访问时间：2015年4月15日。

③ 海宁市民政局：《浙江省海宁市创新出台全国首个社会组织社工人才扶持政策》，中华人民共和国民政部网站，http：//sw. mca. gov. cn/article/dfdt/201412/20141200740299. shtml，最后访问时间：2015年4月15日。

④ 田玲玲：《东莞启动首次社工岗位评估》，南都奥一网，http：//epaper. oeeee. com/I/html/2014－05/09/content_2068878. htm获取，最后访问时间：2015年4月15日。

⑤ 《公益时报》：《2014公益十大关键词》，南都公益网：http：//ngo1. nandu. com/pointInfo/detail/id/1089，最后访问时间：2015年4月2日。

然而，尽管深圳市政府在 2013 年对社工服务的采购标准已从 2011 年的 7 万元提高到 2013 年的每人每年 7.5 万元，但 2014 年深圳市仍有 22% 的社工流失至周边地区，如东莞、惠州等地，像东莞一个社工岗位的购买金额已经达到 8 万元。[①] 因此进一步提高社会工作人才的待遇，留住更多社工人才服务于本地公益慈善事业，需要各地政府的积极思考与行动。

（二）公益培训资金投入加大，来源多样化

《中国慈善事业发展指导纲要（2011—2015 年）》（下简称《纲要》）提出，未来五年将加快慈善专业人才培养工作，大力推动慈善从业人员的职业培训工作，加强规范化培训教材的编写工作，设置有针对性的培训课程，采取灵活多样的方式，不断丰富慈善工作者的专业知识和技能。[②] 2014 年是实现《纲要》的关键年份，各级政府部门继续通过财政拨款支持社会组织人员培训项目。一些公益组织、企业以及个人也开始投入资金、资源支持开展公益培训活动。整体来看，公益领域各类培训趋向资金来源多样化、培训形态化丰富、参训人员身份多元化的特征。但是专门的、规范化的慈善专业统一培训教材仍处于空白状态，有针对性的、系统化的培训课程仍有待市场、行业组织的共同参与和开发。

1. 政府资助公益人员培训示范项目，年度资金总额小幅上升

根据《2014 年中央财政支持社会组织参与社会服务项目实施方案》（以下简称《实施方案》），中央财政在 2014 年计划拨款 2 亿元支持社会组织参与社会服务，其中人员培训示范项目投入（D 类）约 1500 万元。[③] 名单显示，该项资金主要用于分布在 31 个省、自治区、直辖市的 41 个社会

---

① 杜啸天：《部分深圳社工出走莞惠》，《南方日报》，http://cpc. people. com. cn/n/2015/0130/c87228 - 26476362. html，最后访问时间：2015 年 4 月 15 日。

② 中华人民共和国民政部：民政部今日发布《中国慈善事业发展指导纲要（2011 共和国民政年）》，中华人民共和国民政网站 http://www. mca. gov. cn/article/zwgk/mzyw/201107/20110700167556. shtml，最后访问时间：2015 年 4 月 5 日。

③ 中华人民共和国民政部：民政部关于印发《2014 年中央财政支持社会组织参与社会服务项目实施方案》的通知，中华人民共和国民政部网站，http://www. mca. gov. cn/article/zwgk/tzl/201311/20131100550985. shtml，最后访问时间：2015 年 4 月 1 日。

组织人员培训示范项目，每个项目资金 15 万～50 万元不等。① 此外，民政部公布 2014 年福彩公益金社会工作培训采购项目，对 31 个省（区、市）的培训项目进行采购。以上两个培训项目主要由当地社会工作协会、高等教育院校、基金会等组织承办，如中国社会工作协会、北京彼得·德鲁克管理研修学院、瀛公益基金会、南京大学和安徽师范大学等。②

表 4-1　2013～2014 年《人员培训示范项目（D 类）立项》名单比较

年份	立项资金总额（万元）	承办组织分布（全国性/地方）	立项资金 2014 年比 2013 年增加的组织地域分布	立项资金 2014 年比 2013 年减少的组织地域分布
2013	1235	5/48	北京、天津、河北、山西、河南、甘肃、青海、吉林、黑龙江、广西、海南、重庆、云南（5 万元）；江西（6 万元）	大连、浙江、厦门、宁波、新疆（5 万元）；广东、山东（10 万元）
2014	1324	5/36		

资料来源：《民政部关于 2013 年中央财政支持社会组织参与社会服务项目立项通知》，《民政部关于 2014 年中央财政支持社会组织参与社会服务项目立项通知》。

分析表 4-1，可以发现中央政府在支持社会组织人员培训方面有微小变化。比如，2014 年民政部对社会组织人员培训的总投入呈现小幅增加，从 1235 万元上升到 1324 万元，培训项目总数从 53 项减少到 41 项，这意味着平均拨付至各项目的资金有所上升。2014 年，立项总项目数量下降，这跟地方性组织参与的立项数量下降有关，比如山东、浙江等一些省份的地方组织立项数目有所减少，这些省份的立项资金也相应下降。

人员培训项目资金增加区域的分布显示，西南、东北和中部地区资金量显著增加，这与过去这些区域的社会组织培育基础较为薄弱有关。结合《2014 年 4 季度全国社会服务统计数据》可知，目前全国社会组织总数排名靠前的省份分别是江苏、广东、山东、浙江和四川。排名较为靠后省份

① 中华人民共和国民政部：《民政部关于 2014 年中央财政支持社会组织参与社会服务项目立项的通知》，中华人民共和国民政部网站，http：//www. mca. gov. cn/article/zwgk/tzl/201401/20140100584352. shtml，最后访问时间：2015 年 4 月 1 日。

② 中华人民共和国民政部：《民政部 2014 年福彩公益金社会工作培训项目中标公告》，北京市财政局门户网站，http：//www. bjcz. gov. cn/zfcg/cggg/cjjggg/t20140516_471525. htm，最后访问时间：2015 年 4 月 15 日。

分别有西藏、青海、宁夏、海南、新疆、贵州、吉林、内蒙古等。① 增加对薄弱地区的资金补助有利于平衡社会组织发展和公益人才培养的地区差异。

2014 年 10 月，民政部发布《实施方案》，将在 2015 年继续为社会组织参与社会服务提供专项资金。2015 年的总预算以及人员培训示范项目（D 类）的资金与 2014 年持平，《实施方案》预计 2015 年拟培训 8000 名左右社会组织负责人和业务工作人员。这充分体现中央财政对于社会组织及其人员培训持续支持的态度。②

2. 基金会拨款千万元资助公益人才培训项目

近年来，一些企业基金会将目光投向公益教育和培训领域，斥巨资打造公益人才培训项目。其中，老牛基金会和安利公益基金会的资助金额均达到千万元，引发业界关注。

"慈善千人计划·老牛学院"项目由中国慈善联合会指导、老牛基金会和中民慈善捐助信息中心共同发起，计划在五年内培养 1000 名慈善组织领军人物，以改善慈善行业的人才生态环境。2014 年 4 月 23 日，老牛学院首期培训启动。该项目共设计三次课程，每次五天，主题分别是"发展个人领导力"、"机构建设"和"组织资源拓展与创新"。首期培训已于 2014 年 9 月 4 日结业，共有 80 名公益慈善组织管理人员参与。③

"中公计划"由民政部指导，中民慈善捐助信息中心和安利公益基金会共同发起，计划通过三年时间，建立慈善人才培养体系、挖掘和培养公益慈善人才。该项目由安利公益基金会出资人民币 1000 万元。④ 2014 年，

---

① 中华人民共和国民政部规划财务司：《2014 年 4 季度全国社会服务统计数据》，中华人民共和国民政部网站：http://files2. mca. gov. cn/cws/201501/20150126145241251. htm，最后访问时间：2015 年 4 月 15 日。

② 中华人民共和国民政部：民政部关于印发《2015 年中央财政支持社会组织参与社会服务项目实施方案》的通知，中华人民共和国民政部网站，http://www. gov. cn/xinwen/2014 – 11/03/content_2774437. htm，最后访问时间：2015 年 4 月 1 日。

③ 冯丽：《"慈善千人计划·老牛学院"首期培训结束》，新华网，http://news. xinhuanet. com/gongyi/2014 – 09/05/c_126960249. htm，最后访问时间：2015 年 4 月 3 日。

④ 中民慈善捐助信息中心：《中国公益慈善人才培养计划活动介绍》，http://www. donation. gov. cn/fsm/sites/charityleader/preview1. jsp? ColumnID = 821&TID = 2012120610482698546730385，中民慈善捐助信息中心网站最后访问时间：2015 年 4 月 3 日。

该计划成功开展了第二期培训。两年来累计培训慈善人才 100 名，每年有 10 名优秀学员可获得 100 万元发展资金。①

基金会除了资助公益培训项目以外，也关注对公益人才的培养和扶持。南都公益基金会发起的"银杏伙伴成长计划"，旨在资助青年人突破成长瓶颈，帮助其成为公益领域的领导型人才。入选的"银杏伙伴"将获得连续 3 年、每年 10 万人民币和一年两次集体活动的全方位支持。② 2014 年 11 月，南都基金会发布"银杏伙伴"名单，全国 19 位公益人才成为"2014 银杏伙伴成长计划"的资助对象。③

此外，基金会也携手高等院校进行公益后备人才培养。南都公益基金会、中国青少年发展基金会、中国扶贫基金会、陈香梅公益基金会和林启泰先生分别出资 20 万元，在中国人民大学设立总额 100 万元的"公共管理硕士（MPA）非营利管理方向学科发展专项基金"，用于支持非营利组织管理学科发展，培养中国非营利领域的专业人才。④ 而中国银泰投资有限公司、北京银泰公益基金会与北京大学光华管理学院也在 2014 年联合发起中国首个社会公益管理硕士项目，银泰公益基金会将为项目募集和捐助教学管理所需的运营资金。⑤

二 高等教育发展公益慈善学科

公益教育又分为专业教育（人才培养）和公众倡导，以及为公益教育

---

① 中民培训：《中国公益慈善人才培养计划亮相第三届慈展会》，http：//www. charity. gov. cn/fsm/ sites/charityleader/preview1. jsp? ColumnID = 819&TID = 20150320111400012782211，最后访问时间：2015 年 4 月 3 日。

② 南都公益基金会：《银杏伙伴成长计划简介》，http：//www. naradafoundation. org/content/ 128，最后访问时间：2015 年 4 月 3 日。

③ 南都公益基金会：《2014 年度银杏伙伴揭晓——投资于人，培育未来公益领袖》，http：//www. naradafoundation. org/content/3972，最后访问时间：2015 年 4 月 3 日。

④ 中国人民大学公共管理学院：《公共管理硕士（MPA）非营利组织管理方向学科发展专项基金奖学金评审会议成功举办》，http：//www. mparuc. edu. cn/displaynews. asp? id = 4841，最后访问时间：2015 年 4 月 3 日。

⑤ 北京大学光华管理学院：《中国首个社会公益管理硕士项目在光华管理学院启动》，http：// www. gsm. pku. edu. cn/index/P8077648813401049932228. html? clipperUrl = 30/48754. ghtm，最后访问时间：2015 年 4 月 3 日。

开展所进行的研究工作。[①] 在这一过程中，高等院校扮演着重要角色。高等教育机构是公益慈善行业的重要观察者、研究者和建言者，通过学术研究、政策倡导等方式关注和推动公益行业发展。此外，在高等院校开设与公益相关学科也是当前中国公益人才培养的重要模式。通过高等教育不断为公益慈善事业输送高质量人才，并从多方面加强公益学科研究与建设，有助于从不同角度促进公益人才培养机制的优化。

目前，清华大学、北京大学、中国人民大学、北京师范大学、南京大学、中山大学、上海交通大学等高校充分利用其教研资源，开展公益行业学术研究；同时，越来越多的高校在探索人才培养新模式，跨界整合资源，多方位培养与储备公益行业的优质人才。

（一）公益慈善相关专业课程体系逐步完善

从课程设置来看，国内高等院校中的相关学科主要分布在社会工作和社会服务专业，以及管理学学科下设的非营利管理类专业。从 2011 年起，《中国公益事业发展报告》对国内 60 所"211、985"工程大学主要设立 NGO 和非营利组织相关专业课程的 MPA 硕士项目进行观察。[②] 2012 年，全日制硕士、博士或 MPA 教育中开设 NGO 或非营利组织专业学科的院校数目保持不变，仍为 10 所，但开设相关专业课程（包括专业课与选修课）的院校从 20 所增加到 23 所，二者占 60 所大学的 50% 以上。这种稳步增长的态势，表现出各地高校对公益慈善教育的持续关注。

目前在大陆地区，慈善学并未作为专门的二级学科进行设立，但在学生培养层次上已覆盖本科和研究生（硕士和博士）阶段。已有高校尝试在本科教育阶段设置慈善学科。2012 年 9 月，上海宋庆龄基金会、北师大珠海分校和基金会中心网共同建立的宋庆龄公益慈善教育中心，开始在中国高校中率先开展公益慈善领域本科层次的专门人才培养。从本科三年级的各专业学科中，选择申请慈善事业管理方向的学生，培养能胜任公益机构

---

① 章高荣、张可：《中国公益教育概念刍议与发展模式初探》，京师公益论坛（2010）研究参考，第 25～27 页。

② 2011 年和 2012 年数据可参考由北京师范大学中国公益研究院编写的 2011 年度和 2012 年度《中国公益事业发展报告》人才培养章节，王振耀主编。

和大中型企业社会责任部门的组织管理、项目运作、宣传推广、专业服务以及理论研究等工作的复合型人才。2014年该专业的第二批学生顺利毕业并走上相关工作岗位。[①]

自2014年10月起，"睿投/中国人民大学：非营利组织从业人员社会工作/公共管理双证培养计划"（以下简称"人大双证计划"）开始启动。该计划面向非营利组织一线从业人员，授课内容为社会工作和公共管理本科层次教育，其目的在于帮助公益人员，提升专业技能和提供事业发展的长期动力，学员修满学分毕业可获得人民大学本（专）科学历和学位证书。[②]

2014年12月，南京工业大学浦江学院召开公益慈善管理专业学科建设研讨会，讨论开设全国第一个公益慈善管理四年制本科专业，为公益机构输送应用型的人才。这对于推动公益慈善学科作为独立的二级学科，培养专业人才具有开创性意义。从学科设置上看，该校的公益慈善事业管理方向的课程重点在于培养复合型、应用型人才，通过学习社会保障概论、公共人力资源管理、公益慈善项目管理、公益模式创新与挑战、市场营销等课程，全方位提升学生未来进入公益领域、从事相关工作的综合能力。

在研究生培养方面，除了现有的中山大学民族学专业（公益慈善方向）硕士研究生课程进修班（MPS）之外，北京大学光华管理学院开设的社会公益管理硕士项目于2014年6月启动。该项目采用全日制，学制两年。第一年脱产学习，第二年为周末模块制学习，项目首期预计招收40人，主要面向具有3~5年工作经验，有创新思想，有志投身于公益事业及相关行业领域的优秀青年，旨在培养具备社会责任感、创新意识、管理能力和实践能力的公益事业高级管理人才或社会企业家。

在内地以外，香港大学于2014年加入开设非营利组织管理专业的高校行列，其社会科学学院开设"非营利管理学社会科学硕士"课程，学制一

---

① 李瑾：《北师珠"公益班"首届毕业生"抢手"》，南都网：http://paper.oeeee.com/nis/201406/27/235655.html，最后访问时间：2015年4月16日。

② 《2014非全日制社会工作/公共管理双证培养计划》，中国发展简报，http://www.chinadevelopmentbrief.org.cn/org2313/active-9934-1.html，最后访问时间：2015年4月17日。

年，采用集中授课结合实地考察的全日制方式，要求申请者最少有三年相关工作经验。该项目旨在为大中华地区和国际社会开发非营利管理的知识系统，培养卓越的公益慈善领袖，建构具有影响力的公共政策和社会创新的学习平台。课程融合社会政策、领导力、慈善事业和非营利管理等相关知识。进入该项目的学生需完成八个科目和一篇总结性专题报告后可获颁学位。[①] 此外，该项目的优势还在于，学生可同时选择修读双学位，即报读美国印第安纳大学公共及环境事务学院（SPEA）所颁授的公共事务硕士学位。

（二）公益慈善课程设置呈现跨学科特点

从目前国内高校开设相关专业的课程设置（包括专业课与选修课）来看，这类专业越来越注重与其他学科的结合，如传播学、政治学、创意设计等，以期提高学生的综合素质。

表 4 - 2　国内部分高校开设与公益慈善相关的跨专业课程的情况

培养层次	院校名称	专业名称	相关课程名称	课程类型
本科	北京师范大学珠海分校	公益慈善管理	公益慈善品牌建设与传播	专业方向课
研究生（包括 MPA 项目）	北京航空航天大学	非政府公共部门管理	非政府组织与国际事务	专业方向课
	天津大学	社会事业管理	教育经济与管理	选修课
	湖南大学	非营利组织管理	文化、教育与科技管理	专业方向课
			媒介经营管理	

来源：笔者根据各高校公开资料整理而成。

以北京师范大学珠海分校为例，在该校宋庆龄公益慈善教育中心就读的 2013 届和 2014 届共 25 名本科毕业生中，有 14 人直接进入中国扶贫基金会、中华少年儿童慈善救助基金会、中国少年儿童基金会等

[①] 香港大学社会科学学院：《香港大学社会科学硕士非营利管理学课程招生》，中国公益慈善网，http://www.charity.gov.cn/fsm/sites/newmain/preview1.jsp? ColumnID = 360&TID =201412101122537779121339，最后访问时间：2015 年 4 月 3 日。

"中"字号公益慈善机构，其余进入企业从事与公益相关的工作，还有部分学生选择继续在本专业进行深造。[①] 从各方对该中心毕业生上岗工作情况的反馈来看，学校教育中还存在着实操内容较少、缺乏国际视野等问题。该教育中心主任金宝城表示，提高外语要求、加强国际性联系是下一步工作的方向。[②]

而在公益行业高管对各岗位的工作满意度评价中，筹资岗和公关传播岗是整个行业中高管满意度最低的两个岗位。[③] 褚蓥在《我国募捐教育课程设计与培养机制探析》[④] 中指出目前募捐人才和相关培训课程都十分缺乏。根据对国内"211"工程大学公共管理硕士（MPA）及非营利组织相关学位的课程开设情况进行统计，在全国设立相关专业（包括选修课）的33所高校中，开设专门的筹款课程的仅有3所，开设包含公共传播内容的营销课程只有4所，并且多属于选修课（如表4-3所示）。

表4-3 国内"211"工程大学MPA及非营利组织相关专业筹款与营销课程的开设情况

课程类别	院校名称	课程名称	课程类型
筹资相关	北京师范大学	筹资策略	选修课
	西北工业大学	项目融资管理	选修课
	西南交通大学	公共工程投融资管理	必修课
传播相关（包含营销）	北京大学	非政府公共组织营销	专业方向课
	西北工业大学	公共部门营销	选修课
	湖南大学	非营利组织营销学	专业方向课
	清华大学	非营利组织战略营销学	选修课

注：笔者根据各高校公开资料整理而成。

[①] 上海热线，《上海宋庆龄基金会在公益人才培养上的探索与思考》，http://news. online. sh. cn/news/gb/content/2014－06/13/content_6925584. htm，最后访问时间：2015年4月3日。

[②] 李瑾：《北师珠"公益班"首届毕业生"抢手"》，南都网：http://paper. oeeee. com/nis/201406/27/235655. html，最后访问时间：2015年4月16日。

[③] 陈诗松：《月薪4000VS年薪30万聚焦公益行业人才发展》，青年网，http://app. why. com. cn/epaper/qnb/html/2014－09/30/content_224147. htm? div =－1，最后访问时间：2015年4月16日。

[④] 褚蓥：《我国募捐教育课程设计与培养机制探析》，《人力资源管理》2014年第12期，第130页。

如前所述，尽管设立公益慈善（包括非营利管理等相关专业）的高校数量有所增加，而且开设相关专业的高校在课程设置上采用跨学科交叉的方式，但仍然存在课程设计与行业需求脱节的现状。如何在课程设计与教材开发中融入更多行业思考、寻求与行业发展接轨，以满足实际工作对人才的需求，是高等教育公益慈善学科建设需要不断反思的问题。

（三）高等院校公益研究成果转化亟待加强

公益行业研究是支持公益教育的基础环节。近年来，国内高校越来越重视对公益慈善领域的研究工作。北京师范大学、清华大学、南京大学、中山大学、上海交通大学等高校纷纷成立专门的研究机构，利用现有师资和学术资源，对行业发展与业内相关问题展开多维度研究，为完善与推动整个行业建言献策。不仅如此，这些机构还通过教育培训这一载体或结合或转化研究成果（见表4-4）。

表4-4　2014年高等院校下设的公益研究机构主要研究方向与成果转化示例

机构名称	研究成果	成果转化（培训或其他项目）
北京师范大学中国公益研究院	开展公益行业政策、慈善立法、慈善信托、儿童福利、养老产业等方面的研究。出版《以法促善——中国慈善立法现状、挑战及路径选择》《现代慈善与社会治理——2013年度中国公益事业发展报告》《现代慈善丛书》等	1. 与美国印第安纳礼来家族慈善学院联合主办首个国际慈善管理课程EMP（Executive Management of Philanthropy） 2. 开设国内第一个国际养老产业课程EME（Executive Management of Eldercare），培养具有先进国际理念与中国实践的养老机构管理人才 3. 开发中国公益系列研修课程，包括志愿者管理、儿童项目管理、公益传播、慈善捐赠和基金会管理等专题研修班等
清华大学明德公益研究中心	开展慈善立法、社会创新等方面的研究	1. 社会组织项目管理LEAP（Learning through Evaluation with Accountability and Planning）实战培训 2. 明德青年公益领袖班

续表

机构名称	研究成果	成果转化（培训或其他项目）
南京大学河仁社会慈善学院	开设"河仁公益研究工作坊"，共 11 个课题研究小组，分别开展企业家和慈善家、资本精神、年度慈善热点问题（2013 年度、2014 年度），以及宗教与慈善、基金会资本运作，国家、社会、市场三者在公益慈善中的关系，儿童保护法等研究。各研究小组成员在课题研究负责人带领下，定期召开小组研讨会，进行科研活动	1. 在全国高校设立"曹德旺优秀论文"奖，于 2014 年开始对社会工作、公益慈善、社会管理等相关领域的优秀论文进行评选，对获奖者给予一定的奖励，并结集出版 2. 举行 2014 年度"河仁杯"全国大学生暑期公益实践项目
上海交通大学第三部门研究中心	承担相关研究课题，包括 2014 年国家社会科学基金重大项目"全面深化改革中政府购买公共服务制度化研究"；"引导基金会支持、参与社会服务研究"；以及获民政部 2014 年"中国社会组织建设与管理"理论研究部级课题立项的"基于社会资本理论的政府购买社会组织服务绩效评价指标体系研究"	1. 2014 年社会组织秘书长（行业协会、商会）业务培训班，促进社会组织治理能力提升 2. 举办社会组织人才培养高级研修班，围绕第三部门管理、社会组织项目设计，结合地方社会组织发展实际，推进社会组织人才建设

注：笔者根据各高校公开资料整理而成。

以北京师范大学中国公益研究院为例，该院于 2013 年秋季，联合美国印第安纳大学礼来家族慈善学院，开设国内首个国际慈善管理课程 EMP 项目（Executive Management of Philanthropy）；次年秋季，国际养老产业管理课程 EME 项目（Executive Management of Eldercare）应运而生。E 系列国际项目的诞生，标志着国内公益慈善领域战略及运营的高端教育项目的出现，为非营利部门的管理者和来自不同背景的领导者提供全球化的学习交流平台。在课程设置中 E 系列项目将国际慈善发展趋势与现代慈善专业化理念相结合，在教学大纲的设计中，以转化全球慈善研究与最佳实践为方法论，结合案例研习，尝试本土化路线，结合课堂学习、互动讨论以及项目应用等方式提升学习行动力。可见，高等教育研究机构已经开始尝试将自身的研究成果，通过开发设计培训课程的方式进行合理转化。但是，国内高校公益研究成果与培训内容之间联系尚不够紧密，如何将研究持续化、体系化，并高效地转化为行业发展动力，是未来值得高等教育机构关注和思考的问题。

三 公益培训市场逐步细分，阶梯式发展助推公益职业化

《2014 中国公益行业人才发展现状调查报告》（以下简称《人才调查报告》）指出，国内近八成公益机构为员工提供培训或购买过提升岗位技能的培训，人才支持项目覆盖三成公益行业从业者。有82.4%的受调查者肯定公益人才培养计划的效果。培训机会已经成为激励员工的首要方式[①]，人才培训项目的价值得以显现。在这一背景下，本年度公益培训呈现出专业化、市场化及稳步增长的态势，免费与收费项目在质量和数量上实现并行发展，无偿培训占全部培训项目的49.7%。[②]

在培训对象与培训内容上，出现了细分化、专题化与阶梯化发展的特点，公益培训与实践相结合，是公益从业者解决在职业发展中遇到的困难、回应实际工作需求的重要方式。通过采取实地考察、项目合作等多种措施，帮助学员尽快实现培训知识的成果转化，让学员更好地体验培训带来的积极效应，有助于激励行业人才从而带动组织能效的提升。

（一）公益培训市场化趋势显现

国内公益行业培训需求渐长、市场化趋势渐显。除了培训者的购买力提升，公益行业培训的产品供给也根据培训对象的阶梯化体现出市场细分、主题多元的特征。

1. 行业培训主题渐趋多元

为更好地满足公益行业不同领域、不同层次人才对培训方面的需求，除对公益慈善组织进行综合能力建设之外[③]，接受培训的公益组织所从事

① 零点研究咨询集团与南都公益基金会等8家机构联合发起，《2014 中国公益行业人才发展现状调查报告》，报告可从以下网址获取，南都公益基金会 http：//www. naradafoundation. org/content/3655，最后访问时间：2015 年4 月18 日。
② 零点研究咨询集团与南都公益基金会等8家机构联合发起，《2014 中国公益行业人才发展现状调查报告》，报告可从以下网址获取，南都公益基金会 http：//www. naradafoundation. org/content/3655，最后访问时间：2015 年4 月18 日。
③ 根据2013 年数据显示，以公益组织能力建设为目标的培训大约占所有培训内容的70%。资料来源：王振耀主编《现代慈善与社会治理——2013 年度中国公益事业发展报告》，社会科学文献出版社，2014，第84 页。

的领域愈加多元，出现了一些针对特定机构与人群的专题培训，比如社区流动人口、残障社群、教育支持、民间救援等。

广州市恭明社会组织发展中心 2014 年开展的"异家人"流动人口社区服务社会组织能力建设项目，专门针对流动人口社区服务组织，重点传授珠三角流动人口社区服务的理论与技术、流动人口社区组织的传播、资源动员与发展①，助力该类组织成长，为流动人口提供更好的帮助和支持。

2014 年 7 月在河南省洛阳市举行的"中部地区残障社群培力训练营"，由郑州亿人平机构对中部地区（河南、安徽、湖北、山东、河北、陕西、山西等地）关注残障人士和残障自组织成长和权利的公益组织进行培训，培训内容包括小额项目的申请和运作、残障自组织能力建设等②。除此之外，从中国发展简报③网站发布的相关培训通知可以发现，2014 年公益慈善行业内举行的与残障领域相关的培训次数为 6 次，与 2013 年的 2 次相比有明显提升。

福建省正荣公益基金会与北京市西部阳光农村发展基金会于 2010 年联合发起的"桥畔计划"，旨在帮助初创期的教育公益组织发展，为其提供非限定资金，并搭建学习和交流的平台。2010 至 2014 年，"桥畔计划"共支持 63 家教育公益组织，支持资金将近 420 万元。④

2014 年 2 月，中华职业教育社应急救援专业委员会在北京凤凰岭国家地震救援基地，举办第一期民间救援组织孵化器培训班。该培训主要针对各地社会公益组织负责人，民间救援组织（队）决策人、队长、团队骨干以及乐意支持公益救助活动的社团组织、企业的相关人员，旨在帮助众多

---

① 恭明中心：《"异家人"流动人口社区服务社会组织能力建设项目招募》，恭的中心 http：//gics2012. lofter. com/post/1c14aa_1a2ecf9，最后访问时间：2015 年 4 月 3 日。

② 《郑州亿人平残障社群培力训练营公告》，中国发展简报，http：//www. chinadevelopment-brief. org. cn/org0/active‐9155‐1. html，最后访问时间：2015 年 4 月 15 日。

③ 《中国发展简报》是专门关注中国公民社会发展的非政府组织创办的刊物，致力于客观和真实地分析报道中国公民社会和国内外非政府组织的动态和发展。

④ 北京市西部阳光农村发展基金会：《桥畔计划项目介绍》，http：//www. westsa. org/a/womenzaixingdong/zhichipingtai/，北京市西部阳光农村发展基金会，最后访问时间：2015 年 4 月 3 日。

年轻、有激情但缺乏技术和实践指导的初创期民间救援组织尽快发展，最终成长为具备专业理论水平和实际操作经验的正规化救援队伍，造就、培养一批在实际灾害救援中发挥巨大作用的正规化、专业化民间救援队伍。[1]从内容上来看，对应急救援组织的培训无疑彰显了公益领域培训内容已呈现愈加多元的趋势。

除了针对特定机构的专题培训外，针对初入公益行业的年轻人与初创机构，尤其是培育公益机构青年领导力的支持性项目在2014年得到持续发展。不少项目已经形成良好口碑与品牌效应，在业内颇具美誉度。比如，友成企业家扶贫基金会在2011年发起至今的"小鹰计划"，面向本科以上学历青年，致力于培养具有社会企业家精神的跨界青年领袖；由明日中国基金会与中国青少年发展基金会合作的"明日公益计划"在2014年已进行到第三届，其选拔的23位"明日公益伙伴"是已从事、并有志于继续从事公益活动、社会工作和其他热心社会事务的潜在青年领袖[2]；同样，"银杏伙伴成长计划"的主要培育和资助对象是有两年以上公益实践经验的草根机构领导人或创始人，是一个培养青年公益领导人才的长期计划。

从公益组织的发展规模来看，无论是处在成熟期的组织还是初创期的组织，都需要不同程度的人才培训与支持。《人才调查报告》指出，公益组织在不同发展阶段对人才支持的需求不同。其中探索型机构最期待发展策略指导，发展型机构最希望有合作渠道，而成熟型机构最期待获得关于机构治理的知识。[3]其实，行业内一直有相关机构关注并着力解决不同机构的实际培训需求。如2014年11月，由中致社会发展促进中心发起、致诚公益律师团队合作举办了首届"小微社会组织公益培训计划"，是一个为该类型组织量身定制的培训课程。面向全国招募50位小微社会组织负责人或骨干。该项目的培训方式有别于传统授课，采用

[1] 《民间救援组织孵化器培训班》，中国发展简报，http://www. chinadevelopment-brief. org. cn/org0/active – 8977 – 1. html，最后访问时间：2015年4月3日。
[2] 陈诗松：《明日公益计划培育青年公益领袖》，上青网，http://app. why. com. cn/epaper/qnb/html/2015 – 03/31/content_248713. htm? div = 0，最后访问时间：2015年4月15日。
[3] 零点研究咨询集团与南都公益基金会等8家机构联合发起，《2014中国公益行业人才发展现状调查报告》，报告可从以下网址获取，南都公益基金会，http://www. naradafoundation. org/content/3655，最后访问时间：2015年4月18日。

案例教学、建设性沟通与竞赛等互动学习形式。[①] 培训内容紧扣"社会组织发展策略"主题，包括知悉战略规划、内部治理、风险控制、政府关系、媒体宣传等。

从地域分布上来看，有培训需求的公益组织也逐渐由东南部向西南、东北地区扩展。壹基金川南联合救灾网络为四川凉山地区的公益组织开展能力建设培训，南都公益基金会支持了4个民间公益不发达地区的公益组织网络构建项目，包括"东三省民间组织能力建设项目"、"广西百家NGO能力建设项目"和"秦巴山区农村发展公益组织学习平台项目"等。[②]

2. 培训对象梯级化

在对2014年市场现有的公益行业人才（中短期）培训项目进行梳理时发现，公益培训呈现出梯级分层态势（见图4-1）。一方面是根据从业者层级来设计所需的培训内容；另一方面是根据从业人群的特点与需求，开发差异化的培训内容。培训紧紧抓住"市场需求"这一关键，这有利于构建理性的人才成长支持计划、发挥不同层次公益人才的专业优势，对实现公益行业专业化人才序列发展具有积极意义。

上述培训项目对培训对象有较为明确的定位。如"中公计划"是面向从事公益行业至少三年以上的组织高层领导人；"公益星火"项目于2014年实施"企业战略慈善计划"，招收学员对象指定为企业副总裁、基金会副秘书长以上的高层管理人员，以及少量公益组织领袖、媒体主编与高级财富管理者等人群。

对于专业管理人员（包括中层管理者）的培训，主要聚焦提升其管理与专业的双重能力，比如"慈善千人计划·老牛学院"则涵盖了全国范围内公益慈善组织的中层管理者，年龄在25~45岁，以及提升组织内部管理

---

① "小微社会组织"是中致中心提出的一个全新概念，即在民政部门登记注册的，专职工作人员不超过10人的社会组织。选自《首届小微社会组织公益培训正式启动》，中国发展简报，http：//www.chinadevelopmentbrief.org.cn/org679/active - 9845 - 1.html，最后访问时间：2015年4月3日。

② 南都公益基金会：《南都公益基金会2014年度报告》，南都公益基金会，可从南都公益基金会网站下载，http：//www.naradafoundation.org/Uploads/file/20150312/55011cf906574.pdf，最后访问时间：2015年4月3日。

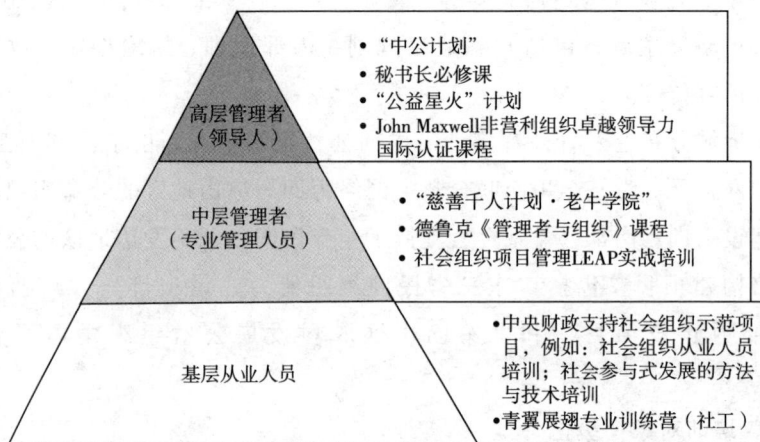

图 4-1 2014 年公益人才（中短期）培训项目分层示例

有效性的"社会组织项目管理 LEAP 实战培训"，由明德公益研究中心联合世界宣明会（中国）等机构共同举办，培训在 2014 年共举办 4 期，分别在 3 个不同城市展开，培训以项目管理全景式角度入手，通过对项目设计、实施、监测、评估和风险评估与质量控制等一系列内容的专业学习，系统性地梳理了 NGO 进行核心能力建设的主线。[1]

根据《人才调查报告》的数据显示，在公益组织内部，高管获得的培训的机会最多，占受访者比例的 38.8%；中层管理者次之，占 29.9%；而普通工作人员接受培训的比例仅为 17.4%。[2] 高层管理者积极参与培训的趋势，除了与培训机会向该类管理者倾斜有关，也与业内领导层在学历与资历上不断提升的趋势密不可分。根据著名跨国猎头公司 Lloyd Morgan Executive 发布的《2014 中国公益慈善行业高端人才就业市场及薪资指南》显示，目前国内基金会的中高层管理人员以学士学位为主，在秘书长层级有约 10% 的管理人员拥有硕士及以上学位，从事公益机构高管职务的人员的

---

① 根据中国发展简报网站的信息进行整理，http：//www.chinadevelopmentbrief.org.cn/org0/active - 9405 - 1. html，最后访问时间：2015 年 4 月 15 日。

② 零点研究咨询集团与南都公益基金会等 8 家机构联合发起，《2014 中国公益行业人才发展现状调查报告》，http：//www.naradafoundation.org/content/3655，最后访问时间：2015 年 4 月 18 日。

学历明显提升，后期深造是其中重要途径。①

　　对于基层从业人员参与公益培训的比例过低的问题，笔者经由对2014年发布在《中国发展简报》上的培训通知进行梳理，发现面向基层员工的培训项目确为少数，而且多为面向特定机构的专题类培训，需要在相关领域有一定的知识与经验。比如："问责、倡导与社会治理"培训课程（12月，北京）、"广东省福彩金 - 广州地区社会组织专题培训"（9月，广州）、"宣明会儿童生命教育"系列培训（7月，北京）。其中，关于行业通识性能力提升培训几乎不见踪迹。从各类培训涉及的领域、培训时间与培训内容来看，基层从业者的培训比例低恐怕是由以下三个原因造成的：一是由于基层从业人员数量庞大，单纯依靠行业内机构所提供培训恐无法满足其需求；二是相关培训项目多集中在大中城市，面授型培训对于小型城市与乡村很难实现全面覆盖；三是尤其对于初创期和发展期的机构而言，为基层员工支付有偿培训并非是机构首要或主要的战略选择；同时，高强度的工作也使得基层从业者无暇参加与业务相关的培训项目，从而造成培训时间的缺失与参与不足。

　　基层从业者的职业素养与技能水平关乎整个行业发展，目前这一困境使得公益行业很难实现从个人能力到全行业能力的综合提升，突破这一瓶颈的其中一个解决办法是由政府牵头，出台相应政策，鼓励与推动地方将基层工作人员的职业培训纳入公益机构的日常工作中。如前所述，"中央财政支持社会组织示范项目"自2012年启动以来，已覆盖全国各省（区、市）共计41个相关培训。比如面向陕西非营利组织从业人员的培训，由北京彼得·德鲁克社会组织学习中心承办。培训采用课程 + 工作坊的形式，参与式的培训和落地式的教练相结合。分两次举办，每次5天，为超过63学时的学员颁发德鲁克管理研修学院证书，并获得6小时的个人领导力教练咨询服务。为保证当地有更多机构得到培训机会，每家机构限报两名工作人员。这一项目的优势在于政府提供培训资金支持，学员个人无须支付任何费用，外地学员还可申请住宿

---

① 陈诗松：《月薪4000VS年薪30万 聚焦公益行业人才发展》，上青网，http://app. why. cn/epaper/qnb/html/2014 - 09/30/content_224147. htm？div = - 1，最后访问时间：2015年4月15日。

安排及交通补贴。①

3. 跨界合作渐成公益培训新趋势

除了在行业内有针对性地招募特定层级的学员、开展专题性培训外。中国的非营利部门强烈地意识到，公益培训的对象不应仅局限于各类公益组织、基金会等业内人士。慈善事业还需要与政府及商业部门形成合力，并保持良好的互动关系。

2014 年年末，"中国公益慈善创新型人才"第四期培训班在成都举行。该培训班由民政部主办、中国残疾人福利基金会协办、香港赛马会资助、中民慈善捐助信息中心执行，来自全国全国各地民政厅（局）的近 100 位慈善工作负责人参加培训。培训主题包括如何创建慈善城市、慈善与社会创新、慈善立法、公益创投经验与实践、资金募集等八大专题。② 一方面传授公益慈善的前沿性知识与国际化实践，沟通公益慈善行业最新趋势；另一方面不断汲取跨部门的经验"为我所用"，积极探索政府参与和支持的可能性。

中国公益研究院的国际慈善管理 EMP 项目，则在学员的招生与选拔方面进行跨界试水。该项目除招募来自公益慈善领域的高级管理者外，自 2014 年 10 月起开始尝试挑选来自商业部门、媒体等其他行业的学员，要求拥有相关公益经验。目前的学员构成包括公益机构秘书长、理事、捐赠人、公益媒体人、专项基金发起人、企业 CSR 负责人等。这一学员组合涵盖公益机构所涉及的诸多利益相关方。在一年至一年半的学习交流中，构建起一个资源对接的网络，实现公益项目的合作与落地，逐步完成"行动性"学习的终极目标。目前该项目已实现品牌化运作，成立了 EMP 北京与地方校友会。100 多位学员将其所学知识技能运用于非营利事业中，除有益于提升机构管理水平、优化慈善资源配置外，还形成

---

① 《中央财政支持社会组织示范项目——社会组织从业人员培训》，中国发展简报，http://www. chinadevelopmentbrief. org. cn/org 0/active - 9347 - 1. html，最后访问时间：2015 年 4 月 15 日。

② 新华网：《"中国公益慈善创新型人才"培养计划第四期培训班在蓉举办》，http://news. xinhuanet. com/local/2014 - 12/22/c_127323931. htm，最后访问时间：2015 年 4 月 16 日。

了30余个校友横向合作的公益项目。基于同样理念的，还有"公益星火"计划，招募拥有3年以上从业经历的领导层学员，需要有一定的公益经验，通过跨界学习将资源和项目进行整合，使得人才、资金、创意在一个学习平台上高效流转，促成多方合作。跨界交流与合作反映了公益培训逐步走向市场化、专业化的趋势。

而从培训项目的目标设定来看，"老牛学院"作为"慈善千人计划"起航项目，同样具有引领性与前瞻性。自2013年始，老牛基金会预计在3年内为该项目投入1000万元，以期实现三个目标：每年培养60位慈善组织管理人才；建立起一支50人左右的，由政府官员、慈善组织负责人、企业家、媒体、国内外专家学者等组成的经验丰富、专业高效、跨学科、跨领域的师资队伍；研发出一套适合中国慈善人才发展特点的课程体系、教学方法和课件教材。①

从已有的各类公益培训项目开展情况看，本年度一些国内常规培训项目以其较高的培训质量持续吸引公益人才，逐步走向市场化与品牌化。2014年新增的培训项目较少，优质的创新型项目崛起缓慢。"公益新丁训练营"是其中颇有亮点的一个。由恩派社会创业家学院（SEI）在上海市浦东新区民政局支持下开设的，专门针对公益机构新进员工的系列课程。项目以"助成长、促提升"为目标，定位清晰，组织方是成熟的专业培训机构，更加增于了解并把握学员需求，四天课程提供了一整套完善的培训方案。由此可见，在公益培训的市场化面前，公益人才培养仍需要多方协力，继续开发更适应行业生态的培训项目。未来的公益培训是否继续以其品牌或定制化内容来吸引和适应公益行业从业者，是公益培训机构需要继续思考和努力的方向。

（二）公益培训通过收费逐步实现"自我造血"

公益培训为社会组织提供了学习与自我提升的途径，以理论与实践两个维度为公益行业各级从业人员及行业外的潜在公益人，开发出

---

① 《"慈善千人计划·老牛学院"培训报名启动》，腾讯公益，http：//gongyi.qq.com/a/20131024/016360.htm，最后访问时间：2015年4月15日。

基本知识、职业技能与综合管理能力等相应课程。为提高教学质量，推动课程研发，公益培训单位正在积极通过多方渠道筹措资金，确保培训项目的质量与运作。如前所述，2014年由其他机构提供的无偿培训仅占半壁江山（49.7%），公益培训行业市场化的标志之一是收费模式渐成气候。尤其是针对面向公益行业领军人物及高层管理者开设的高端培训项目。

行业内对于公益培训"高收费"存在一定争议。这里需要明确的是"公益培训"指对公益从业者或潜在受众进行的培训，传递与公益相关的知识技能，并不等同于"无偿培训或免费培训"。公益项目不论大小，背后都会产生相应费用，与商业培训由受众"自掏腰包"不同，公益培训项目之所以存在"免费"机会，并非项目运作本身"零成本"，而是由主办机构或其资助方提供资金支持。

事实上，公益培训与市场培训一样，需要投入大量人力物力。从课程设计、教学创新、讲师聘任到培训组织、场地设备使用、后勤保障等都需要资金支持，主办机构在时间、智力、资源、人员上的投入直接关系到培训成本。充分的人力物力支持是保证培训质量的必要条件，面对由此产生的支出，主办机构和参训学员都在积极寻求可能的消化渠道。根据培训项目主办方和出资来源划分，主要有政府、高等院校、公益组织和基金会四类。表4-5对2014年部分培训项目的授课模式、课程内容、培训时长、资金来源等几个指标进行对比和分析。

表4-5　2014年各类公益培训项目比较（不完全统计）

项目名称	主办方/资金来源	授课模式/培训内容	培训时长	学费模式
"中国公益慈善人才培养计划"［简称"中公计划"（二期）］	安利公益基金会出资1000万元，由中民慈善捐助信息中心运作，民政部为指导单位	课堂授课和实战演练（如实战筹款），"1+1双导师制"（公益导师加商业导师）	两次课堂授课（每次5天）	免费 年度10位优秀学员能得到每人10万元的发展资金

续表

项目名称	主办方/ 资金来源	授课模式/ 培训内容	培训时长	学费模式
青翼展翅专业训练营（十八期）①	青翼社会工作人才服务中心	历奇辅导、机构实训、实务督导、社工体验、社区认知、项目设计等系列课程学习与实践操作	14 天	收费 + 部分资助 1800 元/人 符合条件的学员将获得社会工作发展基金资助的奖学金，200 ~ 500 元不等；及助学金 100 ~ 300 元
社会组织项目管理 LEAP 实战培训②（二期）	明德公益研究中心联合世界宣明会（中国）等机构共同举办。香港邵明路基金会和世界宣明会（中国）为社会组织提供奖学金③	从资助者的角度出发，介绍国际惯用的项目设计方法、质量及风险管理经验、项目评估的开展等内容	3 天	收费 + 部分资助（奖学金） 2000 元/人，主办方对学员提供资助与奖学金，受资助学员只需自付 300 元
公益组织卓越领导力系列培训认证课程 NPL-CP④	上海映绿公益事业发展中心携手卓越领导力学院	课程培训 + 团体辅导 + 专题沙龙（后期可选择参加英语培训与参访美国非营利机构）	12 天分四期实施	收费 + 部分资助 + 奖学金 6000 元/人（培训 + 辅导 + 沙龙）学费由卓越领导力学院减免一部分、映绿资助一部分、学员所在机构支付其余一部分构成；英语培训部分由美中教育机构（ESEC）设立奖学金

---

① 《2014 寒假青翼展翅专业训练营招募》，中国发展简报，http：//www. chinadevelopment-brief. org. cn/org 0/active － 9469 － 1. html，最后访问时间：2015 年 6 月 28 日。

② 《社会组织项目管理 LEAP 实战培训招募启事》，中国发展简报，http：//www. chinadevelop-mentbrief. org. cn/org 0/active － 9405 － 1. html，最后访问时间：2015 年 4 月 17 日。

③ 社会组织项目管理 LEAP 实战，中国发展简报，http：//www. chinadevelopmentbrief. org. cn/org1630/active － 9885 － 1. html，最后访问时间：2015 年 6 月 28 日。

④ 《映绿：公益组织卓越领导力系列培训认证课程》，中国发展简报，http：//www. chinadevelop-mentbrief. org. cn/org 0/active － 9732 － 1. html，最后访问时间：2015 年 4 月 17 日。

续表

项目名称	主办方/资金来源	授课模式/培训内容	培训时长	学费模式
秘书长必修课（第四期）①	基金会培训中心主持研发，企业管理精英和公益行业骨干联合开发课程	课堂讲授（3小时）＋客座讲授（1小时）＋公益机构案例分析（3小时）涵盖8门核心课程，覆盖基金会管理基本面；共计60小时教学，采用深度研讨的学习方式	8天	收费
				10000元/人
国际慈善管理EMP项目（三期）②	由北京师范大学中国公益研究院与美国印第安纳大学礼来家族慈善学院联合开发	每月一个周末集中上课2～4天；共10个核心课程模块＋毕业论文/项目设计；选修模块涵盖行业讲座、讲堂、工作坊、国内外参访及实践课等形式。其中半数以上课程由外方资深教授授课	1～1.5年	收费
				12.8万元/人

来源：笔者根据各项目招生简章与公开资源整理。

从表4-5可以看出，培训项目的资金来源主要由资助和自费两部分构成，资助机构如政府、基金会等承担全部或部分成本，如民政部指导的"中公计划"，得益于企业基金会的支持，连续三年对学员免费，还可对优秀学员进行奖励。而由学员支付学费的项目，如"秘书长必修课"与国际慈善管理EMP课程是运用市场化理念，由学费支持整个项目运营。在实际情况中，有时并非全部开支均由学员承担，主办机构会相应担负部分培训课程资料费、案例开发费、后勤场地费等。即使培训项

---

① 基金会中心网：《"秘书长必修课"第四期招生启事》，http://news. foundationcenter. org. cn/html/2014 - 03/78892. html，最后访问时间：2015年4月3日。

② 北京师范大学中国公益研究院：《中国首个国际慈善管理EMP班第三期开始招生》，http://www. bnu1. org/train/2640. html，最后访问时间：2015年4月3日。

目本身产生盈余，按照"非营利原则"，这些费用也会"反哺"项目本身，保证培训内容的后续改进与提升。

公益培训收费是行业走向市场化的必经之路，目前一些中高端培训项目已实现"自我造血"功能，通过合理的收费与定价机制、高质量的教学内容提供、优质的学员服务与后续支持，提升了行业内对于公益培训品质的认可与期待，逐步实现培训项目的专业化与可持续性。

四　国际合作与在线课程成为公益培训新亮点

2014年，公益培训的国际合作力度加大，国际师资与课程被逐步引入国内公益课堂，尝试打造"本土化"与"专业化"的目标，吸引中国公益人在东西方公益教育交流的道路上不断摸索、反思、前行与创新。同时，互联网教育也使得公益有了更广阔的传播与学习平台，免费的在线教育和培训吸引了更多潜在受众，有望为整个公益慈善行业的发展注入更多新鲜血液。

（一）国际合作与全球化理念为公益培训注入活力

对于众多参与公益培训项目的学员而言，既要关注当下国内公益行业的发展，也要参考海外经验对自身能力加以补充，这对公益培训的内容提出了全新的要求。2014年，国内公益领域的培训项目积极引入国际元素，效应初显。公益培训国际化体现在两方面：一是加强国际交流与合作，引入国际师资与境外机构的资金支持；二是全球化公益理念被开发为知识体系并引入培训课堂。

1. 公益培训国际合作效应初显

以国内高校为例，北京师范大学中国公益研究院的EMP课程，授课内容包括全球慈善发展前沿、慈善组织战略规划、慈善组织财务管理等10个模块，其中半数以上课程，是由美国高校的合作方选派资深讲师与研究院共同开发的"本土化"实践成果。授课讲师包括印第安纳大学慈善学院院长、创始人Eugene Tempel教授、副院长暨全美顶尖的非营利经济学家Patrick Rooney教授等。

中国人民大学非营利组织研究所与美国圣母大学曼多萨商学院合作开发了面向中国公益领域从业人员的非营利管理在职硕士双学位项目——"百人计划"项目，其中美国圣母大学提供理事会关系、非营利组织营销、NGO 领导力等 21 个学分的课程。

"公益星火"二期是在一年的培训中，由来自中国大陆、港台地区以及英美等地的名师共同培育学员；英国大使馆文化教育处提供"社会企业与社会投资"的培训模块，完成计划后学员将被授予美国罗格斯大学和香港理工大学深圳研究院的慈善研修证书。

利用区域优势，内地高校也积极展开和港澳台地区等高校在公益慈善教育方面的合作。为了推动社区公益的研究，中山大学与香港城市大学筹备建立公益慈善与社区研究基地，就有关社区公益慈善事业的研究进行合作与经验分享，该基地于 2014 年 10 月 25 日成立。[①]

其他公益组织也陆续在培训课程中纳入海外合作力量。如恩派（NPI）主办的社会创业家学院（SEI），在 2014 年举行的"CSR 实践与结构化沟通工作坊"，主题包括 CSR 国际案例与新实践和 CSR 结构化沟通，对企业社会责任的外部机遇和内部治理进行探讨，培训师来自欧美各国。[②] 北京社区参与行动服务中心（SSCA）的社区参与学苑与加拿大 Coady 国际学院[③]在中国首次合作，举办"倡导公民参与、善治和社会问责工具"与"社区发展主持/引导技术"主题式培训。[④]

由于培训经费的需要，国内公益培训项目不仅在内容方面开展海外合作，一些境外基金会在资金方面也给予支持。如前文所述的"社会组织项目管理 LEAP 实战培训"，该项目帮助 NGO 进行能力建设，培训的项目点分别设在北京、温州和青岛，由香港邵明路基金会和世界宣明会（中国）

---

① 中山大学社会学与人类学学院：《中国城市社区治理学术研讨会暨中山大学 - 香港城市大学公益慈善与社区研究基地成立仪式》，http://ssa.sysu.edu.cn/Item/5847.aspx，最后访问时间：2015 年 4 月 3 日。

② 详情可参见课程介绍：http://www.npi.org.cn/Event_Main.aspx? id = 222，最后访问时间：2015 年 4 月 3 日。

③ Coady 国际学院隶属于加拿大圣弗朗西斯泽维尔大学。

④ 《CSR 实践与结构化沟通工作坊》，中国发展简报，http://www.chinadevelopmentbrief.org.cn/org0/active - 9325 - 1.html，最后访问时间：2015 年 4 月 17 日。

为社会组织提供奖学金用以学费减免；而中民慈善捐助信息中心、卓越领导力学院执行的美国 Dr. John Maxwell 非营利组织经理人领导力国际认证课程（CNLM），由台湾威盛信望爱公益基金会资助减免 75% 的学费，学员只需自付 3500 元。[①]

2. 国际慈善新趋势被纳入公益培训体系

2014 年，社会企业、公益创投、互联网公益等代表公益前沿趋势的概念与知识已被快速引入国内的公益培训课堂。这有利于增强公益慈善人才对新趋势的掌握能力，也有助于持续为公益慈善行业注入新的活力。

"社会企业"一般指"融合了社会和商业特点与目标的组织，其经营目标是为了社会，而不是个人利益最大化"[②]，这一概念在中国的发展与理解上与西方存在共识，均强调用商业策略来解决社会问题。正如南都基金会理事长徐永光所言，"像社会企业、影响力投资，西方社会发展的时间也不长，我们应该在这些方面努力赶上，甚至弯道超车。"

想要在新趋势方面迎头赶上，离不开专业培训这一重要环节。社会企业研究中心（Social Enterprise Research Center，SERC）是由国内领先的商学院教授、商业精英和媒体人士共同发起，关注中国社会企业的专业研究、教学和培训的领军机构。[③] 该中心分别和福特基金会、领教工坊合作，推出了"播种中国计划"和"私人董事会"两个培训项目，年龄范围涵盖公益青年到公益壮年，培训门槛从有志青年到公益领袖。其中"播种中国计划"筛选、培养有志于在农村发展事业的青年大学生、在职人士，为其提供能力培训和资源支持，特别通过农业项目考察和创业项目实践，为下一步的农村实践、创业和社区服务提供持续支持。课程形式包括 10 天的工作坊并结合课外活动，后者形式多样，如农业考察、暑期农村商业实践和

---

① 《美国 Dr. John Maxwell 非营利组织卓越领导力国际认证课程介绍》，中国发展简报，http：//www. chinadevelopmentbrief. org. cn/org651/active - 9970 - 1. html，最后访问时间：2015 年 4 月 3 日。

② 王世强：《社会企业认定规则国际比较研究》，载于王振耀主编《以法促善：中国慈善立法现状、挑战及路径选择》，社会科学文献出版社，2014，第 204～273 页。

③ 《社会企业研究中心介绍》，社会企业研究中心网站，http：//www. serc - china. org/organization. html，最后访问时间：2015 年 4 月 5 日。

返乡论坛等。[①]

"私人董事会"于 2014 年 12 月底正式启动，其成员筛选要求严格，必须是社会企业或者公益机构的执行负责人；机构的年收入（含捐赠收入）超过 1000 万元；机构人数超过 20 名。经过审核筛选，共有 18 位来自养老、心智服务、医疗服务、文化保护等领域的社会企业家及公益领袖参与其中。该项目每两个月举行一次活动，每次活动持续两天，除了由领教工坊提供的日常培训之外，还由商业领袖和专家对其成员提供组织诊断。"私人董事会"强调成员之间建立坦诚的、充分信任的、可表达真实想法的私密交流，希望通过不同行业和背景的观点碰撞，尽可能多角度地看问题，降低决策风险。[②]

聚焦企业家精神、就业能力和领导力三大领域，关注发展中国家女性和青年的经济与社会赋能机构 FYSE（芳新），从 2014 年开始推出 "Spark：Her 创业学院" 项目，旨在帮助女性探索和发展通过商业手段来解决社会和环境问题，[③] 2014 年，该项目以 "教育创新" 为主题，在北京、上海、昆明、成都、广州等地开展培训，课程包括 "我是社会企业家" 的专家分享，"社会企业的商业模式" 的案例讨论等形式，学员通过体验式学习、专家分享和同辈交流，获得把商业想法转变为成功企业所需的知识、技能和信心。

"社会企业家技能"（SfSE）培训项目，是由英国文化协会（在中国作为英国大使馆文化教育处运作）发起，携手全球合作伙伴共同开展的大型项目，目前已在中国等 19 个国家落地。该项目支持机构以商业的方式来解决社会和环境问题，并对所在社区做出积极的影响。[④] 2014 年，英国大使馆文化教育处联手英国社会企业联盟（Social Enterprise UK），邀请多位英

---

① 《播种中国计划介绍》，社会企业研究中心网站，http：//www. serc－china. org/research/course/ruralse. html，最后访问时间：2015 年 4 月 5 日。

② 《第二组社会企业家和公益领袖私人董事会招募》，社会企业研究中心网站，http：//www. serc－china. org/research/course/privateboard. html，最后访问时间：2015 年 4 月 5 日。

③ 《Spark：Her 创业学院（教育创新主题）系列》，中国发展简报，http：//www. chinade-velopmentbrief. org. cn/org1838/active－9979－1. html，最后访问时间：2015 年 4 月 5 日。

④ 英国文化协会：《2014 年度社会企业家技能培训招募》，http：//www. britishcouncil. cn/programmes/society/social－entrepreneurs/recruitment，最后访问时间：2015 年 4 月 5 日。

国社会企业领域资深人士，在北京、广州、昆明、苏州四地，从候选人中筛选出 200 位学员展开培训，由资深社企培训专家指导，为社会企业家们打造机构发展战略。课程包括四个模块：市场营销和品牌打造；社会企业智能化；社会企业的融资和财务管理以及社会特许经营。在"市场营销和品牌打造"模块，邀请来自北京奥美执行创意总监等资深业内人士，讲授在社会企业领域中如何进行有效沟通，完成高质量营销。

"公益创投"概念（venture philanthropy）起源于欧美，它为初创期和中小型的公益组织（尤其是社会企业）提供"种子资金"以及管理和技术支持，通过与被"投资者"建立长期的合作伙伴关系，达到促进能力建设和模式创新的目的。① 然而，同风险投资一样，公益创投也有投资周期，一般在 3~7 年。它的最终目的是帮助非营利组织"断奶"，走上一条自我循环、自给自足的良性轨道。

在 2014 年 10 月 29 日召开的国务院常务会议上，李克强总理指出："地方政府和社会力量可通过公益创投等方式，为初创期慈善组织提供支持。积极探索金融支持慈善发展的政策。"② 在国家发声对公益创投等方式支持之前，公益创投这一概念在国内已颇为火热。从民政局到公益组织如恩派、非公募基金会如南都，再到大型企业如联想等，都在举办各自的公益创投大赛和评选活动。以"公益创投"+"培训"为关键词进行网络搜索，对公益创投项目进行相关培训的有北京、安徽、湖北、深圳等地。国内具有政府支持的公益创投项目已出现纳入培训体系的趋势。以江苏省为例，镇江市财政 2014 年拨款 150 万元专项资金扶持社会组织的运营、发展公益项目。8 月进行社会组织公益创投项目申报培训班，9 月对入围"2014 公益创投"的 30 个项目负责人进行培训，由来自第三方评估机构选派的老师参与项目指导，详解优势和不足，提出具体修改意见。③ 而苏州

① 王劲颖：《公益招投标和公益创投实践的差异分析及思考》，《社团管理研究》2012 年第 1 期，第 41 页。

② 中民研究：《年终盘点：中国慈善六大进步》，中国公益慈善网：http：//www.charity.gov.cn/fsm/sites/newmain/preview1.jsp？ColumnID = 362&TID = 20141216110402418391302，最后访问时间：2015 年 4 月 3 日。

③ 《入围镇江 2014 公益创投项目负责人接受培训》，中国江苏网，http：//jsnews.jschina.com.cn/system/2014/09/23/021946841.shtml，最后访问时间：2015 年 4 月 5 日。

市在第二届公益创投活动开始前，就以能力建设为主题展开系列培训，包括项目设计、需求评估、财务设置等内容，结题阶段还通过"公益创投咖啡馆"等活动进行反思和优化。[①]

（二）互联网为公益教育带来更多潜在受众

普及现代公益理念和培养公益专业人才是公益教育的两大重要功能。教育与互联网的结合催生出大规模网络公开课程 MOOC（Mass Open Online Courses）这一在线教育形式。线上学习的优势在于超越了时间和地域，打破面对面授课的局限。网络课程的存在让更多人群能接触到公益教育，从培训体系的建立和完善来看，有助于普及公众层次的公益教育，并引发公益学习方式的变革。

2014 年年初，由福特基金会资助、北京师范大学中国公益研究院实施的"五十课学会做公益"（简称"公益 50 课"）在网易公开课平台上线。"公益 50 课"是国内第一个完全免费的面向公众的公益网络教育系列课程。课程开发依托中国公益研究院自主开发的公益网校（www. gywx. org）平台，经由网校用户数据调研与反馈，确定相关主题，邀请行业内多位知名专家学者进行录制。该系列课程模拟个人的公益成长脉络，以公益意识萌芽、参与公益行动、投身志愿工作、创办公益项目或机构为线索，涵盖个人参与公益历程所需要的各项基础知识和技能。借助网络公开课的传播优势，构建起普惠型的学习社区，为所有从事公益工作的人群提供学习知识技能、提升专业技术水平和分享实践经验的机会；同时为所有关注公益事业的公众创建一个传播公益文化、普及公益知识以及了解公益行业的公共空间。"公益 50 课"的意义在于，将互联网技术和非营利部门的知识产品和实践经验相结合，并转化为系统化、规模化且具有工具和指南价值的入门课程，为初入公益领域的从业者、志愿者和有兴趣从事公益事业的社会人士提供一份实用的手册。

而由海内外青年环境专业工作者运作的公益教育平台"绿色种子计

---

① 《苏州市第三届公益创投活动启动　千万资金支持公益创投》，中国江苏网，http://sz. jschina. com. cn/news/jrjj/201407/t1520446. shtml，最后访问时间：2015 年 4 月 5 日。

划"也于 2014 年开设了两门网络课程《环境影响评价》和《水质监测》。① 与大型网络公开课略有不同的是，两门课程虽然同样免费在网上公开，但如果学生希望结合指导老师指导实践项目，分享学习技巧和项目经验，则需要报名参加集中课程并支付一定费用，费用用于支持开发团队的日常运作。

较早进行网络课程尝试的还有第三届中国新公益领导力研修班。除了集中开展线下培训之外，还同步开展线上课程。2014 年报名参与线下培训的研修生为 100 人，网络研修生因无地域限制，与 2013 年举办的第二期研修班相比，可接受报名的人数从 500 人上升到 1000 人，名额增长与线下研修相比更为明显。在课程设置方面，采用视频学习、手机微课件学习、推荐学习和互动学习等模式。比如，将友成新公益网校的 12 门可视化课程作为视频学习。而手机微课件则是通过微博和微信的公共平台，每周推送公益领导力相关知识供学员学习。同时网校还设置互动学习版块，使学员可以通过留言、在线时间、学习感想反馈等来评估在线学习成果。②

虽然国内的网络公益教育跟国外资源相比仍显不足，但在国外较为流行的 TED、Coursera 平台上与公益相关的视频讲座与课程，有部分经翻译，已可在国内的公开课平台获取。例如 Dan Pallotta③ 发表的演讲《改变关于慈善的思考方式》（"The Way We Think About Charity is Dead Wrong"），呼吁大家支持和赞扬那些目标远大并做出成果的非营利组织，不该对慈善事业和营利企业有着双重标准。而 Katherine Fulton④ 发表的题为《你就是慈善事业的未来》（"You Are the Future of Philanthropy"）的演讲，以汇聚草根力量唤起慈善行为为例，通过群体合作与创新思维，寄语下一代公民领

① 《"绿色种子计划"网络课程 2014 年第一期招生》，中国发展简报，http://www.chinadevelopmentbrief.org.cn/org0/active-9406-1.html，最后访问时间：2015 年 4 月 5 日。
② 《i Leadership 中国新公益领导力研修班（第三届）招生简章》，北京惠泽人公益发展中心网站，http://www.huizeren.org.cn/html/News/HzrNews/1477.html，最后访问时间：2015 年 4 月 17 日。
③ Dan Pallotta，美国创业家、作家、人道主义活动家，慈善事业筹款活动家。2013 年 TED 年会上发表演讲，质疑针对慈善事业和营利性公司的双重标准。
④ Katherine Fulton，Monitor Institute 主席，作家、战略家、从事社会变革内容的讲授与演讲。2007 年 TED 年会上发表《你就是慈善事业的未来》的演讲。

袖积极参与公益。

无论是传统媒体时代还是互联网时代，公众都是公益组织传播行为的主要对象。只是在互联网时代的传播格局中，非营利组织需要以新的传播视角和内容与公众保持互动。通过网络公开课的方式拓宽潜在受众，让更多民众了解公益事业，是有助于培养整个社会形成公益氛围的重要渠道之一。相信随着更多公益类网络课程的相继推出，无论是初入公益行业的从业人员、志愿者还是未来有兴趣加入公益事业的社会人士，都会通过这样一种新型的公益教育模式而受益。

五 小结与展望：培育公益专业人才，迎接就业"蓝海"

2014 年，是我国公益慈善事业在公益教育和培训领域格局全面深化和推进的一年。公益人才培养格局逐渐形成并出现以下三个主要特征：第一，公益人才培养在顶层政策设计与行业支持两个方面得到完善，政府给予持续性政策支持，基金会、企业与个人等给予资金支持。第二，高等教育机构逐步完善教学培养体系，加强公益行业研究，并将其转化为不同层次的公益教育，推动公益行业人才培养。第三，公益行业人才培训项目走向市场化和国际化，同时借助互联网开展面向公众层次的公益教育。

然而，从公益人才培养体系的初步形成到专业化链条的成熟仍有很长的一段路要走。对于公益教育而言，国内还未真正建立起完整的公益慈善专业培养序列，即从本科、硕士到博士的人才培养模式还未实现，公益行业优质师资力量不足。未来在公益研究、教学和专业化、精细化人才培养等方面仍有待完善。因此，公益研究机构在日常的研究工作中要注意把握行业发展趋势，深入分析行业发展遇到的问题和解决路径，基于行业需求开展研究工作，让研究成果在国家政策制定和行业改革中发挥"建言献策"的作用。

事实上，随着公益慈善行业发展壮大，整个行业面貌也必将更加多元和复杂。公益培训的快速发展为公益慈善人才培养创造了进一步提升的空间。市场细分、阶梯化的公益培训是未来的发展趋势，无论是针对公益组织还是对处于不同从业层次的公益个体而言，通过有针对性、多样化的分层式培训模式，对于增强行业组织能力建设和员工自我完善具有重要意义。即使是对社会大众和潜在的公益从业者，公益教育也随着各种网络在线课程的提供而变得更易于学习与获取。

对于已出现市场化趋势的公益培训而言，追求更高质量和更有针对性的课程内容、在培训过程中优化对人才的选拔培育、将行业知识与学术理论相结合，弥合业界日益扩大的人才需求的缺口，是公益培训机构需要思考和努力的方向，也是公益培训未来能否实现持续"自我造血"的重要的衡量指标。

蓬勃发展的公益行业将是社会就业的新途径、新领域。[①] 政府出台相应文件，鼓励社会组织吸纳就业，而高校与公益行业正形成合力，共同培育公益人才；与此同时，公益慈善组织本身正经历快速成长，行业对专业化人才需求必将持续增加，这一"推力"与"拉力"相结合，将有利于整个行业人才的扩容和向专业化方向转型。未来公益慈善行业在员工学历、薪资待遇等方面将不断向商业部门看齐，这有利于留住和吸引更多人才进入公益慈善领域，非营利部门或将成为未来就业的"蓝海"。公益慈善行业不仅提供广阔的就业机会，也为实现个人价值和理想提供了巨大空间。

[①]　公益时报：《郭长江：建议提高公益慈善领域就业吸纳能力》，新华网，http://news. xinhuanet. com/gongyi/2015 – 03/19/c_127597458. htm，最后访问时间：2015 年 4 月 16 日。

第五章
老年公益：全面推动养老服务转型

2014 年，我国老龄化程度持续加深，社会化养老服务需求开始凸显。国家和地方养老政策体系正在全面建立，过去一年，国务院各部门出台养老服务专项政策 20 余个，地方出台政策超过 200 多条，政策推动养老服务的力度明显加强。从养老服务实践来看，服务创新层出不穷，参与主体持续增加，多元化、多样化和多层次的养老服务体系已经初具雏形，老年照护、医疗等服务需求得到重视，养老服务体系开始从满足基本吃住需求向构建老年照护服务体系方向转型。

一　养老服务体系建设向护理型方向发展

随着我国老年人生活保障水平不断提升，"老有所养"已经不是当前最突出的问题。但是老年人口高龄化、空巢化和失能化趋势显著，高龄老人、独居老人、慢性病老人、失能失智老人的照护服务需求日益明显，这一发展形势对建设社区和居家养老服务网络和护理型养老服务体系提出了新要求。

（一）老龄化程度持续加深，高龄老人照护服务需求显著增加

2014 年是我国老龄化程度迅速加深、养老服务业快速发展的一年。全国老年人口增长趋势逐步上扬，年度增长直逼千万。2014 年年末，我国 60 周岁及以上老年人口达 2.12 亿，占总人口的 15.5%，65 周岁及以上老年人口达 1.37 亿，占总人口的 10.1%。① 2014 年，全国 60 岁以上的老年人

---

① 2014 年国民经济和社会发展统计公报。中华人民共和国国家统计问，http://www.stats.gov.cn/tjsj/zxfb/201502/t20150226_685799.html，最后访问时间：2015 年 4 月 10 日。

口净增加 999 万，增长 6‰。由于高龄老人快速增长，老年人口总体健康水平呈下降趋势，失智、失能的老年人增加，需要家庭和社会照料护理的老年人也在相应增加。

1. 高龄老人康复照护需求突出

从世界范围来看，人口高龄化趋势也比较明显。1950～2000 年的 50 年间，全球 80 岁以上的高龄老人增加 5 倍。中国高龄老人数量也呈现直线上升趋势。2013 年年底，中国 80 岁以上高龄老年人已达 2685.4 万[1]，其中，北京、上海、浙江、安徽、福建、广东、广西、海南和重庆等 9 个省份高龄化严重，高龄老人在老年人口中的占比已经超过 15%。江苏、山东和四川高龄老人基数位列前三，均已超过 200 万人。

此外，大城市老龄化程度和高龄化突出，北京、上海和大连等城市均已超过 20%，上海最高，已达到 28.8%。[2] 大城市的老年人口分布，又集中表现为核心功能区老年人口最密集，高龄化程度最深。如北京市西城区和东城区 80 岁及以上户籍老年人口占 60 岁及以上户籍老年人口比例全市最高，分别达到 22.6% 和 22%。[3]

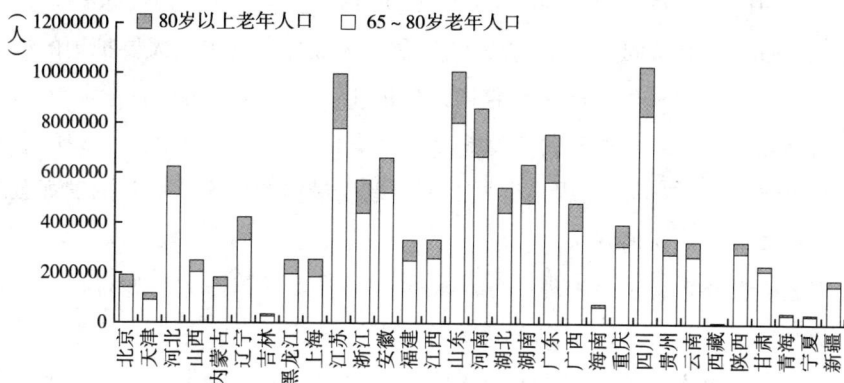

图 5-1　各地高龄化情况统计（2013 年年底）[4]

---

[1]　中华人民共和国民政部编《2014 年中国民政统计年鉴》，中国统计出版社，2014，第 424 页。

[2]　《2014 年上海市老年人口和老龄事业监测统计信息》，上海市老龄科学研究中心，http://www.shrca.org.cn/5742.html，最后访问时间：2015 年 4 月 15 日。

[3]　北京市老龄工作委员会办公室：《北京市 2013 年老年人口信息和老龄事业发展状况报告》，首都之窗，http://zhenwu.beijing.gov.cn/tjxx/tjgb/t1369122.htm。

[4]　中华人民共和国民政部编《2014 年中国民政统计年鉴》，中国统计出版社，2014，第 424 页。

高龄老人日渐增多，空巢现象更加普遍，空巢期明显延长等，都对养老设施、医疗、护理等一系列养老服务提出更高要求。这对于中国传统的家庭养老模式形成了强烈冲击，社会化养老服务需求不断增强并提出更高的服务要求。空巢老人包括独居老人①、老年夫妇、仅与未成年孙辈同住的老人、两代老年人同住的老人、同其他老年人同住的老人等五类老年人。

2. 失能失智老人的护理服务需求持续增长

老年人不能自理的比率随着年龄的增长而逐渐提高。老龄工作的重点和难点在失能老人和高龄老人，80岁以上的老年人生活不能自理、带病生存甚至卧床不起的概率最高。庞大的"中老年"和"老老年"人口照护服务需求增长，无疑也给家庭和社会带来沉重的负担，需要建设补充更多的护理服务资源。

根据全国老龄办和中国老龄科学研究中心开展的全国失能老年人状况专题研究，城乡日常生活完全不能自理（失能）的老年人比例为6.8%，有部分自理困难的比例为15.9%。其中，城镇失能的比例为5.6%，自理困难的比例为12.4%；农村失能比例为7.8%，自理困难的比例为18.6%。

2014年9月，北京师范大学中国公益研究院对河南省漯河市天桥街道滨河路和铁工房两个社区60岁以上（1540位）老年人护理需求进行入户访问，回收有效访问表1535份，经定量和定性分析得出，需要护理的老年人有232人，占两个普查社区老年人口的15.11%。据此推算漯河市41.4万老年人口中，需要护理的大约6万人，全国老年人口中需要护理的老年人约3060万。中国已经成为世界上失能老人最多的国家，面临的护理服务压力超过世界上任何国家。

老年失智患者也是护理服务需求的一个重要群体。老年失智症又称阿尔茨海默病（简称AD）、认知障碍症。国际研究表明，精神疾病严重威胁老年人身心健康，其中主要为老年期痴呆和抑郁症。根据中国部分地区调查，60岁及以上人群老年期痴呆患病率为4.2%②；北京市调查显示，65岁及以上人群抑郁症患病率为4.4%。目前，中国大多数患者在家庭由亲人或看护人照料，城市中不足10%的AD患者在各种养老机构接受护理，

---

① 无子女或未与子女同住，以及散居"五保"老人。

② 《我国60岁及以上人群老年期痴呆患病率为4.2%》，新华网报道，http://news. xinhua-net. com/politics/2012－10/10/c_113328608. htm，最后访问时间：2015年2月11日。

多数社区还没有发展适用于痴呆患者的服务和关怀设施，不能满足 AD 患者的长期需要。从全国范围来看，提供上述护理服务的养老床位紧缺，远远不能满足失能老年人的长期护理需求。

3. 慢性病老人的社区照护及预防保健服务需求强烈

随着人口老龄化，慢性疾病负担、失能和残疾水平将会进一步增加。老年人的健康服务需求明显高于全体人口的平均水平，而且年龄越大健康状况越差，越需要医疗护理服务，高龄、失能、失智和患病老人需要获得专业的康复护理，无论是个人、家庭还是社会都存在庞大的刚性需求，老年人的健康服务需求远没有得到满足。预测到 2030 年，中国迅速的人口老龄化将使慢性病负担增加40%。这必将导致未来老年人群的医疗服务需求增加以及医药费用和长期照料负担的加重。

中国慢性病患病老年人数持续增加，2012 年为 0.97 亿人，2013 年将突破 1 亿人大关。[①] 2008 年第四次国家卫生服务调查的结果显示，65 岁以上人口慢性病罹患率城乡合计为 64.5%，城市为 85.2%，农村为 52.4%。大城市中 65 岁以上人口慢性病罹患率高达 97.6%。老年人主要的慢性病患病率依次是高血压、脑血管病、糖尿病、慢性阻塞性肺部疾患、类风湿性关节炎和缺血性心脏病。

对老人日常生活影响最大的前五位疾病是痴呆、失明、中风、关节炎和慢性肺部疾病。[②] 人口年龄结构与疾病发病率、死亡率模式的改变是密切相关联的。2014 年上海市人口预期寿命已达 82.29 岁，老年人口死亡比例最高的前三种疾病分别是循环系统疾病、肿瘤和呼吸系统疾病，分别占老年人口死因的 41.1%、28.4% 和 10.7%。[③]

（二）养老保障逐步加强统一管理，养老服务制度逐步健全

当前，我国的养老保障制度体系主要由以下几部分制度组成，一是养

---

① 吴玉韶主编《中国老龄事业发展报告（2013）》，社会科学文献出版社，2013。
② 黄荣杏，项认好，李惠兰：《浅谈老人的社区护理》，《齐齐哈尔医学院学报》2007 年第 28 卷第 8 期。
③ 《2014 年上海市老年人口和老龄事业监测统计信息》，上海市老龄科学研究中心，http：//www.shrca.org.cn/5742.html，最后访问时间：2015 年 4 月 15 日。

老保险制度，即由城镇职工及城乡居民养老保险、企业年金和个人商业保险三大支柱组成的保险制度；二是老年人救助制度，主要包括城乡低保制度和五保供养、医疗救助、计划生育家庭特别扶持制度；三是老年人福利制度，包括高龄津贴制度。其他还包括逐步在部分省市展开的养老服务补贴、护理补贴制度以及护理保险制度等。

2015 年，国务院出台政策推动养老金并轨，印发了《关于机关事业单位工作人员养老保险制度改革的决定》，决定从 2014 年 10 月 1 日起对机关事业单位工作人员养老保险制度进行改革。养老保险制度改革后，实行与企业等城镇从业人员统一的统账结合的制度，要实行个人缴费。在居民养老保险方面，2014 年 2 月 7 日，国务院召开国务院常务会议，决定合并新型农村社会养老保险和城镇居民社会养老保险，建立全国统一的城乡居民基本养老保险制度。截至 2014 年年底，全国已有 30 个省（区、市）出台实施办法及相关配套政策，建立统一的城乡居民基本养老保险制度。全国社保卡持卡人数达到 7.12 亿人，覆盖全国一半以上人口。至此，我国基本养老保险制度将会从多种制度合并为职工基本养老保险和居民基本养老保险两种。

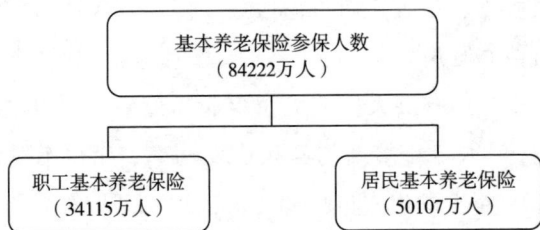

图 5－2　我国基本养老保险参保情况（截至 2014 年年底）

在快速推进养老保障制度统一的同时，保障水平也在逐步提高。2015 年我国首次统一提高全国城乡居民养老保险基础养老金最低标准。同时，企业退休人员基本养老金继续上调，迎来"11 连调"，月均超 2000 元。经国务院批准，全国城乡居民基本养老保险基础养老金最低标准提高至每人每月 70 元，即在原每人每月 55 元的基础上增加 15 元，提高幅度为 27.3%，从 2014 年 7 月 1 日算起。

城市低保。截至 2014 年年底，全国共有城市低保对象 1026.1 万户、1877.0 万人。全年各级财政共支出城市低保资金 721.7 亿元，其中中央财政补助资金 518.88 亿元，占总支出的 71.9%。2014 年全国城市低保平均标准 411 元/（人·月），比上年增长 10.1%；全国城市低保月人均补助水平 286 元，比上年增长 8.3%。[1]

农村低保。截至 2014 年年底，全国有农村低保对象 2943.6 万户、5207.2 万人。全年各级财政共支出农村低保资金 870.3 亿元。2014 年全国农村低保平均标准 2777 元/（人·年），比上年提高 343 元，增长 14.1%；全国农村低保月人均补助水平 129 元，比上年增长 11.4%。[2]

农村五保。截至 2014 年年底，全国有农村五保供养对象 529.1 万人，比上年下降 1.5%。全年各级财政共支出农村五保供养资金 189.8 亿元，比上年增长 10.2%。其中：农村五保集中供养 174.3 万人，集中供养年平均标准为 5371 元/人，比上年增长 14.6%；农村五保分散供养 354.8 万人，分散供养年平均标准为 4006 元/人，比上年增长 14.5%。[3]

老年福利和服务补贴制度。我国各项福利和服务制度正在逐步建立，如高龄津（补）贴、居家养老服务补贴、护理补贴等。截至 2014 年年底，全国高龄津贴已经在 20 个省份普及，部分省份已经将高龄津贴拓展向 70 岁老年人口。实现 70～79 岁年龄段补贴的有陕西、青海、广东省广州市和东莞市、吉林珲春市、贵州凯里市、山东青岛李沧区、新疆若羌县等地，发放标准每人每月 30～150 元不等。

表 5-1 高龄津贴拓展至 70 岁老人的地区与标准（截至 2015 年 1 月）

地 区	各年龄阶段发放标准［元/（人·月）］				实施时间
	70～79 岁	80～89 岁	90～99 岁	100 岁及以上	
陕西	50	100	200	300	2012 年 5 月
青海	50	60	80	120	2012 年 8 月

[1] 《民政部发布 2014 年社会服务发展统计公报》，民政部门户网站，http://www.mca.gov.cn/article/zwgk/mzyw/201506/20150600832371.shtml，最后访问时间：2015 年 6 月 11 日。

[2] 《民政部发布 2014 年社会服务发展统计公报》，民政部门户网站，http://www.mca.gov.cn/article/zwgk/mzyw/201506/20150600832371.shtml，最后访问时间：2015 年 6 月 11 日。

[3] 《民政部发布 2014 年社会服务发展统计公报》，民政部门户网站，http://www.mca.gov.cn/article/zwgk/mzyw/201506/20150600832371.shtml，最后访问时间：2015 年 6 月 11 日。

地　　区	各年龄阶段发放标准〔元/（人·月）〕				实施时间
	70～79 岁	80～89 岁	90～99 岁	100 岁及以上	
吉林珲春市	100	200	300	400	2015 年 1 月
青岛市李沧区	150	200	200	200	2014 年 6 月
广州市花都区	30	100	200	300	2011 年 7 月
广东东莞市	50	100	200	300	2012 年 1 月
贵州凯里市	120	150	150	200	2011 年 7 月
新疆若羌县	50	100	240	400	2011 年 7 月

注：青海省数据为 2014 年调整后标准，新疆若羌县数据为 2014 年 10 月新增 70～79 岁老人补贴。

（三）社区和居家养老服务网络日渐拓展

2014 年 1 月，全国老龄办发布的《全国居家养老状况第一期调查报告》显示，在北京、上海、广州、深圳等 10 个城市逾万名被访对象中，89.1% 的被访者认为有必要建立居家养老服务中心，97.3% 的被访者认为居家养老服务中心的距离在步行 10～15 分钟最合适。在服务需求内容方面，生活类服务项目中需求比例较高的是中老年餐桌和家政服务，医疗康复类项目中需求比例较高的是健康讲座、上门看病、康复服务及长期照料。

2014 年，我国社区和居家养老服务网络逐步拓展。从地方发展情况来看，全国有 31 个省级行政区的城市和农村社区居家养老服务覆盖率均实现了增长或持平，其中天津、吉林、上海、江苏、浙江、福建等 6 个省级行政区实现了城市社区养老服务全覆盖；北京、天津、河北、上海、江苏、浙江、广东、海南、西藏等 9 个省级行政区实现了居家养老服务覆盖一半以上的农村社区。

各地不断创新社区居家养老服务形式，社区居家养老服务体系和网络建设逐步加强。北京市以立法的形式明确了居家养老服务的内容，并在全市推动建立 208 家养老照料中心；上海市陆续开展"长者照护之家"试点、智慧养老试点和居家养老服务网点；吉林省试点居家养老"定制化"

服务；南京探索"养老服务时间银行"和"家属照料型"居家养老服务方式；山西太原试行捐购居家养老服务。在创新服务模式的同时，北京西城和安徽滁州正在加强老年人的信息收集工作，逐步实现养老服务需求主体和供给主体的有效对接。

2014年，北京市大力加强街道乡镇社区层面养老设施建设，将镶嵌在社区内的小型养老机构作为服务平台，为周边社区老年人提供多元化的居家社区养老服务，形成居家社区和养老机构相互依托、资源共享、融合发展的新型社会养老服务体系。截至2014年年底，北京市已建成104家养老照料中心，为120万名左右的老人提供服务。

上海市多措并举，力促社区居家养老服务发展。为缓解社区养老服务设施资源紧缺的压力，上海市民政局在本市部分街镇开展"长者照护之家"试点工作，调动社区资源，因地制宜发展社区托养机构，满足老年人社区就近养老服务需求。"长者照护之家"是为老年人就近提供集中照护服务的社区托养设施。一般采取小区嵌入式设置，辐射周边社区。同时，上海市推开智慧养老试点工作，社区配合区民政局，通过为老服务"一键通"、便民服务"一点通"、综合服务"一线通"的目标建设试点，打造一个"全天候、全方位、全过程、一站式"的网上社区综合服务平台。

此外，上海市首家居家养老服务网点正式开张，老人们可凭卡按需点单，享受到五大类共27项特色服务。网点还会根据老人留下的联系方式，定期推送优惠信息。针对部分高龄老人腿脚不便，网点还提供送菜上门的服务。居家养老服务网点的服务功能并不仅仅局限在优惠购菜、为老助餐等传统项目，随着项目运作成熟，今后网点还会开展医院急救直联、短途旅游、协助法律维权材料以及提供简单护理、家庭病房等服务。

吉林省民政厅开展了居家养老"定制化"服务试点工作，2014年9月，首个试点社区正式向辖区内老人提供服务。居家养老"定制化"服务是一种以企业或社会组织为主体，以街道、社区养老设施为依托，以老年人信息采集、能力评估及服务设计为前提，通过政府购买服务与市场化运作相结合，向居家老人提供"套餐式"服务的养老服务模式。这种模式旨在通过社会力量盘活社区养老服务设施，以政府购买服务资金撬动居家养老服务市场的迅速开发。该模式实现社区养老服务设施的功能设置与老人的实际需求有效衔接，为社会力量承接养老服务搭建了发展平台。

南京探索建立"养老服务时间银行"运作机制，在开发社区志愿者的养老服务方面进行了多种探索和尝试。鼓励社会人员根据老年人的服务需求开展志愿服务，预存养老服务时间。另外，还将建立志愿者嘉许制度和回馈制度。南京首家社区"志愿时间银行"在秦淮区大光路街道大阳沟社区开通，已吸引了 60 名"储户"。"时间银行"的"储户"不仅可以在需要时优先得到其他志愿者的免费服务，"时间银行"还可以为身体残疾、年老体弱需要帮扶的人提供"无偿贷款"。

南京还创新开展"家属照料型"居家养老服务方式。子女、儿媳在家照顾卧床不起的父母公婆，政府可以给其发月工资，照顾半失能老人的每月可领 300 元，照顾失能老人的可领 400 元。"家属照料型"养老模式，一是可以缓解政府的养老保障压力，引导老人居家养老。二是可以让老人更好地享受亲情，能极大地满足老人的生活和心理需求。三是可以降低子女亲自照料老人所付出的成本。

为壮大全市居家养老事业，太原市社区服务中心借鉴外地经验，推行居家养老服务社会化，倡议各界人士、企业、社会团体，到该市社区服务中心购买居家养老服务券，捐赠时可指定服务对象，中心将委托服务商，为老年人提供服务。受益社区或个人，将定期以书面形式把资金使用情况，告知出资方。

（四）养老床位和服务设施建设取得较大进展

截至 2014 年 12 月底，全国养老床位已达到 551.4 万张，每千名老年人拥有养老床位达到 26 张。2014 年，湖南全省养老总床位数达到 24 万张，城市和社区养老服务设施覆盖率达 36.5%，农村居家和社区养老服务设施覆盖率达 21%。2014 年河南省养老服务业得到较快发展，全年新增各类养老服务机构设施 4009 个，新增公办养老服务机构 36 家、床位 5685 张，而新增的民办养老服务机构达到 168 家、床位 18388 张。城镇新增居家养老服务设施 345 个、床位 4530 张，农村新增社区养老服务设施 3460

个、床位 29792 张。[1]

为贯彻《国务院关于加快发展养老服务业的若干意见》，已有 30 个省级行政区出台了贯彻落实意见。其中，在养老床位建设上，江苏、浙江、福建、山东、广西、青海、黑龙江 7 个省级行政区创新性提出护理型养老服务床位建设目标，重视老年护理服务体系的建设。其中，江苏、浙江、福建、山东、广西和青海 6 个省级行政区在养老床位总量发展的同时，提出护理型床位的建设比例。江苏、浙江和广西提出护理型床位比例达到50%，福建和山东提出达到 30% 以上的发展目标，青海要求达到 20%。黑龙江提出护理型床位总量目标，到 2020 年年底，全省各类"医养结合"养老床位总量达到 13 万张以上。

此外，大连、威海、长沙、泉州等城市出台的加快养老服务业发展的政策中也明确提出护理型养老床位的建设比例，如大连要求达到 50%以上。

表 5-2 部分省份 2020 年养老护理型床位建设目标统计

序 号	地 区	护理型床位建设目标
1	江 苏	护理型床位比例达到 50%
2	浙 江	护理型床位比例达到 50%
3	福 建	护理型床位比例达到 30% 以上
4	山 东	护理型床位比例达到 30% 以上
5	广 西	护理型床位比例达到 50%
6	青 海	护理型床位比例达到 20%
7	黑龙江	各类"医养结合"养老床位总量达到 13 万张以上

资料来源：北京师范大学中国公益研究院养老研究中心数据库。

在推动护理型床位建设上，江苏和浙江推动力度较大。为了进一步优化全省养老服务发展环境，江苏统一公办和其他所有制性质、以护理型床位为主的养老机构补助标准，从 2014 年起，江苏对符合条件的自有产权和租赁房产的护理型养老机构分别给予不低于 1 万元和 5000 元每张床位的补助。在具体项目建设上，2014 年浙江温州市共有 18 个护理型养老机构项

---

[1] 《去年我省新增养老床位 58395 张》，《河南日报》2015 年 1 月 26 日，第 4 版。

目落地，全部建成投用后可新增养老床位数 5213 张。18 个高档次、多功能的护理型养老机构项目总投资约 20 亿元，其中，2 个项目已经投入使用。

（五）以职业教育为主的养老服务人才培养体系渐趋确立

2014 年 6 月，教育部、民政部等九部门联合印发《关于加快推进养老服务业人才培养的意见》，明确将建立以职业教育为主体的养老服务人才培养体系。从目前的发展情况来看，本科院校养老服务专业教育已经起步，初步建立了一批素质较高的专兼职教师队伍，并开始重视教材建设，部分职业院校开展养老护理员职业技能培训和职业技能鉴定工作。2014 年年底，开设老年服务与管理专业的高职院校增加至 63 所，主要集中在 18 个省份，重点在北京市（5 所）、江苏省（5 所）、山东省（6 所）。

总体来看，以职业教育为主的养老服务人才培养体系渐趋确立。但目前职业院校养老服务专业教育发展也面临诸多挑战，这些院校的招生规模还不能满足社会需求，开设老年服务类专业的院校主要为高职高专院校，设置类型单一，大部分是从最近三年内开始招生。养老服务人才培养层次相对较为基础，全方位的人才培养体系尚未确立；专业的师资队伍建设落后，缺少大型情景化的教学培训基地；养老服务从业人员工资福利待遇和社会地位较低，健全的养老服务人才职业体系没有确立。中国需要更加重视对养老服务人才培养的投入与政策支持，特别是对居家养老及其所需的社区配套服务和人才的投入与政策支持。需要发展能够承担老年人照料服务设计管理的专门人才，如老年照料服务的职业经理人等。

（六）养老投资增长，领域多样化发展

在养老产业发展方面，国内外养老服务投资主体多元化特征明显，国有企业、民营企业以及外资集团等投资养老服务业的数量显著增多，投资领域也呈现多样化的发展趋势。

2014 年年末，包括万科、保利、远洋、绿地等企业在内，全国已有超过 80 家房企进入养老地产领域，投资总额超过 800 亿元。从养老产业项目的发展方向来看，养老项目从最初的地产开发，逐步开始输入养老服务，

尤其是医疗康复等服务内容，康养型养老项目将成为养老产业发展的重要方向。

面对中国几亿老年人的医疗保健需求，外国投资者相继进入中国蓬勃发展的医疗保健和老年保健行业，随着中国鼓励外国投资者在华设立营利性养老机构从事养老服务的政策，国际上大批养老和医疗保健企业或集团将进入中国。

根据 2014 年的不完全统计，日本、韩国、美国、英国、法国、瑞典、德国、澳大利亚、马来西亚等九个国家的养老服务企业进入中国，并开始有落地项目。

从项目地点来看，集中在老龄化程度高、政策环境较好的大中城市，如北京、上海、重庆、杭州、青岛等城市。

从投资规模来看，已公布相关数据的项目资金都超过 1000 万元，根据不完全统计，外资投资养老领域资金规模至少超 10 亿元。

从外资进入养老领域的形式来看，主要以合资形式为主。

从外资进入的细分领域来看，老年人护理服务输出、养老机构运营管理、人员培训、医疗保健是主要的方向，同时相关护理辅具、信息软件开发也在中国开展合作。

二　政策法规配套建设推动社会化养老服务

2014 年，我国养老服务政策法规体系逐步健全。过去一年，国家在养老用地、人才培养、税收优惠、养老投融资等方面出台了一系列政策。截至 2014 年年底，全国 30 个省份及新疆生产建设兵团均已出台贯彻落实《国务院关于加快发展养老服务业的若干意见》的配套政策文件，明确了2020 年养老服务业发展的目标和任务分工，其中兵团转发了国务院的文件。

（一）国务院鼓励社会资本加大养老等社会事业投资力度

2014 年 11 月，《国务院关于创新重点领域投融资机制鼓励社会投资的指导意见》要求，创新投融资机制鼓励社会投资养老和医疗等社会事业，将主要从四个方面进行，一是分类改革，在事业单位整体改革的进程中，将推进符合条件的国有单位培训疗养机构转变为养老机构。二是鼓励社会资本多种途径加大投资力度。为鼓励社会资本参与教育、医疗、养老、体育健身、文化设施建设，可以通过独资、合资、合作、联营、租赁投资途径来实现，并可以采取特许经营、公建民营、民办公助等投资方式。三是完善落实建设运营税费优惠政策。对非营利性医疗、养老机构建设一律免征有关行政事业性收费，对营利性医疗、养老机构建设一律减半征收有关行政事业性收费。四是改进价格管理。包括用水、用电价格以及服务收费价格等。

（二）多部委出台优惠政策推动社会力量参与

2014 年以来，民政部、发改委、国土资源部、国家税务总局出台多个政策鼓励社会力量参与发展养老服务业。

为推动中国养老服务业健康发展，推进社会服务业对外开放，商务部、民政部发布公告，鼓励外国投资者在华设立营利性养老机构从事养老服务。公告中明确外资举办养老机构的方式，如外国投资者在华独立举办，可与中国公司、企业和其他经济组织合资、合作举办营利性养老机构。希望设立营利性养老机构的外国投资者，需要向拟设立机构所在地省级商务主管部门提交设立外商投资企业的申请材料。外国投资者可以参与公办养老机构改制，鼓励参与专门面向社会提供经营性服务的公办养老机构的企业化改制。外商投资营利性养老机构可以从事与养老服务有关的境内投资，鼓励外国投资者发展养老机构规模化、连锁化经营，开发优质养老机构品牌。

2014 年 12 月，为落实《国务院关于加快发展养老服务业的若干意见》精神，更好地发挥税收政策鼓励民间资本投资养老服务业的引导作用，财政部、国家税务总局发布《关于支持文化服务出口等营业税政策的通知》，对现行养老机构提供的养老服务免征营业税政策做出明确规定。只要是依照《养老机构设立许可办法》（民政部令第 48 号）设立并依法办理登记的为老年人提供集中居住和照料服务的各类养老机构，并按照《养老机构管理办法》（民政部令第 49 号）的规定，为收住的老年人提供生活照料、康复护理、精神慰藉、文化娱乐等养老服务，满足上述条件即可享受免征营业税政策。

（三）教育部推动养老服务人才职业教育

继国务院《关于加快发展现代职业教育的决定》之后，2014 年 6 月，教育部、民政部等九部门联合印发《关于加快推进养老服务业人才培养的意见》，意见明确了养老服务人才培养的总体思路及工作目标。主要的任务有加快推进养老服务相关专业教育体系建设、全面提高养老服务相关专业教育教学质量、大力加强养老服务从业人员继续教育和积极引导学生从事养老服务业。该意见呈现以下几大亮点。

一是明确以职业教育为主体的人才培养体系建设。该项政策加强对应用型人才的培养力度。到 2020 年，基本建立以职业教育为主体，应用型本科和研究生教育层次相互衔接，学历教育和职业培训并重的养老服务人才培养培训体系。

二是提出"双证书"制度。目前我国从事养老服务的人员普遍为"40、50"的中年群体，职业院校培养的毕业生在拿到学历证书后，需要相应职业资格才能从事相关职业。该意见推进"双证书"制度将有利于推进养老服务人才队伍的年轻化、专业化和多层次发展。

三是实训基地的建设。依托职业院校和养老机构重点建设一批养老服务实训基地。目前我国在人才培养和鉴定方面，已经在依托养老机构对养老护理员进行实训。根据民政部职业技能鉴定指导中心统计，截至 2014 年 5 月，养老护理员职业技能鉴定培训基地 55 个（含综合基地 7 个）。实训基地的建设将有助于推进应用型养老服务人才的培养，同时推进养老服务机构综合实力的发展。

养老服务人才短缺一直是我国养老服务业快速发展的重要瓶颈，此次九部门联合出台培养养老服务人才的意见，对于养老服务人才培养体系的全面建设，养老服务机构的发展乃至整个养老服务业的发展都将具有巨大的推动作用。

（四）地方养老服务立法促进社会养老服务体系建设

截至 2015 年 3 月，全国已有包括北京、天津、江苏和浙江 4 个省市在推动养老服务立法工作。养老服务法规的实施，使养老服务管理法制化，可以保证养老服务工作的稳定性及连续性。

表 5 – 3　地方出台养老服务条例情况

序号	地　区	条例名称	法律进展
1	北　京	《北京市居家养老服务条例》	2015 年 5 月 1 日起实施
2	天　津	《天津市养老服务促进条例》	2015 年 2 月 1 日起施行
3	江　苏	《江苏省养老服务条例（送审稿）》	正在公开征求意见
4	浙　江	《浙江省社会养老服务促进条例》	2015 年 3 月 1 日起实施
5	山东青岛	《青岛市养老服务业促进条例（草案）》	正在公开征求意见
6	四川成都	《成都市养老服务业促进条例（草案）》	正在公开征求意见

《浙江省社会养老服务促进条例》获得全票通过并于 2015 年 3 月 1 日正式实施。该条例草案分为总则、居家养老服务、机构养老服务、服务人员、保障措施、监督检查、法律责任和附则，共 8 章 56 条。该条例首次明确了政府、社会力量和市场的责任与义务，并对社会养老服务做出了明确规定，即为老年人提供的社会化服务，包括居家养老服务和机构养老服务。2015 年，浙江省要新建城乡社区居家养老服务照料中心 5000 个，新增养老机构床位 2.8 万张，建设护理型床位 1.5 万张，实现城市社区居家养老服务照料中心全覆盖。此外，对于社会养老服务人员队伍建设，条例规定：高等学校和职业技术学校毕业生，进入本省政府投资设立的养老机构、民间资本设立的非营利性养老机构和组织、社区居家养老服务照料中心工作的，按照省有关规定给予入职奖励和补贴。鼓励养老机构、医疗卫生机构、学校作为养老护理人员培训基地，开展养老护理人员职业技能培训活动，力争培训 2 万名养老护理人员、20 万名家庭护理人员。

2015 年 1 月，北京市十四届人大三次会议审议通过《北京市居家养老服务条例》，并从 2015 年的 5 月 1 日起正式施行。该条例对居家老人最为关心的基本服务内容做出指引性规定，包括用餐、医疗卫生、家庭护理、紧急救援、日间照料、家政、精神慰藉、文化娱乐服务等内容。

表 5 – 4 北京市居家养老服务主要内容

序号	服务类型	内 容
1	用餐	提供社区老年餐桌、定点餐饮、自助型餐饮配送、开放单位食堂等服务
2	医疗卫生	提供体检、医疗、护理、康复等服务
3	家庭护理	为失能老年人提供家庭护理服务
4	紧急救援	为失能、高龄、独居老年人提供紧急救援服务
5	日间照料	利用社区托老所等设施提供
6	家政	提供家庭保洁、助浴、辅助出行等服务
7	精神慰藉	为独居、高龄老年人提供关怀访视、生活陪伴、心理咨询、不良情绪干预等服务
8	文化娱乐服务	开展有益于老年人身心健康的文化娱乐、体育活动

北京市居家养老服务条例呈现出以下几个特点。

1. 政府主导、多元参与。在满足居住在家老年人的社会化服务需求过程中，政府的职责非常明确，起主导作用，提供基本公共服务；同时企业、社会组织、基层群众性自治组织、志愿者等多元主体共同参与，企业和社区组织提供专业化服务，基层群众性自治组织和志愿者提供公益互助服务。

2. 服务内容兼具普遍性和差异性。在面向各类老年人群提供用餐服务、医疗卫生服务、日间照料服务、家政服务、文娱活动的同时，社区也开展为失能、高龄、独居等老人护理、紧急援助和精神慰藉服务。

3. 各级政府和部门职责明确，利于落实。

纵向来看，建立了三级政府职责落实机制。市和区、县人民政府主要负责规划、经费保障、完善制度、制定政策和标准等宏观任务职责；乡镇人民政府和街道办事处负责具体组织实施，包括建立服务平台、落实政府购买服务、建立服务网点及志愿者登记等职责；居民委员会、村民委员会负责具体组织社区老年人和其他居民开展活动。

横向来看，建立了民政、卫生计生部门、人力社保等多部门分工协作机制。如区县民政部门或者负责老龄工作的机构可以根据开展居家养老服务项目的需要，通过签约、购买服务等方式确定服务商和服务单位；市卫生计生部门应当完善基层医疗卫生服务网络；市人力社保、卫生计生等部门应当完善基本医疗保险社区用药报销政策；市和区、县人民政府应当建立评估制度，对特殊困难老年人的家庭经济情况、身体状况、养老服务需求进行评估等。通过三级政府职责分工以及各部门之间的分工协调，同时北京市配套财政预算，把居家养老服务建设落到实处，切实满足老年人的基本养老服务需求。

《青岛市养老服务业促进条例（草案）》提交市人大常委会第二十二次会议审议，将通过地方立法加以引导和规范青岛市养老服务业发展，以适应老龄化社会发展需要。该条例（草案）中对养老服务设施建设有了新要求和标准，确定了养老服务设施用地保障机制，将有效缓解当前养老服务业存在的"融资难"、"用地难"、"用人难"和"运营难"等问题。

《江苏省养老服务条例（送审稿）》中对居家养老、社区养老、机构养老等各方面提出了细致要求，包括家庭医生上门为老人服务，新建小区要设养老用房等要求都有望明确写入法律。条例中提出，地方各级人民政府在制定城市总体规划、控制性详细规划时，应当按照人均用地不少于0.2平方米的标准，分区分级规划设置养老服务设施。各地应当确保每年新增养老服务用地数量不低于本地区年度预留用地指标的1%。

对家庭养老力量有困难的老年人，政府和社会应当提供必要的支援和帮助，并根据其身体和经济状况，给予养老服务补贴和护理补贴。鼓励和支持各类企业和社会养老组织建设"智慧社区"，发展"虚拟养老"模式，不断提升养老服务信息化水平。城乡规划、住房城乡建设等部门应当推进老旧小区的坡道、楼梯扶手、电梯等与老年人日常生活密切相关的生活服务设施的改造。地方各级人民政府应当将养老机构建设用地纳入土地利用总体规划和土地利用年度计划，在每年预留养老服务用地指标中，不低于0.6%用于养老机构建设用地，其中社会办养老机构不低于0.4%。

（五）养老领域八个方面试点推动地方创新

2014年，国家多个部门启动了养老服务业综合改革试点、养老服务和社区服务信息惠民工程试点、计划生育家庭养老照护试点、国家智能养老物联网的应用示范工程试点、公办养老机构改革试点、养老机构远程医疗服务试点、以市场化方式发展养老服务产业的试点、老年人住房反向抵押保险等八项养老服务专项试点工作。

表 5 – 5　养老服务领域八个方面试点情况统计

序号	牵头部委	试点项目
1	民政部、国家发改委	42 个养老服务业综合改革试点
2	民政部、国家发改委、工信部等 6 部委	养老服务和社区服务信息惠民工程试点
3	卫生计生委	计划生育家庭养老照护试点
4	民政部	国家智能养老物联网的应用示范工程试点
5	民政部	公办养老机构改革试点
6	国家发改委、民政部、卫生计生委	养老机构远程医疗服务试点
7	商务部、财政部	以市场化方式发展养老服务产业的试点
8	保监会	老年人住房反向抵押保险试点

1. 养老服务业综合改革试点

国家民政部、发改委联合确定了上海浦东新区等 42 个地区，主要是地级以上的城市作为综合改革试点地区，围绕健全养老服务体系，引导社会力量参与养老服务，完善养老服务政策，强化城市养老服务设施布局，创新养老服务供给方式，培育养老服务产业集群加强养老服务队伍建设，强化养老服务市场监管等八个方面开展试点。

表 5 – 6　全国养老服务业综合改革试点分布

省　份	城市/地区	省　份	城市/地区
北　京	西城区、朝阳区	江　西	南昌市、抚州市
天　津	静海县	山　东	潍坊市、滨州市
河　北	秦皇岛市、廊坊市	河　南	洛阳市、漯河市
山　西	晋中市	湖　北	武汉市、宜昌市
辽　宁	沈阳市、辽阳市	湖　南	长沙市、湘潭市
吉　林	长春市、梅河口市	广　东	广州市、深圳市
黑龙江	哈尔滨市、齐齐哈尔市	重　庆	渝中区、巴南区
上　海	浦东新区、闵行区	广　西	南宁市
江　苏	南京市、无锡市	四　川	泸州市
浙　江	杭州市、温州市	贵　州	贵阳市

省　份	城市/地区	省　份	城市/地区
内蒙古	阿拉善盟	云　南	曲靖市
安　徽	安庆市、马鞍山市	陕　西	西安市
福　建	厦门市	甘　肃	兰州市
合　计	42	—	—

2. 全国公办养老机构改革试点

民政部在全国28个省级行政区确立了124家试点单位，其中浙江、湖北和四川是公办养老机构改革试点最为集中的省，这些试点主要通过发挥托底作用，增强服务功能，推行公建民营，探索转企改制等方式，激发公办养老机构的发展活力和内在动力。

表5-7　公办养老机构改革试点单位分布

省　份	试点单位数量	省　份	试点单位数量
北　京	2	河　南	3
天　津	1	湖　北	26
山　西	1	湖　南	2
内蒙古	4	广　东	1
辽　宁	1	广　西	1
吉　林	2	重　庆	2
黑龙江	9	四　川	20
上　海	1	贵　州	1
江　苏	2	云　南	2
浙　江	23	西　藏	1
安　徽	2	甘　肃	1
福　建	1	青　海	2
江　西	6	宁　夏	5
山　东	1	新　疆	1
合　计	124	—	—

3. 养老信息惠民工程试点

2014年11月，民政部、发改委、工信部、财政部、公安部、卫生计生委等六部门联合下发《关于开展养老服务和社区服务信息惠民工程试点工作的通知》，将以养老服务为切入点，优先支持居家和社区养老服务项目，吸纳社区志愿服务和商业服务资源，建设一体化社区信息服务站。通过开展试点工作，推动 200 个养老机构实现养老信息化管理服务，450 个社区实现以居家社区养老服务为重点的社区信息一体化服务，总结试点经验，使养老信息服务水平大幅提升，社区养老服务能力显著增强，进一步完善"资源共享、协同服务、便民利民、安全可控"的社区服务信息化发展格局，健全社区公共服务、志愿服务和便民利民服务衔接配套的社区服务信息化体系。

4. 养老机构远程医疗服务试点

2014 年 6 月，民政部、国家发展改革委、国家卫生计生委联合下发通知，确定在北京市第一社会福利院等 5 家福利院，首都医科大学宣武医院等 3 家医院，开展养老机构远程医疗相关工作试点，并研究制定养老机构远程医疗服务的相关政策。该试点的养老机构包括北京市第一社会福利院、大兴区新秋老年公寓、湖北省武汉市江汉区社会福利院、东湖高新区佛祖岭福利院、云南省昆明市社会福利院，试点医院为首都医科大学宣武医院、湖北省武汉市第十一医院、云南省红十字会医院。试点医院将面向合作养老机构开放优质医疗资源，并开展以视频会诊、病理诊断、影像诊断、远程监护、远程门诊和远程查房等为主要内容的远程医疗服务和双向转诊服务。通过该试点，民政部还将研究制定远程医疗服务价格，将远程医疗费用纳入基本医疗保险新农合报销范围。

表 5－8　关于开展养老机构远程医疗服务试点进展

序号	地区	医疗机构	养老机构	远程医疗服务种类
1	北京	首都医科大学宣武医院	北京市第一社会福利院	建立初级远程会诊中心；远程"卒中"急救等相关业务
			大兴区新秋老年公寓	
2	湖北	湖北省武汉市第十一医院	武汉市江汉区社会福利院	在网上会面，医院专家可根据视频探头实时传递的图像，为老人诊断；可以远程获取福利院提供的老人血压、心跳等基本信息
			武汉市东湖高新区佛祖岭福利院	
3	云南	云南省红十字会医院	云南省昆明市社会福利院	—

5. 国家智能养老物联网试点

2014 年 6 月，国家发展改革委、民政部等 14 部门印发了《关于印发 10 个物联网发展专项行动计划的通知》（发改高技〔2013〕1718 号），决定在全国开展国家智能养老物联网的应用示范工程试点，具体在北京市第一社会福利院、北京市大兴区新秋老年公寓、河北省优抚医院、江苏省无锡市失能老人托养中心、河南省社区老年服务中心中州颐养家园、安徽省合肥庐阳乐年长者之家、四川省资阳市社会福利院等 7 家养老机构开展国家智能养老物联网应用示范工程试点工作。

2015 年 3 月，在全国 7 家国家智能养老物联网应用示范工程试点中，北京、江苏、安徽、四川的养老物联网建设已经取得明显进展。试点之一的北京新秋老年公寓，也是国家远程医疗试点单位。公寓大力推广科技养老、标准化养老、智能化养老，同时，引进国际上领先的日本认智症照护服务经验和台湾养老护理服务经验。江苏省无锡市失能老人托养中心自 2013 年 12 月起，为提升管理和服务水平，该托养中心聘请恒东信息科技无锡有限公司全力打造"物联网智能托养云服务平台"，平台主要包括个人工作平台、托养人员信息管理、养护管理、院务管理、人事管理、采购管理、餐饮管理、绩效管理、统计分析、系统配置、GIS 平台等模块。安徽省合肥庐阳乐年长者之家已初步实现了智能化的房间内将拥有无线门窗磁感应器、门用无线云智能锁、无线电动窗帘、无线红外入侵探测器、无线烟雾探测器、无线光照传感器、无线空气质量传感器、无线云抽屉锁、无线墙面开关、无线墙面智能安全插座等高科技装备，让老人的生活变得安全而便利；专业护理床将采用无线紧急按钮、翻身检测传感器、睡眠监测传感器、下床监测传感器等智能装备。

表 5-9　国家智能养老物联网应用示范工程试点进展情况

序号	名称	地点	进展情况
1	北京市第一社会福利院	北京市朝阳区	将建立初级远程会诊中心，利用专网光纤对接宣武医院，展开远程医疗服务
2	北京市大兴区新秋老年公寓	北京市大兴区	推广科技养老、标准化养老、智能化养老，引进日本认智症照护服务经验和台湾养老护理服务经验。将建立初级远程会诊中心，利用专网光纤对接宣武医院，展开远程医疗服务

续表

序号	名称	地点	进展情况
3	河北省优抚医院	河北省石家庄市	—
4	江苏省无锡市失能老人托养中心	江苏省无锡市	聘请恒东信息科技无锡有限公司打造"物联网智能托养云服务平台"，已完成相关开发建设并将完善平台应用
5	河南省社区老年服务中心中州颐养家园	河南省郑州市	—
6	安徽省合肥庐阳乐年长者之家	安徽省合肥市	研发设计了智能手环储存老人信息，将实现房间智能化，包括各种无线传感设备等，并将建立健康小屋协助老人自助检查
7	四川省资阳市社会福利院	四川省资阳市	第一阶段建设已经启动，将开展老人定位求助、老人跌倒自动监测、老人卧床监测、痴呆老人防走失、老人行为智能分析等服务，并将依托养老机构对集中照料人员开展智能化服务

6. 养老服务业反向抵押保险试点

2014年6月，中国保监会出台《关于开展老年人住房反向抵押养老保险试点的指导意见》，标志着全国以房养老保险试点正式启动。北京、上海、广州、武汉确定为首批试点城市，自2014年7月1日起开始推进以房养老保险试点。反向抵押养老保险是一种将住房抵押与终身养老年金保险相结合的创新型商业养老保险业务，即拥有房屋完全产权的老年人，将其房产抵押给保险公司，继续拥有房屋占有、使用、收益和经抵押权人同意的处置权，并按照约定条件领取养老金直至身故；老年人身故后，保险公司获得抵押房产处置权，处置所得将优先用于偿付养老保险相关费用。

2015年3月，保监会批复了幸福人寿的《幸福房来宝老年人住房反向抵押养老保险（A款）》保险条款。这也是国内首个保险公司获批的以房养老产品。依据保监会批复的产品条款，"房来宝"投保人须为60周岁至

85 周岁（含 85 周岁）。老年人与保险公司签订合同时，双方将确定基本养老保险金额，这一金额设定要考虑房屋折旧、预期增值、预期的老年人平均生存年限等，金额一经确定，将不能变更。不过，老年人每月拿到的养老金要在基金养老金额当中扣除必要的费用，如部分房屋评估费、律师费、保单管理费等。为了保证抵押物的安全，条款要求投保人不能再行处置房产，擅自改变房产主体结构，履行房屋维护义务，并购买相应的房屋财产保险。

对于房价变动和房屋收益问题，"房来宝"产品条款明确，保险公司不参与分享房产增值收益，但承担房屋下跌风险和长寿给付风险。也就是说，投保后，老年人即可终身领取养老金，不受房价下跌的影响。由于产品比较复杂，保监会要求幸福人寿在使用上述保险条款和保险费率时，应加强销售管理，明确说明保险责任、责任免除、合同解除等事项，确保消费者正确理解保险合同。同时，该产品还设置了30 天的"犹豫期"，这比一般保险产品 10 天的犹豫期延长了"反悔权"时间。

7. 以市场化方式发展养老服务产业试点

财政部、商务部等部门开展以市场化方式发展养老服务产业的试点，支持八个省份以市场化、商业化的方式，探索支持养老服务产业发展的体制机制和有效模式。2014 年 8 月，国家财政部、商务部印发了《关于开展以市场化方式发展养老服务产业试点的通知》，将在内蒙古、吉林、江西、山东、安徽、湖北、湖南、甘肃等 8 个省（自治区）开展以市场化方式发展养老服务产业试点工作。中央财政下拨服务业发展专项资金 24 亿元，支持以市场化方式发展养老服务产业试点，每个省份将获 3 亿元试点引导资金。

2014 年 11 月，商务部印发《关于推动养老服务业发展的指导意见》，要在健全家政服务体系建设的基础上，加快推动居家养老、社区养老和集中养老的发展，探索以市场化方式发展养老服务产业的新途径、新模式，并培育一批带动力强的龙头企业、富有创新活力的中小企业、竞争力强、经济社会效益显著的服务机构和产业集聚群以及知名养老服务品牌。

截至 2014 年年底，内蒙古制定了《内蒙古自治区以市场化方式发展养老服务产业试点工作实施方案》，提出自治区政府主要通过搭建基金平台和体制创新，采取股权入股、政府购买社会服务等方式引导社会各方面加大投入，建立以社会化、市场化、商业化方式促进养老服务业发展的长效机制。借鉴"家政服务体系建设试点城市"建设经验，通过养老服务产业发展基金支持，引导民间资本和各类社会主体参与居家养老、社区养老服务，鼓励发展养老服务中小企业，扶持发展龙头企业，实施品牌战略，提高创新能力。安徽获批世界银行 1.4 亿美元优惠贷款，用于养老设施建设，试点建设安徽养老信息平台、智能养老物联网等。此贷款首个养老示范项目落在安徽省宿州、芜湖等 5 个城市。将采取"中心＋网点"的建设布局，以集中住养机构建设为中心，在城市开展社区养老服务网点、信息化平台建设，改造升级农村敬老院，系统推进养老服务设施建设。

8. 计划生育家庭养老照护试点

养老照护服务将首先在计划生育家庭开展试点，这对全面建立老年人照护服务体系将发挥积极作用。2014 年 9 月，国家卫生计生委下发《关于开展计划生育家庭养老照护试点工作的通知》，此项试点工作从 2014 年 9 月开始持续到 2016 年上半年，每个省将选出 1 个地级市作为试点单位。试点工作主要包括五项：制订试点方案、开展需求调研、组织技能培训、主动上门服务和进行评估督查。在经过制订方案、调研和培训之后，将根据需求，对计划生育家庭开展一年期的上门服务。

2015 年 3 月，国家卫生计生委确定了北京市西城区、黑龙江省大兴安岭地区、上海市闵行区、山东省潍坊市、青岛市市南区、总参管理保障部北极寺老干部服务管理局等 37 个地区（单位）为计划生育家庭养老照护试点单位。除北京、山东、福建、浙江、辽宁、新疆各有 2 个地区（单位）入选外，其余 25 个省份各有一地区（单位）入选。从服务的提供来看，计划生育家庭的养老照护主要依托基层卫生计生及相关工作人员和家庭成员，通过对他们进行分级培训，开展有针对性的生活照料、家庭保健、照顾护理、精神慰藉、紧急救援等活动。

三　多样化老年公益服务项目完善养老服务体系

对老年人的救助、服务是公益事业的一个重要内容。随着公益行业的蓬勃发展，越来越多的社会组织将处于困境中或有服务需求的老年人作为受益对象，为其募捐、提供款物救济，或开展相关服务工作。与此同时，政府部门也安排财政资金为失独老人提供必要的救助。社会公益活动和政府专项救助携手，共同完善养老服务体系。

（一）涉老基金会项目从老年救助转向提供专项养老服务

截至 2015 年 4 月，全国共有基金会 4370 家①，其中涉老基金会 261 家，约占 5.97%。其中，涉老基金会中公募基金会 72 家，非公募基金会 189 家。从这些基金会关注的领域来看，扶贫、儿童、残疾等针对弱势群体的公共服务也是这些基金会关注的重点领域。

从过去一年涉老基金会的发展趋势来看，基金会项目逐渐从面向老年人的普通救助和老年优待项目转向提供养老服务，如提供开办老年大学、在社区提供养老助残服务、建立 24 小时助老服务网络、养老服务人才培训等。

中国社会福利基金会长寿基金，作为公募性专项基金，为老年健康长寿事业提供资金支持，并以发展长寿文化和长寿经济为主要任务。长寿基金将在全国各地开办"长寿大学"，对老年朋友进行长寿知识培训。

中国社会福利基金会成立的幸福养老基金主要实施"幸福养老工程"，以养老机构托管和养老人才培训的方式，帮助养老机构更好地服务老人，是积极有效应对老龄化的创新举措。幸福养老基金由全国老龄办信息中心养老养生管理中心发起，幸福养老工程主要是通过专业化的养老团队对公建民营和不善经营的养老机构进行托管。主要做法可以总结为：树立一个宗旨、服务两类老人、实现三个目标、依托四个支持、发挥五大特色、提

---

① 基金会中心网，http://data.foundationcenter.org.cn/foundation.html，最后访问时间：2015 年 5 月 3 日。

供六项服务。即以全心全意为老人服务，面向健康和失能失智两类老人，让身心健康的老人生活得更幸福、让失能失智的老人得到专业化照护、让临终老人有尊严地离世。同时依托国家政策支持、社会力量参与、专业机构支撑、家属积极配合等支持，发挥孝文化理念、管家式服务、智慧化管理、专业化团队、品牌化运营的特色，提供医疗护理、生活照料、康复保健、文化娱乐、心理慰藉、临终关怀等服务。除此之外，幸福养老基金还支持老年文化教育事业、老年科技产品研发等涉老公益事业发展。

由中国人口福利基金会与北京慈爱嘉养老服务有限公司合作的"幸福养老服务"公益项目在第三届中国国际养老产业博览会上启动。该项目将为居家和社区养老进行模式探索，推动"政府指导、公益组织引领、社会企业参与"的社会养老机制的建立。"幸福养老服务"项目将在试点社区建立公益养老助残服务中心，开展为老服务、培训和咨询等工作。主要目的是引领社会资源关爱老人；建立养老培训模式，推动全社会养老护理基础教育实践，为大学生创业和退休医护人员发挥余热提供机会；开展产业研究，树立为老服务公益品牌，推广成功的居家养老服务模式，为中国及世界的老龄化提供居家养老全面解决方案。

表 5 – 10　涉老基金会助老服务项目

地区	涉老基金会名称	项目情况
北京	中国社会福利基金会	1. 幸福养老基金，开展幸福养老工程，服务于健康老人和失能失智老人，提供医疗护理、生活照料、康复保健、文化娱乐、心理慰藉、临终关怀等服务； 2. 中美扶爱基金"颐养万家"养老助老工程，运用24小时助老服务网络系统，提供集紧急医疗救助、日间照料、健康管理、精神慰藉等项目为一体的养老助老服务； 3. 长寿基金，为老年健康长寿事业提供资金支持，开办"长寿大学"，培训长寿知识
	中国老龄事业发展基金会	中国老年健康基金管理委员会与尼特智能家居在建设智能化养老社区、智能化健康养老中心达成合作意向
	中国人口福利基金会	"幸福养老服务"项目，将在试点社区建立公益养老助残服务中心，开展为老服务、培训和咨询

地区	涉老基金会名称	项目情况
上海	中国老龄事业发展基金会	成立敬老志愿服务工作站，与上海工程技术大学、上海西郊协和颐养院在养老产、学、研方面展开合作
	上海市老年基金会	老教授关爱基金、四通"硒旺"老年基金，开展"今冬明春"帮困助老活动
江苏	苏州市慈善总会（基金会）	"音乐介入养老照顾"慈善项目，利用不同乐曲的音乐特性、肢体活动设计和乐器的选择，提升老年人的精神品质和人际氛围，提升老年人幸福满意度
浙江	慈溪市老龄事业发展基金会	投入287万元，成立市老年志愿服务队伍，补助老年活动室建设，支持特色教育，开展老年教育专项培训

（二）多地推出关爱失独家庭爱心养老服务计划

失独家庭面临的养老、医疗、心理等困难已引起社会普遍关注。从国家层面来看，2014年3月，国家民政部批准建立慈孝特困老人救助基金会，这是我国第一个由民政部主管、专门为失独老人服务的全国性基金会。该基金会以失独老人为救助重点，通过直接救助、社区救助、养老机构救助、创建失独老人养老院等四种方式，为失独老人提供生活救助和精神抚慰。为探索出对计生特殊家庭人群积极有效的帮扶方法，创新社会化服务模式，中国计划生育协会从2012年起，在14个省15个市启动计生特殊家庭帮扶模式探索项目的首批试点，2013年将项目试点范围扩大到30个省（自治区、直辖市）的48个城市，2014年再次扩展到50个城市。

从地方来看，2014年北京、河北、江苏、安徽、山东、河南、广东等地纷纷采取各种举措为失独家庭提供爱心养老服务。如北京市由市财政出资，连续3年为"失独"家庭投保"暖心计划"综合保险，保障内容包括养老金保险、疾病身故保险、意外伤害医疗保险、女性重疾保险等。安徽省为全省"失独"家庭购买了综合保险，保险内容为意外伤害身故、意外伤害残疾、疾病身故和医疗住院补贴等。江苏省苏州市建立了"失独"家庭住院护工保险，"失独"人群因疾病或意外住院，每天给予住院护工服务补贴。目前，全国有 34 个项目点开展了保险保障服务。

在物质生活保障方面，各地政府提高失独家庭的补贴照顾，如郑州市对于失独家庭，针对女方年满 49 岁的夫妻，自 2014 年起每人每月补助金从 270 元提高到 680 元，其中 60 岁以上的老人，每月还可领 430 元的低保金。同时，部分地区探索诸多创新举措，如宁波市 2015 年起将为年满 60 岁以上失独家庭投保综合保险等帮扶措施。

失独老人的爱心养老服务项目和服务方式多样，如北京顺义区失独老人可享受免费家政服务、合肥为全市失独老人免费体检等。另外，老年人心理危机救助热线、失独老人心灵救助热线等相继开通，帮助失独老人排遣孤独、寂寞，感受社会温暖。尤其在失独老人养老服务方面，各地政府为失独老人入住养老院提供便利与支持。如北京失独老人入住公办养老院，政府出面选定"担保人"；福州公办养老机构多余床位优先安排失独老人入住。

在关爱失独家庭的资金投入方面，从政府到社会企业都给予支持。广东省老年基金会启动关爱失独老人项目，2014 年首批投入 30 万元，同时在其捐款活动中，爱心企业和人士共认捐 500 多万元。

在精神抚慰方面，各地创新提供方式，如河北石家庄的生态体验基地，在农耕生活的体验中排解内心的压抑与烦恼；贵州贵阳成立全国首家"失独妈妈"养护基地，为失独妈妈们提供精神慰藉服务。

失独家庭的养老服务需求和精神抚慰正在成为社会关注的一个焦点。大到政府、社会，小到组织、个人，在对失独家庭的关爱中都提供了有力的支持和帮助。

四　公益资金投资养老领域力度加强

养老服务体系是服务产业的一个重要领域，兼具市场属性和社会公益性。因此，养老产业的资金来源呈现多样化特征，既有财政和彩票公益金的专项投入，也有公益机构为其特殊项目设立或募捐的专项基金。很多地方还"用商业手段解决社会问题"，通过"公益创投"方式丰富养老事业投入模式。

（一）彩票公益金加大购买养老服务力度

2014 年，大部分省份彩票公益金用于社会养老服务体系建设的资金占留存比例高于 50%，其中北京、山西、吉林、江苏、福建、江西、山东、湖南、广西、海南、重庆、四川、西藏、甘肃、青海等 15 个省级行政区投入资金量超过了本级留存福彩公益金总额的 60%，吉林投入比例高达88%。在省级财政及其他专项资金投入方面，浙江投入最多。2014 年，浙江省财政（含中央资金）已下达 34.5 亿元。上海市级财政对养老服务业的投入为 12.09 亿元。

2014 年 10 月 19 日，民政部出台的《关于民政部门利用福利彩票公益金向社会力量购买服务的指导意见》规定，到 2020 年，在全国基本建立比较完善的福彩公益金购买服务制度。各级民政部门作为福彩公益金购买服务的主体，将重点资助适合采取市场化方式提供、社会力量能够承担的扶老、助残、救孤、济困等福利服务和相关公益服务项目。依法在民政部门登记成立或经国务院批准免予登记的社会组织，以及依法在工商管理或行业主管部门登记成立的企业、机构等社会力量都可以成为承接政府购买服务的主体。

早在 2012 年，民政部在《关于开展"社会养老服务体系建设推进年"活动暨启动"敬老爱老助老工程"的意见》中提出，要加大福利彩票公益金支持力度，民政部和地方要将福利彩票公益金每年留存部分按不低于50% 的比例集中使用于社会养老服务体系建设，这意味着福彩公益金将有较大比例用于购买社会力量提供的养老服务。

（二）涉老公益组织探索建立养老专项基金

为解决养老服务业发展资金问题，2014 年，国内部分基金会等公益组织探索成立养老专项基金，推动老年服务、老年文化、老年大学等多个领域的发展。北京、上海、浙江、四川等地的公益组织建立养老专项基金。

表 5 – 11　2014 年养老专项基金情况统计

单位：万元

序号	地　区	基金名称/项目名称	资金规模	投入方向
1	北　京	中国社会福利基金会长寿基金	—	长寿大学
2	上　海	中国老龄事业发展基金会逸仙养老专项基金	—	老年服务
3	上　海	增爱公益基金会、旭日养老服务有限公司	—	养老服务
4	浙江慈溪	慈溪市老龄事业发展基金会	308.71	老年志愿服务、老年活动设施扶持、温馨之家达标行动、特色教育支持、定向困难援助、文化先进激励
5	四　川	健和集团"健康养老公益行"活动	100.00	文化养老

（三）公益创投丰富养老投入模式

公益创投源于 20 世纪 60 年代的美国，在欧美迅速发展，其模式也在不断创新，成为眼下投资界和公益界备受关注的新思维。这一方式依靠有效的商业模式显著地提高了公益效率。它与商业投资本质的区别在于其投资的非营利性。公益创投将投资回报继续用于公益事业，通过投资来间接地帮助解决社会问题。公益创投的本质是一种投资，所以一定会按照"投资"的思维去运作。

广东江门公益创投撬动民间力量来养老助残。"养老·助残"公益创投将老年人、残疾人这两类社会弱势群体作为重点服务对象，其所设的 5 大类 38 个项目，覆盖了全市养老助残主要服务领域。此次创投活动投入政府资金 1000 万元、资产超 1.1 亿元，吸引了市内外 65 家社会组织或企业报名，社会定向捐赠超 200 万元。江门市有 30 个养老助残创投项目进行了签约。这是江门市举办的第一次全市性公益创投活动，也是深化养老助残服务的一次改革和探索。相比政府大包大揽的"政府购买养老助残服务项目"模式，这一方式对于"撬动"政府和民间的力量，放大政府资源效益，培育社会组织方面都有重要意义。此次创投活动的 38 个项目包括 7 个机构养老助残项目，7 个镇（街）公办养老机构委托经营项目，19 个社区（村）养老助残项目，4 个针对老年人、残疾人共同需求的养老助残创新服务项目，以及 1 个江门市区居家养老助残服务"平安通"项目。

五　多种力量推动养老服务人才队伍建设

养老服务人才短缺一直是我国养老服务业发展的一大问题。目前，全国各类养老服务人员共约 100 万人，其中 2/3 的人员是初中及以下文化程度，经过专业技能培训的仅有 30 万人左右，获得职业技能资格证书的仅约 10 万人；其中取得职业资格的养老护理员仅有 5 万人。老年公益人才培训项目、社会工作参与机制以及志愿者等人才储备为养老服务领域提供人才支持。

（一）涉老基金会推动开展养老服务人才培训

面对老年人口不断增长的局面，我国对专业养老护理人员的需求越来越多，然而目前我国在专业养老护理人员上存在着较大的缺口。

为了更好地开展养老护理人员培训工作，缓解市场供需不足的矛盾，以中国老龄事业发展基金会为首，2013 年 5 月成立了养老护理员培训项目管理委员会，该项目管理委员会取得了民政部职业技能鉴定中心培训资格，在全国为老年护理员提供专业的培训服务，为通过考试的学员颁发国家人力资源和社会保障部的职业资格证书，推荐优秀学员继续深造以及就业等。2014 年 8 月中国老龄事业发展基金会养老护理人员培训启动，通过一年多的努力，养老护理人员项目管理委员会已在北京、上海、浙江、江苏、安徽、山东、河北、云南、辽宁等省级行政区的城市建立了培训基地，可同时对数百名学员和教师进行培训，目前已陆续开展招生和培训工作，并因此依托以前的养老院护理人员数据，建立具有养老护理人员国家资格的不同等级人才数据库和交流平台，为机构本身以及将来其他养老机构的阶梯用人提供了人力储备。

此外，地方老年基金会也在积极发挥作用。上海作为全国首个步入老龄化社会的城市，上海人口老龄化发展速度快、程度高，迫切需要打造一支专业化的养老服务队伍。目前，全市共有养老服务人员 5.4 万名，其中养老机构服务人员 2.4 万名，社区居家养老服务人员 3 万名，距离实际需求存在较大缺口。[①] 2014 年 10 月 29 日，上海市老龄事业发展中心、上海市老年基金会举办"养老护理员岗位技能培训班"，全市 1200 名社区居家养老服务人员接受理论教育与实际操练培训。在此之后，100 名优秀学员继续进修，进而获得养老服务的国家职业等级资质，从而作为业务骨干，带领更多养老服务人员走上职业化、专业化道路。

因此，涉老基金会在推动开展养老服务人才培训方面，既提供了财力支持，又推动了专业化的养老服务人才培训，发挥着重要的作用。

（二）社会工作人才充实养老服务人才队伍

社会工作者进驻到各个养老机构和社区，可以使老年人更好地适应现代生活，有效整合机构、家庭和社区等各方面的资源，增强老年人的自我调节和社会适应性。社工可以照顾到老人们的精神需求，通过与老人进行沟通，了解他们的精神需要，从而开展丰富多彩的活动丰富老人们的生活，社工还可以运用专业的社会工作的方法来为院内老人解决困难。在我国，专门从事养老方面的社工人员还是少数，而我国面临的老龄化的社会结构正越来越凸显，养老社工正面临着巨大的社会需求。从各地已经开展的老年社会工作来看，可以分为两类。

一是社会工作组织直接承担托管社区居家或机构养老服务项目，如广东省通过政府购买服务方式由社工机构向失独老人提供服务。2010 年以来，广州市开始推行家庭综合服务中心试点，通过政府购买服务方式由社工机构承接提供服务。现在广州市共有 130 多个这样的中心，每个中心平均有 20 位社工。各个中心已经把失独老人和空巢老人一样纳入服务对象，并根据街道实际情况开展不同帮扶活动。广东省廉江市于 2011 年 8 月起开展社会工作人才队伍建设试点工作，并于 2013 年 5 月成立廉江社会工作服

---

① 《加强养老人才培养　上海已有 5.4 万养老服务人员尚存缺口》，东方网，http：//sh. eastday. com/m/20141029/u1ai8417314. html，最后访问时间：2015 年 5 月 28 日。

务中心，这是该市目前唯一的一家社工机构，主要承接政府、企业及其他组织委托的社会工作服务，帮助老年人、青少年、妇女、残疾人等各类有需要的弱势群体走出生活困境，更好地融入社会。在吉林，专业社工联合会承接的中央财政支持的"爱心助老"项目在吉林省梨树县于2014年4月启动。

二是专业社会工作者和志愿者相结合提供专项服务，如山东潍坊的"幸福夕阳红"。潍坊市选定枳沟镇东枳沟社区作为老年社会工作试点的社区，由民政局拨付试点经费10万元，指导试点社区成立了社会工作服务站，由2名专职社工和3名热心老年服务工作的社区志愿者组成，负责本社区老年社会工作项目的策划和实施。在安徽，由省社工协会设计的"怡养家园——失独特殊家庭养老关怀服务项目"获"2013年中央财政支持社会组织参与社会服务项目"资金支持，这是安徽省争取到中央财政支持（38万元）的首例社会工作服务示范项目。专业社工带领300多名志愿者，共为269户422位失独老人提供了为期10个月的关怀服务。

表5-12 部分地区社会工作服务项目统计（2014年）

序号	省 份	社会工作服务项目
1	吉 林	专业社工联合会承接的中央财政支持的"爱心助老"示范项目成功启动。通过开展个案社会工作、小组社会工作、社区社会工作等专业工作模式，为服务对象提供系统、专业的心理疏导、人文关怀等社工专业服务
2	黑龙江	通过政府购买社会工作服务方式，每年在全省选取15个符合条件的县（市、区）或单位作为特困老年人社会工作服务试点
3	江 苏	南京市祖堂山社会福利院于2010年首次引进专业社工并成立社工组，其服务模式主要是由驻区制与督导制构成
4	安 徽	①由省社工协会设计的"怡养家园——失独特殊家庭养老关怀服务项目"，专业社工带领300多名志愿者，共为269户422位失独老人提供了为期10个月的关怀服务。②安徽益众社会工作服务研究中心正式挂牌成立。该研究中心是一家从事公益组织、社会工作研究与评估体系研究的民办非企业机构。③合肥市爱邻社会工作服务社针对失能老人缺乏社会支持问题，通过社工介入，采用"职业社工＋专业养老服务人员＋家庭成员（照护者）＋志愿者"的"1＋3"服务模式

续表

序号	省　份	社会工作服务项目
5	山　东	在农村社区探索开展"幸福夕阳红"老年社会工作服务，由 2 名专职社工和 3 名热心老年服务工作的社区志愿者组成，负责本社区老年社会工作项目的策划和实施
6	广　东	①深圳市罗湖区德福社工服务中心招聘下岗失业困难人员服务社区老人。同时中心充分发挥义工队伍参与，目前德福义工队的义工数量超过 380 人。②广东省廉江市 2013 年 5 月成立廉江社会工作服务中心，主要承接政府、企业及其他组织委托的社会工作服务。③珠海市民政局社会福利中心委托北京师范大学—香港浸会大学联合国际学院（下称 UIC）开展珠海市养老机构社工巡回服务。④广州市开始推行家庭综合服务中心试点，通过政府购买服务方式由社工机构承接提供服务

（三）志愿者机制增强社区服务人才储备

各地公益组织以志愿者招募站、招募大赛、招募大会等形式招收各界志愿者进行为老服务。志愿者往往经过培训，或在专业人员的带领下进行相关服务，服务质量有一定保障。志愿者们一定程度上弥补了养老人才缺口、为养老服务注入了新鲜血液。

北京市西城区将完成辖区内空巢老人和残疾人等困难群体的"综合包户"志愿服务全覆盖，一对一服务结对率达到 100%。与此同时，各志愿者组织按照就近、就便的原则，由区志愿者联合会协调，对需要开展综合包户志愿服务的空巢老人、残疾人的范围界定，与空巢老人和残疾人结对，通过"一对一"、"一对多"或"多对一"等形式，积极开展以"四有服务"（日有联系、周有探视、月有活动、年有慰问）为主要内容的志愿服务。

浙江宁波市江东区开展的社区老年人心理健康服务项目是江东区 2014 年度实施工程，目的在于通过实施老年人心理健康促进项目，增强老年人心理健康意识，缓解老年人心理压力，提高老年痴呆、老年抑郁等精神疾病早期识别率，并采取早期干预措施，全面提高社区老年人的生活质量。该项目又称"十百千工程"，暨组建一支由专业人员和志愿者组成的 100 人的优质服务团队，通过建立老年人心理咨询辅导室、开通公益咨询热线、安排社区内设摊公益咨询、提供上门服务等四种服务形式，为有服务需求的 10 个社区，1000 名老年人提供心理健康服务。

由中国社会福利基金会老年事业基金"关爱 1＋1 圆梦计划"发起的重庆首个为老年人服务的志愿者招募工作站，在沙坪坝区虎溪大学城举行揭牌仪式。部分高校学生代表在揭牌仪式现场踊跃报名。"关爱 1＋1 圆梦计划"是中国社会福利基金会老年事业基金发起的一项面向全国老年人的大型公益活动，旨在通过引导社会力量加入公益助老行列，帮助老人完成心愿，让更多的老年人有尊严、有价值、更快乐、更健康地安度晚年。

六　小结与展望：构建多层次老年人照护服务体系

2014 年，我国养老服务业取得快速发展，养老床位和服务设施建设取得明显进展，社会力量进入养老服务业的政策更加宽松，多元化、多层次的养老服务体系已经初具雏形，但老年公益事业发展仍有很大空间。从美国、日本等国际养老服务业发展经验来看，非营利组织在提供养老服务尤其是社区养老服务方面具有天然的优势，而且在养老服务提供中占据较大的份额。

在中国，老龄化社会带来老年照护服务的巨量增长，高龄老年人、空巢老年人、特别是不能自理老年人的照护服务需求持续增长，其有效需求需要得到良好释放，需要大量价格更加合理、设施更加完备、服务更加精细、人员更加专业、管理更加完善的老年照护服务机构与养老服务社区。目前，中国的老年护理服务设施、照护服务、照护人才都还极为短缺、管理制度和效能还比较低下，需要形成政策、资本、人才、管理、服务的综合效应。老年人的照料服务需要通过制度设计，把居家护理与社区日间照顾中心、与机构服务相互衔接，把社区医疗照顾与入院照护相对接。在这个多层次的老年人照护服务体系里，需要政府的政策、监督、整合资源，需要企业、民间组织、公益组织等社会力量的积极参与，需要开发社区工作者、志愿者、老年人自身的社会价值。依托养老机构开展延伸和辐射服务，大力发展医养结合，推进医疗资源进机构和社区，加大人才培训力度，提高服务专业水平，真正构建起能够满足老年人各类服务需求的老年照护和康复服务体系。

第六章
儿童公益：制度变革引导社会参与儿童福利

2014 年，我国儿童福利事业进入重大变革时期，儿童福利制度在诸多方面取得较大进展，为儿童公益发展带来诸多机遇。社会力量开展儿童慈善活动有规可循，儿童公益组织在监护干预制度中将发挥作用，普惠型儿童福利制度试点推进政府购买服务，"社会力量参与"在社会救助文件中被多次强调。同时，中国儿童福利示范区、未成年人保护试点等儿童公益项目，通过跨界合作推动国家儿童福利制度建设，慈善组织通过多种形式开展大病医疗救助工作，媒体运用创新方法为儿童公益合作拓展空间。

一 政策进步促成儿童公益新行动

2014 年，儿童福利制度建设取得重大进展，为儿童公益组织提供了广阔空间。其中最为明显的进步是政府部门意识到社会力量在儿童福利事业中的功能作用，通过制度设计鼓励社会参与儿童慈善活动、加大向社会力量购买服务力度，并有意识地打造"慈善探索、福利接棒"的工作机制，将社会部门的儿童工作经验提升为政策法规。

（一）民政部引导慈善组织开展儿童公益活动

儿童福利领域慈善行为导向机制初步建立，对儿童福利领域开展慈善活动具有重要意义。2014 年 2 月 17 日，民政部发布《关于建立儿童福利领域慈善行为导向机制的意见》（民发〔2014〕19 号），推动慈善事业更好地服务于困境儿童，充分发挥慈善资源在建设适度普惠型儿童福利制度方面的作用。

三项基本原则体现政府鼓励慈善力量参与基本态度。一是自觉自愿、注重引导。社会力量在儿童福利领域开展慈善活动，以自觉自愿为前提，各级民政部门将加强相关引导和扶持。二是明确主体、公平开放。任何有爱心有条件的个人、慈善组织、企事业单位和其他机构，都可依法依规开展关爱儿童的慈善活动。三是统筹安排、科学调配。政府根据不同社会力量特别是不同慈善组织的特点和专长，结合儿童群体的多样需求，统筹考虑捐助资金、物资和提供志愿服务等多种慈善形式。

三大战略目标明确政府与慈善组织的互补关系。一是逐步实现对象互补。政府落实对制度覆盖群体的保障，吸收社会力量积极探索对未纳入制度保障的困境儿童的救助和服务的成功经验，为福利制度建设提供参考和依据。二是逐步实现项目互补。政府通过福利制度建立普惠型项目，解决各类困境儿童群体最具共性和普遍性的问题。三是逐步实现方式互补。面对同一目标群体时，福利制度侧重于经济保障，社会力量在进行经济援助的同时更加侧重于提供服务。

六方面主要任务引导慈善力量集中资源。一是引导社会力量确定服务对象。在国家实施孤儿保障制度、艾滋病病毒感染儿童基本生活保障制度、流浪儿童救助保护制度的基础上，各级民政部门引导社会力量特别是慈善组织，积极探索对事实无人抚养儿童、残疾儿童、患大病重病儿童、患罕见病儿童、流浪儿童、流动儿童、留守儿童、贫困家庭儿童的救助和服务。二是指导社会力量界定工作内容。对于事实无人抚养儿童、残疾儿童、患大病重病儿童、患罕见病儿童、流浪儿童、流动儿童、留守儿童、贫困家庭儿童等群体，各级民政部门指导各类社会力量兼顾经济援助和服务支持，满足儿童在教育、医疗、安全、心理健康、社会融入等方面的需要。三是鼓励社会力量从事医疗救助。各级民政部门重点引导社会力量围绕儿童大病医疗救助开展活动，鼓励个人、企事业单位加大对儿童大病医疗救助的捐助力度。四是协助社会力量争取资源支持。政府将在引导社会捐赠、配置慈善资源时，向关爱儿童的慈善组织和慈善项目做出倾斜，并将加大向社会力量购买服务的力度。五是将有关工作经验及时提升为政策法规。政府将打造"慈善探索、福利接棒"的工作机制，对于社会力量在服务儿童过程中形成的成功模式和有效经验，及时将之上升为政策或制度。政府将与社会力量共同开展有益于儿童的福利政策和制度试点，支持社会力量在儿童福利领域发挥先行先试作用。六是做好信息公开和宣传表彰工作。政府将在尊重儿童及其监护人意愿和隐私权的前提下，推动慈善组织及时披露有关工作和活动的信息。

社会力量参与儿童领域慈善日益获得政府支持，该意见的出台进一步表明了政府鼓励社会力量进入儿童福利事业的合作态度与实现路径，儿童公益慈善组织需要做好准备迎接新机遇和更大挑战。

（二）国家监护干预制度建立，拓展儿童慈善组织参与空间

2014 年 1 月 17 日，西安曲江东曲江十村 7 岁女童被发现死于家中，警方初步判断该女童是因饥饿致死。这是继 2013 年 6 月南京江宁饿死女童案之后，又一类似事件。事实上，自南京饿死女童案件发生后，国家相关部门开展了大量研究论证工作，最终在 2014 年年底通过颁布法律建立起我国未成年人监护干预制度。

2014 年 1 月 20 日，未成年人健康成长法治保障研讨会召开，推进完善未成年人监护干预制度，监护干预制度目标定位与工作机制等重要问题在此次会议中得到讨论和明确。2014 年 9 月，最高人民法院、最高人民检察院、公安部、民政部召开专家论证会，讨论《关于依法处理监护人侵害未成年人权益行为的意见（征求意见稿）》，从调查主体、评估标准、部门衔接、证据认定、处理时间、安置渠道、监护随访、专业组织参与等实际操作角度提出修改意见和建议。经过反复研究论证，2014 年 12 月，最高人民法院、最高人民检察院、公安部、民政部联合印发《关于依法处理监护人侵害未成年人权益行为若干问题的意见》（以下简称《意见》）。《意见》针对我国日益突出的儿童遭受家庭监护侵害后发现难、起诉难、审理难、安置难等实际问题，对处理儿童监护案件做出了具体规定，明确了行政机关、司法机关的工作程序和内容。

儿童监护干预制度体现国家儿童福利服务体系的整体水平。四部门联合出台的《意见》，是解决我国现有儿童监护制度失灵和应对社会舆论立法呼声的有效途径，是对监护人依法履行监护职责的有力督促。由于现实

生活中撤销监护权的案例较少，在具体问题的处理上仍有待进一步细化配套措施，尤其在具体执法过程中，需要特别注意部门衔接、儿童临时监护机构设施建设、专业儿童工作人员培养等。自 1987 年《民法通则》确立未成年人撤销监护制度 30 年来，法院依法撤销儿童监护人资格指定由国家承担监护人责任的案例仅有 2 件，均发生在《意见》出台前后。

全国第一例撤销父母监护权转由国家监护案由村委会担任儿童监护人。2014 年 7 月 4 日，福建省仙游县人民法院依法判决支持仙游县榜头镇梧店村民委员会要求，依法撤销儿童生母监护资格的诉讼请求，指定仙游县榜头镇梧店村民委员会作为儿童监护人。

全国首例民政部门申请撤销监护人资格案被写入最高人民法院两会政府报告。2015 年 2 月 4 日，江苏省徐州市铜山区人民法院当庭判决撤销女童生父母的监护权，由当地民政局接管。最高人民法院在 2015 年"两会"报告强调加强少年民事案件审判工作，特别提到江苏省徐州市铜山区人民法院审结首例撤销未成年人父母监护人资格案件。

表 6-1　福建仙游与江苏徐州撤销监护权案件

	福建仙游案	江苏徐州案
儿童情况	2004 年 7 月生，男	2004 年 10 月生，女
申请人	榜头镇梧店村民委员会	铜山区民政局
被申请人	儿童生母	儿童亲生父母
判决结果	撤销监护人资格	撤销监护人资格
生效日期	2014 年 7 月 4 日	2015 年 2 月 4 日
指定监护人	榜头镇梧店村民委员会	铜山区民政局
后续安置	SOS 村	寄养家庭

资料来源：福建法院网，http://fjfy.chinacourt.org/；江苏铜山区法院网，http://tsxfy.chinacourt.org/，最后访问时间：2015 年 6 月 10 日。

从全国仅有 2 例撤销监护权由国家监护的司法判例来看，国家接管监护权后，儿童都被安排进入类家庭环境中。福建仙游案中，村委会最终以托管的方式，委托莆田 SOS 儿童村代为照顾。江苏徐州案中，民政机关采取家庭寄养、补贴等方式将被监护儿童安置进入家庭寄养，法院选派法官定期探望。

国家颁布新的司法解释后，撤销监护权制度在法律程序上已经被激活，下一步急需完善撤销监护权后的安置与服务保障机制，公益慈善组织将发挥更大作用。当监护权转移到居（村）委会、民政部门后，如何更好地对国家监护权的行使和职责履行进行监督，如何科学评估并为儿童制定最佳照料方案，都应进行精细设计，以确保儿童监护人资格被撤销后，以政府为主体的国家监护制度能够顺利接手。从事儿童社会工作、教育、保护等公益组织，结合自身专业化优势，在儿童监护权转移过程中的报告监督、危险评估、提供安置等环节将发挥更重要的作用。

（三）普惠型儿童福利制度试点推动政府购买慈善组织服务

全国适度普惠型儿童福利制度建设试点地区规模进一步扩大。2014年4月18日，《民政部关于进一步开展适度普惠型儿童福利制度建设试点工作的通知》（民函〔2014〕105号）发布，民政部在江苏昆山、浙江海宁、河南洛宁、广东深圳开展第一批适度普惠儿童福利制度建设试点工作的基础上，在46个市（县、区）开展第二批试点工作，旨在扩大儿童福利范围，推动儿童福利由补缺型向适度普惠型的转变，建立健全城乡一体化、保障制度化、组织网络化、服务专业化、惠及所有儿童的儿童福利制度和服务体系。

专业儿童社会工作机构以及人员配备是实现普惠型儿童福利制度试点建设的重要保障，该通知特别强调试点地区政府部门通过政府购买服务等举措，整合资源形成合力，使社会力量更加广泛地参与普惠型儿童福利制度建设中。实践过程中，试点地区的地方政府部门，确实更加注重引入社会力量参与到儿童福利制度建设工作中。

浙江省洞头县政府购买服务帮扶困境家庭。2014年，浙江省洞头县政府买单免费为全县1~5周岁儿童投保人身意外伤害保险，积极探索困境家庭儿童短期托管机制并纳入政府购买服务项目，鼓励有条件的社会组织设立困境家庭儿童短期托管机构。

安徽省政府购买服务探索儿童大病救助模式。2014年，安徽省民政厅省本级公益金采取政府购买服务的形式，开展"福满江淮爱佑童心"和"福满江淮血脉相连"救助活动，建立起政府支持、社会关注、公益组织实施的困境儿童重特大疾病救助新机制。全年救助先心病患儿 404 名，白血病患儿 30 多名。①

江苏泰州首次向社会组织购买服务关注儿童社会保护。2015 年年初，泰州市民政局 100 万元专项资金，通过财政购买服务形式委托社会组织参与未成年人社会保护，主要为社区里的困境儿童及其家庭，成为该市政府首次向社会组织购买服务。

整体而言，政府部门愈加注重社会力量与慈善活动的重要作用，特别是在建立我国普惠型儿童福利制度过程中，政府更加需要社会协同，通过整合政府、家庭、企业和社会等多方力量，依托福利机构、家庭、社区、学校、市场、网络等各种平台，为各类儿童及其家庭提供基本生活服务、医疗卫生服务、康复保健服务、文化教育服务、心理健康服务、劳动就业服务以及行为矫治等多层次多样化的福利服务。未来，慈善组织在儿童福利制度建设，特别是服务体系建设过程中，势必承担起越来越多的任务和功能。

（四）多项社会救助制度鼓励社会力量参与

社会救助制度为社会力量参与特困儿童救助提供制度性支持。2014 年 2 月 21 日，国务院颁布《社会救助暂行办法》（以下简称《办法》），是我国首部统筹各项社会救助制度的行政法规，为社会救助事业发展提供法律依据，其中特别强调要加强统筹协调，实现特困儿童托底保障。《办法》规定，对于无劳动能力、无生活来源且无法定抚养人的残疾儿童和 16 周岁以下的儿童将享受特困人员有关医疗、教育等救助，对获得低保后生活仍有困难的未成年人、重残和重病患者，政府应给予生活保障。《办法》专门设立社会力量参与一章，突出强调发挥社工作用，提升社会工作服务质量，对于提高我国儿童福利水平将起到促进作用。

此外，我国临时救助制度的出台，也将进一步发挥慈善参与社会救助工作的作用。2014 年 10 月 24 日，国务院印发《关于全面建立临时救助制

---

① 《我省儿童福利服务水平不断提升》，安徽省政府网站，http：//www.ah.gov.cn/UserData/DocHtml/1/2015/2/28/9188626954968.html，最后访问时间：2015 年 6 月 10 日。

度的通知》（以下简称《通知》），部署进一步发挥社会救助"托底线"
"救急难"作用，解决城乡困难群众突发性、紧迫性、临时性生活困难。
新临时救助制度将建立起主动发现并解救困境儿童的工作机制。实践中，
有些儿童恶性事件是由于没有及时发现所致，如能得到早期干预，可能将
避免悲剧的发生。《通知》要求，公安、城管等部门在执法中发现身处困
境的儿童，应当主动采取必要措施，帮助其脱离困境。地方政府及相关部
门在发现或接到有关部门、社会组织、公民个人报告救助线索后，应主动
核查情况，协助其申请救助并受理。

多部救助制度政策突出强调发挥社会力量作用，国家势必将开展多项
工作着力推动扶持慈善组织发展，如建立信息平台网站、举办国家级慈善
展览会、出版《慈典》等[1]，充分发挥社会力量的优势和作用。

二　跨界合作推动普惠型儿童福利制度建设

2014 年，跨界合作成为儿童公益事业的一个重要趋势。由民政部、联
合国儿童基金会、北京师范大学中国公益研究院三方合作开展的中国儿童
福利示范区项目取得重大进展，其创建的"儿童福利主任"工作模式被视
为实现普惠型儿童福利制度的有益探索，获民政部发文推广。在未成年人
保护领域，全国第二批试点工作确定 98 个地区，引入多方力量参与，构建
"家庭、社会、政府"三位一体的儿童保护制度。

（一）中国儿童福利示范区项目经验获民政部推广

到 2010 年，中国 6100 万农村留守儿童，约 2000 万儿童生活在贫困线
以下，约 1300 万儿童未获得户籍登记。[2] 这些儿童缺乏足够的家庭关爱和
照料，难以得到足够的卫生保健服务和高质量教育。中国儿童福利示范区

---

① 《民政部就〈国务院关于全面建立临时救助制度的通知〉有关情况举行新闻发布会》，国务院网
站，http://www.scio.gov.cn/xwfbh/gbwxwfbh/fbh/Document/1384414/1384414.htm，最后访问
时间：2015 年 6 月 10 日。

② 《中国现有 7000 万农村留守儿童 1300 万未获户籍登记》，人民网，http://www.can-
news.com.cn/2014/0603/95640.shtml，最后访问时间：2015 年 6 月 10 日。

项目由民政部、联合国儿童基金会、北京师范大学中国公益研究院合作开展。自 2010 年 5 月起，项目在山西、河南、四川、云南和新疆的 12 个县 120 个村开辟儿童活动场所——儿童之家，在村里设立专门为儿童服务的人员——儿童福利主任，把儿童福利递送体系由县/乡延伸到村/社区，使每个儿童享有福利服务，形成基层儿童福利服务模式。2014 年，儿童福利主任为 1358 名困境儿童申请救助金并提供个案服务，完成儿童福利骨干家长培训 20 场次，举办各种亲子交流、儿童养育和安全等家长培训，参与人次达 750，开展 50 次主题儿童活动，参与人次达到 8000。[①]

针对我国儿童福利面临的服务缺乏和递送体系空白，儿童福利主任模式可以因地制宜，在更广范围内得到推广。一是通过行政手段使儿童福利主任的职位固定化，系统化。建立"村/社区—乡/县—市/省"的多级儿童福利服务管理人员体系。二是保证两级财政支持，地方财政与中央财政配套，为儿童福利主任构建薪资保障，保证其稳定性，同时吸引社会工作专业人员进入儿童福利主任队伍。

中国儿童福利示范区项目创建的儿童福利主任模式已成为我国儿童福利服务递送体系的重大创新，被纳入政府普惠型儿童福利制度建设。民政部《关于进一步开展适度普惠型儿童福利制度建设试点工作的通知》中明确指出要建立儿童福利工作指导和服务体系，首先要依托市（县）儿童福利机构或综合性的社会福利机构设立儿童福利指导中心，依托街道或乡镇设立儿童福利服务工作站，依托村（居）委会设立一名儿童福利主任或儿童福利督导员开展儿童脆弱性监督和福利服务，形成纵向到底、信息共享工作指导体系，开展儿童福利指导工作。

（二）未成年人保护试点引入多方力量参与社会保护

全国第二批未成年人社会保护试点探索建立多方参与的新型儿童社会保护制度。2014 年 8 月，民政部下发《关于开展第二批全国未成年人社会保护试点工作的通知》（民函〔2014〕240 号），在第一批未成年人社会保护试点工作取得良好成效的基础上，将第二批试点工作扩展至 98 个地区。

---

① 北京师范大学中国公益研究院：《2014 中国儿童福利示范项目年度报告》，2015 年 6 月。

第二批试点工作将救助保护对象延伸至困境儿童，具体包括因监护人服刑、吸毒、重病重残等原因事实上无人抚养的未成年人，遭受家庭暴力、虐待、遗弃等侵害的未成年人，缺乏有效关爱的留守流动未成年人，因家庭贫困难以顺利成长的未成年人，以及自身遭遇重病重残等特殊困难的未成年人。

社会力量作为重要责任主体，将在试点地区的儿童保护工作中发挥更大功能。试点地区将探索建立未成年人社会保护"监测预防、发现报告、帮扶干预"联动反应机制，构建覆盖城乡的未成年人社会保护网络，推动建立"以家庭监护为基础、社会监督为保障、国家监护为补充"的监护制度，形成"家庭、社会、政府"三位一体的未成年人社会保护工作格局。其中，特别坚持政府主导和社会参与的原则，整合政策资源、部门资源、层级资源和社会资源，建立权责清晰、衔接有序、紧密配合、协同推进的工作机制。此外，遵循"政府主导、社会承办"原则，试点地区还将通过政府购买服务等方式，培育、引导社会工作机构、社会组织、法律工作机构、爱心家庭、志愿者团队等社会各方面力量参与试点工作，构建政府部门负责政策制定、资金保障、技术支持、监管评估，社会力量开展监测预防、调查评估、心理关爱、教育辅导、法律服务等具体工作。

到2014年年底，在民政部推进98个国家级试点地区基础上，各地又确定了105个省级试点地区。江苏等6省在各地市均确立了试点县（市、区），实现试点工作在地市级全覆盖。145个试点地区建立了由市（县）领导担任组长、相关职能部门主要负责人为成员的试点工作领导小组。44个试点地区将"流浪未成年人救助保护中心"更名转型为"未成年人保护中心"，工作职能拓展为面向困境未成年人的社会保护。122个试点地区通过整合12355青年服务热线、12349公益热线、市长热线等资源，积极受理有关单位和人员的电话报告，及时发现掌握困境未成年人情况。①

---

① 《民政部：力争2016年完成未成年人社会保护试点工作》，中国政府网站：http://www.gov.cn/xinwen/2014-12/26/content_2797449.htm，最后访问时间：2015年6月11日。

三 慈善组织多模式介入儿童大病救助

在儿童大病救助领域，慈善组织的参与越来越深入、模式越来越多元、贡献越来越大。其中较有影响力的项目包括接受政府资助专门救助白血病患儿的"小天使基金"，通过公益保险为孤儿建立补充性医疗保障机制的"孤儿保障大行动"，通过专业联盟建立唇腭裂诊疗标准的嫣然医院，这些项目均由慈善组织发起实施，受益群体规模大，为提高儿童大病救助效果、效率作了有价值的探索。

（一）福彩公益金：小天使基金1.4亿元救助白血病患儿

政府出资支持慈善组织开展儿童大病救助的项目，覆盖范围广，救助人数多，社会影响力大。目前由财政出资慈善组织实施救助的项目数量仍然较少，但一旦获政府支持，慈善组织的救助额度和救助范围能够迅速扩大，其覆盖的人群广度和保障的力度在一定程度上不亚于政府政策，又因为慈善组织的性质而能够及时对保障的病种和保障的人群进行调整，体现慈善救助的灵活性，从而成为目前在儿童大病救助领域应重点倡导的救助模式之一。[1]

2014年，小天使基金彩票公益金项目共救助来自除西藏外内地30个省级行政区白血病患儿4488名，共计拨付资助款1.4112亿元。[2] 中国红十字基金会小天使基金成立于2005年6月，是我国首个也是唯一一全国性白血病儿童专项救助基金，为每位来自贫困家庭的14岁以下白血病患儿提供3万~5万元的治疗费用资助。在成立之初，每年所募集的社会资金都在五六百万元左右，资金规模的限制使得每年的白血病患儿救助人数也都限制在100多人。自2009年，小天使基金获得国家彩票公益金的定向资助。[3] 截至2014年年底，在国家彩票公益金和社会公众捐款的支持下，小

---

[1] 中国红十字基金会：《中国儿童大病医疗保障与社会救助分析》，2014，第41页。
[2] 中国红十字基金会：《中国红十字基金会年报2014》，2015年6月，第19页。
[3] 《中国红基会2014年度彩票公益金项目小天使基金执行完美收官》，中国红十字基金会网站：http://new.crcf.org.cn/html/2014-11/24908.html，最后访问时间：2015年6月11日。

天使基金累计救助贫困白血病患儿 13806 人，资助总金额达 4 亿多元。[①]

（二）公益保险：孤儿大病公益保险惠及 93 万人次

为困境儿童购买大病保险的方式，将慈善捐款转化为给孤儿的重大疾病保险，运用保险这一市场化手段建立慈善救助的新模式，为广大孤儿在患病前就建立了可靠的救助保障机制，一旦患病能及时得到救助，大大提高了对可能患病孤儿的医疗救助力度。

"孤儿保障大行动"由中国儿童少年基金实施，通过公益保险手段为孤儿建立了新的补充性医疗保障机制。孤儿获此项保险后，如果患上包括恶性肿瘤在内的 12 种重大疾病，将获得保险公司提供的 10 万元赔付款用于医疗救治等。公众捐助 50 元善款可为 1 名孤儿提供 1 年保额为 10 万元的大病公益保险。2014 年 9 月，广东省近 3 万多名社会散居孤儿首次获赠"孤儿重大疾病公益保险"；2014 年 10 月，湖南省湘潭市 632 名孤儿获赠"孤儿重大疾病公益保险"；2014 年 11 月，安徽省启动首批孤儿获赠"孤儿重大疾病公益保险"。自 2009 年 9 月 15 日启动，到 2014 年累计为全国 21 个省份的孤儿和贫困儿童送去百余万份大病公益保险。[②][③]

（三）合作平台：嫣然携手专业联盟建立诊疗标准

各类慈善组织在儿童大病救助方面的重大挑战之一是缺乏行业支持平台，包括培训、标准化、信息化等行业性的工作机制尚未建立起来。[④] 2014 年，中国红十字基金会嫣然天使基金进行了有益尝试，通过多方合作探索建立国内系列唇腭裂学术规范标准，构建国内高水准治疗网络，旨在为唇腭裂患者提供高质量的、便捷的医疗服务。

2014 年 3 月 28 日，中国唇腭裂诊治联盟由中国红十字基金会、中华

---

① 中国红十字基金会：《中国红十字基金会年报 2014》，2015，第 20 页。

② 《中国儿童少年基金会为孤贫儿童累计送出 93 万份大病公益保险》，中国儿童少年基金会网站：http://www.cctf.org.cn/html/2014 - 06/11692.html，最后访问时间：2015 年 6 月 11 日。

③ 《7 万多名孤儿新学年获赠大病公益保险》，中国儿童少年基金会网站：http://www.cctf.org.cn/html/2014 - 09/11795.html，最后访问时间：2015 年 6 月 11 日。

④ 中国红十字基金会：《中国儿童大病医疗保障与社会救助分析》，2014，第 81 页。

口腔医学会、北京嫣然天使儿童医院三方合作成立，联盟作为非营利性学术组织旨在整合国内跨学科各类医疗资源，依托全国范围内达到一定规模和水准的唇腭裂治疗中心，形成唇腭裂诊疗及研究协作体。联盟的具体工作目标包括设立治疗团队建设和管理原则、规范诊疗模式及疗效评估方法和标准，建立并使用统一的病案资料采集和病例追踪数据收集模式，创立共享在线患者数据库，组织并实施大样本的临床与基础的合作研究；同时积极发展并形成国内高水准的唇腭裂治疗网络，力争为中国唇腭裂患者提供高质便捷的医疗服务，最终引领中国的整体唇腭裂治疗逐步达到国际一流水平。[①]

（四）互助金：上海市少儿住院互助基金扩大范围

20 世纪 90 年代，在国家医疗保险缺失的情况下，多地探索建立了儿童医疗互助金模式，其中以上海中小学生、婴幼儿住院医疗互助基金建立时间最早、运作最为成功。即使在各项保障制度显著提升的今天，上海市少儿住院互助基金仍在上海市儿童医疗保障方面发挥了重要作用，被认为是慈善组织推动儿童大病医疗保障水平的典范[②]。

2014 学年，上海市少儿住院互助基金集中缴费期间参保人数达 213.4 万人，创历史新高，覆盖在本市就读的中小学校（包括中专、职校、技校、特殊学校）在校学生、幼托机构在园（所）儿童，以及 18 周岁以下沪籍散居少儿等。凡上海户籍新生儿在满月后的 1 个月内、《上海市居住证》达标准积分人员同住子女在"积分通知书"出具的 1 个月内，仍可办理参保手续。截至 2014 年年底，互助基金运行 18 年以来，不断完善参保范围和支付政策，已累计为 140 余万人次的患病少儿支付费用约 15 亿元人民币，人均次报销 1039 元，为 6.2 万人次大病患儿提供住院和大病专科门诊报销，大病患儿人均次报销约为 2300 元，被称为"生命绿卡"[③]。自

①《中国唇腭裂诊治联盟签约仪式在京举行》，中国红十字基金会网站：http://new. crcf. org. cn/html/2014－03/24447. html，最后访问时间：2015 年 6 月 11 日。

② 中国红十字基金会：《中国儿童大病医疗保障与社会救助分析》，2014，第 54 页。

③《明年起申城少儿住院互助基金支付范围将扩大》，上海市人民政府网站：http://www. shanghai. gov. cn/shanghai/node2314/node2315/node17239/node18078/u21ai964589. html，最后访问时间：2015 年 6 月 11 日。

2015 年 1 月 1 日起，上海市少儿住院互助基金进一步扩大支付范围，将部分一次性使用和植入性医疗材料、日间手术病房费用、日间化（放）疗病房费用纳入支付范围。

四　媒体传播拓展儿童公益合作空间

媒体不断为公益事业提供新的发展动力，互联网降低了媒体募捐和传播的成本和门槛，使得人人可以参与。2014 年，多个社会名人联手网络为儿童公益项目募捐，带动了广泛的公众参与。儿童公益项目借助媒体传播的力量，拓展了更大发展空间。

（一）新媒体助力大病儿童获百万捐赠

新媒体以分散的广大网民为基础，聚合普通人的微力量投入儿童公益领域。2014 年 1 月，阿里巴巴集团董事局主席马云宣布，该企业将每年千分之三的收入投入公益活动。2014 年，每当有"扎堆"（手机社交游戏平台，类似话题小组）网友关注人数超过百万，阿里巴巴公益就为每个"扎堆"捐出 100 万元，总计投入 1 亿元。

2014 年 4 月 2 日，第七个世界自闭症日，李连杰和百万网友发起蓝色行动，阿里巴巴公益基金 100 万元赠予壹基金大福基金，用以定向资助国内自闭症康复机构和贫困自闭症儿童家庭。

2015 年 1 月 23 日，赵薇和网友发起了捐款行动，人数突破百万，阿里巴巴公益基金 100 万元捐献给 V 爱基金，用作白血病儿童的移植手术费用。

（二）慈善晚会为公益组织和企业搭建合作平台

电视媒体作为极具社会号召力的传统媒体，不断发挥自身优势，与专业慈善组织联合发起有影响力和关注度的大型公益活动，为有意愿参与儿童公益事业的企业搭建合作平台，慈善组织获得爱心捐赠，单位企业获得媒体宣传，实现共赢。

2014 年，中央电视台继"寻找最美乡村教师""寻找最美乡村医生"

"寻找最美消防员""寻找最美村官"之后，又开展了"善行2014"大型公益活动，旨在凝聚社会各界力量，共同推动中国慈善事业发展。2014年12月5日，中央电视台举办了"善行2014"收官晚会"CCTV慈善之夜"，以救助儿童为主题，共为儿童筹得了2.33亿元善款。善款将用于解决贫困儿童的医疗、教育和生活问题，意味着更多的孩子能上得起学、看得起病。晚会现场，中华少年儿童慈善救助基金会现场筹集到30多万元善款，为患上肌肉萎缩症的儿童包珍妮未来的生活和治疗提供保障；北京天使妈妈慈善基金会也为肌神经萎缩患儿何颖慧安排进行检查和手术。晚会为爱心企业家和公益慈善组织搭建了合作沟通的平台与桥梁。

表6-2 2014年"CCTV慈善之夜"儿童救助善款筹集情况

单位：万元

资助单位/企业	金　额	用　途
中国扶贫基金会	3000	爱心包裹
中华慈善总会	10000	"一张纸献爱心"儿童大病救助和"救急难"基金
中国儿童少年基金会、中国人民解放军空军	3000	春蕾计划、蓝天春蕾计划
中国妇女发展基金会、中国光大银行、玫琳凯	3000	母亲水窖
中国青少年发展基金会、加多宝、平安保险	4300	希望工程
中华少年儿童慈善救助基金会	30	包珍妮生活治疗费用
北京天使妈妈慈善基金	10	为何颖慧安排进行检查和手术

资料来源：根据媒体报道整理。

（三）新型捐赠提升儿童公益机构媒体传播影响力

儿童公益机构在传播方面普遍存在先天缺陷，经费预算很少，加之公益机构资源有限，慈善传播一直处于一种基础的层面。2014年11月，AnG无双科技和真格基金为江苏慈善公益协会总会、美丽中国公益教育、中国儿童基金会·爱心家园、北京新阳光血液病关爱机构、瓷娃娃·罕见病关爱中心等5个儿童慈善机构捐赠了2亿次网络展示广告资源。与传统捐赠形式不同，两家广告公司为慈善事业贡献自己的创意，帮助慈善机构更有效地使用媒体传播资源，这种特殊捐赠有助于公益机构摆脱宣传困境，更有利于儿童公益活动的开展。

五　儿童公益领域内在需求旺盛

现阶段，农村留守儿童、遭受家庭暴力或得不到必要照料、患重病得不到救治等困境中儿童日益引起社会关注。虽然国家近几年在儿童福利上投入渐长，儿童领域的社会救助服务、能力也在明显提升，但因问题多、人口数量大，儿童公益和福利事业仍面临资金和人才等方面的挑战。

（一）儿童领域社会议题广泛，社会力量参与增长

1. 六千万农村留守儿童缺失关爱，需要社会力量关注

我国存在大量留守儿童，且人口规模不断扩大。2000 年留守儿童人口为 1980 万，2005 年已达到 5860 万，2010 年进一步增长至 6103 万[1]，约占农村儿童总数的 40%，约占全国儿童总数的 20%，即每 5 名儿童中就有 1 名是农村留守儿童。[2]

留守儿童缺失亲情、生活照料、学习辅导、安全保护等问题突出，心理健康问题和遭受性侵害问题最为严重。研究显示，88.2% 的农村留守儿童只能通过打电话与父母联系，其中有 64.8% 的农村留守儿童一周以上甚至更长时间才能与外出父母联系一次，8.7% 的儿童甚至与父母没有联系，24.2% 的留守儿童与照顾他们的成年人很少或从不聊天。[3]《广东农村留守儿童成长状况与教育对策》研究报告指出，接近一成留守儿童有过"被遗弃"的感觉。[4] 四川眉山调查近 6000 名留守儿童，其中父母一年回家一次

---

[1] 联合国人口基金、联合国儿童基金会：《中国儿童人口状况－事实与数据 2013》，2014，第 4 页，联合国儿童基金会，http：//www. unicef. cn/cn/index. php？m = content&c = index&a = show&catid = 59&id = 1852，最后访问时间：2015 年 6 月 13 日。

[2] 全国妇联课题组：《我国农村留守儿童、城乡流动儿童状况研究报告》，中国网，http：//www. china. com. cn/news/txt/2013－05/18/content_28862083. htm，最后访问时间：2015 年 6 月 13 日。

[3] 叶敬忠、詹姆斯·莫瑞〔美〕编《关注留守儿童：中国中西部农村地区劳动力外出务工对留守儿童的影响》，社会科学文献出版社，2005。

[4] 刘永霞：《广东农村留守儿童成长状况与教育对策》，留守儿童帮扶网，http：//blog. si-na. com. cn/s/blog_ 6779764b0100j7ls. html，最后访问时间：2015 年 6 月 13 日。

的占 50.7%，两年回家一次的占 17.5%，三年以上没有回家的占 12.7%。① 留守儿童心理孤独指数显示，留守儿童心理孤独平均指数为 40.44，属于"中度孤独症"，26.9% 的留守儿童心理孤独指数大于 46，即每 4 名留守儿童中有 1 人存在严重心理孤独问题。② 此外，农村留守儿童还是遭受儿童性侵害的高危人群，数据显示，遭受性侵案件近四成是农村留守儿童③。

关爱留守儿童已成为社会治理重要议题。2015 年《政府工作报告》特别提出为农村留守儿童、妇女、老人提供关爱服务。解决农村留守儿童问题，迫切需要建立起全社会参与的福利服务体系。公益组织因其具备专业化优势，将成为农村留守儿童福利服务体系中的重要力量，发挥独特作用。2014 年，公益力量关怀留守儿童更加人性化，形式不断创新。春节期间，王永、陈伟鸿、赵普、郎永淳、邓飞等人发起"公益顺风车"帮助留守儿童家长春节顺利返乡；山东青岛铁路局开展"车递儿童"公益活动特别为 7～13 岁留守儿童独自坐车与父母团聚提供服务。2014 年 2 月，民政部、中国社会福利基金会成立"鸿计划"开展百名明星救助留守女童公益活动。2014 年 5 月，陕西设立"全国留守儿童心理帮扶计划"成为全国第一个专业的关爱留守儿童心理培训和组织机构。2014 年 7 月，南京中脉科技发展有限公司与中国儿童少年基金会在浙江杭州联合推出国内最大的留守儿童安全教育项目。2014 年 9 月，中国红十字会启动"博爱信使"项目通过手机短信平台为新疆等五省份留守儿童提供资助与服务。2014 年 11 月，中国红十字会总会创建中国留守儿童 CCIF 数据库。

2. 监护缺失所致儿童伤亡案件增多，每年 5.5 万儿童意外死亡

2014 年，经媒体报道的儿童伤害事件数量更多，情形更恶劣，其中家庭暴力案件问题最为突出。全国人大最近的调研结果显示，全国每年 5.5 万未成年人意外死亡，家庭监护缺失造成的拐卖、虐待、性

① 裴小梅：《"留守儿童"犯罪的社会干预——"留守儿童"犯罪引发的思考》，《河南师范大学学报（社会科学版）》2008 年第 2 期，第 129～131 页。

② 《全国留守儿童心理孤独指数》，广厦民生研究院，2014。

③ 《2013—2014 年儿童安全教育及相关性侵害案件情况报告》，中华社会救助基金会，2014。

侵案不断增多。① 据中华人民共和国最高人民法院网站消息，我国大约有 24.7% 的家庭存在不同程度的家庭暴力。② 一些采取极其残忍手段虐待妇女、儿童、老人的案件，经媒体报道后，引起了社会高度关注。2014 年 4 月 1 日经媒体报道，四川成都"阳台男孩"阳阳遭家暴引发社会广泛关注，在记者观察的 8 个小时里，阳阳被父亲及其女友一共殴打 17 次，被脚踹、被扇耳光、被抓住头发撞墙。2014 年 7 月，"阳台男孩"离家流浪 53 天，直到被记者发现送回家中。2014 年 9 月，广东汕头男子虐子照事件网上被网友曝光，该男子有吸毒史，与幼童母亲未领取结婚证，幼童母亲年初离家出走后，男子便开始经常殴打幼童泄愤。

表 6 - 3　2014 年儿童恶性伤害事件

时　　间	地　　区	事件内容
1 月 2 日	广东佛山	男童（2 岁）被醉酒的父亲烧伤头皮，此前曾被其父长期虐打
1 月 10 日	江苏镇江	婴儿（16 个月）左肾被一根针贯穿，当地 2013 年年底曾有相似案件
1 月 11 日	河南上蔡	女童（1 岁）心脏被扎入缝衣针
1 月 20 日	广东广州	父亲街边毒打男童后弃置垃圾桶，致其骨折、颅内出血
1 月 22 日	陕西西安	女童（7 岁）饿死家中，其母疑患精神病
1 月 23 日	广东深圳	男童（4 岁）遭父亲毒打，其父供称近 1 个月内殴打儿女十余次
1 月 28 日	湖北襄阳	男童（6 岁）被其婶婶割双耳、砍下巴，其中一耳已坏死
3 月 10 日	湖南株洲	女子将儿子（5 岁）2 次扔入湘江试图淹死
3 月 11 日	福建南安	女童（15 岁）被堂兄用绳勒死，抛尸粪坑
3 月 13 日	山西大同	继母割掉孩子鼻子，并进行殴打致其头骨露出
3 月 19 日	云南文山	男子将"毒鼠强"投入零食，导致幼儿园 7 名幼儿误食中毒，其中 2 名幼儿抢救无效死亡
3 月 25 日	四川达州	2 名儿童（5 岁、8 岁）被村民殴打后推下山崖致死
3 月 27 日	广西钦州	发生接连砍伤 7 人事件，其中 2 名儿童

① 《全国人民代表大会常务委员会执法检查组关于检查〈中华人民共和国未成年人保护法〉实施情况的报告》，中国人大网：http://www.npc.gov.cn/npc/xinwen/2014 - 08/26/content_1875353.htm，最后访问时间：2015 年 6 月 16 日。

② 《最高人民法院召开司法干预家庭暴力有关情况新闻发布会》，中国法院网：http://www.chinacourt.org/article/detail/2014/02/id/1220942.shtml，最后访问时间：2015 年 6 月 16 日。

续表

时　间	地　区	事件内容
4 月 2 日	四川南充	女婴被人从楼上扔下，当场死亡
4 月 2 日	上海	女子因与丈夫争吵砍断儿子（8 岁）3 根手指
4 月 3 日	四川成都	男孩（11 岁）在阳台居住 2 年，8 小时内被父亲暴打 17 次
4 月 8 日	辽宁本溪	女童（3 岁）下体被塞入硬币等异物
4 月 12 日	广东惠州	女童（5 岁）颅内损伤、全身多处挫伤，疑被父母虐待
4 月 14 日	四川广元	男童（11 岁）被母亲殴打 2 小时后死亡
4 月 28 日	福建福州	恶性撞人事件造成 6 人死亡，其中 3 名儿童，另有 13 人受伤
4 月 29 日	浙江慈溪	两幼儿被母亲遗弃马路中央，其中一婴儿（8 个月）被碾压身亡
5 月 2 日	浙江宁波	女婴（1 岁）被母亲抓头撞地致颅内出血死亡
5 月 2 日	台湾	女童（8 岁）疑被虐待饿死家中，死亡时体重仅 8 公斤
5 月 19 日	浙江杭州	女童（11 岁）因抄作业被父亲毒打致死
5 月 30 日	北京	女子办"国学班"虐待 3 名儿童致其全身多处骨折、颅内积液
6 月 5 日	福建莆田	母亲林丽姐长期虐待 9 岁的儿子，对其殴打，甚至用火烧脖子、用剪刀剪耳朵、用刀划脸
6 月 21 日	咸宁通山县通羊镇	某村民家遭袭，其三个孩子（分别有 14 岁、10 岁和 7 岁）及妻姐被一男子刺伤，其中年仅 7 岁的儿子不幸身亡
7 月 6 日	云南宣威	云南小学教师性侵 8 名女生，受害女生不敢吱声，被性侵女童年龄最大的 11 岁，最小的只有 5 岁
7 月 8 日	台湾中坜市	19 岁母亲与男友泡网吧，一岁半男童"佑佑"，因挨饿无人照料、送医不及时死亡
7 月 10 日	福建龙岩	35 岁的后妈吴某把小婷（7 岁）拉入厨房，拿起菜刀剁下她的右手，并将残肢抛入房后的粪坑
7 月 12 日	河南上蔡县	2 岁双胞胎男孩相继失明后被查出脑部现钢针，孩子的爷爷奶奶怀疑是其患精神病的母亲所为
8 月 26 日	湖北武汉	9 岁女童病理性大小便失禁，其母吴茂珍嫌其弄脏衣物、床单，经常对其暴打。女童头部受伤昏迷后，其母以无钱医治为由放弃治疗直至其死亡
8 月 31 日	广东花都区	六岁男童因不认真做功课被父亲暴打，孩子全身多处都有淤紫，外额淤血比较严重，颅内大量出血，生命垂危
9 月 5 日	山东聊城	幼儿园一男童因没有午休吵闹，遭到女老师用拖鞋残暴虐打
9 月 10 日	江苏常州	8 岁男孩小鑫悄悄拿了家里 12 元钱，养母钱女士因此用开水将小鑫手烫成深二度烫伤

续表

时　间	地　区	事件内容
9 月 18 日	广东汕头	为了胁迫家人给赌资，男子多次殴打 3 岁儿子，并将全身伤痕的孩子照片发到网上
9 月 25 日	上海徐汇	徐汇艺术幼儿园老师用针刺学生，下手歹毒女孩浑身是针刺伤
10 月 16 日	西安曲江	春藤幼儿园两名教师将孩子关入小黑屋并暴力虐打
10 月 23 日	山东聊城	11 个月女婴小紫萱被 12 根钢针插满臀部、腹腔、骨盆等部位
11 月 7 日	河南漯河	幼童翟炳强（3 岁）被叔叔的女友用刀切断阴茎
11 月 11 日	四川稻城	女童出生后被患精神病母亲扔猪圈 8 年，身高仅 78 厘米患上脑瘫
12 月 6 日	辽宁铁岭	7 岁女童丽丽（化名）因上课交头接耳，被班主任拽头撞墙，导致丽丽出现轻型闭合性颅脑损伤
12 月 7 日	浙江义乌	7 岁男童因上课时不遵守纪律，被老师在脸上扎了五针，同班还有四五个同学被扎
12 月 22 日	广东博罗县	张某在家采取胁迫手段，长期对女儿小蕾（12 岁）实施奸淫并殴打，被判处有期徒刑 12 年后毫无悔改之意，称"自己的孩子，想玩玩"
12 月 25 日	湖北省新畈村	新畈村逸夫小学多名幼女遭到 58 岁老师陈某的性侵害

资料来源：中国公益研究院根据新闻报道整理。

3. 儿童医疗救助领域慈善资源分布不均衡

根据北京师范大学中国公益研究院与中国红十字基金会联合发布的《中国儿童大病救助与慈善组织参与现状报告》，从慈善组织所救助的人数占需要救助患儿人数的百分比来看，结核病、脑瘫、脑肿瘤、再生障碍性贫血、恶性淋巴瘤、重症肌无力的比例最低，说明对这些患病儿童的救助规模还远远不能满足实际需求。而针对唇腭裂、先心病等患儿的救助资源非常多，能够解决当年甚至以往累积的救助需求。

包括罕见病在内，更多的疾病患者也没有得到社会资源的倾斜。在国家医保报销范围内的"大病"病种，受到的关注度也不尽相同。虽然血友病被纳入国家医保的大病范围，但是由于国家医保实际报销比例平均约为55％，疾病的终身服药性，令很多血友病患儿家庭依然存在"因病致贫、因病返贫"的现象。

据不完全统计，2012 年，有超过 70 家慈善组织开展了 130 余个儿童大病救助项目，覆盖了 10 多种儿童重大疾病，对数万名患儿实施了救助。[①] 针对儿童大病的救助项目，募资通常非常困难，如新阳光慈善基金会在开展青少年白血病项目时，计划募资 2000 万元，而实际仅筹集到 200 万元。儿童大病投入高。通常而言，捐款人所捐款项对一个受益群体的作用面越大，捐款积极性越高。而重大疾病的医疗费用通常高达数十万元甚至上百万元，对于捐款人来说，同样的资金用于大病救助的受益面积更小。

（二）儿童领域社会救助服务能力待提升

1. 儿童公益组织规模、业务分类、项目及社会救助服务情况

慈善力量开展儿童福利工作的范围与内容日益丰富。在公益项目和活动方面，根据中国公益研究院儿童福利研究中心的监测数据，2014 年，儿童领域启动公益项目与活动 104 个。从地区分布来看，主要集中在北京、广东、江苏、上海等经济发达省份，以及云南、甘肃、四川、青海、河南、贵州等较贫困地区；从关注领域来看，教育发展方面项目最多，其次为医疗康复与安全保护。

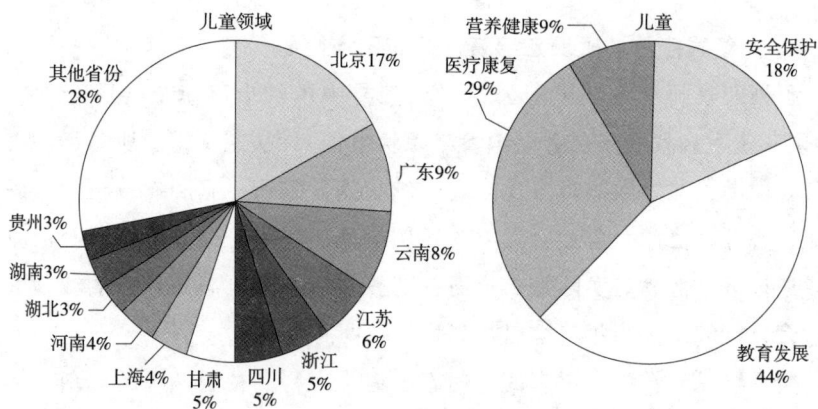

图 6-1　按地区、按内容分儿童领域公益项目分布情况（2014 年）
资料来源：根据中国公益研究院儿童福利研究中心监测数据整理。

在慈善捐赠方面，2014 年，儿童领域过百万慈善捐赠 72 笔，总金额

---

① 中国红十字基金会：《中国儿童大病救助与慈善组织参与现状报告》，中国红十字基金会网，http：//new.crcf.org.cn/html/2014-1/24065.html，最后访问时间：2015 年 8 月 24 日。

达 10.4 亿元。从受益人群来看，捐赠资金主要流向贫困地区儿童与在校儿童群体，占到儿童领域慈善捐款总额的 65%。

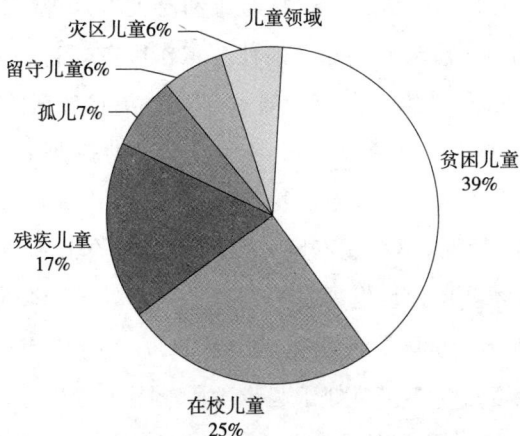

图 6 - 2 按人群分儿童领域慈善捐赠分布情况（2014 年）

资料来源：根据中国公益研究院儿童福利研究中心监测数据整理。

然而，一直以来，社会力量在开展关爱儿童慈善活动过程中缺乏明确引导机制，具有较强的自发性，容易出现理由不正当、行为不规范、调配不科学、关爱不到位的情况，存在一定的理念盲区与行为误区。

2. 中央财政购买服务儿童项目投入仅占总资金 7%

2014 年，中央财政支持社会组织参与社会服务项目名单，其中六成项目与社工相关，投入资金近 1.5 亿元。根据《中央财政支持社会组织参与社会服务项目资金使用管理办法》和《民政部关于印发〈2014 年中央财政支持社会组织参与社会服务项目实施方案〉的通知》，经专家委员会评审和项目管理工作领导小组批准，2014 年中央财政支持社会组织参与社会服务项目立项共四大类 448 个项目，安排专项资金 19539 万元。其中，与社工相关的各类项目共 273 个，占总项目比重超过六成，立项资金达 14934 万元。[①]

---

① 财政部、民政部：《中央财政支持社会组织参与社会服务项目资金使用管理办法》，社会组织网，http：//www. chinanpo. gov. cn/showsfxmBulltetin. do？ id ＝ 64107&dictionid ＝ 4200&catid ＝ &netTypeId ＝ 1&websitId ＝ 100，最后访问时间：2015 年 6 月 13 日；民政部：《民政部关于印发〈2014 年中央财政支持社会组织参与社会服务项目实施方案〉的通知》，中华人民共和国民政部网站，http：//www. mca. gov. cn/article/zwgk/tzl/201311/20131100550985. shtml，最后访问时间：2015 年 6 月 13 日。

资助的社工类项目涉及养老、医疗、婚姻家庭、残疾人、妇女、儿童青少年和禁毒等行业，以城市流动人口、农村留守人员、老年人、儿童青少年、残疾人、社区矫正人员、优抚对象和受灾群众等特殊群体为重点服务对象，针对他们的需求提供专业的社会工作服务项目。其中，中央财政2014 年留守儿童、特殊家庭儿童及青少年群体项目投入 1368 万元，用于关爱儿童青少年心理，改善生活学习环境，资助孤儿、弃婴的收养、治疗、康复活动，资助对流浪儿童和特殊困难的残疾儿童的援助保护活动。

3. 儿童社工从业人员严重不足，每 10 万青少年仅有 5.3 个社工

我国社工人才队伍建设发展态势良好，但仍处于起步阶段，儿童社工人才不足。2014 年，全国持证社会工作者 16 万人，比 2013 年增长 30%，显示了良好发展态势，但仍然处于起步阶段。全国青少年事务社会工作从业人员（不包含专职团干部）约 2 万人，相当于每 10 万青少年中有 5.3个从业人员，其中取得社会工作专业学历的只有 5907 人，通过社会工作者职业水平考试的仅为 7540 人。① 与社会工作发展较为成熟的国家和地区相比，这一数量明显不足，难以满足服务青少年成长发展的现实需要。

目前，我国儿童社工还存在着人才不足、服务区分不明、儿童社工比例过小等问题。我国儿童社工服务主要针对孤残儿童和困境儿童，且针对两类儿童群体的服务并未被区分开来。儿童社工人数占所有社工人数的比例远低于英、美等发达国家。以我国儿童福利机构的儿童社工为例，我国拥有资质的儿童社会工作者为 486 人，仅占总数的 0.3%。而美国 2004 年服务儿童的专业社工就有 27 万人，占总数的 48.6%；英国 2006 年从事儿童服务的社工也有 2.5 万人，占总数的 31.1%。② 因此，我国儿童社工具有较大的发展空间，也应成为未来社工发展的重要领域。

4. 多地婴儿安全岛试点不堪压力被迫关停

2014 年，多地婴儿安全岛福利试点关停。2014 年 1 月 28 日，广州市

---

① 《社会工作专业人才队伍建设中长期规划（2011—2020 年)》，2012 年 4 月，民政部网站，http：//www.mca.gov.cn/article/zwgk/mzyw/201408/20140800689063.shtml，最后访问时间：2015 年 6 月 16 日。

② 《创立儿童社工服务体系，保障儿童基本权利》，中国公益研究院网站，http：//www.bnu1.org/cpri/2014/0324/2345.html，最后访问时间：2015 年 6 月 16 日。

首个儿童安全岛投入使用。截至 2 月 10 日，该安全岛接收的婴儿达 51 名之多，日均弃儿数量约为 4 人，弃儿年龄从 3 天到 7 岁不等。面临激增的弃儿数量和随之而来的养护、康复压力，作为弃儿生命"最后一道防线"的婴儿安全岛陷入尴尬境地。2014 年 5 月 28 日，浙江首个为危难弃婴提供临时庇护场所的"婴儿安全岛"在衢州正式投入运行，曾一天内接收 3 名重度病残儿童，全部为外地儿童，福利院每月增加支出 6 万余元。截至 2014 年年底，衢州"婴儿安全岛"共接收弃婴 24 名，劝导弃婴对象 66 人次。2015 年 2 月，浙江首个"婴儿安全岛"试点宣布转型升级，从医院门口搬到福利院内，对接收弃婴进行限制，并只接收孤儿和本地弃婴。关于"婴儿安全岛"的运营现状与未来发展再次引起社会广泛讨论。

据公开信息的不完全统计，截至 2015 年 3 月 31 日，全国有 21 个省（区、市）的 32 个地区开展了婴儿安全岛工作，其中 18 地开放运营中，4 地（福建厦门、山东济南、广东广州、浙江衢州）关闭、暂停或转型。

表 6 - 4　我国部分地区开展婴儿安全岛建设情况一览（截至 2015 年 3 月）

地　区	设立时间	状　态
河北石家庄	2011 年 6 月	开放
内蒙古乌兰察布	2013 年 4 月	开放
湖南常德	2013 年 10 月	开放
陕西西安	2013 年 11 月	开放
江苏南京	2013 年 12 月	开放
福建南平	2013 年 12 月	开放
黑龙江牡丹江	2013 年 12 月	开放
贵州铜仁	2013 年 12 月	开放
贵州贵阳	2013 年 12 月	开放
山西太原	2013 年 12 月	开放
天津	2014 年 1 月	开放
河南安阳	2014 年 1 月	开放
黑龙江哈尔滨	2014 年 1 月	开放
黑龙江绥化	2014 年 1 月	开放
江西南昌	2014 年 3 月	开放
江西九江	2014 年 4 月	开放
云南个旧	2014 年 6 月	开放

地　区	设立时间	状　态
浙江温州	2014 年 12 月	开放
广东广州	2014 年 1 月	暂停
福建厦门	2014 年 1 月	关闭、暂停
浙江衢州	2014 年 5 月	更名、迁址
山东济南	2014 年 6 月	关闭
河南郑州	不确定何时开放	暂缓建设
湖北襄阳	拟 2014 年 6 月前建成	在建
广东深圳	无时间表	前期准备阶段
广东东莞	年内	筹备开建
广东佛山	年内	争取建成
四川成都	计划搁浅	计划搁浅
甘肃兰州	拟 2014 年 4 月底建成	在建
甘肃庆阳	拟 2014 年 4 月底建成	在建
甘肃武威	拟 2014 年 4 月底建成	在建
新疆乌鲁木齐	拟 2014 年 6 月建成	暂时搁置

资料来源：根据媒体相关报道整理。

为弃婴设立安全接收通道和场所，是国际很多国家地区采取的措施。我国在婴儿安全岛实施过程中，部分婴儿安全岛出现关门现象，是由于弃婴在刚刚进岛时，由于没有相关证明需要儿童福利机构负担大额的医疗费。据民政部中国儿童社会福利和收养中心介绍，从 2015 年开始国家彩票公益基金将拿出钱支持压力大的安全岛，同时鼓励更多社会力量参与婴儿安全支持工作。[①]

六　小结与展望：福利制度大变革带来儿童公益新机遇

党的十八大提出健全社会福利制度，保障妇女儿童合法权益。十八届三中全会提出健全农村留守儿童关爱服务体系，健全困境儿童分类保障制

---

① 《2015 年彩票公益金将支持"婴儿安全岛"》，中彩网站，http：//www.zhcw.com/gongyi/jiugu/3665957.shtml，最后访问时间：2015 年 6 月 16 日。

度。2015 年"两会"政府工作报告中提出对困境儿童等特困群体健全福利保障制度和服务体系。从中央政策到地方与民间实践均表明，我国儿童福利制度建设进入重大变革机遇期，儿童公益也将迎来新的发展机遇。

儿童公益组织将在监护干预方面发挥重要作用。新的国家监护干预制度已经正式实施，诸多问题将随之而来，如剥夺监护权之后，受虐儿童由谁安置；通过怎样的程序安置；应该安置在哪里。专业的儿童社会工作者能够为解决这些问题提供有效的路径。根据国际经验，大部分国家都建立起了由专业的儿童福利服务组织为主的服务体系。我国儿童公益组织凭借自身专业优势，将发挥更重要的作用。

慈善组织在贫困地区儿童发展方面将获得更多扶持。我国集中连片特殊困难地区的 4000 万儿童在健康和教育等方面的发展水平明显低于全国平均水平。2014 年 1 月 15 日，国务院办公厅发布的《国家贫困地区儿童发展规划（2014—2020 年）》（以下简称《发展规划》），为慈善组织如何开展贫困地区儿童救助工作指明了目标和方向，未来五年里，结合自身优势，公益慈善力量开展贫困地区儿童公益活动将获得更大扶持。

慈善力量与儿童大病救助衔接机制将建立。每个慈善组织各有专长，为尽量降低交叉救助和重复救助，解决救助力度在儿童群体和地域上不平衡等问题，儿童大病救助联合平台可望建立，从而统筹考虑捐助资金、物资和提供志愿服务等多种慈善形式。

儿童福利专业服务人才建设将加强。专业化、高素质、稳定的儿童福利社工人才稀缺，全面推进儿童福利事业发展有赖于尽快建立起专业的儿童社会工作人才队伍。儿童大病医疗救助日益成为社会力量关注重点和政府扶持重点，慈善组织应重视专业服务人才培养，以更好地开展护理型、服务型等个性化、专业化病残儿童救助服务项目。

第七章
佛教背景基金会推动佛教慈善现代转型

伴随我国佛教和慈善事业的现代化转型，基金会成为佛教界参与慈善事业最重要的组织化载体。截至 2015 年 5 月 26 日，根据《基金会管理条例》（2004 年），在中国大陆正式登记的有佛教背景①的基金会有 62 家。②这些基金会的业务范围非常广泛，项目活动覆盖了教育、扶贫、医疗、环保、安老③、临终关怀、扶幼、助残、救灾、文化、社区建设、心理支持和公益行业建设等领域，是我国现代慈善基金会的重要组成部分。

本章主要梳理佛教背景基金会的发展现状、业务内容、管理模式和面

---

① "佛教背景"有如下判别要素：由佛教活动场所、佛教社会团体、僧人或居士发起成立；组织在运作过程中明显受佛教信仰或佛教精神影响或引导；业务内容包含弘法或修寺建塔，组织目标含有传播佛教文化；理事长、秘书长等核心职位由僧人或居士担任；佛教信徒以志愿服务或捐赠的形式，构成业务开展的重要参与者。

② 这个数据不包含已于 2013 年 1 月撤销的甘肃省藏传佛教文化基金会和根据 1988 年《基金会管理办法》设立但未根据《基金会管理条例》重新登记的少林寺慈善福利基金会，也不包括 10 家自称是"基金会"、但无法确认在民政部门登记的佛教背景组织。在这 10 家组织中，有 7 家是寺院内组织，有 2 家是地方佛教协会成立的。这些组织部分正在筹备登记中，部分逐步按照基金会的要求来进行内部管理，这类组织是辅助我们认识佛教慈善的重要部分。另外，当前中国还有部分基金会，其发起人或核心人物具有佛教信仰，其中一些还资助过与佛教相关的项目，但对其主要业务不产生决定性影响。以上这些组织暂不列入本章讨论范围之内。

来源：甘肃省社会组织网，http://www.gsshzzw.gov.cn/channels/channel_36_1.html，最后访问时间：2015 年 6 月 24 日。

《少林慈善活动》，少林寺，http://www.shaolin.org.cn/templates/T_new_list/index.aspx? nodeid=58&contentpagenum=29，最后访问时间：2015 年 6 月 24 日。

③ "安老"服务在当前中国等同于"养老"服务，这一概念主要在香港地区使用。随着老年人需求层次的提升，对老年人社会服务内容丰富、多元化，原来出自"养儿防老"的"养老"概念逐渐无法完全诠释老年人服务，很多佛教背景基金会也开始采用"安老"服务的概念。本章在尊重各基金会使用概念习惯基础上，采用安老服务的概念。

临的挑战，以期为佛教界参与现代慈善事业探寻一条合适的发展路径。

一　佛教背景基金会进入快速发展期

目前，中国大陆佛教背景基金会处于快速发展阶段，数量的增长前所未有，但地域分布呈现不均衡的格局。整体来看，佛教背景基金会以佛寺、佛教协会发起的居多，主要登记形态是非公募基金会。佛教背景基金会目前仍实行双重管理体制，其业务主管单位多为宗教部门，同时在省级民政部门登记的基金会占多数。这些基金会资金规模较小，依靠自身力量执行项目是其主要运作模式。

（一）发展迅速、地区分布不均

根据对中国大陆佛教背景基金会的发展脉络梳理，我们大致可以将其分为三个时期：诞生期（1994～1999 年）、缓慢增长期（2000～2011 年）和快速发展期（2012 年至今）

在中国大陆，成立时间①最早的佛教背景慈善基金会是少林寺慈善福利基金会，成立于 1994 年 2 月。同年成立的基金会还有山西省佛教文化基金会。含 1996 年成立的甘肃省藏传佛教文化基金会在内，整个 90 年代，中国大陆共产生了三家佛教背景基金会。进入 21 世纪，佛教背景基金会数量有了明显的上升。在 2000～2011 年的 11 年间，各地新成立佛教背景基金会共 19 家，平均每年新成立近两家。从 2012 年起，佛教背景基金会的发展进入一个新的历史时期。2012 年相继有 8 家佛教背景基金会成立，2013 年和 2014 年各新增 16 家；截至 2015 年 5 月 26 日，当年新成立 2 家佛教背景基金会（见图 7－1）。

佛教背景基金会三年来的迅猛增长，直接受益于政策的放开。2012 年 2 月 16 日，国家宗教事务局等中央六部门联合发布了《关于鼓励和规范宗教界从事公益慈善活动的意见》，从中央层面鼓励和支持宗教从事慈善事业，为包括佛教在内的宗教界成立基金会、开展慈善事业创造了一个更为

---

① 成立时间指在民政部门登记时间。

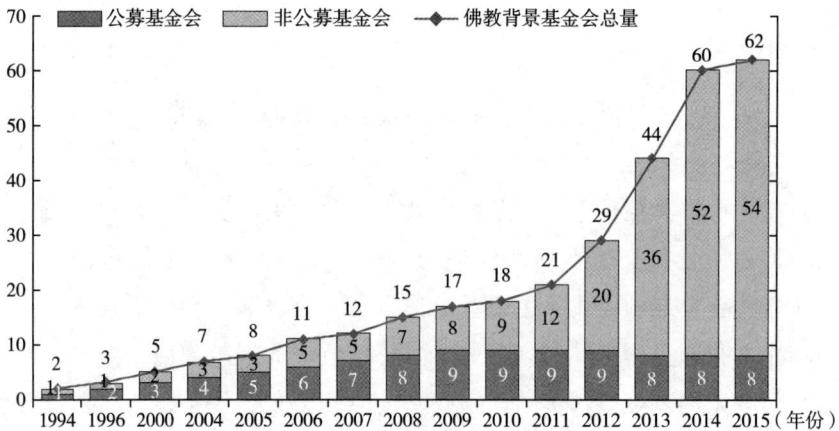

图 7－1 佛教背景慈善基金会总量走势

宽松的政策环境，增强了佛教界的信心。

现存的佛教背景基金会分布在 22 个省级行政区，其中江苏以 11 家居各省之首；广东以拥有 9 家佛教背景基金会位列第二（见图 7－2）。从地区分布看，华东地区成立的佛教背景基金会最为集中，有 24 家；华南地区11 家，华中、西北地区各 9 家，华北地区 6 家、西南地区 3 家，东北地区尚无正式登记的佛教背景基金会。

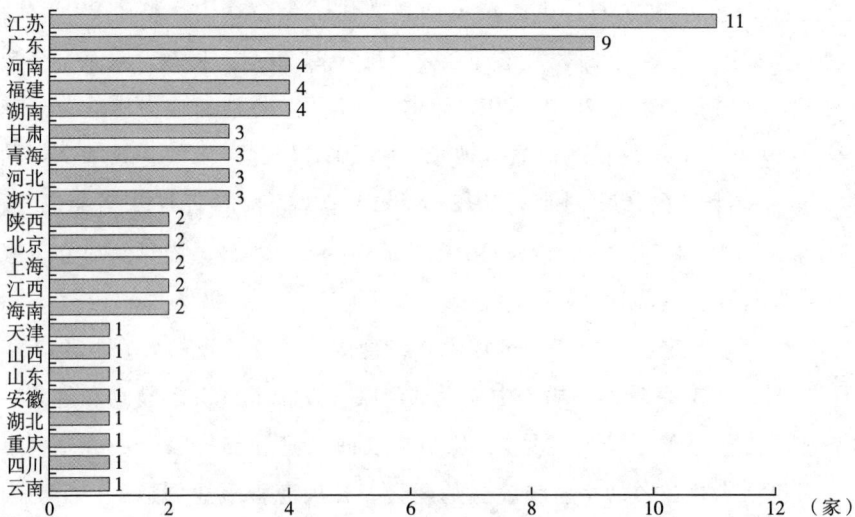

图 7－2 佛教背景基金会地域分布

（二）以非公募基金会为主要类型

从佛教背景基金会的登记类型来看，8 家是以公募基金会形式登记的（见表 7-1），其余 54 家均为非公募基金会，二者比例约 1:7。在 8 家佛教背景公募基金会中，3 家是文化类基金会，3 家是依托地方佛教旅游景区成立的，另有两家由省级佛教协会发起成立。这些公募基金会均在 2010 年之前成立，2010 年后成立的佛教背景基金会都为非公募基金会，其中包括青海、河北、广东、湖北四省及多个地级市的佛教协会发起成立的基金会。这是由于公募基金会的成立与非公募基金会相比有着更高的原始基金、资格审核要求。同时作为佛教背景组织，除了有企业大额的捐赠收入，其固定信众群也为它们提供了比较稳定的小额捐赠资金。在当前宗教及基金会的相关政策下，成立非公募基金会是佛教界参与慈善事业的一个主要选择和未来发展趋势。

表 7-1　中国大陆佛教背景公募基金会一览

序号	基金会名称	成立年份	所属省级行政区
1	山西省佛教文化基金会	1994	山　西
2	湖南省佛慈基金会	2000	湖　南
3	无锡灵山慈善基金会	2004	江　苏
4	天津市佛教慈善功德基金会	2005	天　津
5	重庆市华岩文教基金会	2006	重　庆
6	金陵大报恩寺塔文化发展基金会	2007	江　苏
7	河南中原大佛基金会	2008	河　南
8	陕西法门寺慈善基金会	2009	山　西

佛教背景基金会的主要发起者大致可以分为六类，即寺院、地方佛教协会、佛教旅游景区、个人（法师及信众、居士）、境外组织和文化机构（见图 7-3）。其中，以寺院发起者居多。在 51 个能确定发起方的佛教背景基金会中，由寺院发起的基金会有 29 家，占 57%。由省级或市级佛教协会直接发起的有 10 家，占 19.6%。由个人发起成立的基金会有 5 家，占 10%。这五家基金会分别是由出家法师发起的河南省会善助老基金会，出家法师与其在家弟子发起的福建省同心慈善基金会与广东信和慈善基金

会，以及由居士发起的深圳市弘法寺慈善功德基金会和广东省广济慈善基金会。

目前由境外组织发起的佛教背景基金会有两家，分别是台湾佛教慈济慈善事业基金会于 2008 年在民政部登记的慈济慈善事业基金会，台湾佛光山寺 2014 年在南京成立的星云文化教育公益基金会。前者以慈善事业为核心业务，后者则以推动两岸佛教文化教育和交流为主旨。

有三家基金会依托佛教旅游景区由公司发起成立。其中，无锡灵山慈善基金会专注于发展慈善事业，而金陵大报恩寺塔文化发展基金会与河南中原大佛基金会的成立是为了旅游区内寺塔和佛像的修建而筹集资金。此外，还有两家佛教背景基金会是由佛教文化研究机构或博物馆发起成立，以弘扬佛教文化。

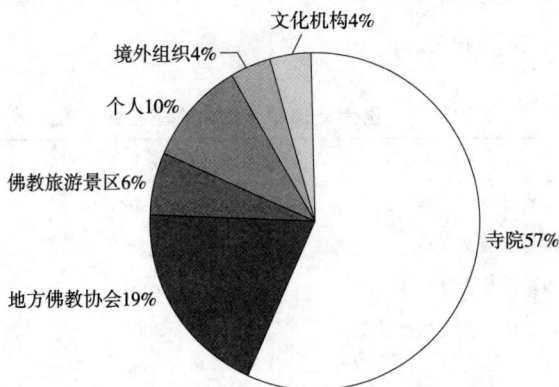

图 7 - 3　佛教背景基金会发起方分布

中国大陆佛教背景基金会绝大部分是汉传佛教背景。明确为藏传佛教背景的基金会有 3 家，分别是青海省雪域仁济慈善基金会、青海省格萨尔公益基金会和青海佛教慈善基金会，均在藏传佛教文化浓厚的青海地区。

近四年来，中国大陆 30 个省级行政区试点开展或全面实施社会组织直接登记，但宗教类社会组织并不在列，大部分地区的宗教类社会组织仍然实行双重管理方式。在我们统计的 62 家登记的佛教背景基金会中，有 36 家由宗教管理部门（宗教事务局/民族宗教事务厅/民族宗教事务委员会等）担任其业务主管部门，6 家直接由民政部门履行业务主管职责，以旅游局为业务主管部门的 2 家，以文化部、市级政府、政协部门主管的各 1 家，另有 15 家基金会根据公开资料不能明确其业务主管部门（见图 7 - 4）。

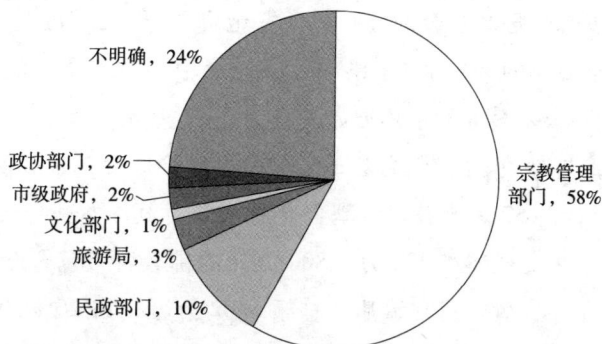

图 7 - 4　佛教背景基金会业务主管单位类别

在登记层级上，62 家登记的佛教背景基金会主要集中在省级民政部门登记，有 50 家，占总数的 81%。另有 9 家是在地市级民政部门登记，占 15%，县级民政部门登记的 1 家。目前，在民政部登记的基金会仅有两家，即慈济慈善事业基金会和星云文化教育公益基金会，其中慈济慈善事业基金会也是中国大陆首家由非大陆人士担任法定代表人的基金会（见图 7 - 5）。

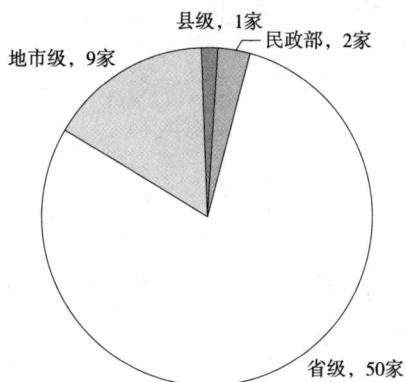

图 7 - 5　佛教背景基金会登记层级分布

（三）平均原始基金规模 508 万元

在 62 家佛教背景基金会中，有 52 家通过不同渠道公布了原始基金，原始基金总额为 26420 万元，平均每家基金会的原始基金规模为 508 万元，这一数字高于非公募基金会的 200 万元登记资金要求，但远远低于全国基金会原始基金规模的平均水平。据中国基金会中心网统计，2015 年 3 月 16 日，全国 3050 家基金会的平均原始基金为 2987 万元。①

据统计，共有 36 家佛教背景的非公募基金会原始基金规模集中在 200 万~400 万元，占 52 家佛教背景基金会的 69%，其原始基金共 8218 万元，占 31%。原始基金规模在 400 万~800 万元的佛教背景基金会共有 13 家，占 52 家基金会的 1/4，其原始基金总额 5402 万元，占 20%，其中的 8 家公募基金会登记资金均为 400 万元。原始基金在 800 万元及以上的基金会为 3 家，其原始基金总额为 1.28 亿元，占 52 家基金会原始基金总额的近一半（见表 7-2）。其中，慈济慈善事业基金会原始基金为 1 亿元，是全国唯一一个原始基金上亿元的佛教背景基金会。星云文化教育公益基金会原始基金 2000 万元，青海佛教慈善基金会原始基金为 800 万元。从原始基金的分布可以看出，当前中国大陆佛教背景基金会的发展规模有明显的梯次。

表 7-2　52 家佛教背景基金会原始基金规模分布

原始基金规模（万元）	基金会数量（家）	比例（%）	总额（万元）	比例（%）
200~300（含 200）	26	50.00	5200	19.68
300~400（含 300）	10	19.23	3018	11.42
400~800（含 400）	13	25.00	5402	20.45
800 及以上	3	5.77	12800	48.45
总　计	52	100	26420	100

通过对 2013 年 9 月 30 日前成立的、有资产数据的 32 家佛教背景基金会的观察发现，25 家基金会的净资产规模在 2013 年保持在原始基金之上，

---

① 数据更新至 2015 年 3 月 16 日。数据来源：基金会中心网，http://fti. foundation-center. org. cn/fti_new/foundationlist. aspx，最后访问时间：2015 年 3 月 16 日。

但也有 7 家基金会的净资产小于原始基金。这意味着这些基金会的后续筹资和保值增值不是很乐观，存在吃老本的情况。从资金支出来看，2013年，佛教背景基金会的年度支出额最为集中规模是 50 万元以下，共 10 家；其次是在 200 万 ~ 300 万元的区间，有 6 家（见图 7 - 6）。同时还有个别基金会当年产生的收支极少，业务开展欠佳。由此也印证了中国大陆佛教背景基金会整体上规模偏小的特点。从资金的用途可以看到，佛教背景基金会产生 1000 万元以上的大额支出的情况比较罕见，并主要用于佛教活动场所基础设施的建设或修缮。它们开展其他的慈善服务规模一般不会很大。

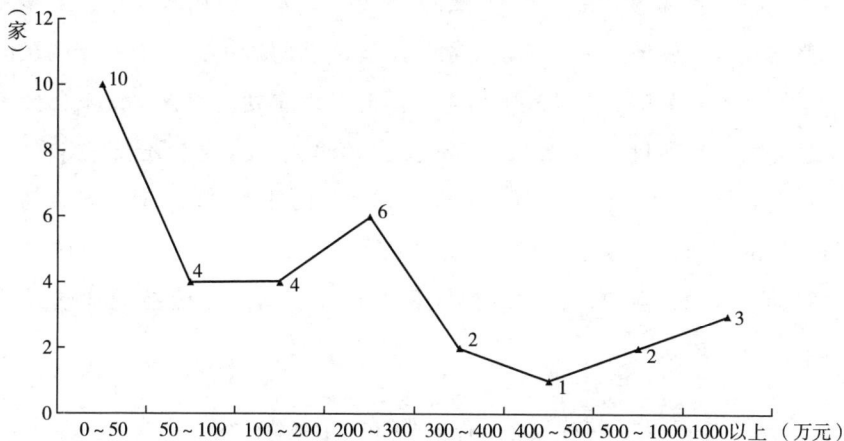

图 7 - 6　2013 年佛教背景基金会支出规模分布

注：每个数据区间左端闭合，右端不闭合，如 50 ~ 100 中含 50，不含 100。

数据来源：基金会中心网，http：//data. foundationcenter. org. cn/foundation. html，最后访问时间：2015 年 6 月 24 日。

在基金会中心网排名前 100 位的基金会中，佛教背景基金会只有少数。从净资产来看，2013 年，慈济慈善事业基金会的净资产为 2.94 亿元，在全国基金会中位列第 45，也是唯一的净资产额进入前 100 位的佛教背景基金会。在年度收入规模上，2013 年，慈济慈善事业基金会捐赠收入达到 1.62 亿元，位于全国所有非公募基金会的第 13 位。除了慈济慈善事业基金会，2013 年只有一家佛教背景基金会——江西庐山东林净土文化基金会进入非公募基金会收入和支出的前 100 位，其收入为 4647.1 万元，位居第

55 名；支出 4328.97 万元，居第 41 位。[①]

佛教背景基金会主要的资金来源包括会费收入、信徒小额捐赠、企业捐赠。此外还有部分的投资收益、商品销售收入，以及个别项目获得政府购买服务。除了为某项目向会员、信众筹集善款，佛教背景基金会筹款方式也越来越多元，如"日行一善"、"慈善走"、慈善拍卖、文艺演出等。

二　佛教背景基金会广泛开展慈善活动

佛教将慈善视为"事业"，自古以来就有从事救济孤寡残老、义诊施药、修路建桥、放生护林、设立义冢等慈善活动的传统，这些内容也在佛教背景基金会慈善事业中反映了出来。同时可以看到，佛教背景基金会多是自己开展慈善项目，因此以运作型为主，资助型的基金会还没有出现。

根据我们对 62 家佛教背景基金会公开资料的整理发现，其慈善活动与项目覆盖的范围比较广泛，包括教育、扶贫、医疗、环保、安老、临终关怀、扶幼、助残、救灾、文化、社区建设、心理支持和公益行业建设等（见表 7 - 3）。

表 7 - 3　各领域佛教背景基金会数量分布

单位：家

领　域	教育	文化	扶贫	安老	救灾	医疗	扶幼	助残	环保	公益行业建设	临终关怀	社区建设	心理支持
基金会	40	32	30	26	24	22	21	16	12	8	4	4	4

多数佛教背景基金会开展的慈善项目或活动涉及多个领域，如"救灾、济困、助学、医疗"等同时出现在佛教背景基金会业务范围中的情况并不罕见。只有少数基金会的业务聚焦在一个方向或项目。如河南省会善助老基金会专门从事安老服务，泉州市普贤教育基金会建立的唯一目标就是"改善泉州市鲤城区开智学校办公条件和智障学生的学习生活"。

---

① 本部分各佛教基金会净资产、年度收入和支出的数据来自基金会中心网，http：//data. foundationcenter. org. cn/foundation. html，最后访问时间：2015 年 6 月 24 日。

（一）聚焦教育、扶贫、救灾、助医

助学助教、扶贫济困、救灾赈灾、医疗卫生等领域是佛教背景基金会从事慈善活动比较活跃的领域。

教育是佛教背景基金会关注最多的领域，在 62 家佛教背景基金会中，有 40 家、即 62% 的基金会均开展过与教育相关的慈善活动或项目。这些活动与项目主要以九年义务教育阶段为主要资助目标，其次是高等教育阶段，也有部分项目专门资助高中教育。其所从事的教育类慈善活动或项目基本有两大形式，一是直接提供助学资金，向贫困地区及家庭的儿童、初高中生进行捐资救助，或在高校中设立奖助学金的形式帮助贫困大学生完成学业。如重庆市华岩文教基金会先后在重庆 6 所高校和贵州 1 所学校设立"华岩奖学金"；杭州云林公益基金会在成立后继续推动灵隐寺在浙江大学、北京大学等高校设立"云林奖学金、奖教金"的发展，资助学生和青年教师；陕西法门寺慈善基金会"法门之光"助学金为大学生提供一次性捐助 2000 元；湖南省长沙洗心禅寺慈善基金会启动"万名学子助学计划"，计划用 10 年时间资助湖南省内 1 万名贫困大学生完成学业。二是援建硬件设施与捐赠学习用品。包括在贫困地区建立希望小学，帮助贫困地区的中小学翻建教学楼，捐建图书室，捐赠电脑等教学设备，以及捐赠学习用具等。此外，也有基金会对教师开展扶教活动，通过提升"教"的层面，促进"学"。

扶贫济困是佛教背景基金会第三大关注领域。其扶贫的方式相对比较单一，多是直接向贫困家庭及人群提供经济援助。延续佛教传统，一些基金会每逢过节，开展贫困户慰问，发放生活必需品或慰问金。其中，以慈济慈善事业基金会在每年春节前的冬令发放最为持久、影响力最大。至 2011 年，慈济慈善事业基金会冬令发放已持续 22 年，惠及 23 个省份的 500 余万人次。此外，北京仁爱慈善基金会的"衣加衣"项目和江西省庐山东林净土文化基金会的捐衣助贫项目，以二手衣物捐赠济困来培养大众爱心。慈善超市在佛教慈善中并不多见，仅苏州和合文化基金会一家开办，以此对困难人群捐助物资。除了直接捐赠资金物资，通过修建基础设施改善贫困地区生存状况是佛教背景基金会扶贫的另一个重要途径，包括修补房屋，铺路建桥，修建水窖、蓄水池等饮水工程，改造污水系统，建造文化广场，移民迁村等。这方面成绩比较突出的是无锡灵山慈善基金会资助贵州旱灾地区修建100个"灵山水窖"，和甘肃省兰州报恩寺慈善基金会捐建1000口"甘露工程"水窖，帮助解决西部山区喝水难题。

佛教背景基金会开展的医疗服务最为普遍的做法是对贫困的大病病患直接提供医疗救助金。一些基金会定期或不定期地面向公众开展义诊，进行健康检查、施医给药。在此基础上，部分基金会实现了医疗服务的实体化与常态化，开办诊所与药房。比较典型的是江西省庐山东林净土文化基金会建立专门的慈善门诊部，成功实现营利性行医与医疗救助的有机结合，建立起医疗救助服务的稳定机制。青海省格萨尔公益基金会，在青藏高原缺医少药地区，从提供药品与医疗救助开始，到最终与当地卫生部门建立小型紧急卫生处置机构并联合培养当地医疗护理人员，最终建立起"牧区医疗保障体系网络"。白内障手术项目也是佛教背景基金会发挥作用的一项医疗项目，包括深圳市弘法寺慈善功德基金会的"光明行动"，和广东省慈光慈善基金会为一万名贫困白内障老年患者免费提供复明手术。除了义诊、白内障项目等，凭借资金实力，慈济慈善事业基金会关注的医疗领域偏向于专业化与前端研究，如慈济慈善事业基金会在大陆不仅援建医院建筑、援建爱幼中心，还资助医学研究。

以2008年汶川地震赈灾为新起点，救灾成为佛教背景基金会慈善事业的重要内容。自此以后，每逢大灾，佛教背景基金会都会不同程度地参与到救灾工作中。在紧急救灾阶段，佛教背景基金会多能及时为救灾募款捐资，向灾区捐赠食品、药品、生活用品、帐篷等物资，并派遣志愿者运送救灾物资。少数基金会还成立专门的救灾部门，开展救援。如北京仁爱慈善基金会设有仁爱救灾中心，除了龙泉寺及本基金会自身的物资，还统筹运送其他佛教组织的物资。但由于一线救援极高的专业性要求，佛教背景基金会仅参与到二线物资支援，很少参与一线伤病救援。江西庐山东林净土文化基金会因其有诊所的基础，曾组织救援医疗队到达一线现场救援。佛教背景基金会所依托的寺院及法师也会以佛教特有的法会方式，为灾区祈福。在灾后重建阶段，佛教背景基金会开展的项目多以灾区助学、心灵抚慰为主。

（二）关注老人、儿童和残疾人等弱势人群

从服务对象来看，佛教背景基金会倾向聚焦于老人、孤儿、特殊家庭儿童、留守儿童、残疾人、因病致贫或偏远地区的贫困人群。分别有 26、21 和 16 家佛教背景基金会开展安老、扶幼、助残项目。

佛教背景基金会开展的老人关怀项目可以分为三个层次。第一层是慰问关怀活动，逢年过节为社区贫困老人、五保户、福利院老人赠送慰问金或慰问品，陪伴老人。在这种临时性的关怀活动之上，部分基金会对老人进行定期资助或开展社区长者关怀项目，定期为老人提供生活资助与精神关怀。慰问关怀是目前最为普遍的安老服务。第二层安老项目是资助养老设施建设和养老福利项目，如天津市佛教慈善功德基金会捐资 20 万元，帮助内蒙古赤峰市元宝山区建设"慈心老年人日间照料中心"。河南省会善助老基金会，以"善行天下——中国会善助老行"项目为依托，在全国巡回访问养老院，带动当地企业支持养老机构建设。该基金会打算在 10 年内捐资助建 99 家敬老院。第三层安老服务是修建养老院、开展养老项目。如苏州和合文化基金会运营管理的寒山寺和合安养院，按国家养老院标准建设，专为老年居士提供养老服务。同时，以和合安养院为依托，该基金会开展居家养老短期免费休养项目，为社会上老人定期举办休养活动，包括学习、交友、健身、艺术、医诊等内容。佛教背景基金会开办养老院的还有广东省广济慈善基金会开办的广济慈善颐养院，湖南省大药王寺安养基金会建立的大药王寺安养中心。另外，峨眉山行愿慈善事业基金会还建立了能容纳 1 万名老人的峨眉山国际养老中心。随着慈善专业化发展要求，开办专门的养老院和养老服务项目成为很多佛教背景基金会的核心业务。目前，一批养老院的建设正在规划之中，如安养基金会将在全国各地最偏远的地方建首批"本焕安养院"，首期计划完成 500 人的安养。广东省慈光慈善基金会计划 5 年内建设 100 间"老年人心灵家园"。山东省普觉公益基金会正筹划在烟台建立"医疗养护一体化"的"敬老安养院"及"琉璃光老年活动中心"。珠海市金台文化慈善基金会也在兴建一所养老院。这些养老院将佛教关怀与老人精神慰藉结合起来。

扶幼项目以孤儿救助与关怀为核心内容。同样最为常见的方式是为孤

儿提供在教育、医疗及生活方面的直接资助。而由基金会专门运营专业化管理与服务要求更高的孤儿院则并不多见，河北省佛教慈善基金会是这一类基金会的代表。该基金会（前身为河北佛教慈善功德会）从 2002 年起，先后在石家庄、廊坊、保定建立名为"弘德家园"的孤儿院，已为近 200 名孤儿提供安身成长处所。河北省摩诃佛缘慈善基金会开展"摩诃慈爱之家"项目，并通过慈善音乐会筹资，帮助事实孤儿接受正规教育和健康成长。同时，部分基金会开始将视线从孤儿扩展到更多的弱势儿童，包括留守儿童和特殊家庭儿童。广东信和慈善基金会、上海觉群文教基金会开展留守儿童关爱活动或调研；福建同心慈善基金会以观影交流的方式开展对特殊家庭儿童的关怀项目。

助残项目基本以捐赠贫困残疾人与家庭，为残疾人提供医疗救助，捐助贫困残疾大学生，为残疾人居所设施项目捐资等为主要方式。此外，在残疾人外部支持系统建设层面，重庆市华岩文教基金会还开展特殊教育师资培训。无锡灵山慈善基金会则更重视挖掘残疾人的潜能，促进其内生支持系统的建设。该基金会建立专项基金"灵山—爱艺基金"，通过推广残障美术家作品，支持地震伤残青少年的个体化发展，促进残疾人自我能力提升和形成内生支持力量。

（三）在心理支持、临终关怀、环保方面具有天然优势

佛教天然具备净化心灵、抚慰创伤等功能，佛教独有的轮回观念、回向众生的信念也让其在临终关怀、让人获得精神支柱方面有很好的效果。在佛教界物资援助行动中，不可避免地包含着精神关怀。据此所长，部分佛教背景基金会也开展了专门的心灵关怀项目。如北京仁爱慈善基金会开设了"龙泉之声"倾听热线，为社会大众提供心理咨询服务。福建同心慈善基金会以"心灵慈善"作为基金会的要义开展各项服务。苏州和合文化基金会则专门为罹患大病的儿童提供心灵关怀。在临终关怀领域，江西庐山东林净土文化基金会开展了专业化的服务。该基金会专门开办了"东林慈善安养院"，为临终者提供生活照顾、助念，提供人性关怀与佛法引导。在心理支持与临终关怀方面，佛教的优势远远没有展现出来，佛教背景基金会还有很大的发展空间。

放生为佛寺法会的常设内容，放生护生也就成为部分佛教背景基金会的一项基本工作。天津市佛教慈善功德基金会将定期的放生活动发展为认养国家珍稀动物，从 1996 年天津荐福观音寺认养梅花鹿开始，基金会后来又认养大熊猫、拯救月熊。江西省庐山东林净土文化基金会近两年来将慈善事业收至护生方面。从 2013 年起，该基金会已连续两年举办"鄱阳湖生态文明护生节"，以研讨论坛、图展等方式，推动学界关注鄱阳湖生态保护和公众参与生态保护。除此，植树造林也逐渐成为佛教背景基金会的慈善内容。随着现代慈善事业的不断发展，佛教背景基金会开始汲取一些现代的慈善项目，如建立环保站。慈济慈善事业基金会在汶川地震的灾后重建中，将在台湾成功的环保经验带到灾区，建立环保站，开展资源回收。除此之外，苏州和合文化基金会也在 2014 年 4 月启动了"寒山寺慈善中心和合环保站"项目。

（四）过半佛教背景基金会重视文化传承和传播

32 家佛教背景基金会在其业务领域与项目活动中，明确涉足了文化的传承传播，超过所有佛教背景基金会的一半。其中，有 8 家基金会在名称中冠有"文化"字样。这类文化类基金会与冠名"慈善"的基金会在业务范围及功能上有很大的不同，慈善基金会更专注于慈善事业，而文化类基金会的核心业务是佛教文化传播或佛寺及佛像修建修缮等，如山西省佛教文化基金会唯一的责任便是发展及传播佛教文化，2014 年成立的星云佛教文化教育公益基金会定位于促进两岸佛教文化教育交流。而金陵大报恩寺塔文化发展基金会及河南中原大佛基金会成立本身就是为了塔寺、大佛景区的修建。作为具有佛教理念与信仰的基金会，那些虽冠名"慈善"或"公益"的基金会，传承佛教文化仍是"家务事"，关注佛教文化的交流、研究与传播，以及僧才的培养教育，与慈善事业同样重要。如杭州云林公益基金会与商业公司合作，在中国佛学院设立"中国佛学院云林、盛荣奖学奖教金"，资助僧才的培养。除此而外，在中国儒释道融合及多元的少数民族格局下，一些佛教背景基金会还弘扬中华传统文化或开展少数民族文化传播。如无锡灵山基金会设有"灵山—德基金"用于开展传统文化教育，北京仁爱基金会设立"孝德奖"，青海省格萨尔公益基金会则专注于保护和促进格萨尔文化的发展。

（五）公益行业建设逐渐受重视

佛教背景基金会对公益行业建设的重视主要体现在公众公益教育与机构能力建设两个方面。在开展慈善事业过程中，佛教背景基金会结合佛教的"慈悲""布施"等理念，很好地将之转化为公益理念的传播与公众慈善习惯的培育。"施粥"本为纪念释迦牟尼接受牧女乳糜后证悟成道，感恩信众布施供养的活动，也是中国历史上赈济灾民贫民的一项传统慈善行为，为各大寺院沿袭至今。而北京仁爱慈善基金会将这项在特定节日（农历腊八）中的活动创新为一个慈善项目"仁爱心栈"，一年365天风雨无阻，为路人奉送爱心粥，意在为志愿者搭建一个慈善平台，传递爱心，促进人人参与。无锡灵山慈善基金会的"灵青计划"实施目的也在于培育青年公益人才，倡导全民公益。在行业能力建设上，福建同心慈善基金会担起当地公益组织的能力建设责任，开展公益组织能力培训，组织交流网络。

随着基金会自身的发展以及佛教与慈善环境的融合，佛教背景基金会慈善业务的项目化、品牌化意识在逐步增强。在这一过程中，一些基金会已经走在前面，并设计和产出一批慈善项目。这些项目或是以组织形态呈现的民办非企业单位，或是向组织化发展的专项基金，或是未注册的孤儿院、养老院等福利性机构，或是品牌化的项目。

三 佛教背景基金会管理模式初步形成

佛教背景基金会有着不同的成立背景。它与寺院、佛教协会等发起方的关系、理事会的结构，决定了佛教背景基金会不同的定位和治理模式。在内部治理上，大部分佛教背景基金会都建立了理事会，但因法师、居士、信众等力量干预程度的不同，形成了截然不同的理事会决策模式。员工、会员和志工三类人群分别形成了佛教背景基金会的行政支持体系、资金支持与活动参与体系和服务供给体系的人力资源模式。

（一）佛教背景基金会的三种定位

根据基金会的发展以及与寺院的关系，佛教背景基金会有三种不同的定位。

第一种定位是佛教背景基金会作为一个独立的法人主体，在决策、管理、经费筹集上都相对独立，与寺院不存在隶属关系。

第二种定位是一些佛寺建立的基金会，在管理上更接近于寺院的一个部门，发挥慈善事业执行或功德款管理的职能。一种情况是基金会作为寺院的慈善部门，仅承担寺院慈善事业的开展与管理，不涉足寺院其他事务。另一种情况是基金会成为寺院募集与管理功德款的专门机构，客观上让寺院资金管理更为规范化、透明化。如海南三亚南山功德基金会的定位便是"海上观音道场募化活动和接受广大僧俗信众捐赠、布施的唯一合法主体"。江西省庐山东林净土文化基金会的主要任务包括"向海内外信众及社会贤达募集资金，用以建造东林大佛圣像，恢复和发展东林祖庭及佛教净土文化等各项事业"。

第三种定位是为了规范寺院的管理，一些寺院尝试以基金会的模式管理整个寺院业务，慈善只作为基金会的部分业务，并下设专门慈善机构进行管理。江西省庐山东林净土文化基金会在2008年成立东林慈善功德会，作为基金会下属专门的慈善管理机构，主持基金会慈善事务。苏州和合文化基金会是寒山寺整体运行管理的一个载体，下设慈善部、教育部、文化部、财务部和综合办公室等职能部门。2004年成立的慈善中心（民非注册）则成为该基金会下属的一个部门，并继续执行基金会的慈善业务。

慈善功德会是大陆佛教寺院开展得比较早的一种慈善组织形态，但转登记为基金会成为一个发展的趋势。在62家佛教背景基金会中，有8家基金会由慈善功德会或民办非企业单位发展而来（见表7-4）。基金会在延续慈善功德会慈善事业功能基础上，按照基金会的管理规范要求，更加透明地开展慈善事业。

表 7 - 4　由社团/民非转登记的佛教背景基金会

序号	基金会名称	前身机构
1	青海省格萨尔公益基金会	玛域格萨尔文化中心
2	河北省佛教慈善基金会	河北省佛教慈善功德会
3	峨眉山行愿慈善基金会	峨眉山佛协菩提心互助功德会（2006 年更名为"峨眉山佛教慈济功德会"）
4	甘肃省兰州报恩寺慈善基金会	兰州报恩寺慈善功德会
5	苏州和合文化基金会	寒山寺慈善中心
6	扬州文峰慈善基金会	文峰慈善功德会
7	杭州云林公益基金会	云林慈善功德会
8	河南省永帝善缘基金会	嵩山孤儿学校

（二）理事构成决定治理结构

大部分的佛教背景基金会都按照《基金会管理条例》的要求成立决策机构理事会，理事会规模从最少的 5 人到最多达 25 位理事和 90 多位荣誉理事不等。

理事会成员结构的不同，对理事会的慈善事业方向和运营方式会产生关键性影响。佛寺与地方佛协发起建立的基金会，其理事长通常是佛寺的住持法师或担任佛协会长的法师。佛教背景基金会的理事会成员大部分都是有佛教信仰的，包括出家法师、居士、热心的信众。这是最为常见的一类理事会架构。有的基金会法师占据主导地位，这意味着寺院或佛协对基金会的管理干预力度大。如峨眉山行愿慈善基金会的理事长、副理事长、秘书长等关键位置皆为出家法师，湖北省佛教慈善基金会 12 位理事中的 11 位是出家法师、2 位监事均为法师。在部分基金会中，法师做方向性引导，更多地由居士发挥作用。如深圳市弘法寺慈善功德基金除了包括理事长在内的 3 名理事为法师，3 位副理事长、10 位理事及秘书长均非出家人。第二类是寺院与基金会管理相对独立，寺院住持法师作为基金会的灵魂人物在理念及发展方向上做指导，但不直接参与基金会的理事会决策，理事长另选他人。北京仁爱慈善基金会和山东省普觉公益基金会均是此类基金会。第三类是由公司发起的基金会，公司核心人物顺理成章担任基金会的理事长，如北京云居寺基金会、无锡灵山慈善基金会。

（三）具有员工、会员和志工三大人力资源体系

在人员上，佛教背景基金会主要由员工、会员和志工①三类人群构成。他们形成了佛教背景基金会的行政支持体系、资金支持与活动参与体系和服务供给体系的三大人力资源模式。

佛教背景基金会规模总体都不大，聘请的正式员工较少。他们主要进行调度资金、对慈善项目进行管理、对志愿者开展的服务做协调、行政支持等工作。这些正式员工多是从志工发展而来。在一些佛教背景基金会，基金会不向员工支付薪酬，而代之以为职员提供最基本的生活帮助，包括衣食住行与孩子教育费用等。

佛教背景基金会因佛教信仰的缘故，尤其是佛寺成立的基金会，拥有一批忠实而稳定增加的信众。他们每年向基金会缴纳一定数额的会费，一般几十元至几百元不等，从而成为基金会的会员。一个佛教背景基金会的会员大致有几千人到上万人。因此，会费是佛教背景基金会收入的主要来源之一。会员缴纳会费后，享受参与基金会及寺院开办活动的权利，如基金会慈善活动、法会等。

以志工为核心团队开展服务是佛教背景基金会的特点。部分人是由于有宗教信仰成为志工，另外那些最初纯粹参与慈善服务的无信仰志工，在基金会的氛围与其他志工的带动下，也多成为佛教徒。以信仰作为支撑，志工的服务更为用心尽力。志工因承担了佛教背景基金会大部分的服务工作成为基金会最大的队伍之一，很多基金会专门成立的志工部门予以管理。最具特色的便是从台湾引入的慈济慈善事业基金会的志工管理模式，

---

① 佛教背景基金会对于义务从事慈善服务的人员有三种不同的称谓：志工、义工、志愿者。不同的基金会采用的称谓会有所不同。"义工"与"志愿者"意思相当，"志工"则更深一层。这一称谓来自"志业"，志业即志向和事业，从事志业的人即为志工。"志工"强调不仅是义务、不领取报酬，而且把慈善事业当成是人生的理想、事业来对待。慈济对采用"志工"称谓的原因解释道，"志"上"士"下"心"，应该以古代士大夫"先天下之忧而忧，后天下之乐而乐"的心去做志业工作。

慈济有不同的次级志工团体，除了发挥不同的功能，还拥有不同的地位。无锡灵山慈善基金会专门设立灵山志工发展服务中心，湖南省长沙洗心禅寺慈善基金会则是形成洗心慈善义工组、制定专门义工《章程》，由该基金会指派基金办公室的专人对义工进行管理。

四　佛教背景基金会面临现代转型挑战

佛教背景基金会面临着很多挑战，归结起来最核心的就是一条，作为在中国拥有两千年历史的佛教文化，如何适应中国现代慈善事业的发展，做出转型的问题。

（一）慈善领域传统，未充分发挥心灵关怀的优势

佛教背景基金会开展的慈善服务领域虽然广泛，但延续佛教界两千年来的传统，主要在扶贫济困、安老扶幼、助残助医、放生护林、赈济灾民等方面。随着中国现代慈善事业的整体推进，在教育、医疗、救灾等领域，越来越多的公益慈善组织涌现出来，并在专业化发展上已远远走在佛教背景基金会的前面。相比而言，佛教背景基金会并非毫无优点可言，在心灵关怀、抚慰创伤、临终关怀和理念传播等方面，它们有着普通公益慈善组织不具备的天然优势。但目前，佛教背景基金会并没有充分地运用这一优势。在各项济困活动中，虽常伴有慰问关怀活动，但形式大于内容，没有形成稳定持久开展、深度介入的项目。佛教背景基金会热心参与救灾事业、且反应迅速，但以物资援助为主，在能广有作为的灾后重建中的心理支持方面，佛教背景基金会却鲜有贡献。在汶川地震后，坚持两年在灾区开展心理咨询与辅导的宗教背景组织是天主教河北进德公益基金会，而大多数佛教背景基金会却随着救灾大军从灾区撤回，没有坚持留下开展灾区更为需要的心理重建工作。在中国公益慈善界集体缺位的临终关怀领域，佛教界凭借其信仰理念可很好地填补这一领域的空白，将"让人有尊严地死去"作为最突出的一项事业，但遗憾的是目前仅有两家佛教背景基金会开展相关项目。如果无法在心理支持、临终关怀等佛教具备特有优势的领域有效开展服务，那么佛教背景基金会将很难在现代慈善发展过程中

扮演应承担的角色并肩负起责任，立足其中。

（二）慈善服务分散，慈善方式整体处于救助型

目前，从佛教背景基金会开展的慈善事业看，虽然项目化、品牌化发展的意识在逐渐增强，但佛教背景基金会多以不构成项目形态的慈善活动为主，成型成熟的项目仍偏少。佛教背景基金会的慈善方式主要以直接捐资捐物、修建基础设施为主，还处于救助型、初级层次。在服务对象成长、培训与能力建设、环境融入等方面，只有少数基金会有所涉及。

佛教背景慈善基金会开展的大部分慈善活动以扶贫为基础，服务对象多是贫困地区人口和老贫、孤、独、病、残等弱势人群。佛教背景基金会的慈善服务没有进入社区，没有将服务普及到普通群众。

（三）寺院化管理与现代慈善组织管理存在矛盾

僧团在寺院与佛协所设的佛教背景基金会的决策机制与治理结构中具有不容置疑的权威，这源于佛教中敬重"僧"的教义。僧人在长期的佛法学习与寺院管理中，形成一套对寺院的认知与管理思维。而佛教背景基金会由于面临着世俗社会的服务对象、捐赠人，并有专门的法律规范，兼有基金会与佛教的发展环境，其管理模式将会有所不同。这导致僧人在决策时可能出现偏颇，但由于"师父的权威"不容置疑，无法得到及时得当纠正来符合现代制度和决策要求。另一种情形是即便在基金会中有居士成员，并提出不同观点，也很难挑战"权威"，从而可能在理事会中产生隔阂嫌隙。前一种情形可能导致基金会整体的决策方向性错误，后者则可能迎来决策机构的崩溃。更多的情况是，作为核心决策者的僧人，为避免不当决策带来的风险，采取保守做法，也就造成了佛教背景基金会往往只沿袭传统项目，难有创新作为。因此，如何在僧团与居士或其他管理者间取得平衡，将僧人的智慧融于现代慈善组织的治理中，是当前佛教背景基金会走向现代化治理要解决的重大课题。

佛教提倡不蓄财，"佛、法、僧"三宝皆受信众供养。受这个观念影响，在人员管理上，不仅志工是无偿提供服务的，部分佛教背景基金会将这一套模式同样运用在正式员工身上，员工不受薪，仅在基本生活上得到

基金会的物质支持。这与现代慈善所坚持的为从业者创造体面收入的理念格格不入，同时也阻碍了佛教背景基金会专业化、现代化的发展。

（四）处理三大关系的挑战

佛教背景基金会不同于普通慈善组织，它们发挥着连接佛教和世俗社会、政府的纽带作用，也面临着处理双方关系的挑战，包括如何处理自身与政策的关系，如何协调弘法与慈善的关系，以及如何处理基金会与寺院的关系。

在当前的中国，宗教仍是比较敏感和边缘的地带，佛教界在开展慈善事业方面的政策也更为严格，在某些方面甚至有收紧的趋势。在民政部每年发布的《社会服务统计公报》统计数据中，宗教类社会团体和宗教类民办非企业单位的总数连年下降便是一个反映。在这种政策环境下，如何克服困难，需要佛教背景基金会解决。

宗教的价值究竟是弘扬教义还是参与到慈善实践中？一直是包括佛教在内的宗教界的迷思。尤其在大陆这个宗教意识形态非主流的外部环境下，宗教被要求在慈善行动中尽量削弱其宗教色彩，将如何保持信仰与教义？虽在佛教教义中，弘法与慈善是"不二"统一关系，但在从事慈善事业的实际过程中，佛教同样面临着弘扬佛法与投入慈善的矛盾，这种自我认同的矛盾也极大地影响佛教对慈善的投入。

以佛寺与佛协为依托的佛教背景基金会还面临着摆正自身与佛寺或佛协关系的挑战。基金会虽作为独立法人机构，在资金、人员、场所等各方面却依赖于佛寺或佛协的支持。此外，还要摆正自身的定位，有的佛教背景基金会仅是作为寺院功德款专门管理机构，表明了寺院在资金规范化管理上迈出一步，但基金会不能只是作为寺院筹集功德款的职能部门，更应承担起为社会服务和佛教文化传播的职责。

五　小结与展望：基金会是佛教慈善组织化的方向

作为大陆佛教慈善最具有组织化、专业化特征的佛教背景基金会，其发展历程也是整个大陆佛教慈善发展的缩影，大致反映出佛教慈善发展的脉络。佛教背景基金会的迅猛发展，印证了中国大陆佛教慈善进入活跃期。同时，现有佛教背景基金会以非公募为主导，一些基金会是在功德会、专项基金等组织形态基础上成立的，一批佛教背景慈善组织正着手注册基金会。种种迹象表明，未来成立佛教背景的非公募基金会将是佛教慈善组织化的发展大势，并将引领整个佛教慈善事业的走向。

近年来，中国大陆佛教背景基金会乃至佛教慈善的快速发展，直接原因是 2012 年《关于鼓励和规范宗教界从事公益慈善活动的意见》的出台。这个文件从政策上对佛教界从事慈善事业予以明确的鼓励性和支持性表态，为其发展创造出一定的政策空间。而当前佛教背景基金会所面临的注册困难、开展活动的诸多不足也很大程度上来自于政策上限制。

佛教背景基金会仍然面临的种种挑战，其原因也来自自身。未来，在慈善领域的选择上发挥佛教心灵关怀的优势，在慈善服务方式上提升服务层次，走进社区，关注普通人需求，在管理上平衡寺院化管理和现代慈善组织管理的矛盾，提升管理的专业化，都是佛教背景基金会走出一条适合自己发展的现代慈善道路的选择。同时，在自身发展过程中，如何有效与其他慈善组织开展合作，既积累资源，又提升自身专业能力、扩展思路，也是佛教背景基金会未来应当加强的部分。可以看到，当前一些佛教背景基金会已开始了这一尝试。

第八章
从透明到善治：慈善行业公信力
建设升级

中国慈善行业提升社会信任的努力从未停歇。2014 年，慈善事业公信力建设的成果与挑战并存。一方面，公益组织自律意识提升，很多组织都在从透明公开、内部治理、流程控制等层面提高组织的规范化和专业化水平；另一方面，慈善行业的外部发展环境喜忧参半，可喜的是登记管理机关和业务主管部门强化监管、社会监督力量继续壮大；令人忧虑的是一些对现代慈善理念有误解、曲解、误导乃至逾越法律底线的社会质疑事件时有发生，为慈善部门依法运作和赢取社会信任带来了很大挑战。

在多方监督下，一些组织不断自我完善，从主动追求信息公开到追求善治和效率，慈善公信力建设呈现升级、进化之势；在质疑声中，一些现代理念也得到传播，部分讹传也得以纠正。总体来看，慈善行业和社会公众都在进步，慈善事业公信力建设形势严峻但发展前景乐观。

一 慈善信息公开合规率提升

第三方监测评估显示，慈善行业整体透明度在持续提升，尤其是在民政部和上海、浙江等注册的基金会，信息公布合规度最高，少数非公募基金会因其透明、专业、高效的运作而成功转型为公募基金会。但不足同时存在：不同地域、不同类型的公益慈善组织透明度差异大；各类组织的信息公开内容也不均衡，公众最关心的财务信息和治理信息整体公开不足。这些均是慈善透明未来的提升空间。

（一）慈善组织透明度与其信息公开规制程度一致

中国慈善行业组织形态多样，既有以"社会组织"身份在民政部门登记的社团、基金会、民办非企业单位，也有在工商部门登记但自称"非营利"的"民间公益组织"，此外还有挂靠的二级组织、自发性的志愿团体或网络公益社群。而政府部门对慈善组织的监管，一般限于登记注册组织。但是未登记或非独立法人的组织的活动同样影响整个慈善行业的公众形象。

目前，在全国范围内生效的关于公益慈善信息公开的法律法规、规范性文件已超过十个，包括《中华人民共和国公益事业捐赠法》《中华人民共和国红十字法》《社会团体登记管理条例》《民办非企业单位登记管理暂行条例》《基金会管理条例》《政府信息公开条例》《基金会信息公布办法》《救灾捐赠管理办法》《志愿服务记录办法》《民政部关于进一步加强社会捐助信息公示工作的指导意见》《民政部关于规范基金会行为的若干规定（试行）》《民政部关于深入开展民办非企业单位信息公开和承诺服务活动工作的意见》，以及《国务院关于促进慈善事业健康发展的指导意见》等。另外，江苏、宁夏、长沙、宁波四省（区）市的慈善事业促进条例、北京市促进慈善事业若干规定、湖南省募捐管理条例、上海市募捐条例、广州市募捐条例、江苏省慈善募捐许可办法等地方性法规文件对慈善信息公开也有不同程度的规定。

上述法律、法规、部门与地方规章及规范性文件组成了我国慈善信息公布制度体系。总体来说，这些法律文件对不同主体的公开内容及时效均有不同要求。其中，对基金会和具有公益性捐赠税前扣除资格的社会团体信息披露的要求最高、最具体，民办非企业单位次之，一般公益性社团第三；而对早年因"双重管理"门槛而选择工商注册的草根公益组织外部监管较少，挂靠的二级机构基本上只受挂靠组织的内部制度约束，而未注册组织和民间志愿团体基本不受外部监管（详见表8-1）。

表 8 - 1 各类公益慈善组织信息公开内容一览①

公开主体	公开内容							服务信息
	捐赠信息	年度工作报告（摘要）	募捐信息	项目/资助信息	审计报告	关联交易信息	内部制度	
基金会	○	●	●	●	●	●	●	—
具有公益性捐赠税前扣除资格的社会团体	○	●	●	●	●	●	●	—
公益性社会团体	○	—	—	○	—	—	—	—
民办非企业单位	○	○	—	○	—	—	○章程	●
红十字组织	○	—	○	—	—	—	—	—

说明：○表示原则性规定；●表示具体规定；—表示无相关规定。

基金会信息公布最为规范，整体透明度最高。根据中民慈善捐助信息中心对 1000 家组织样本（包括各级慈善会、红十字会、基金会和公益性社团、民办非企业单位）的监测结果，基金会平均分为 52.71 分（满分100），其透明度明显高于整个样本的 44.1 分。详见图 8 - 1。

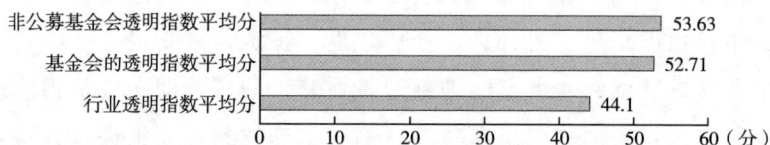

图 8 - 1 2014 年度基金会透明指数高于慈善行业平均分

该监测结果还显示，2014 年度，透明水平达到 90 分以上的有 81 家，其中，有 64 家是基金会，包括 36 家公募基金会和 28 家非公募基金会。②如图 8 - 2 所示。

① 本表根据《中华人民共和国公益事业捐赠法》《基金会管理条例》《基金会信息公布办法》《民政部关于规范基金会行为的若干规定（试行）》《社会团体登记管理条例》《民办非企业单位登记管理暂行条例》《民政部关于深入开展民办非企业单位信息公开和承诺服务活动工作的意见》等法律、法规和规范性文件整理。

② 中民慈善捐助信息中心：《2014 年度我国慈善透明指数比去年提高 2.3%》，中国公益慈善网，http://www.charity.gov.cn/fsm/sites/newmain/preview1.jsp? ColumnID = 362&TID = 201409211161624435669322，最后访问时间：2015 年 3 月 30 日。

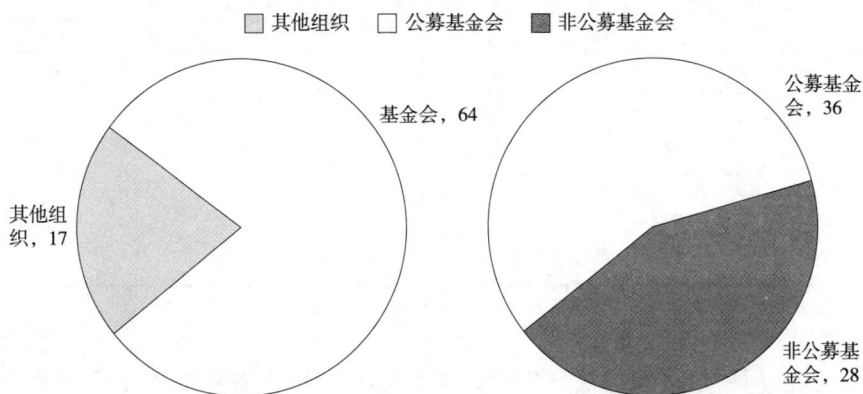

图 8 - 2　2014 年度在透明水平达到卓越的 81 家组织中基金会的数量

而根据中国民间公益透明指数（GTI）2014 年度的监测结果，透明度从高到低依次为民办非企业、社会团体、工商注册、挂靠的二级机构、未登记注册的机构。

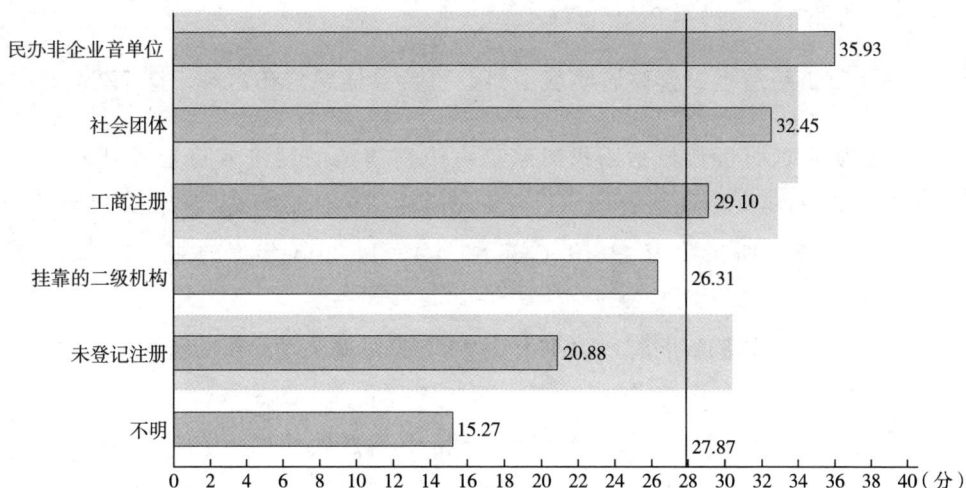

图 8 - 3　2014 年不同登记注册性质机构 GTI 指数平均得分（阴影代表 2013 年）

表 8 - 2　2014 年不同登记注册性质的公益组织 GTI 指数得分情况

登记注册性质	极小值	极大值	平均值	标准差
民办非企业单位	9.41	95.98	35.93	18.95

登记注册性质	极小值	极大值	平均值	标准差
社会团体	7.42	96.70	32.45	17.18
工商注册	9.69	98.03	29.10	15.64
挂靠的二级机构	6.52	53.94	26.31	11.89
未登记注册	3.60	67.06	20.88	10.70
不明	2.57	61.09	15.27	8.49

数据来源：中国民间公益透明指数（GTI）2014，USDO。

从上面两组透明指数分析中，可以发现：国内各类慈善组织的透明度与其规制程度一致。其中，透明度最高的是基金会，其次是民非、社团、工商注册组织，然后是挂靠的二级机构，未登记组织最不透明。由此可以推理，我国慈善组织主体的透明度，与监管和规制严格程度密切相关，法律法规越明确、监管越到位，其信息公开越规范、透明度越高。反之同理。可见，我国慈善行业的整体透明度，亟待法律规范来明确"公开底线"。

（二）慈善组织整体透明度上升，基金会信息公布合规率达77%

各版本透明指数显示，我国慈善组织整体透明度进入稳定提升期。根据《2014年度中国慈善透明报告》（简称"中民版报告"）①，2014年度中国慈善透明指数为44.10（总分100），比2013年度的43.11上升了2.30%。

中国民间公益透明指数（GTI）对1300家民间公益组织的监测结果也显示，2014年度，平均值为27.87，较2013年提高了2.35%。

基金会中心网发布的《2014排行榜中基透明指数（FTI）》显示，2012～2014年，基金会信息披露的数量和质量都大有提升。其中满分基金会的数量从2012年的17家持续上升至2013年的47家，至2014年的96

---

① 该报告由中民慈善捐助信息中心在2014年9月发布，报告从完整性、及时性、易得性这三个维度以及基本信息、治理信息、业务信息和财务信息四个方面对样本组织进行评估。

家，基金会信息公布合规率①相较于 2012 年则增长一倍，从 2012 年的 37% 增至 2013 年的 67% 及 2014 年的 77%。该报告还发现，基金会官方网站是大多数基金会信息发布的首要渠道，2014 年，基金会网站建设率由 2013 年的 38% 上升为 45%（详见图 8-4）。

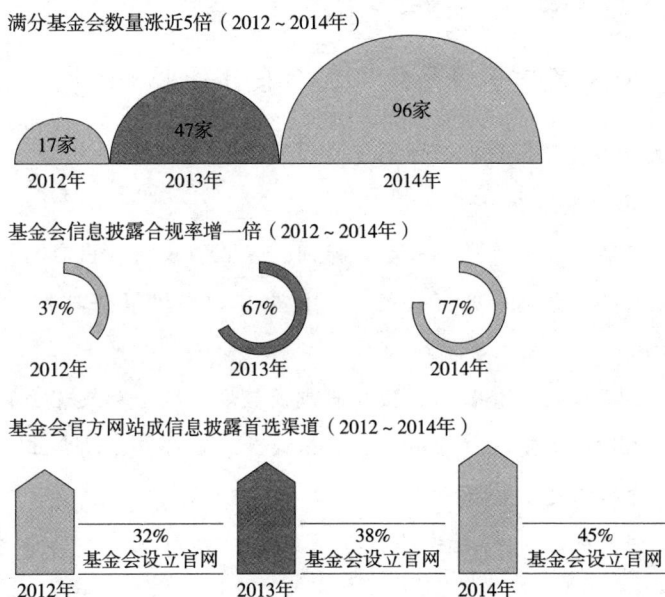

满分基金会数量涨近5倍（2012~2014年）

17家 2012年　47家 2013年　96家 2014年

基金会信息披露合规率增一倍（2012~2014年）

37% 2012年　67% 2013年　77% 2014年

基金会官方网站成信息披露首选渠道（2012~2014年）

32% 基金会设立官网 2012年　38% 基金会设立官网 2013年　45% 基金会设立官网 2014年

图 8-4 2014 年度中国基金会信息披露数量和质量都大有提升

数据来源：基金会中心网透明指数。http://fti. foundationcenter. org. cn/，最后访问时间：2015 年 3 月 30 日。

根据我国的法规政策，基金会、具有公益性捐赠税前扣除资格的社会团体、民办非企业单位应在指定媒体或网站上公布经审核的年度工作报告全文和摘要。年度工作报告由登记管理机关编制，会定期修订、不断完

---

① 根据 FTI 的解释，"合规"指按照《基金会管理条例》等法规要求公布基金会年度工作报告全文所包含的 30 个指标，具体指标包括基本信息（宗旨、成立时间、原始基金、登记证号、全职员工数量、联系电话、办公地址、理事姓名、理事会职位、理事薪酬）；财务信息（捐赠收入、公益支出、总资产、净资产、总收入、投资收益、政府补助收入、服务收入、总支出、工资福利支出、行政办公支出、业务活动成本、管理费用、筹资费用）；项目信息（项目名称、项目支出、项目收入、项目概述）；捐赠及内部建设信息（主要捐赠人信息、年度工作报告）。

善，而且不同组织类型填报内容有所区别。以基金会年度工作报告为例，近几年该报告往往长达 20 多页，内容涵盖《基金会管理条例》《基金会信息公布办法》《民政部关于规范基金会行为的若干规定（试行）》等法规文件所规定的应公开内容。2014 年度在民政部登记的基金会年度工作报告有 30 页，具体内容如下。

民政部登记基金会 2014 年度工作报告内容[①]

一、基本信息

二、机构建设情况

（一）理事会召开情况（含会议时间、地点、议题、出席名单、决议）

（二）理事会成员情况（含姓名、出生日期、理事会职务、领取报酬金额及事由）

（三）监事情况（含姓名、出生日期、领取薪酬金额及理由）

（四）工作人员情况（含姓名、政治面貌、职务、平均年工资）

（五）党组织建设情况

（六）分支机构、代表机构、专项基金、办事机构、实体机构基本情况

三、业务活动情况

（一）接受捐赠情况

（二）募捐情况（公募基金会填写）

（三）支出情况（含公益支出、工作人员工资福利支出、行政支出）

（四）大额捐赠收入情况（捐赠人、金额、用途）

（五）本年度业务活动情况报告（项目名称、收支情况及内容简述）

（六）重大公益项目收支明细表（含项目名称、收入、运行费用等）

（七）重大公益项目大额支付对象（含对象名称、支付金额及占比、用途）

（八）委托理财（受托人、委托金额、报酬方式、收益金额等）

---

① 中国社会组织网，http://jjh.chinanpo.gov.cn/1403/84371.html，最后访问时间：2015 年 5 月 20 日。

（九）投资收益（收益来源、金额）

（十）关联方关系及其交易

（十一）应收账款及客户＊

（十二）预付账款及客户＊

（十三）应付账款＊

（十四）工作总结＊

四、财务会计报告（按非营利组织会计制度编制）

（一）资产负债表

（二）业务活动表

（三）现金流量表

五、接受监督、管理的情况（年检情况、评估情况、税收优惠资格取得情况、行政处罚情况）

六、审计意见

七、监事意见

八、履行信息公开义务情况

（一）在登记管理机关指定的媒体上公布 2014 年度工作报告摘要

（二）在其他媒体上公布 2014 年度工作报告

（三）公布募捐公告（公募基金会填写）

（四）公布内部管理制度

（五）公布收入和支出明细

（六）公布关联方关系及其交易

九、其他信息

（一）年度登记、备案事项办理情况

（二）内部制度建设

（三）涉外活动情况

十、年检审查意见

（一）业务主管单位初审意见

（二）登记管理机关年检结论

注：＊为 2014 年新增内容。

（三）登记机关统一发布年检报告和募捐信息，提升慈善透明度

我国法定慈善信息公布主体有两类：慈善组织和政府部门。其中，社会组织一直是信息公布主体，需要向业务主管单位和登记管理机关报告收支情况、提交年度工作报告以供年检，有义务接受捐赠人查询、告之公布捐赠使用和管理情况；接受社会捐赠的组织，每年度应当向政府有关部门报告受赠财产的使用、管理情况，接受监督。必要时，政府有关部门可以对其财务进行审计。另外，基金会也有义务向社会公布经过审计的财务报告、通过年检的年报信息、捐赠使用情况，以接受社会监督。

在特定情况下，政府部门也是慈善信息公开的主体。《公益事业捐赠法》规定，县级以上人民政府可以接受救灾捐赠，需履行"受赠人"的财产管理和信息公示义务。《政府信息公开条例》从 2008 年实施后，政府机关的信息公开责任得以明确，需重点公开社会公益事业建设情况；主动重点公开抢险救灾、优抚、救济、社会捐助等款物的发放情况。《基金会管理条例》规定，基金会登记管理机关（各级民政部门）应当向社会公告年度检查结果；基金会注销后的剩余财产，无法按照章程规定处理的，由登记管理机关组织捐赠给与该基金会性质、宗旨相同的社会公益组织，并向社会公告。

一些地方慈善法规也明确，监管部门也履行相应的信息公开责任，比如《上海市募捐条例》第二十八条规定，"市民政部门应当建立统一的募捐信息网络服务平台，为社会公众免费提供募捐信息服务，接受咨询、投诉、举报，并作为募捐组织信息公开的平台"。

实践证明，如果慈善监管部门积极主动履行其信息公布责任，将大幅度提升其所辖慈善组织的整体透明度表现。

FTI 2014 排行榜显示，上海市、民政部、浙江省、福建省等地忘记的基金会透明指数依次最高，信息披露水平基本接近 100%[1]（详见图 8–5）。

---

[1] 基金会中心网透明指数，http://fti.foundationcenter.org.cn/，最后访问时间：2015 年 3 月 30 日。

财务信息公开		善款流向公开	
100%	上　海	98%	
97%	民政部	91%	
97%	浙　江	84%	
98%	福　建	88%	
98%	北　京	8%	
87%	湖　南	87%	
22%	河　南	5%	
5%	四　川	5%	
3%	广　东	3%	
1%	江　苏	1%	

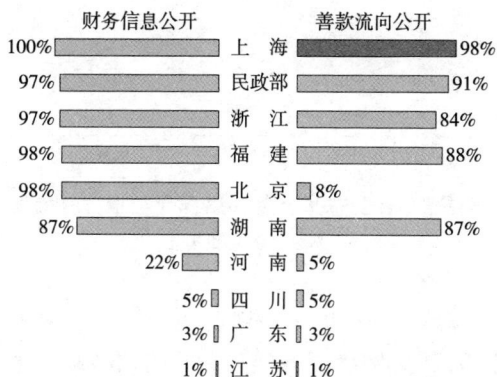

图 8-5　2014 年中基透明指数地区排行

数据来源：基金会中心网，http://fti. foundationcenter. org. cn/，最后访问时间：2015 年 3 月 30 日。

上述基金会透明度遥遥领先，主要原因是登记管理机关建立了相应的信息平台统一公布社会组织年度工作报告和募捐、资助项目等信息。例如，民政部从 2006 年起通过中国社会组织网发布基金会年检报告，至 2015 年一季度共公布了 1127 份基金会年检报告全文，其中 2013 年年度报告已公布 225 份；上海社会组织网公布基金会 2013 年年检报告全文和审计报告各 127 份，同时上海市募捐信息服务平台也要求上海市红十字会以及上海注册的所有公募基金会在平台上公开组织基本信息、募捐方案、募捐情况和所有的公募活动、善款流向，自 2011 年试运行以来共发布 91 条募捐活动信息，其中 2014 年度发布 46 条；浙江省基金会信息公开平台为 384 家基金会建立检索页面，公众可通过链接进入基金会官方网站或专题页面，查看其年检工作报告、捐赠信息或项目、管理制度等信息；福建省民间组织信息网公布了 155 个基金会 2013 年度工作报告摘要；湖南省民政厅网站开设"湖南省募捐信息公开专栏"，公布了湖南省红十字会、省慈善总会和 94 家公募基金会 2013 年度的"募捐信息公开情况表"，其中不仅包括募捐信息，也包括组织基本信息、公益活动摘要、章程及年度财务会计报告。①

---

① 本处数据根据中国社会组织网、上海社会组织网、上海市募捐信息平台、浙江省基金会信息公开平台、福建省民间组织信息网、湖南省民政厅官方网站整理。截至 2015 年 4 月 22 日发布的信息。

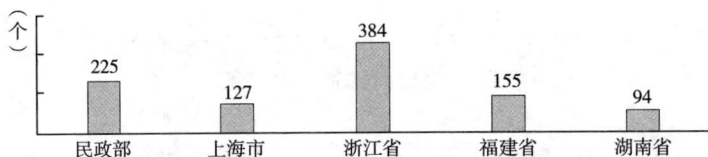

图 8 - 6 主要信息平台公布基金会 2013 年年检报告（摘要）数量统计
数据来源：中国公益研究院根据网站公开信息整理。

除了上述省级信息平台，广州市民政局也通过完善制度、监测评估等多种手段强化年报和募捐信息公开。广州市在 2012 年通过《广州市募捐条例》后，为促进募捐信息公开，在 2014 年 4 月出台《广州市慈善组织募捐透明度评价指标（试行）》，在辖地内开展募捐活动的红十字会、慈善会、公募基金会以及取得募捐许可的公益性社会团体、民办非企业单位均参与到透明度评价活动中。评价信息系统基本指标包括"组织年度或募捐项目的审计报告""募捐财产使用情况"等内容，另有 5 分的募捐活跃度加分。广州市在 6 月首次发布该募捐透明结果，9 月第二次发布结果显示，3 个月内，满分组织从 18 家增加到 22 家。慈善组织在"广州慈善网"上填报的信息资料，全部可供公众查询。监管者认为，此举可促进慈善组织更诚实健康、公开透明。[①]

（四）慈善组织财务和治理信息公开有待加强

完整性是慈善信息披露的基本原则之一。但是不少组织公布的信息还不完整，不仅未能满足公众的基本需求，也未达到法规和监管部门提出的底线要求。

一项有效样本数为 1071 份的网络调查显示，2014 年公众最希望了解的慈善组织信息与 2013 年一致，分别是"资金去向与使用状况"和"善款来源"。另外，公众关注度提高最大的是"组织主要负责人的背景信息"；"组织性质"排名上也提高了三位。[②] 这个调查结果反映了两种可能：

① 田伟、陈霄：《广州第二次发布慈善组织募捐透明度评价结果》，人民网，http：//gd. people. com. cn/n/2014/0911/c123932 - 22278487. html，最后访问时间：2015 年 3 月 30 日。

② 《2014 年度中国慈善透明报告》发布词，http：//gongyi. ifeng. com/a/20140919/40814668_0. shtml，最后访问时间：2014 年 4 月 10 日。

公众尤其关注慈善组织财务和治理问题，或者慈善组织的财务和治理信息公开不足。

根据《2014 年度中国民间公益透明报告》① 对国内较活跃的 1300 家民间公益组织的监测，样本组织在基本信息公开上总体水平较高，而财务信息公开程度最低。报告显示，样本组织的财务信息公开得分平均为 2.7 分，不足理论满分的 1/10，而且绝大部分样本组织的财务公开得分集中于 0～1 分，可见民间公益组织财务公开水平亟须提升② （详见表 8－3）。

表 8－3　2014 年 GTI 指数分项得分情况

	理论满分	极小值	极大值	均值	标准差	上年均值
基本信息得分	18.58	0.00	18.58	12.22	3.79	12.40
管理与治理得分	28.07	2.57	28.07	6.74	5.38	6.68
财务信息得分	30.45	0.00	30.45	2.71	6.90	2.43
项目信息得分	22.90	0.00	22.90	5.19	6.13	5.72

数据来源：USDO 自律吧，《2014 年度中国民间公益透明报告》。

民间公益组织在管理与治理透明、项目信息公开上同样存在不足。管理与治理透明方面，大量样本组织的得分在 5 分以下。项目信息披露上，一部分集中于 0～1 分，另有一部分集中于 10～15 分，表明 GTI 涵盖的中国民间公益组织对待基本信息公开的态度相对比较一致，得分差异相对较小。而其他三项：治理与管理信息、项目信息和财务信息得分的差异明显增大，其中财务信息公开的得分差异最大，可见财务信息披露仍然是信息披露最为薄弱的环节。与之相应的，是公益领域始终围绕着财务信息"向谁公开"，"公开什么"，"公开到什么程度"甚至"有没有必要公开"等一系列问题进行着讨论、思考和实践。③

① 该报告由 USDO 发布，其委托开发的中国民间公益透明指数（GTI）从组织基本信息、治理与管理信息、业务或项目信息以及财务信息四个维度来描述中国民间公益组织的透明度得分。2014 年度报告基于对 1300 余家民非、社团、工商注册或未登记的草根公益组织通过互联网发布的 2012 年度机构的基本信息、治理与管理信息、项目信息和财务的监测。

② 资料来源：USDO 自律吧，《2014 年度中国民间公益透明报告》，下载地址：http://pan.baidu.com/s/1m8UHw，最后访问时间：2014 年 3 月 20 日。

③ USDO 自律吧：《2014 年度中国民间公益透明报告》。

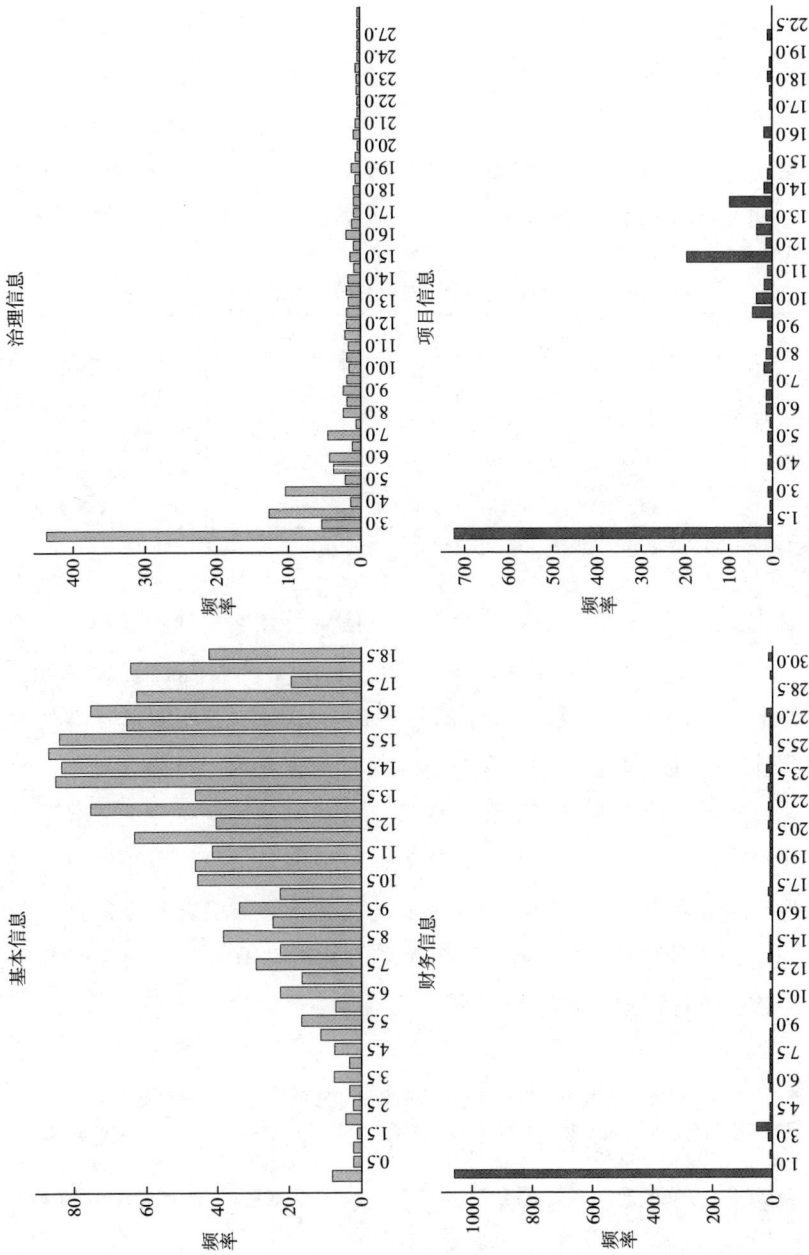

图 8-7 2014 年 GTI 指数分项得分分布直方图

资料来源：USDO 自律吧，《2014 年度中国民间公益透明报告》。

基金会是目前整体透明度最高的组织类型，但是其信息披露也不完整，尤其是财务审计报告和组织治理、管理的信息公开不足。截至2014年6月30日的FTI监测结果显示，88%的基金会未公布2012年度审计报告正文，而秘书长简历、管理制度等与组织内部治理相关的信息公布率不足10%。①

在自媒体高度发达的今天，慈善组织信息公布的门槛极低，注册一个博客、微博或微信公众号，就可以高效率、低成本地发布组织信息。这是公益组织基本信息公开整体较好的原因，表明组织普遍意识到向公众展示自己的必要性，有较强的主动披露意愿并开始付诸行动。但是公众依然难以获取捐赠流向、公益项目开展情况及效果的信息。这意味着，慈善组织自身还需要加强信息公开内容的完整性、系统性，信息的加工、传播也需要提升其准确性、通俗性，并尽量建设多元化的信息公开渠道、提高信息查询的便捷性。这样，慈善组织才能做到有效透明，并通过透明化提升组织和行业的公信力。

二　政府规范和组织维权并举，法治理念融入慈善公信力建设

很多国家都在丑闻曝光后启动法律改革，促进慈善部门的透明度和公信力建设。我国在20世纪80年代末就在《基金会管理办法》中提出"建立严格的资金筹集、管理、使用制度，定期公布收支账目"的信息公开要求。在21世纪，更是通过《基金会管理条例》《基金会信息公布办法》等法规、政策进一步明确了信息公开和组织治理要求。在法律法规、政府监管、媒体和公众监督等方面的"他律"和行业及组织内部"自律"的推动下，我国慈善事业形成了"公权力监管、行业引导、组织自律、社会监督"的透明和责任机制。这一机制既是外部监管不断加强、完善的结果，也是慈善组织可持续发展的内在需要。

---

①　基金会中心网、清华大学廉政与治理研究中心编《中国基金会透明度发展研究报告（2014）》。社会科学文献出版社，2014，第6页。

（一）政府多种措施促进慈善行业公信力建设

2014 年，各级政府部门出台了一系列政策文件，在鼓励慈善事业发展的同时，也对慈善行业公信力建设及信息公开透明提出了明确要求：首先，国务院、民政部对公益行业透明度提升在政策上予以引导和规范；其次，中央财政在资金方面提供大额财政支持建立社会组织法人库，促使社会组织的信息公开和信用建设进一步规范化，制度化；最后，各级民政作为慈善监管部门也通过推动社会组织年度工作报告与募捐信息的公布，推动慈善行业公开透明。

1. 国务院多重举措促进公益行业公信力建设

2014 年 10 月 29 日，国务院常务会议召开，发展慈善事业是会议主题之一。在确定发展慈善事业措施、引导汇聚更多爱心扶贫济困的同时，会议强调了强化行业自律和社会监督的重要性，明确提出，要"引导慈善组织依法依规募捐，严格规范使用捐赠款物，及时公开项目运作、款物募集及使用等情况。加强监管，依法查处违规募捐、违约使用捐赠款物、无正当理由拒不兑现捐赠承诺等行为。进而增强慈善组织公信力，把慈善事业做成人人信任的'透明口袋'，让社会爱心的暖阳照耀困难群众、助力民生改善"①。

随后，国务院发布《关于促进慈善事业健康发展的指导意见》（以下简称《慈善意见》），将"确保公开透明"作为发展慈善事业的四项基本原则之一，要求慈善组织以及其他社会力量开展慈善活动，要"依据有关规定及时充分公开慈善资源的募集、管理和使用情况。慈善组织要切实履行信息公开责任，接受行政监督、社会监督和舆论监督"。针对现行一些法律政策文件对慈善组织信息公开规制不够具体、可操作性不强的不足，《慈善意见》规定了信息公开内容、公开途径和公开时限（详见表 8-4 和表 8-5）。

---

① 《李克强主持召开国务院常务会议，确定发展慈善事业措施汇聚更多爱心扶贫济困》，中华人民共和国民政部网站，http://www.mca.gov.cn/article/zwgk/mzyw/201410/20141000720437.shtml，最后访问时间：2015 年 3 月 30 日。

表8-4 《慈善意见》关于"强化慈善组织信息公开责任"的内容

公开内容	公开时限	公开途径
向社会公开组织章程、组织机构代码、登记证书号码、负责人信息、年度工作报告、经审计的财务会计报告和开展募捐、接受捐赠、捐赠款物使用、慈善项目实施、资产保值增值等情况以及依法应当公开的其他信息。信息公开应当真实、准确、完整、及时，不得有虚假记载、误导性陈述或者重大遗漏。对于涉及国家安全、个人隐私等依法不予公开的信息和捐赠人或受益人与慈善组织协议约定不得公开的信息，不得公开。慈善组织不予公开的信息，应当接受政府有关部门的监督检查	及时公开款物募集情况，募捐周期大于6个月的，应当每3个月向社会公开一次，募捐活动结束后3个月内应全面公开；应及时公开慈善项目运作、受赠款物的使用情况，项目运行周期大于6个月的，应当每3个月向社会公开一次，项目结束后3个月内应全面公开	通过自身官方网站或批准其登记的民政部门认可的信息网站进行信息发布；应向社会公开联系方式，及时回应捐赠人及利益相关方的询问。慈善组织应对其公开信息和答复信息的真实性负责

表8-5 《慈善意见》关于"加强对慈善组织和慈善活动的监督管理"的内容

政府监督	行业自律	社会监督
民政部门要严格执行慈善组织年检制度和评估制度；通过信息网站等途径向社会公开慈善事业发展和慈善组织、慈善活动相关信息； 会同其他部门，依法及时查处诈而不捐、以诽谤造谣等方式损害慈善组织及其从业人员声誉等违法违规行为	建立健全行业标准和行为准则，增强行业自我约束、自我管理、自我监督能力；鼓励第三方专业机构根据民政部门委托，按照民政部门制定的评估规程和评估指标，对慈善组织开展评估	畅通社会投诉举报渠道，任何单位或个人发现任何组织或个人在慈善活动中有违法违规行为的，可以向该组织或个人所属的慈善领域联合型、行业性组织投诉，或向民政及其他政府部门举报
财政、税务部门要依法对慈善组织的财务会计、享受税收优惠和使用公益事业捐赠统一票据等情况进行监督管理	行业性组织要依据行业自律规则，在职责范围内及时协调处理投诉事宜	捐赠人对慈善组织、其他受赠主体和受益人使用捐赠财产持有异议的，除向有关方面投诉举报外，还可以依法向人民法院提起诉讼
其他政府部门要在各自职责范围内对慈善组织和慈善活动进行监督管理，及时调查核实慈善相关举报，情况属实的要依法查处	相关政府部门要将评估结果作为政府购买服务、评选表彰的参考依据	支持新闻媒体对慈善组织、慈善活动进行监督，对违法违规及不良现象和行为进行曝光，充分发挥舆论监督作用

2. 中央财政支持社会组织法人库，强化信用体系建设

6月14日，国务院颁布《社会信用体系建设规划纲要（2014—2020年)》，全面推进社会诚信建设，其中一个重要内容是"在救灾、救助、养老、社会保险、慈善、彩票等方面，建立全面的诚信制度，打击各类诈捐骗捐等失信行为"。另一与公益事业相关的内容是"社会组织诚信建设"，具体内容包括：依托法人单位信息资源库，加快完善社会组织登记管理信息；健全社会组织信息公开制度，引导社会组织提升运作的公开性和透明度，规范社会组织信息公开行为；把诚信建设内容纳入各类社会组织章程，强化社会组织诚信自律，提高社会组织公信力；发挥行业协会（商会）在行业信用建设中的作用，加强会员诚信宣传教育和培训。

国家发改委正式批复了国家法人单位信息资源库项目（一期），中央向全国社会组织法人库直接投资7091万元，重点建设部省两级社会组织数据中心和登记管理业务系统，实现信息及时汇总、动态更新，推动各级登记管理机关规范化、精细化管理，以大数据分析等方式为社会组织管理创新提供有力支撑。在此基础上，社会组织信用信息系统和应急维稳工程被纳入国家"十三五"规划编制范围。[①]

慈善组织的信用问题也在11月24日国务院发布的《慈善意见》中得以体现。文件提出"建立健全责任追究制度"，并规定，民政部门作为慈善事业主管部门，"对于慈善组织或其负责人的负面信用记录，要予以曝光"。

3. 两部委发文通过财务管理、信息公开等措施构建社会组织反腐机制

审计署6月发布的审计工作报告揭示，一些中央部门主管的社会组织和所属单位依托行政资源不当牟利。如中华医学会在2012年至2013年召开的160个学术会议中，用广告展位、医生通讯录和注册信息等作为回报，以20万元至100万元的价格公开标注不同等级的赞助商资格，收取医药企业赞助8.2亿元；中国城市科学研究会2013年在受住房城乡建设部委托进行绿色建筑标识评价过程中，未经批准违规收取参评单位评审费1418.55

[①] 《民政部联合发布2014年社会组织十件大事》，人民网，http://gongyi.people.com.cn/n/2015/0104/c152512-26317122.html，最后访问日期：2015年4月27日。

万元。还有一些社会组织依托行政资源不当牟利。①

针对少部分社会组织出现的利用行政手段牟利、收取高额赞助费、垄断经营等违法违规行为，其他部门也曝光了一批影响较大的事件、通报了一批问题突出的单位、查处了一批重大典型案件。

按照中央关于建立健全覆盖全社会的惩治和预防腐败体系的总体部署，2014 年 11 月 6 日，民政部和财政部发布《关于加强社会组织反腐倡廉工作的意见》（以下简称《反腐意见》），着力构建社会组织反腐倡廉长效机制。《反腐意见》从健全社会组织民主机制、加强社会组织财务管理、规范社会组织商业行为、实行社会组织信息公开制度、强化社会组织审计和执法监督、加强社会组织廉洁自律教育等六个方面对社会组织反腐倡廉工作进行了规定。同时指出，各级民政部门要严格按照中央有关文件精神，加强社会组织负责人任（兼）职审核，对未按规定报批的领导干部，不得办理相关手续。

在财务管理方面，《反腐意见》规定，"社会组织财务收支必须全部纳入单位法定账户……不得设立'小金库'。社会组织分支（代表）机构不得开设银行基本账户……社会组织对承接政府职能转移和政府购买服务的经费，要专款专用，不得违规使用。社会组织各项收入除用于组织管理成本和其他合理支出外，应当全部用于章程规定的非营利性事业，盈余不得分配。社会组织财务人员应持证上岗，会计不得兼任出纳，社会组织负责人直系亲属不得担任会计、出纳。社会组织应定期向会员（代表）大会、理事会报告财务收支情况，自觉接受监督"。②

信息公开作为社会监督的重要手段纳入《反腐意见》，不仅对于不同类型的组织重申不同的公开要求，也强调了各级登记管理机关的信息公开责任，具体包括：制定社会组织信息公开办法，建立或者利用有公信力的公共信息平台，为社会组织发布信息和社会监督创造条件。

---

① 《国务院关于 2013 年度中央预算执行和其他财政收支的审计工作报告》，审计署网站，http：//www. audit. gov. cn/n1992130/n1992150/n1992379/3602404. html，最后访问时间：2015 年 4 月 8 日。

② 《民政部财政部关于加强社会组织反腐倡廉工作的意见》，民政部网站，http：//mjj. mca. gov. cn/article/tzgg/201411/20141100730635. shtml，最后访问时间：2015 年 4 月 8 日。

表 8 - 6 　《反腐意见》对各类社会组织信息公开的具体要求

公开主体	公开对象	公开内容
基金会	社　　会	公益活动和募集资金的详细使用计划，公益资助项目的申请、评审程序，以及年度工作报告和财务审计报告等信息
社会团体	社　　会	登记事项、章程、组织机构、接受捐赠、承接政府转移职能以及政府购买服务事项等信息
	会　　员	年度工作报告、财务工作报告、会费收支情况以及经理事会研究认为有必要向会员公开的其他信息
民办非企业单位	服务对象	服务承诺、服务收费标准等信息

（二）监管部门发布实名举报调查结论，透明边界共识仍未达成

国际非营利法律中心的一项研究发现，国际上90%的慈善组织的违法行为或犯罪问题，不是由政府的监管机构发现的，而主要是通过内部投诉（理事、员工）、媒体报道、竞争对手举报这三种渠道被揭发的。我国慈善透明和责信机制也非常重视"媒体和公众监督"，并通过法律设置了"实名举报"制度，后者已经成为社会参与监督慈善事业的重要渠道。

1. 民政部调查未发现被举报慈善组织财务问题

2013~2014年，民政部陆续收到对中华儿慈会及下设的"天使妈妈"、中国红十字基金会嫣然基金的实名举报信，举报信称"天使妈妈基金"涉嫌用个人账号收款、"私设小金库隐匿善款"，也称"嫣然基金人均唇腭裂手术成本高达9.9万元，远远高于其他公益慈善组织同类手术5000元报价，7000万元善款下落不明"。

2014年8月12日，民政部举行新闻发布会公布嫣然基金调查结果，称其"不存在被举报的财务问题"。民间组织管理局负责人表示，中国红十字会总会委托中审亚太会计师事务所对嫣然基金进行了独立审计。嫣然基金2006年到2013年总捐赠收入为1.421亿元，总支出1.304亿元，包括定向用于嫣然天使儿童医院资金约5322万元；患儿支出手术费约4002万元，救助患儿9616例。到2013年年底，用于嫣然天使儿童医院的建设资金全部为定向筹款、定向使用，并未发现举报人所举报的问题。该负责

人解释，嫣然天使基金每年都会公布一份完整的审计报告，但受制于行政经费和人员限制，无法面面俱到。"如果对于一个机构来说，能够达到公众想知道任何信息，都能详细报告，则需要搭建复杂的管理体系和公开系统。与投入更多精力做公益项目相比，在管理上的投入是需要权衡的"。①

2014 年 8 月 27 日，民政部民间组织管理局向中国青年报披露了关于中华少年儿童慈善救助基金会（以下简称"儿慈会"）和"天使妈妈基金"的调查情况，称 2013 年民政部接到举报后，相关司局成立了调查组，并委托中国注册会计师协会推荐的会计师事务所对儿慈会进行了专项审计。通过实地走访、询问、检查、观察、函证、复核等多种审计方式，历时近一年，彻查了多方面内容，相关报告厚度超过 10 厘米。调查给出的判断是：儿慈会 2011 年度工作报告现金流量表的 48 亿元系财务人员及审计机构工作疏忽所致；天使妈妈基金下设项目"天使之家"除儿慈会账号外，存在通过个人账户接受捐款的违规行为；儿慈会的官网与年度工作报告中出现天使妈妈项目捐赠收入不一致的情况，是由于儿慈会统计口径不同导致信息公开有误。

审计过程中，专业人士查对了儿慈会所有的账目以及相应的财务管理制度的建立和执行情况，并对"天使妈妈"相关项目的收入和支出结余情况进行了观察、验证，把所有与其相关的款项一一剥离清楚。结果显示，未发现儿慈会存在主观故意违法违规行为，未发现儿慈会有明显违背公益宗旨的行为，未发现儿慈会资金异常流动问题，未发现捐款被侵占、挪用或私分的违法现象以及"天使妈妈"专项基金有涉外募捐未公示和骗取荣誉的证据，也未发现造成公益资产的流失。②

但是举报人对上述结论不满意。他表示关于嫣然的审计报告是中国红十字会对嫣然的专项审计，红十字基金会是嫣然天使基金的主管部门，"这种儿子查老子的方式很不可靠"。对此，民间组织管理局相关负责人解释，如果查处基金会违法行为，业务主管单位有明确的职责来承担初步调查职责。红十字总会是红十字基金会的业务主管单位，按照流程，民管局

---

① 《民政部公布对嫣然基金调查结果并未发现问题》，中国广播网，http://news. 163. com/14/0812/19/A3FJIDNK00014JB5. html，最后访问时间：2015 年 3 月 30 日。
② 《民政部披露"天使妈妈"调查结果》，中国青年报，2014 年 8 月 29 日。

必须委托红十字总会核查，并在此基础上进一步检查。嫣然天使隶属的红十字基金会，是独立的基金法人，并不是红十字总会的一部分；而委托调查的是红十字总会。因此，这个调查流程符合现行规定。①

但是，举报人继续通过其微博向慈善组织提出公开银行对账单、关联交易细节、高管薪酬等信息诉求。而这些信息常被视作"会计资料""商业机密"或个人隐私，是否应向公众公开，尚存争议。

2. 走出"越透明越容易受质疑"怪圈需加强现代慈善理念传播和法治建设

嫣然天使基金、崔永元公益基金、壹基金和"天使妈妈"都是近十年之内由个人发起、因其明确的价值观或救助活动和透明运作而在网络募捐平台脱颖而出、得到基金会登记管理机关认可的慈善组织。嫣然和崔永元基金挂靠在中国红十字基金会下面，均开设了专题页面披露财务报告、捐赠接收使用信息、救助申请流程办法和进度等内容；壹基金的 FTI 指数满分，"天使妈妈"也通过官方网站、微博等自媒体上公开了内容相当丰富的信息。2014 年上半年，"天使妈妈"通过心平公益基金会资助公开征选第三方独立评估机构对 2010 年 1 月至 2014 年 1 月"天使妈妈基金"的运作情况进行评估。根据北京师范大学社会公益研究中心的评估结论，"在公信力方面，患儿救助资金 100% 真实到位，对"天使妈妈"的平均打分为 97.17 分（满分 100），97% 的受助人认为好或者非常好"。上述基金会或专项基金刚被质疑时，总体应对是坦然、主动的，他们通过审计报告、公开信或媒体采访、监管部门调查、第三方评估来回应质疑。②

但是，这种程度的"透明"未能令质疑者满意。他们和部分公众期待慈善组织"裸透"、对其疑问做出即时回应。而慈善组织认为，过度公开需要更多的行政成本，而且慈善透明有边界，信息公布既要满足法律底线，也不能逾越隐私权和商业机密的上限。另外，基于行政成本的限制和效率优先的考虑，慈善组织将主要精力集中于公益项目活动的执行，在公

---

① 中国之声《新闻纵横》2014 年 8 月 13 日报道，转引自网易新闻，http://news.163.com/14/0813/08/A3GVF70R00014JB5_all.html，最后访问时间：2015 年 4 月 20 日。
② 《天使妈妈基金评估》，北京师范大学社会公益研究中心，北京七悦社会公益服务中心，2014，该报告为北京天使妈妈慈善基金会内部资料。

共关系维护方面投入较少。

纵观近两年的慈善质疑风波，其之所以发生，部分由于组织自身的不完美，更多则源自我国慈善法律法规不健全、现代慈善常识未普及。比如，对于提取行政管理成本、保值增值活动、全职员工的薪酬支出等合法合理的事情，公众难以理解、接受。因此，当某些"恶意质疑"发生时，不明就里的公众容易被误导、被激怒。

一个行业的发展需要不断的质疑作为外生的完善动力，同样的道理在某种程度上来说也适用于慈善组织——这场关于慈善组织划定信息披露边界的风波，促进了慈善组织和公民双向的"请教"与"解释"，进一步普及了慈善行业常识和现代慈善理念，从而在一定程度上弥补了现代公民慈善教育缺失的状况。

另外，加强法制建设对慈善事业的健康发展尤为重要。从英国、美国、新加坡等国家的经验来看，法制既要对慈善事业起到监督作用，也要起到保护作用。这三个国家的法律都要求组织公开注册或免税申请信息、年度信息、募捐信息，慈善组织不接受公众查询将被罚款。而针对查阅申请突然增加、恶意请求等情况，在组织已定期按要求供文件副本的前提下，美国联邦税务局可根据免税组织的申诉认定该查询为骚扰行为。在这种情况下，慈善组织完全可以无视申请者的查询诉求。我国没有这方面的法律规定，但是监管部门也发现了这方面的缺失。国务院《关于促进慈善事业健康发展的指导意见》要求，民政部门应会同其他部门，依法及时查处"以诽谤造谣等方式损害慈善组织及其从业人员声誉等违法违规行为"。

（三）公益组织依法维护名誉权

由于法律法规不够健全、现代慈善理念尚未普及，公民个人对慈善机构的"实名举报"有时候偏离了"社会监督"的本意，一些批评质疑不仅造成对公益行业的误解、曲解，对公众的误导，有些言论甚至触碰法律底线，引发"诽谤"官司。但是，被举报组织也拿起法律武器，通过法律途径应对名誉风波。

1. 崔永元公益基金被举报"涉嫌违法"，崔永元反诉举报人"诽谤"

崔永元与方舟子因对转基因食品存在不同意见而成为众人周知的"对头"。2014年，崔永元公益基金卷入两人纷争。3月5日，方舟子向北京市民政局、中国红十字基金会社会监督委员会举报崔永元公益基金涉嫌违法违规，举报内容包括：基金未接受年度检查、不履行信息公布义务，千万支出未公布明细；审计结果与其公布的财务报告不符，物资捐赠未在审计报告上体现；支出不合常理；执行机构为营利机构，应责令崔永元公益基金及其关联公司公开财务明细、查清关联公司、相关人员是否从该基金不正当获利等。①

3月7日，北京市民政局官方微博表示已收到关于"崔永元公益基金涉嫌违法违规"的举报信，答复如下："关于'崔永元公益基金涉嫌违法违规'的举报信已收悉。经核查确认举报人所反映的'崔永元公益基金'是崔永元在中国红十字基金会下设的专项基金。中国红十字基金会是在民政部登记的全国性公募基金会。根据《基金会管理条例》，北京市民政局不具有对该基金会的管理权限。针对举报人反映的相关问题，市民政局已向其管理机关予以通报并建议举报人依法直接向民政部进行反映。"②

2014年1月，方是民（笔名方舟子）诉崔永元名誉侵权在北京市海淀区人民法院立案。7月23日，案件开审。崔永元方提出，方舟子诽谤崔永元从中国红十字基金会崔永元公益基金提取了2000万元管理和行政费用，说崔永元"浪费捐款""涉嫌贪污问题"。随后，崔永元代理人提交了反诉方舟子侵犯名誉权微博言论的130条微博，其中腾讯微博67条，搜狐微博63条。崔永元的代理人要求对方删除侮辱、诽谤崔永元的微博信息，以停止侵害；在主流媒体头版及"腾讯微博""搜狐微博"网站首页、方舟子微博置顶位置刊登道歉信，其中网站道歉信刊载时长不少于一个月，方舟

① 《方舟子举报崔永元基金涉嫌违法违规列6大"罪状"》，新华网，http://news.xinhuanet.com/overseas/2014-03/06/c_126225267.htm，最后访问时间：2015年5月11日。

② 《民政局回复方舟子举报信：直接向民政部反映》，南宁晚报，http://www.chinadaily.com.cn/micro-reading/dzh/2014-03-10/content_11370363.html，最后访问时间：2014年3月20日。

子微博置顶位置道歉信刊载时长不少于一年，并要求方舟子赔偿精神损害抚慰金与经济损失 67 万元。

法官向双方征求调解意见，但是双方均不接受调解。当日，方舟子崔永元名誉纠纷案激辩一整天，法庭并未当庭宣判。[①] 2015 年 6 月 25 日，该案在北京海淀区人民法院一审宣判。根据判决，方、崔承担同等法律责任，并互向对方赔偿 45000 元。[②]

2014 年年底，《中国慈善家》杂志发布"2014 中国慈善名人榜"，崔永元因发起成立北京首家无主管单位登记的公募基金会"北京市永源公益基金会"并将两亿元代言费捐赠给基金会而荣登榜首。

2. 微博疑慈善名人"贪污捐款"，壹基金发律师函维权

2014 年 4 月 22 日，实名认证微博"四月网"以"出离愤怒了，这算是@李连杰贪污雅安地震捐款三个亿吗？"为题发布信息："我们的捐款去哪了？截至 2014 年 4 月 20 日 8 点 2 分，全国 219 家基金会参与雅安地震募捐，接收社会捐款 16.96 亿元，目前已支出款物 6.45 亿元，占总收入的 38%。壹基金一家独大收了近 4 个亿的捐款，目前拨付 4000 多万，仅占 9%。"

四月网微博数据来源于基金会中心网发布的《芦山地震一周年捐款流向调查报告》，论据客观，但是含"李连杰贪污雅安地震捐款三个亿"字眼的标题吸引眼球。很快，这条微博被众多网友阅读转发，也有不少网站转载。23 日凌晨，壹基金秘书长杨鹏通过微博解释，"灾后重建项目要看投入产出效果，绝不在花钱速度上投机取巧"。当晚，李连杰也通过微博回应，"我既没有财务章，又没有签字权，钱是在国家的银行里面，怎么办能转到我的银行账户里呢？"24 日，壹基金委托律师给"四月网"所在公司发律师函，称其微博标题部分纯属诽谤，要求其澄清事实、赔礼道歉、消除影响，否则将提起诉讼。当天，四月网删除了涉嫌"诽谤"的微

---

① 新华网/京华时报 2014 年 7 月 24 日，http：//news. xinhuanet. com/photo/ttgg/2014－07/24/c_126791733. htm，最后访问时间：2015 年 3 月 30 日。

② 杨育才：《方舟子诉崔永元案宣判双方均需公开道歉》，新闻晨报，2015 年 6 月 26 日，转引自腾讯新闻，http：//news. qq. com/a/20150626/002582. htm，最后访问时间：2015 年 7 月 5 日。

博内容，但是 25 日，该网发布中国政法大学副教授吴法天的署名文章"为什么要质疑壹基金"，并委托该作者处理相关法律事宜。

吴法天继续从壹基金公开的信息中寻找可疑线索，相继提出利息收入处理、与捐赠人之间是否有关联交易，王石担任理事长期间给其曾任过会长的深圳市登山户外运动协会数百万经费办活动、800 万元的项目撤销后款项是否收回等疑点。壹基金也不断发布新的信息、证据或通过媒体采访自证清白。但是质疑继续升级，引起整个公益行业和社会各界的关注。

5 月 26 日，正益论沙龙以《公益为何成了"公疑"》为题，邀请徐永光、金锦萍、邓飞、杨团、王振耀、邓国胜、游昌乔等专家讨论壹基金质疑事件。专家认为，壹基金雅安地震捐赠"花钱慢"不违规。虽然《基金会管理条例》有关于"公益支出不得低于上年度总收入70%"的规定，但是对于灾后重建捐赠和限定性捐赠有特殊规定。壹基金在此之前已发布过雅安地震资金使用五年规划，更多钱将用于 2014～2016 年的"灾后重建"中，这是对捐赠人负责任的表现。吴法天本人也到了现场。但专家对壹基金"花钱慢"的解释未能消除以吴法天为代表的网友对壹基金关联交易乃至涉嫌利益输送的质疑。

三 行业公信力建设从透明升级到善治

公信力是慈善组织的生存之本，但公信力建设非一日之功、一己之力所能胜任。诸多慈善组织相继卷入举报风波的现实让越来越多的中国慈善组织意识到，除了"透明"，"善治"同样是公信力建设的必要条件。

（一）国外慈善公信力建设强化内部治理

纵观英国、美国、新加坡等非营利部门相对发达的国家，其新近修订的法律法规无一例外地将重点放在了行业"公信力"上面。这些国家认为，公信力建设的方式，除了公布指定信息、接受公众查询外，组织内部治理的风险控制机制建设也十分重要。

1. "提升公信力"成为国外慈善法修订共识

英国 2011 年修订的《慈善法》规定了慈善委员会的 5 个工作目标，依次为：（1）公信力（The public confidence）：保持与提升公众对慈善的信任与信心；（2）公益性（The public benefit）：提升对于公益性相关要求运行情况的知晓和理解；（3）合法性（The compliance）：促进慈善受托人在运行和管理公益组织时遵守法律；（4）慈善资源（The charitable resources）：提升慈善资源的使用效率；（5）责信（The accountability）：提升公益组织对捐助人、受益人和广大公众负责的责任心。由此可见，公众信任是英国慈善委员会的首要工作目标。

新加坡的慈善监管体系参考英国建立，也通过慈善委员会对慈善组织及慈善活动实施监管。新加坡 2007 年修订的《慈善法》对慈善委员会的工作目标做出了与英国慈善新法相似的规定：（1）维持公共信托和慈善信任；（2）提高受托人在慈善组织控制和管理活动中对法律的服从责任；（3）提高慈善资源的利用效率；（4）增强非营利组织对捐赠人、受益人以及社会公众的责信。其中第四款是 2007 年修订后的新增内容。2012 年，为了提升慈善部门的财务透明度和责信，慈善委员会还修订了《慈善机构（账目及年度报告）条例》①，要求外部审计慈善组织并将财务概要发布于慈善网站（the Charity Portal），并让网站上所有的慈善组织财务信息可得。新条例于 2013 年 1 月 1 日开始实施，慈善官网也进行了改版并于 2013 年下半年上线。

2. 组织监管准则和商业指引推动新加坡慈善公信力建设

新加坡对于提升慈善组织公信力的独特经验，还在于建立系列行业规范，包括发布治理准则以及从"投资透明"的角度规范商业行为，以引导组织行为，从而提升组织公信力。

根据 2007 年慈善法成立的新加坡慈善理事会（Charity Council），主要通过制定推广《慈善团体与公益机构监管准则》、评选慈善治理奖等方式来促进新加坡慈善部门提升管治水平、提高公信力。《慈善团体与公益机构监管准则》（以下简称《准则》）最早于 2007 年 11 月公布，2011 年又完成修订。最新版监管准则主要内容包括理事会治理、利益冲突、战略规

---

① The Charities (Accounts and Annual Report) Regulations。

划、项目管理、人力资源管理、财务管理和监控、筹款活动管理、信息披露和透明度、公众形象九部分内容。《准则》将信息披露和透明度的一般原则定义为"慈善团体在运作上应该透明和负责任，不吝提供关于其自身的使命、结构、计划、活动和财务方面的资料。接到索取资料要求时应该及时做出反应"。准则建议，每年总收入 5 万元以下的慈善组织可按"基本 1 级"标准披露信息，即只需向其会员和捐赠者提供资料，披露其计划、活动、财务状况和理事会名单及执行管理人员。年收入或支出 1000 万元以下的慈善组织或 20 万元以下的公益机构，需准备年报供利益相关者查阅，其披露对象也扩展至一般公众。而且，其财务报告需经过审计。而对于 1000 万元以上的慈善组织或 20 万元以上的公益机构，不仅需要披露上述信息，还需披露理事成员领薪详细信息及年薪最高的前三名职员及薪资状况。①

新加坡慈善委员会在 2011 年 7 月发布的《慈善组织从事商业活动指引》（以下简称《商业指引》）被认为是对全国肾脏基金会奢靡丑闻、新加坡城市丰收教会失信案等负面事件的制度化回应。《商业指引》对慈善机构从事商业活动的规范包括：第一，慈善机构以从事慈善事业为主要宗旨，若非必要，不鼓励从事商业经营活动，即使从事经营活动，最好也是提供托儿所、医疗服务等关乎公共福祉的活动；第二，如果从事其他经营活动，需成立一个子公司进行运营，避免慈善机构直接参与商业经营活动、导致滥用公众信任牟利；第三，慈善机构从事商业活动不得使风险敞口过大，因此要在确保商业活动不会导致慈善组织蒙受巨大损失风险的前提下才可以。② 同时，指引也从"投资透明"的角度制定出一系列信息管理和披露规范，以确保慈善组织的商业活动不偏离核心宗旨。

3. 美国 990 表格强调组织治理信息申报

非营利组织③在美国"小政府、大社会"的管理模式下发挥着举足轻

---

① "About the charity council"，http：//www. charitycouncil. org. sg/abtus_charity. html，最后访问时间：2015 年 3 月 30 日。

② 钟欣：《新加坡慈善监管借鉴企业模式》，《中国红十字报》，2011 年 12 月 27 日。

③ 在美国，非营利组织（Nonprofit Organizations）、免税组织（Tax Exempt Organization）、慈善组织（Charitable Organization）三者的外延大小为，非营利组织＞免税组织＞慈善组织。通常所说的美国慈善组织，为美国《国内税法典》501（c）（3）规定的组织，该类组织不仅享受自身免税，捐赠人也可以享受慈善捐赠税前扣除。

重的作用。与美国高度发达的非营利部门相应的，是美国发展出一套完善的非营利组织管理制度，特别是在透明度、公信力建设、行业监管、慈善文化方面日趋成熟。

根据美国《国内税法典》（简称 IRC），符合 501（c）（3）规定的慈善组织，需要填写 1023 表申报自身免税资格和捐赠人公益性捐赠税前扣除资格。1023 表主要包含以下内容。

（1）申请者的身份：名称、地址、联系方式、网址等；

（2）组织结构：法人性质；

（3）必要文件：证明组织目标符合 501（c）（3）中慈善目的的说明文件；

（4）组织业务陈述：对组织过去、现在及未来开展活动的陈述；

（5）组织管理人员、理事、受托人、雇员（年薪高于 5 万美元的前 5 位）、独立承包人（年收入高于 5 万美元的前 5 位）的薪酬及其他财务安排：上述人员的姓名、职务、地址、金额以及他们之间是否有血缘、商务往来等利益关系及采取的利益冲突政策；

（6）获益的其他成员、个人和机构：享受组织服务、商品对象的特殊性和利益关联性；

（7）历史：是否继承另一机构资产及正式注册时间；

（8）特殊活动：在竞选、立法、博彩、筹资、政府关系、经济发展、设施运营、参与合资企业、海外业务开展等领域开展活动情况；

（9）财务数据：近年的收入支出表、资产负债表；

（10）公共公益组织资格：通过组织收入来源分布等来判定组织是否属于公共公益组织；

（11）费用信息：申请付费说明。

而公益组织为了维持免税资格，则须要每年向联邦税务局提交 990 表。2013 年度最新版本的 990 表一共分为 990 - N、990 - EZ、990 - PF、990 四类，分别适用于年收入 5 万美元以下、年收入低于 20 万美元并总资产少于50 万美元、私人基金会及其他特殊类型、年收入不低于 20 万美元或年末总资产不少于 50 万美元的非营利组织。另外，从事与公益目的无关的经济活动，所得超过 1000 美元的非营利组织需要填写 990 - T 表，作为以上四类表格的补充，不可替代上述四类表格。

以适用于公益组织且要求最高的990表格为例，填报内容包含以下部分。

(1) 概述：组织活动，治理，收入，支出，净资产的基本情况；

(2) 签名栏：负责人、填表人签名等；

(3) 项目服务完成情况：组织开展活动概述以及最大三个项目的收入、捐赠、支出情况；

(4) 相关附表的填写需求：根据组织的性质、业务活动开展情况，确认组织将填写何种附表；

(5) 其税务表格的填写情况：根据组织业务开展情况，确定是否需要填写990-T，8886-T，1098-C等表格；

(6) 治理、管理和信息披露：治理机构的人数、相互利益关系等；分支机构、下属机构，利益冲突政策，申诉政策，文档留存和销毁政策，990表填写过程，机构负责人薪酬决定过程，投资决策及过程；组织1023表、990表、治理政策向公众的公开情况；

(7) 管理人员、理事、受托人、关键雇员、最高薪雇员和独立供应商的报酬：上述人员的姓名、职务，平均每周工作时间，报酬情况；独立供应商的名称、地址，服务内容，报酬；

(8) 收入表：捐赠收入，项目收入，其他收入；

(9) 支出表；

(10) 资产负债表；

(11) 净资产调整；

(12) 财务状况和报告：机构财务规则及审计情况。

美国法律规定，公众可通过书面申请向国家税务局查询慈善组织税务信息，也可直接向慈善组织查阅1023表、990表等税务信息。慈善组织应在本部及主要分支机构提供查询服务。公众若是当面查询，应立即提供；若是书面查询，应在30天内提供。公益组织未提供相关信息，则每少一份财务表格将会受到5000美元的罚款；未能及时提供相关信息的负责人，将会受到每天20美元的罚款（年度财务信息上限为1万美元，免税申请信息则无上限)，直到提供相关信息。①

（二）中国公益行业践行内部治理理念

中国公众越来越关注慈善组织运作和善款流向。近几年，监管部门不断出台细则和指导意见规范信息公示和披露行为，行业也逐渐形成并制定标准、发布评估结果。"透明"成为慈善组织的不二选择。但这种"粗放公开"模式未能完全解决慈善行业的公信力问题。公众对慈善组织的商业行为和商业合作、管理费、薪酬、内部治理等问题仍然争议不断。

在这样的情况下，单靠"公开"不足以重建整个慈善行业公信力，未来还需要组织从透明公开到内部管治、高效专业服务提供上全方面赢取公众信任。

1. 质疑风波倒逼慈善组织提升内部治理水平

信息公开不仅涉及透明指标，还与利益相关者沟通、组织内部治理有关。慈善组织如果没有规范完善的管理，将零散的、片面的、未经整理和审核的信息发布出去，就可能带来风险隐患。

中国扶贫基金会从 2012 年起与基金会中心网联合举办"透明开放日"活动，向公众介绍基金会从募捐到善款的使用，项目策划、实施及监管等机构运行机制和工作情况，增进社会对基金会的认知与交流②。作为国内重视治理、透明度高、公信力也很高的基金会代表，其秘书长刘文奎介绍，该基金会在进行内部的信息化建设中，做得最多的工作是内部流程再造，是内部组织架构的梳理和完善。③ 可见，"慈善透明"不是简单的发布信息，而是以信息公开为契机，不断反思财务流程、项目流程、捐赠者和反馈流程以及评估流程，尽可能地优化这些流程，以减少风险、提高效率。

---

① "About Form 1023, Application for Recognition of Exemption Under Section 501（c）（3）", IRS Government，http：//www. irs. gov/Charities – % 26 – Non – Profits/Public – Disclosure – and – Availability – of – Exempt – Organizations – Returns – and – Applications：– Penalties – for – Non-compliance，最后访问时间：2015 年 3 月 30 日。

② 《基金会中心网、中国扶贫基金会联合举办基金会透明日》，基金会中心网，http：// news. foundationcenter. org. cn/html/2012 – 04/48199. html，最后访问时间：2015 年 3 月 30 日。

③ 《主题论坛：透明公益的实践》，腾讯公益，http：//gongyi. qq. com/a/20120907/000015_ 5. htm，最后访问时间：2015 年 3 月 30 日。

儿慈会和天使妈妈在受到质疑后，全面检讨工作流程机制、完善内部管理制度。儿慈会不仅制定和完善了危机预警机制和应对办法，也全面梳理、建设专项基金管理制度，从专项基金申请、项目考察、立项、培训、财务规范、日常监控及管理、专项基金项目评估等八个方面进行管理；在方法策略上，组织专项基金各类内部培训、使各专项基金加强规范化项目管理意识；开始进行财务内审，内审人员及财务部人员一同前往专项基金了解其运营、人员及管理团队情况，项目运转及财务运作情况，全面了解专项基金风险；不断探索财务透明化方式，进行网站全面改版，从项目与专项基金收支两条线进行财务公示，由财务部门统一进行公示，确保信息的及时性与准确性。2014 年，该会针对"小数点风波"教训和专项基金管理的现实挑战，从合法化、制度建设、财务规范、评估监控以及团队管理、文档管理、传播管理、活动管理这八个方面加强内部能力建设。2015年初，儿慈会举办成立五周年感恩会，宣称五年来共募集善款 4.2 亿元，这些款项来自 16 万余位爱心人士、3500 多家中小企业的捐款，其中个人捐款占 50%，体现了基金会在普通人群中的号召力；共救助困境中的少年儿童 60 多万人，并资助全国 300 多家民间公益慈善组织开展救助工作。[①]

儿慈会"天使妈妈"专项基金被实名举报后，在基金名下并行运作的"天使之家"和"大病儿童救助"两个项目分离，后者沿用"天使妈妈"名号于 2013 年 12 月 26 日在北京市民政局注册了"北京市天使妈妈慈善基金会"。8 月上旬，演员袁立通过微博质询其操作问题。本来这些细节解释清楚后便能释嫌，但是由于牵涉袁立、邱启明两位名人，又有众多粉丝围观，一些不妥措辞语气都被放大，引起双方情绪上的对立，上升为媒体眼中的"骂战"，再次引起网络爆料者的关注和举报激情。天使妈妈也从管理制度和公众沟通上进行反省，通过基金会官方网站发布《天使妈妈公开招募 10 名内审员暨天使妈妈团队的反思》，表示要从以下方面完善工作：一是开始定期（初步定为每月一次）举行"天使妈妈救助项目例行报告会"，与公众进行直接交流项目进度和质疑点；二是招募内审员监督其工

---

① 《儿慈会五年募集 4 亿多元善款》，《北京日报》，2015 年 1 月 12 日，转引自凤凰网，http：//news.ifeng.com/a/20150112/42908411_0.shtml，最后访问时间：2015 年 4 月 27 日。

作；三是将举办贫困患儿个案救助流程及信息披露标准研讨会。

对于社会捐赠多、影响力大的组织，公众的期望值也更高。虽然有些质疑是"捕风捉影"，但是也在客观上促进了慈善组织的自律意识和自律能力，正如天使妈妈所言，"既然我们躲不过就不要躲了，我们站出来，正面看待这样的质疑和指责。凭心而论，要真心感谢这些质疑和指责，它确实帮助了我们成长"。①

2. 基金会开始重视理事会、监事会作用

现行的《基金会管理条例》，已经设计了"理事会、秘书处、监事（会）"这种分权制衡的治理结构，其目的是确保基金会公益性和非营利性。为了保障基金会的运作水平，民政部还公布了《基金会章程示范文本》，要求基金会明确理事会的职责、理事和监事的权利责任等内容。2014年，一批国内最有知名度和影响力的基金会，纷纷通过修改完善章程、明确理事会职责、改进议事规则等方式，发挥理事会在基金会治理中的作用。

中国青少年发展基金会在2014年3月28日第七届理事会第二次会议上表决通过的最新章程，大大丰富了理事的权利和义务：理事应当出席每年3~5次、每次3~6小时的理事会或专业小组会议，并为议题准备专业性意见和提出与政策相关的建议议题；应当仔细审读本基金会的财务报告，谨慎决策资金控制和运作，切实履行公共财产的信托责任，按规定不泄露本基金会秘密的义务；应当参与理事会的自我评估，客观评价理事会能力和业绩等内容。② 这些内容参考了国内外理事会治理的最佳实践，超出现行法规的最低要求。该章程也赋予理事会更多职责，除了章程范本规定的十项内容③，还包括决定本基金会的使命、战略和目标；监督并适度

---

① 《天使妈妈公开招募10名内审员暨天使妈妈团队的反思》，北京天使妈妈慈善基金会官网，http：//www.angelmom.org/WebSite/NewsShow/146/474，最后访问时间：2015年2月20日。

② 《中国青少年发展基金会章程》，http：//www.cydf.org.cn/zhangcheng/，最后访问时间：2015年3月30日。

③ 根据基金会章程示范文本，理事会行使下列职权：（一）制定、修改章程；（二）选举、罢免理事长、副理事长、秘书长；（三）决定重大业务活动计划，包括资金的募集、管理和使用计划；（四）年度收支预算及决算审定；（五）制定内部管理制度；（六）决定设立办事机构、分支机构、代表机构；（七）决定由秘书长提名的副秘书长和各机构主要负责人的聘任；（八）听取、审议秘书长的工作报告，检查秘书长的工作；（九）决定基金会的分立、合并或终止；（十）决定其他重大事项。

控制财务执行过程，选择独立的会计师事务所进行年度财务报表审计；给予秘书长工作支持并评估其绩效；保证本基金会行为符合法律法规和道德规范，具有透明度和公信力，避免理事与本基金会发生利益冲突；发展良好的公共关系，建立持续稳定的资源网络，保证本基金会有足够的资源实现战略目标和财务目标；提高本基金会的公众地位，批准信息披露计划，宣传成就，扩大本基金会在国内外的影响；总结评估理事会工作，提高组织的有效性。

中国青少年发展基金会在理事会指导下制定了系列管理制度，包括财务管理制度、投资管理制度、项目管理制度、商标授权管理制度、档案管理办法、固定资产管理办法。为了加强风险管理，还专门设立"流程控制"部门，以加强工作流程化和规范化管理。

除了换届等情况，基金会转型也面临章程修订。2014 年度，北京市企业家环保基金会、从非公募转为公募基金会，需根据公募基金会的管理要求对其章程进行修订。2014 年 11 月 7 日，阿拉善 SEE 生态协会举行会员大会，邀请议事规则专家袁天鹏修改《阿拉善 SEE 生态协会章程》。该章程将协会理事成员由 9 人改为 11 人，专章规定项目及财务预算确定程序，具有较强的可操作性；章程还专章梳理 SEE 协会与其发起的基金会的治理关系和人事关系，具体说来，该协会对 SEE 基金会具有选定理事长、指派本协会会长和副会长为 SEE 基金会的执行理事长和副理事长的权力。

监事依照章程规定的程序检查基金会财务和会计资料，监督理事会遵守法律和章程的情况。上海真爱梦想基金会监事会除了履行法定职责外，还每年召开一次监事会会议、出具监事会报告。2014 年 1 月，真爱梦想基金会获上海市民政部批准转型为地方性公募基金会，面临治理规制上的调整。监事会对基金会的党建、重大关联交易、会计师事务所的聘用、理事会和监事会议的合规情况等事项进行确认，并对其管理风险进行提示。

四 小结与展望：以透明为契机提升慈善组织善治能力

保障公众对慈善事业的信任和信心，是 21 世纪多个国家修改慈善法律的出发点和目标。重建、提升公信力需要多方面的努力，包括将慈善组织置于社会监督的玻璃房中，让其透明运作、向众多利益相关方负责，在各方的善意压力下提高效率、实现使命。事实也是如此。我们发现，多国法律和行业自律文件，均从公益使命、内部治理、财务管理、信息公布等方面提升慈善组织的运作标准。相应的，慈善透明的内容（各国年度报告内容格式）愈加丰富，新加坡、美国等均增加了详细的治理信息和决策过程内容的披露。

中国的法律、法规、政策也强调组织治理，《中国公益性 NPO 自律标准》早已提出包括信息公开在内的九条标准，但是使命、利益冲突、内部治理、筹资、财务、项目、人员等方面都未能像"公开透明"这般得到社会重视。

慈善事业是一个结构复杂的生态系统，涉及众多参与者。提升慈善行业的透明度和公信力，亦需立法者、监管者、研究者、媒体、企业、公众等社会各界的合作努力，但是最根本的、最有效的改变，应该来自慈善行业自身。所幸的是，越来越多的慈善组织开始认识"善治"的价值，少数追求卓越的组织正在探索良好的内部治理方式，他们在透明公开之前已经开始理顺内部管理责任和流程、完善机构风险防控机制。未来，慈善组织的反腐倡廉、理事会和员工道德建设将得到进一步加强。做足了这些内功后的透明，将大大促进慈善行业公信力的提升。

附　录

一　2014 年公益大事记

1 月

1. 《北京市促进慈善事业若干规定》施行，公募主体范围缩小

1 月 1 日，《北京市促进慈善事业若干规定》（北京市政府令第 250 号）开始施行。该规定采用"大慈善"概念，不仅包括灾害救助、扶危济困等传统"小慈善"活动，还将支持教科文卫体事业，环保、社会公共设施建设，促进社会发展和进步的其他社会公共和福利事业纳入慈善，大大扩展慈善外延。该规定还对包括公开募捐在内的慈善活动进行规范，明确细化慈善组织的监管体制，设定相应的处罚措施。该规定有意将基金会打造为公益行业的资源枢纽，同时要求公募基金会作为募捐主体，其他慈善组织要进行公开募捐，只能与基金会联合开展，以基金会名义进行。

2. 首届东西方慈善论坛成功举行

1 月 2 日至 4 日，首届东西方慈善论坛在美国夏威夷举行。老牛基金会创始人牛根生、华民慈善基金会创始人卢德之、凯风公益基金会创始人及理事长段伟红、福耀集团董事长曹德旺、美国前财长亨利·保尔森、前纽约市长迈克尔·布隆伯格、洛克菲勒家族理查德·洛克菲勒等中美各界五十位领袖汇聚于东西方文明交汇之地。出席论坛各方以"全球转型与慈善家使命"为主题，聚焦教育与环保两大议题，探讨全球转型时期慈善家的责任与使命，达成合作，促成行动，建立东西方慈善论坛的长效运营机制。论坛由北京师范大学中国公益研究院与美国东西方中心联合主办，老牛基金会、华民慈善基金会与凯风公益基金会联合资助发起，得到夏威夷州政府、美国国会参议员布莱恩·夏慈、夏威夷州州长尼尔·埃博克朗比支持。

3. 社会组织与社会建设研究基地建立并首发评估发展报告蓝皮书

1月3日，民政部民间组织管理局与上海交通大学共建社会组织与社会建设研究基地授牌仪式暨《中国社会组织评估发展报告2013》发布会在北京举行。"社会组织与社会建设研究基地"旨在促进社会组织建设与管理相关理论研究，加强登记管理机关与社会组织相关研究机构的沟通合作。《中国社会组织评估发展报告2013》回顾了2007～2011年社会组织评估情况，依据2012年最新年度社会组织评估数据，分析社会组织评估的特点与趋势，并选择相关社会组织评估个案总结其优势。

4. 内蒙古下发社会组织直接登记办法

1月7日，内蒙古自治区民政厅下发《内蒙古自治区社会组织直接登记办法（试行）》。该办法规范的对象为行业协会商会类、科技类、公益慈善类、城乡社区服务类的社会团体、基金会和民办非企业单位。该办法允许同一行政区域内一业多会；允许公益慈善类社会团体名称加"字号"；下放备案权限，暂时达不到条件，发起人申请备案的，旗县（市、区）登记管理机关予以备案；盟市、旗县（市、区）直接登记的社会组织可适当降低条件。

5. 上海浦东新区首个"社区慈善基金"成立

1月8日，上海市慈善基金会浦东新区分会浦兴路街道社区基金成立，这是浦东新区设立的第一家社区慈善基金。该社区基金主要资助社区困难群众、开展社区社会服务、开展社区公益项目以及其他慈善公益项目等。首次募集资金220万元，善款的使用方式将由社会组织、人大代表、居民代表等组成的"基金管理委员会"商议决定。

6. 两部门出台意见支持民企投身公益事业，鼓励股捐、信托等方式

1月9日，民政部和全国工商联联合印发《关于鼓励支持民营企业积极投身公益慈善事业的意见》（民发〔2014〕5号），从原则、参与途径、支持措施和监管等方面鼓励支持民营企业参与公益慈善事业。该意见要求依法落实民营企业设立的公益慈善组织应享受的优惠政策和扶持措施，包括指导对民营企业发生的公益性捐赠支出进行所得税税前扣除、企业设立的公益慈善组织的税前扣除资格的审核，以及在政府采购中，对为公益慈

善事业做出突出贡献的民营企业，同等条件下优先考虑。

7. 《国家贫困地区儿童发展规划（2014—2020年）》发布

1月15日，国务院办公厅发布《国家贫困地区儿童发展规划（2014—2020年）》，对慈善组织如何开展贫困地区儿童救助工作的目标与方向予以明确。慈善力量可以从营养改善、医疗卫生、教育保障和特殊困难儿童救助等方面开展贫困地区儿童公益活动。

8. 第五届中国社工年会在京召开

1月15日，由中国社会工作协会主办、公益时报社承办的第五届（2014）中国社工年会在北京隆重召开。年会总结了2013年度中国社会工作，发布了《2013年度全国社会工作发展报告》，揭晓了"2013年度全国社会工作领域十件大事"和"2013年度中国十大社工人物"。

9. 第二届"益人奖"颁奖典礼在北京举行

1月16日，由北京师范大学中国公益研究院主办，深圳壹基金公益基金会资助，益人社发起的第二届"中国公益新闻报道奖——益人奖"颁奖仪式在京举行。此次评选活动共选出10个获奖作品，用于表彰优秀公益新闻报道记者及其作品。当天，中国公益研究院发布了《2013年度媒体公益报道观察报告》。

10. 第六届中国企业社会责任峰会召开，发布报告指出中国CSR报告处于起步阶段

1月17日，新华网与中国社会科学院经济学部企业社会责任研究中心主办的"第六届中国企业社会责任峰会"在京召开。参会者围绕"中国企业转型升级与企业社会责任"和"如何看待中国经济增速放缓给企业带来的机遇与挑战"议题展开对话。在峰会上发布的《中国企业社会责任报告白皮书（2013）》指出，中国企业社会责任报告整体处于发展阶段，五成企业的报告仍处在起步阶段。

11. 第四届中国慈善年会在京召开

1月17日，由中国慈善联合会主办，多家慈善机构联合主办、中华思源工程扶贫基金会担任轮值主席的第四届中国慈善年会（2013）在北京举行。年会分为两部分，一是以研讨会形式，以"改革之道"为主题，邀请慈善界知名人士发表主题演讲，共同探讨中国慈善发展趋势；二是以"慈

善的力量"为主题,盘点年度慈善成就,推出"年度慈善推动者"。

12. 未成年人健康成长法治保障研讨会呼吁完善未成年人监护干预制度

1月20日,未成年人健康成长法治保障研讨会召开,强调尽快完善未成年人监护干预制度。监护干预制度目标定位与工作机制等重要问题在此次会议中得到充分讨论并加以明确:将监护干预的对象从流浪未成年人扩大到全体困境未成年人,为处于监护缺失或监护失当困境的未成年人及其家庭提供支持性监护指导、补充性监护干预、替代性照料抚育等社会保护服务;加强父母或其他监护人虐待子女或严重不履行监护职责时的行政和司法介入,构建未成年人监护行政监督与司法裁判对接机制。

13. 财政部发布《关于政府购买服务有关预算管理问题的通知》

1月24日,财政部发布《关于政府购买服务有关预算管理问题的通知》,对政府用于购买服务的资金如何做预算安排做出规定。针对现有政府购买服务资金在财政预算上没有专门的类别问题,该通知规定政府购买服务所需资金列入财政预算,从部门预算经费或经批准的专项资金等既有预算中统筹安排;要求加强预算管理,对政府购买服务预算有效监控,信息公开并进行绩效评价。

14. 上海真爱梦想公益基金会转登记为公募基金会

根据上海市民政局及上海市社会团体管理局颁发沪民社等〔2014〕0042号准予变更登记决定书,1月26日,上海真爱梦想公益基金会取得沪基证字第0087号基金会法人登记证书,成功转登记为地方性公募基金会,迎来该机构发展历程中的第二次转型。

15. 非营利组织申请免税认定不再要求活动范围限于中国境内

1月29日,财政部、国家税务总局发布《关于非营利组织免税资格认定管理有关问题的通知》(财税〔2014〕13号)。该通知放宽了对申请免税认定的非营利组织活动范围的限制,不再要求中国非营利组织活动范围主要限于中国境内。

16. 福建省下放非公募基金会、异地商会登记,取消全省性社会团体分支机构的成立、变更、注销登记

1月29日,福建省人民政府下发《关于取消、下放和调整一批省级行政审批项目的通知》(闽〔政〕6号),决定取消4项省级行政审批项目、下放 8 项省级行政审批项目、调整 30 项省级行政审批项目（含承接国家下放的项目）。其中，在社会组织方面，该通知决定将非公募基金会、异地商会的登记部分下放到县级以上民政部门，执行分级管理；对应国家取消全省性社会团体分支机构的成立、变更、注销登记。

2 月

1.《云南省社会组织登记办法》施行

2 月 1 日，《云南省社会组织登记办法》开始施行。根据该办法规定，除法律法规规定需前置审查及政治法律类、宗教类的社会组织，云南省其他社会组织将实行在民政部门直接登记；县级社会组织登记的社会团体会员门槛降低为至少 20 个；在县（市、区）民政部门登记的非公募基金会，原始基金不低于 100 万元人民币；在县级民政部门申请成立的社会团体、民办非企业单位，开办（注册）资金不少于 1 万元人民币；在县级民政部门申请成立的公益慈善类、社会福利类、社会服务类社会团体、民办非企业单位的开办资金不作要求。

2. 民政部发布《关于建立儿童福利领域慈善行为导向机制的意见》

2 月 7 日，民政部发布《关于建立儿童福利领域慈善行为导向机制的意见》（民发〔2014〕19 号）。该意见着重提升慈善资源运用的针对性、有效性，确立建立儿童福利领域慈善行为导向机制的六项主要任务：引导社会力量确定服务对象、指导社会力量界定工作内容、鼓励社会力量从事医疗救助、协助社会力量争取资源支持、将有关工作经验及时提升为政策法规、做好信息公开和宣传表彰工作。

3. 民政部确认"全国社会组织建设创新示范区"

按照《民政部关于开展创建社会组织建设创新示范区活动的通知》，在各地自愿申报、省级（计划单列市）初审推荐的基础上，经综合评审，民政部 2 月 8 日确认北京市西城区等 70 个地区为"全国社会组织建设创新示范区"，有效期至 2017 年 12 月底。

4. 湖南省扩大社会组织直接登记范围

2 月 14 日，湖南省发布《关于加强和创新社会组织建设与管理的意见》。该意见将直接登记的组织范围进一步扩大，规定除依据法律法规需前置行政审批的政治法律类、宗教类社会组织和境外非政府组织在湘代表机构等外，其他各类社会组织按照分级负责的原则，由各级人民政府民政部门实行直接登记。

5. 中央文明委《关于推进志愿服务制度化的意见》印发

2月19日，中央文明委印发《关于推进志愿服务制度化的意见》，提出要建立健全志愿者招募和注册制度、培训管理制度、志愿服务记录制度并健全志愿服务激励机制。

6. 国务院颁布《社会救助暂行办法》，确立全面的社会救助体系

2月21日，国务院令第649号公布《社会救助暂行办法》，并自2014年5月1日起予以施行。该办法共包括13章70条，对最低生活保障、特困人员供养、受灾人员救助、医疗、教育、住房、就业以及临时救助等八类救助专章明确规定，从法规层面确立了一个全面的社会救助体系。同时，社会力量参与社会救助首次被纳入法规制度。该办法鼓励单位和个人等社会力量通过捐赠、设立帮扶项目、创办服务机构、提供志愿服务等方式，参与社会救助。

7. 城乡居民养老保险统一，基本社会保障制度实现普惠

2月21日，国务院办公厅下发《国务院关于建立统一的城乡居民基本养老保险制度的意见》（国发〔2014〕8号），决定将农村居民养老保险和城镇居民养老保险两项制度合并实施，在全国范围内建立统一的城乡居民基本养老保险制度。此项政策结束了城乡居民养老保险分裂的格局，是统筹城乡、推进基本公共服务均等化的重大举措。

8. 全国人大内司委召开慈善事业立法领导小组第一次全体会议

2月24日，全国人大内务司法委员会召开慈善事业立法领导小组第一次全体会议，确定了慈善立法的时间表和路线图。全国人大常委会委员、内司委委员郑功成表示，争取在年底形成正式的法律草案稿，预计2015年上半年可提交全国人大常委会审议，进入正式立法程序。

9. 民政部发文取消全国性社会团体分支机构、代表机构登记行政审批项目

2月26日，民政部下发《关于贯彻落实国务院取消全国性社会团体分支机构、代表机构登记行政审批项目的决定有关问题的通知》（民发

〔2014〕38 号）。该通知决定，对全国性社会团体分支机构（包括专项基金管理机构）、代表机构的设立、变更、注销登记，民政部不再受理，而可由社会团体根据本团体章程规定的宗旨和业务范围自行决定。但规定社会团体不得设立地域性分支机构，不得在分支机构、代表机构下再设立分支机构、代表机构。

3 月

1. 北京朝阳区试点创建全国首个慈善社区

3 月 2 日，北京太阳宫善客基金成立暨第一届慈善文化节正式启动。此次活动是北京朝阳区太阳宫社区开展的"全国首个城市慈善社区创建试点项目"的系列活动之一。该项目被纳入北京市社会建设专项资金购买社会组织服务项目，通过试点，为形成可推广可复制的慈善社区模式提供指导标准。

2. 北京发布国内首部志愿服务指南

3 月 4 日，在"邻里守望——2014 年北京学雷锋志愿服务推动日"活动上，《北京志愿服务指南 2014》发布。这部指南是国内首部志愿服务大黄页，总结出本市三大板块 17 类共 93 个志愿服务领域，为志愿服务组织开展服务提供了系统指导。

3.《广州市慈善组织募捐透明度评价指规则（试行）》出台

3 月 5 日，广州市民政局发布《广州市慈善组织募捐透明度评价规则（试行）》，征求社会公众意见。该规则规定，将对在广州地区开展募捐活动的红十字会、慈善会、公募基金会以及取得募捐许可的其他组织，进行透明度情况评估。规则共设基本信息、内部制度信息、业务信息、财务信息和守法信息五大一级指标，涉及财务制度、募捐目标金额、募款情况等33 项二级指标，实行得分与扣分结合的评价方式，拟对取得募捐许可的慈善组织定期公布募捐透明度排行榜。

4. 北京购买 500 个社会组织服务项目，增加社会治理方向

3 月 5 日，北京市社会建设工作领导小组办公室发布《北京市 2014 年使用市级社会建设专项资金购买社会组织服务项目申报指南》。2014 年，市级社会建设专项资金将继续面向北京地区各级各类社会组织购买 500 项

社会公共服务项目。项目内容涵盖了社会公共服务、社会公益服务、社区便民服务、社会治理服务、社会建设决策咨询服务共 5 大类 37 个方向。

5. "千人计划"拟培养千名社会创新人才

3 月 8 日，由深圳市创新企业社会责任促进中心（CSRDC）牵头，并与首都经济贸易大学、香港理工大学、美国罗格斯大学联合主办，华润信托爱心支持的"社会创新卓越领袖千人计划"新闻发布暨"公益星火·善经济时代企业梦"研讨会在北京举办。"千人计划"的目标是以公益创新模式，计划 5 年培育 1000 名中国社会创新领袖，孵化 1000 个社会创新项目，培养 1000 家社会创新企业，引导出千亿元规模社会价值资本与社会效应投入价值，使社会创新逐步成为中国企业的新商业模式。

6. 国内首个定向支持基层 NGO 项目发布仪式举行

3 月 10 日，中国扶贫基金会"公益同行·社会组织（NGO）合作发展论坛"暨 2014 年度项目发布仪式在成都召开。此次项目计划首期启动资金为 2500 万元，基金源于企业捐赠、社会公众捐赠、其他有共同宗旨的基金会合作基金。其中包括加多宝集团 1 亿元芦山地震捐赠善款中的 1000 万元和英特尔（中国）有限公司为灾区捐赠的 1000 万元。这也是国内首个企业定向支持基层 NGO 发展超过千万级的项目。

7. 《深圳市社区基金会培育发展工作暂行办法（征求意见稿）》出台

3 月 12 日，深圳市民政局出台《深圳市社区基金会培育发展工作暂行办法（征求意见稿）》，公开征求社会意见，推广社区基金会。5 月，深圳光明新区在白花、凤凰、新羌、圳美、玉律 5 个社区试点全国首批社区基金会，探索创建社区治理新模式。

8. 上海市首家社区级非公募基金会江浦社区基金会

3 月 16 日，上海市首家社区级非公募基金会江浦社区基金会正式成立，原始资金为 200 万元。

9. 国际社工日主题宣传活动启动

3 月 18 日是第 8 个国际社工日，中国启动以"弘扬社工精神，服务困境人群"为主题的宣传活动。此次宣传活动，是首次由民政部统一发起，地方民政部门具体组织，社会工作行业组织、专业机构和全国社会工作者广泛参与的大型系列宣传活动。

10. 首个器官捐献登记系统启动，有望降低中国器官捐献等待率

3月19日，国内首个器官捐献志愿者登记系统——器官捐献志愿者登记网站（www. savelife. org. cn）启动，公民可自行登记成为器官捐献志愿者。器官捐献志愿者登记网的开通有望改变器官捐献不足、依赖死囚器官捐献的境况，拯救更多生命。

11. 南京大学开设国内高校首家公益学院

3月22日，团中央"希望工程激励行动"全国高校首站宣讲暨南京大学"志青春"公益学院开班典礼在南京大学隆重举行，标志着全国高校首家公益学院诞生。南京大学公益学院旨在探索以公益实践育人为目标，以高校、政府、企业、NGO、社区基层全面参与的公益实践课程体系建设为主要内容，以综合网络管理评估系统为管理平台，以对接社会、服务当下为中心的青年公益人才培养的新模式。

12. "文化志愿服务推进年"系列活动启动

3月24日，由文化部、中央文明办共同组织开展的2014年"文化志愿服务推进年"系列活动在北京启动。2014年，文化部将重点推动文化志愿服务标准化、规范化，推行统一标识及注册服务证。同时，该系列活动将以"我们的中国梦·文化志愿服务基层行"为主题，主要由"春雨工程——全国文化志愿者边疆行"和"大地情深——国家艺术院团志愿服务走基层"两项示范活动，各级文化部门将依托公共图书馆、文化馆（站）、博物馆、美术馆等公共文化机构组织开展"传递书香、见证成长"公共图书馆志愿服务活动等9项主题活动。

13. 深圳慈善事业促进条例征集社会意见，放开公募权利

3月25日，深圳市人民政府法制办公室发布关于征求《深圳经济特区慈善事业促进条例》意见的公告。条例设置了慈善组织、慈善资产、慈善募捐、慈善捐赠、慈善信托、信息公开与监督等九章。其进步在于：采用"大慈善"概念，对慈善组织分为基金会、社会团体、民办非企业单位和其他公益慈善类社会组织，鼓励社区、企事业单位内部的慈善组织以及资金规模较小的慈善组织在区级社会组织登记部门备案管理，鼓励发展用经营方式来实现慈善宗旨的创新型组织；无公募资质的慈善组织从需要做年度募捐资格认定与募捐活动备案的双重规定到仅需募捐备案即可；对慈善组织资产保值增值、资产托管予以鼓励和规范；取消对境外组织从事慈善活动的限制，允许境外组织和人员在深圳申请登记注册慈善组织。

14. 国务院推动异地就医即时结算，放宽社会力量办医准入

3月25日，国务院总理李克强主持召开国务院常务会议，确定今年深化医药卫生体制改革重点工作。会议要求有序放宽社会力量办医准入，在医保定点、职称评定、等级评审等方面给予同等待遇；落实医师多点执业政策；减少合资合作医疗机构的外资持股比例限制。

15. 首起公益知识产权纠纷开庭

3月27日，上海浦东新区禾邻社区艺术促进社就"全民植物地图"项目起诉万科公益基金会侵权案在深圳盐田区人民法院开庭，主要针对万科公益基金会是否存在侵犯禾邻社著作权的事实，以及双方就侵权范围、产生哪些侵权影响进行质证和辩论。这是中国第一起公益知识产权诉讼案。

4 月

1.《上海市社会组织直接登记管理若干规定》生效施行

4月1日，《上海市社会组织直接登记管理若干规定》开始生效实施。该规定对"公益慈善类社会组织"进行了解释和界定，具体是指"从事社会福利、救灾救助、社会保障及社会事务的社会服务类社会组织和教育、卫生、文化、体育、生态环境等社会事业类社会组织"。

2. 浙江取消和下放部分审批项目为社会组织再"松绑"

4月4日，浙江省民政厅就《浙江省民政厅关于社会团体登记管理制度改革的试行意见》与《浙江省民政厅关于下放基金会登记管理权限等有关问题的通知》公开征集公众意见。根据两个文件，浙江省将取消和下放部分社会组织行政审批项目，包括：取消社会团体筹备成立的审批；取消社会团体设立分支机构和代表机构的审批；取消基金会设立分支机构、代表机构的审批；除全省性异地商会设立外，下放异地商会登记管理权限至设区市及县（市、区）民政部门；除全省性基金会设立外，下放基金会登记（设立、变更、注销）管理权限至设区市及县（市、区）民政部门。

3. 人道救援网络启动

4月7日，中国扶贫基金会在汶川特大地震纪念馆防灾减灾宣教中心，举行了"人道救援网络启动大会",并联合国内外29家公益组织经过全体讨论通过"人道救援网络"章程,共同签署和发布了"人道救援网络北川宣言"。发起方旨在通过"人道救援网络"及时应对灾害,紧急响应、评估灾情、找准人群、实施援助,救助处于生命边缘的灾区民众。

4. 中国银监会发文提出完善公益信托制度

4月8日,中国银监会办公厅公布《关于信托公司风险监管的指导意见》(银监办发〔2014〕99号),提出"完善公益信托制度,大力发展公益信托,推动信托公司履行社会责任"。

5. 正大公益慈善学院合作签约仪式在京举行

4月14日,中国华侨公益基金会与南京工业大学浦江学院在北京举行公益慈善学院项目战略合作协议签字仪式。该项目由正大集团出资支持,旨在培养一批既具有强烈社会责任感和纯正爱心奉献精神、又具有较强公益慈善实操能力的复合型管理人才,以适应和满足公益慈善事业蓬勃发展的市场需求,共同把中国公益慈善事业推向健康、快速发展的轨道。

6. 深圳将推动市、区两级慈善会与政府脱钩

4月17日,深圳召开全市民政工作会议,推出全面深化民政事业改革创新十项举措。其中,将推动社会组织监管改革,具体包括:一是争取获得授权在前海开展国际经济类、科技类社会组织落地试点。二是为给社会组织"松绑",取消社团分支(代表)机构成立、变更、注销登记审批;对暂不具备登记条件的社区社会组织实行备案管理;行业协会和商会全面引入竞争机制,可"一业多会";加快推进公益慈善、文娱类、生态环保类、体育类等社会团体名称加字号登记。三是在社区配齐"五大"服务平台:社区服务中心、社区家园网、社区公益性服务项目、社区基金会和阳光心理减压室;到2017年,实现50%以上的社区建社区基金会。四是拟将市、区两级慈善会与政府脱钩。

7.《2014中国慈善榜》发布

4月18日,《福布斯》(中文版)发布2014中国慈善榜,这是福布斯中文版第九次发布中国慈善榜。上榜的100位企业家(企业)现金捐赠总额为44.6亿元,与上年的46.5亿元相比有小幅下降。但入围门槛反超去年的420万元,上升至500万元。大连万达集团董事长王健林、中国民生银行董事长董文标和恒大地产集团董事局主席许家印分别以 4.38 亿元、2.72 亿元和 2.59 亿元的现金捐赠总额名列前三位。

8. 民政部发布《关于进一步开展适度普惠型儿童福利制度建设试点工作的通知》

4 月 18 日，民政部发布《关于进一步开展适度普惠型儿童福利制度建设试点工作的通知》（民函〔2014〕105 号），在江苏昆山、浙江海宁、河南洛宁、广东深圳开展第一批适度普惠儿童福利制度建设试点工作的基础上，在 46 个市（县、区）开展第二批试点工作。该通知确立的总目标是扩大儿童福利范围，推动儿童福利由补缺型向适度普惠型转变。

9. 雅安地震基金会一年善款使用报告发布

4 月 20 日，基金会中心网发布《雅安地震一周年，219 家基金会 17 亿善款去哪儿了？——基金会雅安地震一周年善款流向总结报告》。报告指出，全国共有 219 家基金会参与雅安地震紧急救援和灾后重建工作，共接收社会捐赠款物 16.96 亿元。

10. "新公益众筹平台"上线

4 月 23 日，众筹网联手友成基金会在北京召开新闻发布会，宣布在其网站上正式推出"新公益"众筹平台，发布符合"新公益"理念的筹资项目。该平台由友成基金会携手众筹网联合推出，按照设想，这一新公益众筹平台将吸引众多具有社会价值的筹资项目，将为这些项目提供网络平台、筹资项目展示、筹资技术支持、资金划转等多项服务。

11. "慈善千人计划·老牛学院"第一期培训开班

4 月 23 日，"慈善千人计划·老牛学院"第一期培训在北京正式开班。老牛学院由中国慈善联合会指导，中民慈善捐助信息中心和老牛基金会联袂主办，由老牛基金会出资 1000 万元，在未来 3 年内培养 200 名公益慈善行业的职业经理人，从个人发展、机构建设、资源拓展、创新能力等方面提高学员素质。

12. 宗教公益慈善专题培训班在北京开班

4 月 23 日，宗教公益慈善专题培训班在国家宗教局培训中心开班。这是国家宗教局第一次专门针对宗教界举办的公益慈善专题培训。来自 31 个省级行政区和新疆生产建设兵团，以及各全国性宗教团体和中华基督教青年会、女青年会全国协会的宗教界人士共 160 人参加培训班。

13. 全国人大常委会通过新环保法修订案

4 月 24 日，新修订的《中华人民共和国环境保护法》审议通过并向社会公布。其中，备受关注的环保公益诉讼主体也在有限放开。新法第五十八条对环境公益诉讼的主体资格进行了规定："对污染环境、破坏生态，损害社会公共利益的行为，依法在设区的市级以上人民政府民政部门登记，专门从事环境保护公益活动连续五年以上且无违法记录的社会组织可以向人民法院提起诉讼。"新环保法将于 2015 年 1 月 1 日施行。

14. 马云和蔡崇信宣布成立个人公益信托基金

4 月 24 日，阿里巴巴集团官方微博发布公告，称其创始人马云和蔡崇信将以个人持有的集团股期权成立个人公益信托基金。该基金将着力于环境、医疗、教育和文化领域。该基金规模为他们拥有的占阿里集团总股本 2% 的期权。马云捐赠的 3500 万股股票期权，使其成为截至当日中国捐赠总额第一人。同时，马云及蔡崇信的该项股票期权捐赠也是中国大陆地区数额最大的两笔股票期权捐赠。

15. 第 11 届中国慈善排行榜出炉

4 月 25 日，由民政部指导、公益时报社编制的"第 11 届中国慈善排行榜"发布典礼举行，世茂集团董事局主席许荣茂以 3.7 亿元人民币的捐赠额荣获新一届"中国首善"称号。本届上榜企业家共计 212 位，捐赠总额约 61.33 亿元；上榜企业 760 家捐赠总额约 74.75 亿元；上榜明星 100 位。

16. 广州市民政局启动首届公益创投活动

4 月 25 日，广州市民政局启动首届公益创投活动，决定从 2014 年 5 月 1 日至 2014 年 12 月 31 日在全市社会组织中开展公益创投活动。这次活动重点围绕为老服务、助残服务、青少年服务、救助帮困及其他公益五大类开展创投，面向全市社会组织的优秀的公益慈善项目进行资助。首届公益创投活动将投入福利彩票公益金 1500 万元，资助 50 个以上公益慈善项目。

17.《2013 中国慈善捐赠发展蓝皮书》在京发布

4 月 25 日，《公益时报》社编制的《2013 中国慈善捐赠发展蓝皮书》

在 2014 中国慈善榜发布盛典现场宣告正式发布。在榜单的基础上，蓝皮书编辑团队对 2013 全年慈善捐赠领域发生的重大变化进行了全面的梳理，呈现了管理者、捐赠者、社会组织、受助者以及各类相关平台等捐赠链条上不同主体在 2013 年的表现，试图挖掘数据背后的故事与隐藏的规律。

18. 《中国第三部门观察报告（2014）》发布会暨观察论坛召开

4 月 26 日，《中国第三部门观察报告（2014）》发布会暨中国第三部门观察论坛（2014）在北京举行。本次论坛的主题是"体制改革与社会组织发展"。希望通过各界人士的思想碰撞，在凝聚共识的基础上为中国社会建设的快速发展寻找切入点和新思路。

19. 国务院办公厅印发《深化医药卫生体制改革 2014 年重点工作任务通知》

4 月 26 日，国务院办公厅印发《深化医药卫生体制改革 2014 年重点工作任务通知》（国办发〔2015〕34 号）。该通知要求大力推进社会办医，加快形成多元办医格局。具体而言，放宽市场准入限制；放开非公立医疗机构医疗服务价格；清理取消不合理规定；推进医师多点执业；推进社会办医国家联系点和公立医院改制试点工作；按照中央有关改革部署要求，发展改革委加快研究起草进一步促进社会办医加快发展的指导性文件。

20. 公益机构发布首份政府信息公开民间观察报告

4 月 30 日，公益组织"众一行"发布首份民间观察报告，揭示了妨碍公众知情权实现的四大障碍。这份报告对政府信息公开案件进行回顾和研究，并对保障公民知情权和监督权提出建议。

5 月

1. 《公益广告促进和管理暂行办法》征求公众意见

5 月 8 日，国家工商总局发布《公益广告促进和管理暂行办法（征求意见稿）》，向社会公开征求意见。该办法规定公益广告应当保证质量，符合价值导向正确，符合国家法律规定和社会主义道德规范要求；体现社会公共利益等要求。

2. 国务院鼓励高校毕业生进入公益行业就业

5 月 9 日，国务院办公厅印发了《关于做好 2014 年全国普通高等学校毕业生就业创业工作的通知》，提倡充分挖掘社会组织吸纳高校毕业生就业潜力。鼓励对到省会及省会以下城市的社会团体、基金会、民办非企业单位就业的高校毕业生，所在地的公共就业人才服务机构要协助办理落户手续，在技术职称评定方面享受与国有企事业单位同类人员同等待遇。

3. 福建省发展"3＋X"社区社会组织模式

5月9日，福建省民政厅出台《关于大力培育法治社区社会组织的指导意见》（闽民管〔2014〕213号）。该意见要求，在2015年前按照"3＋X"模式，初步形成发展有序、覆盖广泛、布局合理的社区社会组织体系。"3"指一个社区社会组织联合会、一个社区居家养老服务站（中心）、一个社区志愿者服务协会；"X"指社区结合实际成立的包括社区服务、社区事务、慈善救助、文化体育等类型社会组织。

4. 国务院推进精准扶贫工作机制

5月12日，国务院扶贫开发领导小组办公室等7部门公布《建立精准扶贫工作机制实施方案》（国开办发〔2014〕30号）。该方案决定通过对贫困户和贫困村精准识别、精准帮扶、精准管理和精准考核，引导各类扶贫资源优化配置，实现扶贫到村到户，逐步构建精准扶贫工作长效机制。其中，方案要求通过搭建社会扶贫信息服务平台、完善社会扶贫帮扶形式，提高社会力量参与扶贫的精准性、有效性。

5. 深圳社会组织总部基地正式启动运营

5月9日，深圳正式启动运营社会组织总部基地。该基地位于福田区，总面积3500平方米，被定位为"社会组织发展的成长加油站、创意梦工厂和综合服务MALL"。基地采用"政府运作＋社会运作＋多元互动＋合作共赢"的模式，除了承担社会组织孵化功能，也开展社会问题研讨、创新项目策划、政府职能转移对接、人才培训实践，为社会组织提供系统性服务，为政府、社会组织、基金会、企业、金融机构、媒体等多方搭建资源对接常态化平台。首批入驻的20多家社会组织中包括深圳市壹基金公益基金会（总部）、恩派非营利组织发展中心等。

6.《慈善蓝皮书：中国慈善发展报告（2014）》发布

5月16日，由中国灵山公益慈善促进会、中国社会科学院社会政策研究中心、社会科学文献出版社共同举办的《慈善蓝皮书：中国慈善发展报告（2014）》发布暨中国慈善事业发展研讨会在无锡召开。报告指出，2013年是中国公益慈善事业转型年，预计社会捐赠总量突破1100亿元，全年各类捐赠总价值突破1363亿元。

7. 2014灵山公益慈善促进大会在无锡灵山开幕

5月17日，2014灵山公益慈善促进大会在无锡灵山梵宫妙音堂开幕。本次大会选择有代表性的公益领域设立了"公益非洲""公益妇女""公益广告""公益关怀"四个分会场，来自世界各国各界的代表共同分享了国际公益慈善的经验，探讨项目合作，建立多层次合作伙伴关系，促进中国公益慈善更好地融入世界、服务人类文明进步。

8. 第四届中国社会治理论坛在京召开

5月18日，北京师范大学中国社会管理研究院、中共北京市委社会工作委员会、中国社会科学院社会学研究所、中国社会工作协会、清华大学社会科学学院在北京师范大学联合举办"第四届中国社会治理论坛"。与会者以创新社会治理体制为主题，围绕创新社会治理体制、改进社会治理方式、加强法治社会建设、激发社会组织活力、健全公共安全体系、完善社会保障制度等话题，进行了深入研讨和交流。

9. 重庆四类社会组织直接登记政策实现从试点到全市普及

5月20日，重庆市民政局发布《关于开展四类社会组织直接登记工作的通知》。该通知规定，在重庆市范围内新成立行业协会商会类、科技类、公益慈善类、城乡社区服务类四类社会组织，无须在业务主管部门获得前置审批，可直接向社会组织登记管理机关依法申请登记。

10. 宁夏出台政府购买服务暂行办法，探索建立综合评审机制

从5月23日起，宁夏回族自治区出台的《政府向社会力量购买服务暂行办法》正式施行。该办法规定要探索建立由购买主体、服务对象及第三方组成的综合性评审机制，并建立政府购买服务退出机制，对弄虚作假、冒领财政资金的承接主体，依法给予行政处罚。政府购买服务的范围为：适合采取市场化方式提供、社会力量能够承担、突出公共性和公益性的公共服务。

11. 杨六斤募捐事件引发公募权责争辩

5月23日，广西某电视一档公益节目报道了"广西独居少年吃野草"。

该报道打动无数国人，几十天里为"吃草少年"杨六斤捐款 660 余万元。但随着媒体的跟进报道，人们发现杨六斤并非独居 4 年、吃野菜也是当地习惯。此次募捐事件引发了公众对媒体募捐权利、善款使用权归属、超额善款处置等"公募权责"的法理依据和现实困境的质疑。

12. 人权白皮书发布，接受社区康复服务残疾人新增 169 万

5 月 26 日，国务院新闻办公室发布《2013 年中国人权事业的进展》白皮书。白皮书指出，2013 年，我国新增 169 万残疾人接受社区康复服务，746.8 万残疾人得到不同程度康复。我国不断深化社区康复，推动康复进社区、服务到家庭，重点支持 2862 个社区康复示范站建设。截至 2013 年，我国开展社区康复服务的市辖区达到 901 个，县市累计达到 2014 个。

13. 中国建立和完善社会扶贫激励机制

5 月 23 日，国务院扶贫开发领导小组办公室等 12 个部门联合发布《创新扶贫开发社会参与机制实施方案》（国开办发〔2014〕31 号）。该方案明确，将大力推动社会组织、各民主党派、工商联和无党派人士、企业、个人扶贫；推动设立全国扶贫济困日；鼓励有条件的单位设立扶贫基金；加大财政对扶贫公益事业的支持力度，制定政府购买扶贫领域服务的具体措施；简化扶贫类社会组织登记程序，对符合条件的社会组织给予公益性捐赠税前扣除资格。

14.《网络交易平台经营者履行社会责任指引》发布

5 月 28 日，国家工商总局发布《网络交易平台经营者履行社会责任指引》，规范网络商品交易及有关服务行为，引导网络交易平台经营者积极履行社会责任，保护消费者和经营者的合法权益，促进网络经济持续健康发展。

6 月

1. 国务院再取消和下放 52 项审批事项，放权于社会组织

6 月 4 日，国务院常务会议指出，按照《政府工作报告》确定的 2014 年内再取消和下放 200 项以上行政审批事项的部署，新取消和下放一批共 52 项行政审批事项。其中一大改革措施是进一步向社会中介组织放权。会议指出，先期取消一批准入类专业技术职业资格。今后，凡没有法律法规依据和各地区、各部门自行设置的各类职业资格，不再实施许可和认定。逐步建立由行业协会、学会等社会组织开展水平评价的职业资格制度。

2. 北大正式启动社会公益管理硕士项目

6月5日，北京大学、北京大学光华管理学院和中国银泰投资有限公司、北京银泰公益基金会共同发起社会公益管理硕士项目。该项目为全日制，学习年限为2年，旨在培养学生成为在社会公益机构、非政府组织、企业社会责任部门以及相关领域组织中的高级管理人才。

3. 浙江省公布《关于政府向社会力量购买服务的实施意见》

6月5日，浙江省政府公布《关于政府向社会力量购买服务的实施意见》（浙政办发〔2014〕72号）。该意见规定，教育、就业、农业、社会保障、医疗卫生、住房保障、计划生育、文化、体育、残疾人服务、公益性岗位等基本公共服务领域，将逐步加大政府购买服务的力度。政府购买服务应纳入政府采购管理，按照公开择优、以事定费的原则，采用公开招标、邀请招标、竞争性谈判、单一来源、询价等方式确定承接主体，严禁转包行为。

4. 全国11家试点媒体发布社会责任报告

6月9日，全国首批11家试点媒体社会责任报告在中国记协网上正式发布。这11家试点媒体包括5家中央新闻单位或新闻网站和6家地方新闻单位，它们重点报告了舆论引导、提供服务、人文关怀，以及合法经营等责任履行情况。

5. 第二届两岸公益论坛召开，两岸共商公益发展与创新

6月13日，"第二届两岸公益论坛"在福建厦门开幕。此次论坛秉持海峡论坛"扩大民间交流、加强两岸合作、促进共同发展"理念，围绕两岸公益交流与合作，就"公益之道：发展与创新"主题，"致公恳谈：人文关怀，社会服务"、"公益创新项目案例解析"和"公益组织志工经验交流"等议题进行深入的探讨和交流。

6. 广州市公益慈善联合会成立，发布广州慈善组织透明榜

6月12日，广州市公益慈善联合会正式成立，首次申请入会的公益慈善组织和个人共84个。广州市慈善会原来承接的部分行业指导职

能将剥离交由广州市公益慈善联合会承担，广州市公益慈善联合会本身不开展慈善募捐活动。这意味着广州市慈善总会的改革迈出了关键的一步。当天，广州市民政局与市慈监委首次公布慈善组织募捐透明度排行榜。

7. 国务院颁布《社会信用体系建设规划纲要（2014—2020年）》

6月14日，国务院颁布《社会信用体系建设规划纲要（2014—2020年）》，提出全面推进社会诚信建设。该纲要要求"在救灾、救助、养老、社会保险、慈善、彩票等方面，建立全面的诚信制度，打击各类诈捐骗捐等失信行为"。同时推进"社会组织诚信建设"，具体包括：依托法人单位信息资源库，加快完善社会组织登记管理信息；健全社会组织信息公开制度；把诚信建设内容纳入各类社会组织章程，强化社会组织诚信自律；发挥行业协会（商会）在行业信用建设中的作用，加强会员诚信宣传教育和培训。

8.《关于加快推进养老服务业人才培养的意见》出台

6月18日，教育部、民政部等九部门联合印发《关于加快推进养老服务业人才培养的意见》，意见明确了养老服务人才培养的总体思路及工作目标。主要的任务有加快推进养老服务相关专业教育体系建设、全面提高养老服务相关专业教育教学质量、大力加强养老服务从业人员继续教育和积极引导学生从事养老服务业。

9. 第二届广州市慈善项目推介会推出慈善项目542个

6月23日，由广州市人民政府主办、广州市民政局承办的第二届广州市慈善项目推介会开幕。这届推介会共有107个机构参加，推出542个慈善项目，截至24日15时，共有4600多个单位和个人认捐4.1196亿元，共对接慈善项目339个，超额完成原计划"募集慈善项目资金3.5亿元"的目标。

10. 宁夏社会组织总会成立，搭建服务社会组织公共平台

6月25日，宁夏社会组织总会正式成立。宁夏社会组织总会是依法成立的社会团体、民办非企业单位、基金会，以及热心支持社会建设的企事业单位和个人自愿组成的全区性、联合性、非营利性的社会团体，旨在搭建服务社会组织的公共平台。

7 月

1. 河南将放宽准入优先支持社会资本举办非营利性医疗机构

为鼓励促进社会办医，河南省政府于 7 月 3 日出台《关于进一步完善社会办医支持政策的意见》。该政策将重在发挥引导作用，坚持公立医疗机构面向城乡居民提供基本医疗卫生服务主导地位的基础上，严格控制城市大型公立医院发展规模、公立医疗机构大型设备配置和公立医疗机构提供的特需医疗服务，为社会办医留出发展空间。在放宽准入方面，将优先支持社会资本举办非营利性医疗机构，加快形成以非营利性医疗机构为主体、营利性医疗机构为补充的社会办医体系。

2. 《社会责任绩效评价指标体系》征求社会意见

7 月 4 日，中国标准化研究院发出《关于对〈社会责任绩效评价指标体系〉国家标准征求意见稿征求意见的函》，向社会公开征求意见。该指标体系意在为便于组织进一步研究和开展社会责任绩效评价提供一套统一的、规范化的指标体系。社会责任绩效评价指标分为组织治理、人权、劳工实践、环境、公平运行实践、消费者问题和社区支持及发展七大类指标。

3. 首届全国志愿服务交流会于广州举办

7 月 4 日，由共青团中央、民政部、广东省人民政府、中共广州市委共同主办，中国青年志愿者协会、中国青年企业家协会、共青团广东省委、共青团广州市委、广州市海珠区人民政府等承办的志愿服务广州交流会暨首届中国青年志愿服务项目大赛全国组委会第一次工作会议在广州市举行。

4. 《中国尘肺农民工生存状况调查报告》发布，尘肺病已成第一大职业病

7 月 5 日，大爱清尘在思享家高峰论坛暨大爱清尘三周年汇报会上发布了《中国尘肺农民工生存状况调查报告（2014）》。该报告显示，尘肺病已成为中国职业病中最严重的病种。在所有职业病中，尘肺病占九成；在尘肺病患者中，农民占九成。粗略估计，全国大约有尘肺农民 600 万。

5. 授渔计划——千人助学行动启动

7月5日，中国社会福利基金会联合新华网共同发起"授渔计划——千人助学行动"正式启动，该行动由北京师范大学、北京中育教育集团联合实施。该行动计划今年募集1000万元善款用于资助1000名初、高中毕业的适龄孤儿和贫困家庭的学生有计划地完成中等职业教育和成人高等教育。

6. 保监会发布《中国保险业社会责任白皮书》

中国保监会在"7·8全国保险公众宣传日"活动期间向社会发布首份《中国保险业社会责任白皮书》。结合使用传统的抽样调查方法和最新的大数据技术，深入了解公众对保险业履行社会责任的认知、态度和期望，以及各地区、各类企业和公众对保险的关注度变化趋势。

7. 国务院批复同意建立全国社区建设部际联席会议制度

7月9日，中国政府网发布了《国务院关于同意建立全国社区建设部际联席会议制度的批复》。批复指出，同意建立由民政部牵头的全国社区建设部际联席会议制度，联席会议旨在加强对全国社区建设工作的组织领导，强化部门间的协调配合，切实做好社区建设工作。

8. 江苏省首家紧急救援协会成立

7月9日，江苏省首家紧急救援协会在南京成立。该协会是一家非营利性社会组织，通过搭建全省紧急救援平台，吸引省内热心紧急救援事业的机构、企业和个人参与，进一步推动全社会紧急救援工作。据了解，江苏省紧急救援协会由民政部紧急救援促进中心江苏分中心改制而成。

9. 广东省社会工作者登记系统正式上线

7月初，酝酿近一年的全国首个省级开放式社工登记系统——广东省社会工作者登记系统正式上线，广东省1.4万多名持证社工可分批登录系统申请登记。登记工作也正式由政府部门转移到广东省社会工作师联合会。

10. 我国首个城市生态社区建设网络平台启动

7月12日，由万通公益基金会发起的主旋绿城市生态社区建设网络平台在京启动，这是我国首个专门关注城市社区生态环境建设的网络学习交流平台。该平台致力于为关注城市社区环境的民间公益组织提供系统的、可持续的培训与支持。目前，该平台有十余家民间公益组织加入。

11. SOHO 中国基金会向哈佛大学捐赠 1500 万美元资助中国留学生

7 月 15 日，SOHO 中国有限公司总裁张欣、董事长潘石屹与哈佛大学校长德鲁·福斯特签署捐赠协议，由 SOHO 中国基金会向哈佛大学捐赠 1500 万美元，设立"SOHO 中国助学金"，用于资助在哈佛攻读本科的中国贫困学生。"SOHO 中国助学金"项目计划在全球捐助 1 亿美元助学金资助在世界一流大学攻读本科的中国贫困学生。

12. 宁夏在全国率先全面创建慈善城市

宁夏回族自治区民政厅和自治区文明办联合下发了《关于深入开展慈善城市创建活动的指导意见》，这标志着宁夏全面开展全国慈善城市创建活动。该意见提出，到 2020 年，宁夏全国慈善城市创建达标率不低于80%。宁夏是全国第一个以省级为单位全面开展慈善城市创建活动的省份。

13. 河北明确将建立政府购买社会服务制度

7 月 21 日，河北省民政厅、省财政厅出台《关于政府购买社会工作服务的实施意见》，首次明确提出建立健全政府购买社会工作服务制度，以城市流动人员、农村留守人员、困难群体、特殊人群和受灾群众为重点，开展政府购买社会工作服务，并逐步拓展领域和范围。实施意见提出城市流动人口社会融入计划、农村留守人员社会保护计划等 8 项计划。

14. 全国首个社会服务交易所成立

7 月 24 日，广东省佛山市顺德社会服务交易所正式在顺峰山公园南薰别馆的创新园内挂牌启用。该社会服务综合平台将通过线上、线下的社会服务对接，实现服务信息资源共享，并促进区内的社会组织及服务项目与不同的社会资源建立合作关系，助推顺德公益事业的发展。

15. 民政部、财政部通知取消社会团体会费标准备案

7 月 25 日，民政部、财政部联合发布《关于取消社会团体会费标准备案规范会费管理的通知》。自发布之日起，社会团体通过的会费标准不再报送业务主管单位、登记管理机关和财政部门备案。

16.《企业社会责任报告关键定量指标指引》发布

7 月 25 日，企业社会责任咨询公司商道纵横联合《南方周末》，在北京的"第六届中国企业社会责任年会"上发布了国内首份《企业社会责任

报告关键定量指标指引》。该报告是国内首份旨在规范和促进企业对实质性定量社会责任信息进行披露的指引,聚焦于不同行业最具实质性的企业社会责任议题,通过建立相应行业的关键定量指标体系,推动责任报告质量的提升。

17. 首届中国家族财富传承峰会举办

7月26日至27日,由《中国慈善家》杂志主办的"中国家族财富传承峰会"在京举行,近400名中外财富家族成员、企业家,以及多位公益界人士参加了峰会。企业家们围绕"家族基金会与家族传承""百年老店的传承与创新""东方文化与家族传承""家族首席情感官CEO与家族维系"等议题展开讨论。闭幕晚宴上还颁发了"全球华人家族传承榜样"奖项。

18. 2014《中国企业公民排行标准》发布

7月25日,由中国社工协会企业公民委员会主办的"打造企业公民典范研讨会暨2014《中国企业公民排行标准》发布会"在京召开。企业公民委员会对外发布了《中国企业公民排行标准》,并宣布"2014中国企业公民十周年系列活动会"暨"2014中国优秀企业公民排行榜调查评价工作"正式启动。

19. 陕西省在五大领域将向社会购买服务

7月30日,陕西省政府办公厅下发向社会力量购买服务的实施意见。其中,明确将将从5个领域起步,向社会购买服务。这5个方面包括:基本公共服务事项、社会管理服务事项、行业管理与协调事项、中介技术服务事项及其他公共服务事项。

20. 全国首部综合性社会救助地方性法规出台

7月31日,《浙江省社会救助条例》由浙江省十二届人大常委会第十一次会议审议通过,并于2014年11月1日起正式施行。该条例要求社会救助管理部门建立健全社会救助对象动态管理和退出机制,根据家庭经济状况的不同实行分层分类救助,并明确了停止救助的五类情形。该条例还规定未纳入最低生活保障范围的、家庭成员人均月收入在最低生活保障标准1.5倍以下,且家庭财产状况符合县级以上政府规定的家庭认定为最低生活保障边缘家庭,可申请专项社会救助,从而惠及低保边缘家庭。

8 月

1. 公安部门调查郭美美与中国红十字会无关系

8月3日，公安机关公布郭美美涉嫌赌博一案的最新调查进展。针对郭美美"红会炫富"事件，根据警方的调查和郭美美本人的供述：她以及她的资金来源都与中国红十字会毫无关系。中国红十字会对此表示，希望公安机关的侦查结果不仅还红会一个清白，同时也给全社会一个重塑诚信体系的机会。

2. 成都建立全国首家社会组织学院

8月4日，全国首个培训社会组织及其从业人员的"成都社会组织学院"在成都锦江区正式挂牌成立，该学院将为社会组织及其从业人员进行系统培育培训，通过理论研究、政策学习、实务操作等多种方式，对社会组织及其从业人员进行系统性培育培训，促进社会治理的优势和作用。

3. 民政部发布2013年度全国性社会组织薪酬调查报告

8月7日，民政部民间组织服务中心发布《2013年度全国性社会组织薪酬调查报告》。该报告通过对行业协会商会类、公益慈善类、科技类社会组织专职工作人员工资、福利情况进行采样，呈现社会组织薪酬的现实状况、存在问题以及与其他行业相比较的结果，剖析社会组织薪酬制度不合理的内在因素和外部制约，并提出在现实条件下制定合理薪酬方案的建议。

4. 北京首家街道社会建设中心启用

8月8日，北京市朝阳区首家街道级社会建设综合服务中心在呼家楼街道成立。成立社会建设综合服务中心，旨在提升社区服务水平，促进基层自治组织职责回归，培育和创新社会治理基层样本，整合和激发社会活力。

5. 国务院办公厅发布关于印发《发达省（市）对口支援四川云南甘肃省藏区经济社会发展工作方案》的通知

8月11日，国务院办公厅发布关于印发《发达省（市）对口支援四川云南甘肃省藏区经济社会发展工作方案》的通知。该方案提出增强基层公共服务能力，以提高基层公共服务能力和水平为重点，加强受援地农牧区医疗卫生、劳动就业、文化、社会保障、基层组织等公益性设施建设，积极参与农牧区水、电、路等民生基础设施建设，改善当地群众特别是贫困村群众生产生活条件。鼓励支援省（市）企业、社会组织和志愿者到三省藏区参与各类公益活动。

6. 广东社会组织不得对外开展评比达标表彰活动

8月12日，广东省政府法制办公布《广东省社会组织条例（征求意见稿)》，明确社会组织不得在成员之外开展评比、达标、表彰活动；不得强迫单位和个人加入或者限制其退出社会组织、不得对组织成员进行财产或者人身处罚、不得强迫单位和个人捐赠或者强行摊派。

7. 民政部公布嫣然基金调查结果，称未发现举报问题

8月12日，民政部举行新闻发布会公布嫣然基金调查结果，称其"不存在被举报的财务问题"。民间组织管理局负责人表示，中国红十字会总会委托中审亚太会计师事务所对嫣然基金进行了独立审计。

8. 中国慈善论坛召开，发布第三届"中国城市公益慈善指数"

8月16日，中国慈善论坛在京举行，以"开启善时代"为主题，国内外近500名公益慈善界领袖、学者、慈善家出席论坛，围绕"共享创造价值"，探讨全球慈善发展趋势和全面深化改革背景下中国慈善事业发展道路。当日，第三届"中国城市公益慈善指数"发布，并揭晓中国城市公益慈善百强榜。2012～2013年度中国城市公益慈善平均指数为66.66，较上年度上升6.15%。

9. 国务院决定再取消一批部门和行业协会自行设置的职业资格许可和认定事项

8月19日，国务院常务会议决定，有针对性地推出行政审批制度改革新措施。为此，下一步要便利企业投资经营，除了再取消和下放87项"含金量"高的审批事项，其中取消68项，同时尽快彻底废止非行政许可审批；还将再取消一批部门和行业协会自行设置、专业性不强、法律法规依据不足的职业资格许可和认定事项。

10. 中国红十字会被指违规出租救灾仓库

8月19日，中国红十字会常务副会长赵白鸽针对红十字会被指违规出租救灾仓库一事，解释"为了解决经费不足，要挣钱养活员工"。20日，中国红十字会发表声明，称"备灾仓库与企业的合作已于 2014 年 5 月全面终止，项目所得均纳入中国红十字会总会账户，未发现工作人员从中谋利"。

11. "2014 中国女性公益慈善·健康论坛"举办

8 月 26 日，由中国妇女发展基金会、中国公益研究院共同主办的"2014 中国女性公益慈善·健康论坛"在北京举行，这是国内首次将女性健康作为主题的公益论坛。在论坛上，中国妇女发展基金会联合 21 家国内著名医疗机构及企业共同发起成立了中国女性健康公益联盟。

12. 政府购买养老服务通知下发，要求重点安排照料护理项目

8 月 26 日，财政部、发展改革委、民政部、全国老龄办发布《关于做好政府购买养老服务工作的通知》，要求以老年人基本养老服务需求为导向，将政府购买服务与满足老年人基本养老服务需求相结合，重点安排与老年人生活照料、康复护理等密切相关的项目，优先保障经济困难的孤寡、失能、高龄等老年人的服务需求。

13. 民政部披露"天使妈妈"调查结果，未发现公益资产流失

8 月 27 日，民政部民间组织管理局向《中国青年报》披露了关于中华少年儿童慈善救助基金会和天使妈妈基金的调查情况，称"发现天使妈妈基金存在用个人账号收款的违规行为，但未发现公益资产的流失"。

14. "冰桶挑战"游戏登陆中国，关注渐冻症

8 月，旨在呼吁公众为肌萎缩性脊髓侧索硬化症（又称渐冻症，缩写 ALS）进行筹款的"冰桶挑战"游戏从美国传至中国。8 月 17 日，新浪微公益与瓷娃娃罕见病关爱中心联合发起"助力罕见病、一起'冻'起来"的微公益项目，号召公众通过"冰桶挑战"关注 ALS 患者在内的各类罕见病群体，并在瓷娃娃罕见病关爱中心下设"冰桶挑战专项基金"接受捐赠。

9 月

1. 中国启动国家级公益资源对接平台探索慈善事业转型

9 月 1 日，国家级公益资源对接平台正式上线试运营，将充分借鉴证券交易模式，促进中国公益事业的公平和高效。平台致力于在传统金融与

慈善、商业与公益、投资与捐赠间构筑起互通的桥梁，同时积极在公益信托等慈善金融领域"破冰"，不断丰富中国公益的形式。

2. 我国首家民间防艾组织发起基金会获批

9月2日，全国首家由民间防艾草根组织发起的非公募基金会——北京无国界爱心公益基金会正式获批成立。该基金会以帮扶弱势群体，消除心灵隔阂，促进社会和谐为宗旨。未来除了继续在防艾领域工作外，该基金会将更关注青年人的心灵环保。

3. 中国社会企业与社会投资论坛设立

9月3日，国内16家关注社会企业与社会投资的基金会、研究机构、社会投资机构联合发起"中国社会企业与社会投资论坛"（简称CSESIF）。论坛定位为中国社会企业和社会投资行业的类协会式网络和行业生态系统的积极构建者，将从政策、人才、资本、支持性服务和社会认知5个方面推动整个市场的构建。

4. 鲁甸地震灾后重建社会组织应对研讨会在京举行

9月11日，云南鲁甸地震灾害评估及灾后需求调研报告发布暨鲁甸地震灾后重建社会组织应对研讨会在北京师范大学召开。本次研讨会由中国扶贫基金会、北京师范大学社会发展与公共政策学院与南都公益基金会共同主办，这是中国扶贫基金会继汶川地震、玉树地震、芦山地震后针对鲁甸地震再度于第一时间向社会发布的灾后需求调研专项报告。

5. 政府鼓励社会力量投资健康与养老服务工程

9月12日，发展改革委、民政部等10部门联合下发《关于加快推进健康与养老服务工程建设的通知》。该通知明确，到2020年，我国医疗卫生机构每千人口病床数（含住院护理）达到6张，非公立医疗机构床位数占比达到25%。该通知还指出各地要放宽市场准入，积极鼓励社会资本投资健康与养老服务工程，并还列明鼓励社会投资的项目内容。

6. 首个关爱渐冻人联合劝募基金成立

9月13日，中国社会福利基金会渐冻人联合劝募基金举行成立仪式。这是我国首个关爱渐冻人的联合劝募基金，将专注于ALS（肌萎缩侧索硬化症）的相关疾病知识宣传、家庭护理、心理健康维护以及医患信息沟通等工作，通过中国社会福利基金会的全国性公募平台，让更多社会公众共同关注和支持罕见病群体。

7. 江苏下发《关于进一步贯彻〈关于鼓励和规范宗教界从事公益慈善活动的意见〉的通知》

9月15日，江苏省宗教事务局等7个部门发布《关于进一步贯彻〈关于鼓励和规范宗教界从事公益慈善活动的意见〉的通知》（苏宗发〔2014〕125号）。该通知要求江苏全省各级统战、宗教、发展改革、民政、财政、税务部门在各自职责范围内支持宗教界依法从事公益慈善活动；同时建立健全相关规章制度，规范慈善组织的组织形式和运作程序，规范募捐行为，加强内部管理，完善自我约束机制，努力打造江苏宗教界公益慈善特色品牌。

8. 国务院常务会议决定全面建立临时救助制度

9月17日，国务院总理李克强主持召开国务院常务会议，会议决定全面建立临时救助制度，对遭遇突发事件、意外伤害、重大疾病或其他特殊原因导致生活陷入困境，其他社会救助暂时无法覆盖或救助后基本生活仍有严重困难的家庭或个人，给予应急、过渡性救助，做到兜底线、救急难。临时救助实行地方政府负责制，救助资金列入地方预算，中央财政给予适当补助。

9. 立人乡村图书馆理事会发布闭馆声明

9月18日，立人乡村图书馆理事会发布声明，宣布停止运营立人乡村图书馆。声明指出：立人图书馆长期承受被"关停分馆，非法扣留图书，威胁甚至遣返员工志愿者"的压力；因此，其乡村运营的社会基础已不复存在，在机构运营、教育探索、筹款等方面已经没有发挥空间；立人图书馆所积累的经验对社会转型具有推动作用。12月18日发布的《立人乡村图书馆善后报告》，对注销登记，资产和捐赠余额处理，员工和志愿者的安置等事宜进行安排。

10. 三部门规范中央部门所属高校教育基金会财务管理

9月18日，教育部、财政部和民政部联合发布《关于加强中央部门所属高校教育基金会财务管理的若干意见》（教财〔2014〕3号）。该意见从6个方面对中央部门所属高校教育基金会的财务行为提出规范要求：完善治理结构，保障内控体系健全有效；加强财务管理，规范会计核算工作；

加强筹资过程管理，促进筹资专业化；规范投资行为，防范和控制财务风险；合理使用捐赠资金，促进教育事业发展；健全信息公开制度，自觉接受社会监督。

11. 上海市罕见病防治基金会成立

9月19日，经上海市民政局、上海市社会团体管理局准允，由上海市医学会罕见病分会发起的"上海市罕见病防治基金"登记成立，为非公募基金会。这是我国第一个专门为罕见病而设立的基金会，以"聚爱心关注罕见病、助病者圆和谐之梦"为宗旨，为罕见病患者提供疾病预防宣教、医疗、生活及精神援助等；提供决策咨询；支持罕见病科普宣传、科研、学术交流、专业培训及筛查等。

12. 第三届中国公益慈善项目交流展示会举行

9月19~21日，第三届中国公益慈善项目交流展示会在深圳举行，共有896个项目和机构现场参展。公益慈善项目交流展示会以"践行友善，为中国梦助力添彩"为主题，设救灾减灾、生态保护、教育扶贫、慈善金融、公益支持、社区发展、群体服务、综合服务等8个主题展示交流区以及社会责任展区和品牌展示推介区；此外，突出"以会为主、以展为辅"，探讨社区基金会、公益信托、社会价值投资、社会资源供给等业界广泛关注的问题。展示会期间，共达成合作对接项目438个，实现对接金额50.79亿元。

13.《2014中国公益慈善行业高端人才就业市场及薪资指南》发布

9月19日，南都公益基金会、壹基金、阿拉善SEE生态机构等8家机构联合零点研究咨询集团发布了《2014中国公益行业人才发展现状调查》报告。该指南从人才专业化对薪酬待遇的影响因素、人才流动与职业选择、公益组织人才发展及薪资指南等多个方面展开了数据调研和分析。报告指出在接受调查的受访者中，29.4%曾参与过人才支持计划项目，其中以高层管理者居多，中层管理者次之。

14. 国内首个社会价值投资联盟正式组建

9月19日，首届"社会价值投资国际研讨会"举行，国内首个社会价值投资联盟也正式发起组建。"社会价值投资联盟"遵循"共建、共享、共赢"的原则，重点关注教育、健康、环境、养老、公共安全、反贫困等领域，优先支持为上述领域公共服务体系提供解决方案的社会创新型企业。

15. 《2013 年度中国慈善捐助报告》发布

9 月 20 日，中民慈善捐助信息中心发布《2013 年度中国慈善捐助报告》。该报告显示，2013 年全国接收国内外社会各界的款物捐赠总额约989.42 亿元，比 2012 年增长 21.06%。其中捐款 651 亿元，物资捐赠折价约 338 亿元。企业捐赠是慈善捐赠的主力，占年度捐赠总额的近七成，而其中民营企业、外资企业贡献突出。

16. 《中国基金会透明度发展研究报告（2014）》显示中国基金会透明度明显提升

9 月 20 日，基金会中心网在深圳第三届中国公益慈善项目交流展示会上发布《中国基金会透明度发展研究报告（2014）》。报告指出，中国基金会行业的透明度较上年有明显提升。截至 2014 年 6 月 30 日，中国基金会透明指数监测的 2600 家基金会的平均得分为 46.10 分，得分率为 43%，较上年提升 4 个百分点。

10 月

1. 环保公益诉讼主体资格征民意

10 月 1 日起，最高人民法院制定的《最高人民法院关于审理环境民事公益诉讼案件适用法律若干问题的解释（征求意见稿）》公开向社会征求意见。征求意见时间一个月。根据征求意见稿，社会组织成立 5 年以上，章程确定的宗旨和主要业务范围是维护社会公共利益，且从事环境保护公益活动的，可以认定为环境保护法第 58 条规定的"专门从事环境保护公益活动连续五年以上且无违法记录"。社会组织提起的诉讼涉及的社会公共利益，应与其宗旨和业务范围具有关联性。

2. 中国保监会对口支援定南创新方式　首创互联网公益保险模式

10 月 8 日，中国太平洋人寿保险股份有限公司定南儿童大病救助行动正式启动。作为全国首创的公益保险模式，此项行动通过搭建一个公益保险基金的移动网络募捐平台，将向全社会筹集的基金用于捐助给定南县所有参加新农合的 14 周岁（含）以下儿童，为大病患儿提供新农合等基本救济之外的额外医疗补偿。

3. 首届扶贫系列"10·17 论坛"于京召开

10 月 16 日,首届"10·17 论坛"在北京国际会议中心成功举办,主题为"扶贫开发与全面小康"。论坛讨论了中国扶贫事业的成就和问题,并发布了《中国扶贫开发年鉴(2014)》和《中国反贫困发展报告(2014)》。

4. 中国扶贫基金会发起"饥饿挑战"募款活动

2014 年 10 月 16 日为第 34 个世界粮食日。经国务院批准,确定 2014 年 10 月 17 为我国首个国家扶贫日。以此为契机,中国扶贫基金会联合相关机构共同发起了"体验饥饿——饥饿 24 全民公益活动",倡导有条件的公众,以切身体验饥饿,表达对饥饿人群和贫困弱势人群的关注,或捐赠一天餐费的善款,支持改善贫困地区儿童的营养状况。

5. 民政部首次组织全国性行业协会商会与地方对接

10 月 18 日,全国性行业协会商会服务地方经济发展(聊城)培训交流会召开。这是民政部发挥社会组织积极作用,助推地方经济发展的一项重要举措和全新探索,也是民政部首次组织全国性行业协会商会与地方政府、企业进行实地对接。未来,将通过民政部门的有效引导,让行业协会商会联合起来,形成"交互作用"。

6. 民政部指导运用福利彩票公益金向社会力量购买服务

10 月 19 日,民政部出台《关于民政部门利用福利彩票公益金向社会力量购买服务的指导意见》(民发〔2014〕219 号)。该意见规定,到 2020 年,在全国基本建立比较完善的福彩公益金购买服务制度。各级民政部门作为福彩公益金购买服务的主体,将重点资助适合采取市场化方式提供、社会力量能够承担的扶老、助残、救孤、济困等福利服务和相关公益服务项目。承接政府购买服务的主体是依法在民政部门登记成立或经国务院批准免予登记的社会组织,以及依法在工商管理或行业主管部门登记成立的企业、机构等社会力量。

7. 贵州省金沙县检察院对金沙县环保局提起行政公益诉讼

10 月 20 日,贵州省金沙县检察院因金沙县环保局行政不作为"怠于处罚"污染企业,对其提起行政公益诉讼。这是全国首例由检察机关提起的行政公益诉讼案。

8. 十八届四中全会推动社会组织法治化建设进程

10 月 23 日，中国共产党十八届四中全会通过《中共中央关于全面推进依法治国若干重大问题的决定》。该决定强调社会组织必须以宪法作为根本活动准则，提出积极发挥社会组织在立法协商、普法和守法、推进法治社会建设等方面的作用，并首次明确要"加强社会组织立法，规范和引导各类社会组织健康发展"。该决定还对"建立健全社会组织参与社会事务、维护公共利益、救助困难群众、帮教特殊人群、预防违法犯罪的机制和制度化渠道"，"支持行业协会商会类社会组织发挥行业自律和专业服务功能"等方面做出部署。

9. 国务院决定全面建立临时救助制度

10 月 24 日，国务院印发《关于全面建立临时救助制度的通知》（国发〔2014〕47 号），部署进一步发挥社会救助"托底线""救急难"作用，解决城乡困难群众突发性、紧迫性、临时性生活困难，并决定全面建立临时救助制度。其中扩大临时救助对象的范围和建立主动发现机制成为突出亮点。

10. 2014 胡润慈善榜发布

10 月 28 日，胡润研究院发布《2014 胡润慈善榜》。该慈善榜显示，中国首富马云以 145 亿元捐赠额刷新中国慈善纪录，成为新一届"中国最慷慨的慈善家"，同时成为"2014 大中华区最慷慨的慈善家"。原国务院总理朱镕基过去一年将其著作《朱镕基讲话实录》和《朱镕基上海讲话实录》所得版税悉数捐赠实事助学基金会，成为特殊的上榜者。

11. 中央财政 2015 年继续投入 2 亿元支持社会组织实施社会服务

10 月 29 日，民政部下发《关于印发〈2015 年中央财政支持社会组织参与社会服务项目实施方案〉的通知》（民函〔2014〕320 号），决定在 2015 年继续为社会组织参与社会服务提供专门补助资金。2015 年项目预算总资金为 2 亿元左右，其中发展示范项目（A 类）约 5000 万元，承接社会服务试点项目（B 类）约 6500 万元，社会工作服务示范项目（C 类）约 6500 万元，人员培训示范项目（D 类）约 1500 万元。其主要资助社会救助服务、社会福利服务、社区服务、专业社工服务等领域项目。

12. 国务院常务会议鼓励引导社会力量开展慈善帮扶

10 月 29 日，国务院总理李克强主持召开国务院常务会议。会议认为，发展慈善事业，引导社会力量开展慈善帮扶，是补上社会建设"短板"、弘扬社会道德、促进社会和谐的重要举措。必须创新机制，使慈善事业与国家保障救助制度互补衔接、形成合力。要落实和完善公益性捐赠减免税政策，推出更多鼓励慈善的措施；优先发展具有扶贫济困功能的慈善组织；强化行业自律和社会监督。

13. 中央将重点建设两级社会组织数据中心和登记管理业务系统

10 月 29 日，发展改革委正式批复国家法人单位信息资源库项目（一期），中央向全国社会组织法人库直接投资 7091 万元，重点建设部省两级社会组织数据中心和登记管理业务系统，实现信息及时汇总、动态更新，推动各级登记管理机关规范化、精细化管理，以大数据分析等方式为社会组织管理创新提供有力支撑。

14. 广州社会组织成立条件降低，取消社团和民非注册资金要求

10 月 30 日，广州颁布《广州市社会组织管理办法》（广州市人民政府令第 108 号），该办法于 6 月 16 日由广州市人民政府常务会议审议通过。这是综合规范社会组织从注册到退出等各方面事项的地方性政府规章，将直接登记、引入一业多会、政社分开等多项改革试点经验以法律文件形式确立下来。该办法进一步降低社会组织成立条件，确定除基金会注册资金仍实行"实缴制"外，成立民办非企业单位和社会团体都实行注册资金"认缴制"，成立社团的会员数量要求降至 15 人。

15. "益宝计划"公益保险项目新闻发布会在京成功举办

10 月 31 日，"益宝计划——中国公益保险项目"新闻发布会在京成功举办，标志着面向我国公益行业全职从业人员的第一份公益保险的启动。"益宝"项目只服务于公益行业全职工作人员和长期志愿者，对提升公益人的生活安全度，不断推动我国公益事业的健康有序发展具有重要意义。

16. 《2014 社会影响力投资在中国》在全球社会创新大会上发布

10 月 31 日，美国哥伦比亚大学商学院举办第 13 届全球社会创新大会。在大会上，深圳慈善会、深圳企业社会责任创新中心、社会企业研究中心等发布了《2014 社会影响力投资在中国》研究报告。

11 月

1. 北京市企业家环保基金会获公募资格

11 月 3 日，北京市企业家环保基金会（简称 SEE 基金会）由非公募基金会转登记为公募基金会。

2. 联合劝募公益发展论坛在京举办

11 月 4 日，基金会中心网、全球联合之路、中国扶贫基金会与中华少年儿童慈善救助基金会共同主办的联合劝募公益发展论坛在北京举行。该论坛旨在通过搭建全球化行动网络，分享行业经验、提供能力建设、整合全球资源，实现东西方智慧的碰撞。

3. 施乐会深陷"置顶费"漩涡

11 月，慈善网站施乐会因收取"置顶费"，受到多起投诉。该事件广受中国公益界关注，同时反映出中国公益慈善界存在的诸如公益组织运营资金缺乏及相关慈善立法的问题。

4. 民政部、财政部发布《关于加强社会组织反腐倡廉工作的意见》

11 月 6 日，民政部和财政部发布《关于加强社会组织反腐倡廉工作的意见》（民发〔2014〕227 号），着力构建社会组织反腐倡廉长效机制。该意见从健全社会组织民主机制、加强社会组织财务管理、规范社会组织商业行为、实行社会组织信息公开制度、强化社会组织审计和执法监督、加强社会组织廉洁自律教育等 6 个方面对社会组织反腐倡廉工作做出规定。

5. 成都成立全国首家无业务主管公益慈善联合会

11 月 7 日，成都公益慈善联合会成立。联合会是为推进成都市公益慈善事业发展，搭建公益慈善组织与多方交流互动平台，促进公益慈善事业社会力量参与度所设，系全国首家无业务主管单位的公益慈善联合会。

6.2014 全球企业社会责任领袖峰会举行

2014 年 11 月 3 日至 4 日，2014 全球企业社会责任领袖峰会在上海举办。这次峰会汇聚约 250 位来自全球各地区的商界领袖、政府官员、经济学家、NGO 代表、企业社会责任与可持续发展领域的知名专家等出席，代表们就当前企业面临的可持续发展及企业社会责任的难点议题展开务实的讨论和分享，共同探讨出通往可持续发展的商业未来的最佳路径。

7. 北京师范大学中国公益研究院召开"中日慈善立法研讨会"

2014 年 11 月 4 日至 5 日，由北京师范大学中国公益研究院主办、河仁慈善基金会资助为期两天的"中日慈善立法研讨会"在北京京师大厦拉开帷幕。来自中日两国近三十位慈善界巨擘齐聚一堂，在相互交流和思维碰撞中增进了解，切实助推慈善立法事业的持续发展。

8. 2014《SEE 会员企业绿色发展报告》发布

11 月 7 日，在西安召开的 2014SEE 年会之"中国企业家绿色契约论坛"上，阿拉善 SEE 公益机构正式发布了 2014《SEE 会员企业绿色发展报告》。对会员企业积极参与企业绿色行动的倡议情况进行汇报并力图改进。

9. 国务院印发《关于创新重点领域投融资机制鼓励社会投资的指导意见》

11 月 16 日，国务院印发《关于创新重点领域投融资机制鼓励社会投资的指导意见》（国发〔2014〕60 号）。该指导意见指出，要鼓励社会资本加大社会事业投资力度，完善落实社会事业建设运营税费优惠政策；进一步完善落实非营利性教育、医疗、养老、体育健身、文化机构税收优惠政策；对非营利性医疗、养老机构建设一律免征有关行政事业性收费，对营利性医疗、养老机构建设一律减半征收有关行政事业性收费。

10. 中国人民大学召开"慈善事业立法关键议题"研讨会

11 月 16 日，由中国人民大学中国社会保障研究中心、中国慈善联合会举办的"慈善事业立法关键议题研讨会"召开。与会者共同探讨有关慈善事业立法研究的进展及全国人大《慈善事业法》法律草案起草基本情况等相关课题。

11. 多部门发文鼓励引导社会力量参与社区矫正工作

11 月 14 日，司法部、中央综治办、教育部、民政部、财政部和人力资源社会保障部联合印发《关于组织社会力量参与社区矫正工作的意见》。该意见要求，充分认识社会力量参与社区矫正工作的重要性；进一步鼓励引导社会力量参与社区矫正工作；做好政府已公开招聘的社区矫正社会工作者的保障工作；着力解决社区服刑人员就业就学和社会救助、社会保险等问题；进一步加强对社会力量参与社区矫正工作的组织领导。

12. 广东公益传播联盟正式成立

11 月 20 日，广东公益传播联盟正式成立。它是由安平公共传播公益基金与中山大学公益传播研究所发起，近 300 名公益人和媒体人联合倡议而产生，通过举办沙龙，让广东的公益从业者和公益关注者，分享自己的经验和资源；为公益组织走出具体困境，公益理念实现广泛传播，公益方法得到有效提炼，公益模式获得展示推广，提供力量。

13. 全国脑瘫康复社会协作办公室在京成立

11 月 23 日，脑瘫康复社会协作会议在北京召开，中国社工协会康复医学委员会全国脑瘫康复社会协作办公室宣告成立；这是一个有 16 省级行政区 50 多位专家专注于脑瘫康复的社会组织等机构加盟的社会协作平台。

14. 两部委发文指导社会组织承接政府购买服务

11 月 25 日，财政部和民政部联合下发《关于支持和规范社会组织承接政府购买服务的通知》（财综〔2014〕87 号），就地方财政部门和民政部门培育发展社会组织，坚持公共性和公益性原则，采取多种有效方式选取服务提供方等做出规定。同时也具体规范了承接政府购买服务项目的社会组织所应该具有的资格以及资格的审核程序，并要求加强政府向社会组织购买服务的绩效管理和绩效评价。

15. 《中华人民共和国反家庭暴力法》征求社会意见

11 月 25 日，国务院法制办公布《中华人民共和国反家庭暴力法（征求意见稿）》，向社会征求意见。《中华人民共和国反家庭暴力法》将家庭暴力定义为家庭成员之间实施的身体、精神等方面的侵害，包括配偶、父母、子女以及其他共同生活的近亲属，具有家庭寄养关系的成员之间。该法从预防、处置、人身安全保护裁定和法律责任进行规定。其中，家庭暴力受害人在提起诉讼前，可向法院申请人身安全保护裁定，人身安全保护裁定有效期为 1～6 个月。

16. 国务院发文要求创新投融资机制、鼓励社会投资养老和医疗等社会事业

2014 年 11 月 26 日，《国务院关于创新重点领域投融资机制鼓励社会投资的指导意见》（国发〔2014〕60 号）要求，创新投融资机制鼓励社会

投资养老和医疗等社会事业。将主要从四方面进行：分类改革，推进符合条件的国有单位培训疗养机构转变为养老机构；鼓励社会资本多种途径加大投资力度；完善落实建设运营税费优惠政策；改进用水、用电价格以及服务收费等价格管理。

17. 第五届西部社区服务创新公益论坛在云南大学召开

11月29日，第五届西部社区服务创新公益论坛在云南大学召开。主办方就"社会组织培育的政策创新与经验""城乡社区服务需求的变化与社区服务创新""转型时期社会服务需求的回应策略——社会组织培养""城市社区自助互助组织发展策略与经验""农村社区自助互助组织发展的策略和经验"，以及受灾地区灾后重建相关议题开展分论坛，来自全国各地的社会工作者在论坛期间针对议题发表报告演讲。

12 月

1. 国务院要求动员社会扶贫

12月4日，国务院办公厅印发《关于进一步动员社会各方面力量参与扶贫开发的意见》（国办发〔2014〕58号）。该意见指出，社会扶贫存在着组织动员不够、政策支持不足、体制机制不完善等问题。该意见要求通过倡导民营企业扶贫、积极引导社会组织扶贫、广泛动员个人扶贫、深化定点扶贫工作、强化东西部扶贫协作等措施培育多元社会扶贫主体，同时创新参与方式和完善保障措施。

2. 北京市发布《养老机构社会工作服务规范》

12月，北京市质监局发布《养老机构社会工作服务规范》，并从2015年3月1日起实施。该规范意在逐渐将社会工作引入养老机构，是针对养老机构社会工作服务的首部标准。该规范提出的养老机构社工服务侧重于心理精神层面，重视运用专业服务、专业方法。

3. 志愿服务广州交流会暨首届中国青年志愿服务项目大赛举行

12月3日至4日，由团中央、民政部、中国志愿服务联合会会同广东省人民政府、中共广州市委共同举办的志愿服务广州交流会暨首届中国青年志愿服务项目大赛在广州成功举行。赛会以"青春志愿行，共筑中国梦"为主题，旨在打造集展示交流、支持基层、资源整合、合作共享于一体的全国性志愿服务交流合作平台。

4. 福布斯"2014 中国慈善基金榜"发布

12 月 8 日,《福布斯》(中文版)推出"2014 年中国慈善基金榜",持续四年将注意力集中在慈善基金会透明度上。2014 年榜单除了延续以往的评分体系外,对于项目执行信息的披露要求更为严格,同时加重了微信微博在披露渠道的权重。上海真爱梦想公益基金会连续第四年名列第一,友成企业家扶贫基金会和中国青少年发展基金会并列第二。

5. 中国公益研究院召开首届佛教与现代慈善研讨会

12 月 9 日,由中国公益研究院主办、河仁慈善基金会资助的"首届佛教与现代慈善研讨会"在福建福清崇恩禅寺召开。中国公益研究院发布了《中华佛教慈善十大案例》和《当代佛教慈善的优势、挑战及发展方向》等系列研究成果,与会嘉宾围绕人间佛教与南朝佛教慈善、净化心灵的佛教慈善和佛教慈善的品牌化发展三个专题展开对话。

6. 首份残障领域民间年度报告出炉

12 月 11 日,民间残障机构其实咨询联合《有人》杂志发布《中国残障人观察报告 2014》。该报告全面介绍了 2014 年我国在残障发展领域主要采取的一系列政策措施和取得的成效,这也是民间层面第一次对中国残障领域情况发布的年度报告。

7. 《中国社会组织评估发展报告 (2014)》发布

12 月 12 日,《中国社会组织评估发展报告 (2014)》发布会暨 2014 年社会组织治理高峰论坛在上海交通大学召开。相比上年,报告增加了省级社会组织评估的部分,分析全国性社会组织及省级社会组织评估活动的总体概括、基本特征、主要经验及存在问题,对各地区社会组织的评估进行专题分析,并提出社会组织评估和社会组织发展的问题和建议。

8. 首部慈善立法专家建议稿发布

12 月 14 日,首部慈善立法专家建议稿在京发布。该建议稿分为 14 个章节、205 条,涉及现有慈善组织的各种形式,不仅包括社团、财团、非法人社团、境外慈善组织、也包括在单位内开展慈善活动的机构等。同时,建议稿还专章纳入了公益信托、社会企业、募捐资格、境外慈善组织的管理等相关新内容。

9. 《政府购买服务管理办法（暂行）》发布

12月15日，财政部、民政部和国家工商行政管理总局联合公布《政府购买服务管理办法（暂行）》（财综〔2014〕96号）。该暂行办法对政府购买服务的含义进行了界定，明确规定了购买主体和承接主体的范围，还确定了政府购买服务工作的原则，购买服务的内容和购买的方式和程序，并对具体的预算管理和绩效考核相关的内容进行了规范。

10. "中英基金会发展交流座谈会"召开

12月17日，中国社会组织促进会与英国大使馆文化教育处共同举办了"中英基金会发展交流座谈会"。座谈会中，针对基金会的定义、法律地位、分类比较、管理问题、服务意识和公信力的来源等问题，在场的中英专家、学者和基金会代表进行了分享和交流。

11. 国务院印发《关于促进慈善事业健康发展的指导意见》

12月18日，国务院发布《关于促进慈善事业健康发展的指导意见》（国发〔2014〕61号），对促进慈善事业健康发展做出了系统安排。这是我国慈善领域第一个以国务院名义出台的规范性、纲领性文件。该指导意见从总体要求、鼓励和支持以扶贫济困为重点开展慈善活动、培育和规范各类慈善组织、加强对慈善组织和慈善活动的监督管理和加强对慈善工作的组织领导5个方面提出了意见和要求。该意见突出优先发展扶贫济困的慈善事业，提出了加快完善相关法规政策；探索捐赠知识产权收益、技术、股权、有价证券等新型捐赠方式，鼓励设立慈善信托；落实企业和个人公益性捐赠所得税税前扣除政策，研究完善慈善组织企业所得税优惠政策等多个慈善促进措施；同时也强调慈善组织自我管理、行业自律和政府监管。

12. 我国撤销监护权制度的规定重新建立

12月18日，最高人民法院、最高人民检察院、公安部、民政部联合印发《关于依法处理监护人侵害未成年人权益行为若干问题的意见》（法发〔2014〕24号）。该意见针对我国日益突出的儿童遭受家庭监护侵害后发现难、起诉难、审理难、安置难等实际问题，对处理儿童监护案件做出了具体规定，明确了行政机关、司法机关的工作程序和内容。

13. 境外非政府组织管理法草案提请全国人大常委会审议

12 月 22 日，十二届全国人大常委会第十二次会议召开，国务院提请全国人大常委会审议境外非政府组织管理法草案，迈出了依法管理境外 NGO 的重要一步。该草案规定了境外非政府组织在中国境内设立代表机构和开展一次性临时活动的申请登记许可程序，还明确了违法行为的法律责任。

14. 《中国民间组织报告（2014）》发布

12 月 25 日，《中国民间组织报告（2014）》在京发布。该报告是"民间组织蓝皮书"系列年度报告之一，是中国社会科学院"民间组织与公共治理研究"课题组推出的第六部民间组织蓝皮书。基于国家权威统计数据、实地调研和广泛搜集的资料，该报告对 2013 年以来我国民间组织发展现状、热点专题、改革趋势等问题进行了深入研究，并提出相应的政策建议。

二　2014 年度中国主要公益奖项及获奖名单

（一）2014 "责任中国"公益盛典

附表 1　2014 "责任中国"南方都市报社公益盛典获奖名单

名称：2014 "责任中国"南方都市报社公益盛典

主办方：南方都市报社、深圳卫视、新浪微博、中国扶贫基金会、南都公益基金会、广州市青少年发展基金会和广州广播电视台直播广州

奖　项	获奖人（组织、项目）	
公益行动奖	"打牙祭"助农电商平台	24 小时公益急寻
	Farmer 4 农业创新	冰桶挑战的中国模式
	大案法援	广州公共观察
	没有围墙的养老院	梦想中心
	中国空气污染地图	卓明灾害简报
公益人物奖	窦立国、房涛、贺永强、刘小钢、徐靓	
公益组织奖	阿拉善 SEE 公益机构	
公益思想奖	资中筠	
年度致敬大奖	杨团、安平公共传播公益基金	

（二）2014 南方·华人慈善盛典

附表 2　2014 南方·华人慈善盛典获奖名单

名称：2014 南方·华人慈善盛典

主办方：广东省人民政府侨务办公室、广东广播电视台

奖　项	获奖人（组织）	
	获奖人	所在国家或地区
慈善人物奖	方君学	加拿大
	邹锡昌	中国香港
	蔡惠玲	中国香港
	谭士文郭瑞玲伉俪	美国
	汤伟奇家族	中国香港
	陈中伟	中国香港
	汤福荣	中国澳门
	蔡冠深	中国香港
慈善集体奖	广东省潮人海外联谊会	中国
	香港道德会	中国香港

（三）第七届中国企业社会责任峰会

附表 3　第七届中国企业社会责任峰会获奖名单

名称：第七届中国企业社会责任峰会

主办单位：新华网、中国社科院经济学部企业社会责任研究中心

联合主办：新华社新闻研究所、新华每日电讯社、经济参考报社、参考消息报社

奖　项	获奖企业/企业家
特别贡献奖	中国银行
特别成就奖	北汽集团
最佳绿色环保奖	倍杰特、丰田中国
最佳公益典范奖	三星电子、海尔、默沙东、碧生源
最具公信力奖	中国农业银行
最具影响力奖	中国建设银行
最佳科技创新奖	美的、长虹

奖 项	获奖企业/企业家
最佳社会传播奖	辉瑞、飞利浦
最佳公益创新奖	宜信、苏宁云商
2014 年度中国企业社会责任杰出企业奖	中国人保财险、青岛啤酒、均瑶集团、光大银行、红豆集团、雀巢、诺华集团、广汽丰田、三六一度、浩沙集团、中国平安集团、北京银行、完美、招商银行、伊利集团、飞利浦、中国泛海、百事、松下、工银金融租赁、安利、康宝莱、徽商银行、BP
2014 年度中国企业社会责任杰出企业家	王洪章（中国建设银行）、李国华（中国邮政集团）、董明珠（格力）、许家印（恒大）、宗庆后（娃哈哈）、潘刚（伊利集团）、权秋红（倍杰特）、孙伊萍（蒙牛）、古润金（完美）、林印孙（正邦集团）、吴建中（众泰汽车）、赖小民（华融）、徐留平（长安）、倪建达（上实城开）、王均金（均瑶集团）

（四）2014 年度"南方致敬"公益盛典

附表 4　2014 年度"南方致敬"公益盛典获奖名单

名称：2014 年度"南方致敬"公益盛典

主办单位：南方报业传媒集团

奖 项	获奖组织/个人/企业
2014 年度公益人物奖	黎元宇（共青团广东省委志愿者行动指导中心主任）、魏雪（TCL 公益基金会执行理事长）、林大晖（广东省中艺文化发展基金会理事长）、卢俊甫（韶关立德会会长）、钟旭东（广东省南方阅读公益基金会秘书长）、杨山（新农人、公益志愿者）
2014 年度公益组织	广州市慈善会、广州市志愿者联合会、广州公益慈善书院、广东开元社会服务研究中心、颗粒公益传播发展中心、广发希望慈善基金
2014 年度公益企业贡献奖	中国农业银行广东省分行、中国人寿广东省分公司、恒大集团、富力地产、美的集团、阿里巴巴、广东移动、格力电器、上海大众汽车有限公司、广州医药集团有限公司
2014 年度公益企业创新奖	中国建设银行广东省分行、中国工商银行广东省分行营业部、交通银行广东省分行、碧桂园集团、时代地产、中国电信广东分公司、中国联通广东分公司、广汽本田汽车有限公司、加多宝集团、华润雪花啤酒（广东）有限公司

奖　项	获奖组织/个人/企业
2014 年度品牌传播杰出团队奖	广州银行、中国邮政储蓄银行广东省分行、广东省沉香协会、雅居乐地产、星河湾集团、方圆地产、格兰仕集团、广汽丰田汽车有限公司、东风裕隆汽车有限公司、广东燕塘乳业股份有限公司
2014 年度最佳市场营销奖	保利地产、万达地产、新世界中国地产（华南）、敏捷地产、佳兆业集团、长隆集团、南湖国旅、中国国旅广东公司、华南理工大学 EMBA 教育中心、广州珠江啤酒集团有限公司
2014 年度最佳代理奖	广东省广告股份有限公司、广州金媒体广告有限公司、广州医药海马品牌整合传播有限公司、广州报加视传媒广告有限公司
2014 年度公益案例奖	中国银行广东省分行、平安人寿广东分公司、广东潮宏基实业股份有限公司、雅士利国际集团有限公司、华润怡宝饮料（中国）有限公司、广州汽车集团乘用车有限公司
2014 年度现场最佳人气奖	广州汽车集团乘用有限公司

（五）2014 年度中国慈善排行榜

附表 5　2014 年度中国慈善排行榜获奖名单

名称：2014 年度中国慈善排行榜

主办单位：中国社会工作协会、公益时报社

奖　项	获奖人（组织）
年度"中国首善"	许荣茂
年度慈善特别贡献奖	黄如论、刘沧龙、许家印、赵涛、杨勋、林东
年度十大慈善家	"钢子"、姚志胜、许淑清、束昱辉、杨受成、潘亚文、陈怀德胡静伲俪、陈绍常、陈逢干、郝合兴
年度十大慈善企业	NU SKIN 如新集团、神华集团有限责任公司、南京中脉科技发展有限公司、上海华信石油集团有限公司、日照钢铁控股集团有限公司、卓达集团房地产有限公司、中南控股集团、富士康科技集团、加多宝集团、新奥集团
年度榜样慈善明星	林志玲、杨恭如、巫启贤、火风、立威廉、高虎、陈一冰、赵毅、袁姗姗
年度特别支持奖	新华网、华夏时报、新浪网、中国网、环球网、凤凰网、光明网、央广都市（北京）文化传媒有限公司、《东方企业家》杂志、中华慈善新闻网、《新慈善》杂志社、中国教育电视台、中国国际艺商联盟、夏邦国际商贸（上海）有限公司、新丝路时尚机构、林州市慈善总会

（六）2014 第五届中国慈善年会"年度慈善推动者"

附表6　2014 第五届中国慈善年会"年度慈善推动者"获奖名单

名称：2014 第五届中国慈善年会"年度慈善推动者"

主办单位：中国慈善联合会

奖　项	获奖人（组织）
年度智慧捐赠推动者	泛海公益基金会 老牛基金会 李爱君（桃源居公益事业发展基金会执行理事长） 宗馥莉（浙江馥莉慈善基金会理事长）
年度服务创新推动者	王艳蕊（乐龄老年社会工作服务中心主任） 万晓白（吉林省通榆县志愿者保护协会理事长） 瑞丽市妇女儿童发展中心 唐文湘（海南普亲老龄产业发展有限公司董事长） 马佳年（早产儿联盟创始人） 胡敏婷（爱成长综合性教育课堂项目主管） 应吟吟（苍南县壹次心未成年人帮扶中心理事长） 海南成美慈善基金会 北京光华慈善基金会 上海浦东手牵手生命关爱发展中心 张炳钧（壹加壹民防救援中心理事长）
年度行业发展推动者	成都公益慈善联合会创始团队 慧灵智障人士扶助基金会 宁夏青年社会创新发展中心 新浪"微公益"平台 王中磊（公益电影《有一天》总制片人）
年度治理创新推动者	广州市民政局 吴忠市民政局 无锡市民政局

（七）2014 年全国水环保公益人物奖

附表 7　2014 年全国水环保公益人物奖获奖名单

名称：2014 年全国水环保公益人物奖

主办方：中国光彩事业基金会

承办机构：北京师范大学社会公益研究中心、中国环境报社

奖　项	获奖人（组织）	获奖项目
水环保公益人物奖	丁文广（甘肃伊山伊水环境与社会发展中心）	以村民用水协会和传统环保理念促进水资源可持续利用
	淮河卫士	淮河污染村庄的饮用水污染治理与救助模式创新
	塘下镇环境保护协会	推动企业家参与环境保护公益事业
	昆明野地环境发展研究所	彩云之南，生命之水
	苏州工业园区绿色江南公众环境关注中心	品牌倒逼——打造绿色产业链
评委会特别奖	次仁罗布（潘得巴协会）	珠峰保护区湿地保护项目
	吐地艾力（新疆慧光创新科技开发有限公司）	"中国梦"新疆农村少数民族村落公众水环境意识提升实践活动

（八）2014 年中国企业社会责任卓越奖

附表 8　2014 年中国企业社会责任卓越奖获奖名单

名称：2014 年中国企业社会责任卓越奖

主办方：公益时报社

奖　项	获奖人（组织）	获奖项目
2014 中国企业社会责任项目卓越奖	阿里巴巴	天天正能量
	宝马（中国）汽车贸易有限公司	BMW 玉树关爱行动
	三星电子	"SOLVE FOR TOMORROW 探知未来" 2014 年全国青年科普创新实验暨作品大赛
	康明斯（中国）投资有限公司	服务社区，全程支持教育
	松下电器（中国）有限公司	松下集团中国公益林项目
	思科系统（中国）网络技术有限公司	思科与高等职业院校合作培养网络技术人才项目

奖　项	获奖人（组织）	获奖项目
2014 中国企业社会责任项目卓越奖	华硕电脑（上海）有限公司	华硕科技助力南极帆船极限挑战
	上海华信公益基金会	"萤光支教"乡村教师培训项目
	山东金河投资管理有限公司	"补爱"行动
	北京品今控股有限公司	"普惠社区工作站"便民服务计划
	正觉教育基金会	传统特色佛教文化的社会公益实践
	重庆尊享实业（集团）有限公司	"关爱失能老人 共享生命尊享"公募辅助项目
	中脉道和公益基金会	朝阳计划—儿童健康守护行动项目计划
	百特（中国）投资有限公司	"橙心关爱——慢性肾病患者教育"公益项目
	亿滋中国	亿滋希望厨房
2014 中国企业社会责任优秀奖	花旗银行（中国）有限公司	中国可持续竹企业发展
	伊利集团	伊利方舟工程
	国美电器有限公司	国美未来空间 为梦想创造可能
	孟山都	孟山都公司汉源农田灌溉设施援建项目
	索尼	索尼探梦科技馆
	郑州日产汽车有限公司	牵手工程
	香港叶氏化工集团有限公司	叶氏化工流动眼科手术车十年捐赠计划
	江铃汽车	溪桥工程
	香港马会北京会所	北京香港马会会所义工队项目
	LG 化学（中国）投资有限公司	爱心卫生间
2014 中国企业社会责任企业卓越奖	腾讯科技（深圳）有限公司、四川宏达集团、广西梧州中恒集团股份有限公司、大众汽车（中国）投资有限公司、广汽丰田汽车有限公司、日产（中国）投资有限公司、东风汽车公司、IBM 、NU SKIN 如新集团、雅培中国、海航集团、国家开发银行、中国人保、神华集团、中国移动	

（九）2014 "CCTV 慈善之夜" 颁奖晚会

附表 9　2014 "CCTV 慈善之夜" 颁奖晚会获奖名单

名称：2014 "CCTV 慈善之夜" 颁奖晚会

主办方：中央电视台

奖　项	获奖人（组织）	
慈善人物	李亚鹏	王奕鸥
	玉卓玛	韩雅琴
	胡淑兰	黄欢
	许荣茂	曹国伟
	万　涛	希望工程全体参与者

（十）2014 年度中国汽车企业公益贡献 "金益" 奖

附表 10　2014 年度中国汽车企业公益贡献 "金益" 奖获奖名单

名称：2014 年度中国汽车企业公益贡献 "金益" 奖

主办方：南方报业传媒集团、南方都市报社

奖　项		获奖企业
主奖项	2014 年度中国汽车企业公益贡献 "金益" 奖	日产（中国）投资有限公司、广汽丰田汽车有限公司、广汽本田汽车有限公司
单项奖	青少年关怀	捷豹路虎中国
	教育关怀	郑州日产汽车有限公司
	安全教育	宝马（中国）汽车贸易有限公司及华晨宝马汽车有限公司
	爱心捐赠	北京梅赛德斯－奔驰销售服务有限公司
	儿童关爱	一汽－大众奥迪
	创新公益	长安福特汽车有限公司
	爱心助学	浙江吉利控股集团

（十一）2014"公益中国"颁奖大典

附表 11　2014"公益中国"颁奖大典获奖名单

名称：2014"公益中国"颁奖大典

主办方：公益中国·慈善联盟、中国扶贫开发协会产业委员会、北京商界风云影视文化传媒有限公司、国内知名媒体组织

奖　项	获奖人（组织）
中国公益慈善第一人大奖	李春平
最美公益慈善影视人物大奖	尤小刚
最美公益慈善艺术家人物大奖	六小龄童（章金莱）
最美公益慈善传媒人物大奖	赵忠祥（著名主持人） 李波（河南电视台都市频道总监）
最美公益慈善艺术家人物大奖	袁熙坤（全国政协常委、著名雕塑家、画家） 王文杰（兰州军区少将、书法家） 米南阳（书法家） 宋斌（画家） 铁剑心（画家） 王向阳（画家）
最美公益慈善企业家人物大奖	曹立鹏（中天海通集团董事长） 赵同泉（康泉集团董事长） 吴文盼〔锦泉恒发（澳门）有限公司董事长〕 黄大栋（北京红都服装生产基地总经理） 金梅央（两岸咖啡董事长） 胡文星（南海集团董事长） 马春夏（中国和阗玉市场发展联盟主任）
最美公益慈善明星人物大奖	徐帆、温兆伦、祖海、林依轮、张大礼
最美公益慈善媒体大奖	宁夏卫视 华娱卫视 江西电视台（五套）公共频道 河北电视台农民频道
最美公益慈善 NGO 大奖	红丹丹教育文化交流中心 无冤爱心 宝贝回家 北京智光特殊教育培训学校 北京昌平农家女实用技能培训学校 北京光爱学校 中华健康快车基金会 正义联盟

奖　项	获奖人（组织）
最美公益慈善民间人物奖	马国亮、魏发团、赵爱萍、戴北春
最美公益慈善爱心形象大使	非凡乐队、黄勇、赵本水、潘美娟 新七小福、辛宝儿、裴紫绮、郭家铭

（十二）2014 点燃希望公益盛典

附表 12　2014 点燃希望公益盛典获奖名单

名称：2014 点燃希望公益盛典

主办方：CCTV - 发现之旅《公益的力量》栏目、中国下一代教育基金会

奖项	获奖人（组织）
年度公益项目奖	传媒梦工坊、9958 儿童紧急救助项目、创绿家、爱心衣橱、玉米爱心基金、心系女性—家庭药箱进万家、竹马实验室—玩坏校园项目、南都留唱团、下一代健康成长基金、零钱公社、绿色离校、绿色感恩
年度公益组织（团队）奖	北京圆爱单亲家庭服务中心、全球安全食品联盟、北京西城区社区文明推进协会、鸿基金、永源基金会、童心圆艺术团、阿里巴巴基金会、西藏潘得巴协会、安利公益慈善基金会、贵州大学生团结发展联合会
年度公益明星企业奖	北京盛世汇海投资管理有限公司、深圳世博源科技有限公司、镇雄县河坝头石雕艺术有限公司、姜钟律师事务所、上海亮艾化妆品有限公司、重庆尊享实业（集团）有限公司、北京恒昌利通投资管理有限公司、武钢集团国际经济贸易有限公司、浙江华策影视股份有限公司、隆力奇集团、马可中国、恒源祥集团小囡儿童产业
年度公益明星奖	刘恺威、袁姗姗、辛柏青、樊少皇、张一山、陈紫函、向雪
年度公益传播奖	中国青年网、腾讯公益、新浪微公益、凤凰卫视《公益中国》、南方都市报、山东卫视《调查》、亚洲新闻周刊、迪岸传媒、《世界中国》杂志、天涯社区
年度公益人物奖	张文晓、邢纪国、武英、张五成、吴志泉、王永、陈里、李广怀
年度杰出贡献奖	圆计划、陈逢干、商务部投资促进事务局、春蕾计划、水卫士、曹德旺、捷豹路虎（中国）有限公司、恒大集团、亨通集团
年度公益爱心奖	贡米、石琳、墨霏、褚栓忠、云飞、吉杰、张华敏、1983 组合、高潮东、石嫣、徐光、张凤英、紫秋、董因勇、北京红都服装生产基地、河北弘传定瓷文化创意有限公司、宁夏成功红葡萄酒产业股份有限公司、云南天源华玛生物科技有限公司、北京奥婷美容有限公司、福建南国刺葡萄酒有限公司、北京圣则农业有限公司、山东金河投资集团有限公司、西藏自治区珠峰冰川环保基金会

（十三）2014 年第三届"中国社会创新奖"

附表 13　2014 年第三届"中国社会创新奖"获奖名单

名称：2014 年第三届"中国社会创新奖"

主办方：中央编译局比较政治与经济研究中心、北京大学中国政府创新研究中心

奖　项	获奖人（组织）	获奖项目
优胜奖	浙江省杭州市上城区社会组织服务中心	服务社区社会组织成长的"三社"模式项目
	四川省成都市高新区积善社会责任公益研究与发展中心	公益创新项目 O2O 协力平台"积善之家"项目
	云南省丽江市健康与环境研究中心	"健康村镇"项目
	福建省厦门市海沧区"两岸阳光故事家族"	两岸阳光故事家族项目
	中国聋人协会	全国听障儿童家庭康复和网络社区康复项目
	中华社会救助基金会	全国中小学"防性侵教育一堂课"项目
	四川省成都市锦江区爱有戏社区文化发展中心	社区参与式互助体系项目
	福建省正荣公益基金会	探索草根公益有效资助之道项目
	重庆市万州区青年助学志愿者协会	"益心益易"闲置物品循环使用项目
	益云社会创新中心	益云救灾地图项目
入围奖	福建省厦门市思明区城市义工协会	"城市义工"自我组织化构建模式项目
	江苏省常州市义工联合总会	常州智慧公益服务云平台 3.0 项目
	中国西部人才开发基金会	"泛海扬帆"大学生创业行动项目
	浙江省杭州市上城区望江街道社区社会组织服务中心	"民生实事项目公益相亲会"项目
	江苏省南京市社区建设协会	南京市"四位一体"推动社区减负增效项目
	河南省濮阳市农村贷款互助合作社	濮阳农村社区金融教育培训项目
	宁夏回族自治区盐池县农村可持续发展协会	人饮雨水净化项目

续表

奖　项	获奖人（组织）	获奖项目
入围奖	广东省中山市阳光社会工作服务中心	"社工＋义工＋护工"三工联动耆乐融融居家养老服务项目
	福建省厦门市五齐人文职业培训学校	外来青年农民工人文素质教育项目
	广东省佛山市清流社会工作服务中心	"小红帽"儿童自我保护服务计划项目
	安徽省合肥市包河区滨湖世纪社区共治理事会	小区亲情重拾计划项目
	广西壮族自治区龙州县孝行天下养老服务中心	孝行天下社会化养老服务项目
	甘肃省心翼社会工作服务中心	"心之翼"残障人士工艺美术技能培训项目
	上海市华信公益基金会	"萤光支教"乡村教师培训项目
	四川省成都市锦江区社会组织发展基金会	"种子计划"社会组织成长助力项目
UNDP 特别奖	四川省成都市高新区积善社会责任公益研究与发展中心	公益创新项目O2O协力平台"积善之家"项目
	中华社会救助基金会	全国中小学"防性侵教育一堂课"项目
	重庆市万州区青年助学志愿者协会	"益心益易"闲置物品循环使用项目
	益云社会创新中心	益云救灾地图项目

（十四）2014 年第三届京华公益奖

附表 14　2014 年第三届京华公益奖获奖名单

名称：2014 年第三届京华公益奖

主办单位：京华时报社

奖　项	获奖人（组织）
年度制度创新奖	云南省民政厅
年度公民推动力奖	创行、腾讯乐捐、阿里支付宝、新浪微公益
年度公益人物奖	潘勋卓、亢茜、庞宇
年度公益项目奖	远洋、奔驰、宝马、强生、乐施会、壹基金、友成基金

（十五）2014 第十届中国优秀企业公民颁奖典礼

附表 15　2014 第十届中国优秀企业公民颁奖典礼获奖名单

名称：2014 第十届中国优秀企业公民颁奖典礼

主办单位：中国社工协会企业公民委员会、中央电视台财经频道、腾讯公益慈善基金会

奖　项	获奖人（组织）	
2014 中国企业公民特殊贡献奖	孙荫环（亿达集团有限公司董事长）	
2014 中国最具社会责任企业家	陈玉平（大连珍奥生物技术股份有限公司董事长） 李文顺（吉林省宏泰集团董事长） 王建树（河南豫发置业有限公司董事长） 徐涛（辽宁鑫田管业有限公司董事长） 杨学翚（天津聚龙嘉华投资集团有限公司党委书记/董事长）	
2014 中国企业公民优秀责任官	陈韦予（河南天下控股集团董事长） 马亚鹏（陕西金泰恒业房地产有限公司董事长） 李仙德（晶科能源有限公司董事长） 张翀宇（内蒙古金宇集团股份有限公司董事长、总裁） 姜威（北京奥鹏远程教育中心有限公司总经办主任） 鲁杰［佳能（中国）有限公司品牌沟通部总经理］ 张晖（联合技术公司总监）	
2014 中国企业公民优秀推广组织	北京诚信科技发展中心 北京市投资促进局 河南省企业社会责任促进中心 林州市慈善总会 内蒙古金融网 中国纺织工业联合会 中国工业经济联合会 中国黄金协会 中国饮料工业协会	
2014 中国企业公民优秀项目	安利（中国）：春苗营养计划项目	宝健（中国）：宝健希望之星项目
	米时科技：易米片手机 APP 项目	华硕电脑：华硕大学生科普志愿者行动项目
	华衍水务：华衍·思源项目	佳能：探索影像技术助力中国文化保护之路项目
	金佰利：白衣天使基金—金佰利关爱天使行动项目	强生（中国）："自由呼吸，生命之源"新生儿复苏项目
	山东步长：共铸中国心项目	上海贝尔：关爱外来务工子弟项目

奖 项	获奖人（组织）			
2014 中国企业公民优秀项目	上海悠活网络：志愿者打卡器项目	思爱普：公益休假项目		
	万通公司：万通主旋绿生态社区项目	亿达集团：亿达爱心音乐教室援建工程项目		
	珍奥集团：全民健康生活方式121行动			
2014 中国优秀企业公民	安利（中国）日用品有限公司	嘉凯城集团股份有限公司	欧莱雅（中国）有限公司	腾讯科技（深圳）有限公司
	宝健（中国）日用品有限公司	金佰利（中国）有限公司	欧姆龙（中国）有限公司	天津聚龙嘉华投资集团有限公司
	北京奥鹏远程教育中心有限公司	晶科能源有限公司	强生（中国）投资有限公司	万通投资控股股份有限公司
	北京京东世纪贸易有限公司	九阳股份有限公司	日立电梯（中国）有限公司	威立雅集团（中国）
	北京控股集团有限公司	凯德集团	日照钢铁控股集团有限公司	微软（中国）有限公司
	北京香港马会会所有限公司	康明斯（中国）投资有限公司	三星（中国）投资有限公司	雅昌文化集团
	北京致远协创软件有限公司	乐金电子（中国）有限公司	山东步长制药股份有限公司	雅培贸易（上海）有限公司
	多美滋婴幼儿食品有限公司	联合技术公司	陕西金泰恒业房地产有限公司	怡海置业控股有限公司
	飞利浦（中国）投资有限公司	联合利华（中国）有限公司	上海奥盛投资控股（集团）有限公司	亿达集团有限公司
	港华燃气集团	辽宁鑫田管业有限公司	上海贝尔股份有限公司	易高环保投资有限公司（易高新能源集团）
	广州王老吉大健康产业有限公司	摩托罗拉系统（中国）有限公司	上海宏泉集团有限公司	英特尔（中国）有限公司

奖 项	获奖人（组织）			
2014 中国优秀企业公民	国家电网公司	NEC（中国）有限公司	思爱普（北京）软件系统有限公司	珍奥集团股份有限公司
	河南天下控股集团	内蒙古大牧场牧业（集团）有限责任公司	思科（系统）网络技术有限公司	中国电子科技集团公司
	华硕电脑（上海）有限公司	内蒙古金宇集团股份有限公司	松下电器（中国）有限公司	中国福利彩票发行管理中心
	华衍水务（中国）有限公司	内蒙古圣鹿源生物科技股份有限公司	TCL集团股份有限公司	中国工商银行股份有限公司
	佳能（中国）有限公司	诺华集团（中国）	陶氏化学（中国）投资有限公司	中兴通讯股份有限公司
2014 中国成长型企业公民	北京海兰德维通信技术有限公司	北京简一美居建材销售有限公司	北京市凯泰律师事务所	河南豫发置业有限公司
	北京华夏煜恒全息医疗科技有限公司	北京金日酷媒文化传播有限公司	德众至诚（北京）科技有限公司	湖南真创环保科技有限公司
	吉林省宏泰集团	内蒙古金沙葡萄酒业有限公司	山东睿智健康投资管理有限公司	上海汇众企业信用征信有限公司
	江苏瀚元建设投资控股集团有限公司	普信恒业科技发展（北京）有限公司	上海川迪欣川文化传媒有限公司	上海悠活网络科技有限公司
	烟台太明灯饰有限公司	浙江和通影视文化有限公司	郑州市新概念固始一家人餐饮管理公司	

（十六）2014"首届中国企业公民微电影大赛"

附表16 2014"首届中国企业公民微电影大赛"获奖名单

名称：2014"首届中国企业公民微电影大赛"

主办方：中国社工协会企业公民委员会、中央电视台财经频道、腾讯公益慈善基金会

奖 项		获奖作品/获奖人
微电影一等奖		《村里来了个熊亲戚》
微电影二等奖		《梦开始的地方》《倾世之恋》
微电影三等奖		《留守乐园》《归来》《虔城女交警》
优秀公益视频奖		《健康快车》《儒学走进乡村》《曙光》
企业优秀宣传片奖		怡海集团、北京华夏煜恒全息科技有限公司
单项奖	优秀组织奖	深圳市图鸥公益事业发展中心
	最佳创意奖	刘春萍
	最佳编剧奖	刘建华
	最佳男主角奖	李易霖
	最佳女主角奖	刘奕宏
	最佳男配角奖	陶贤锋
	最佳女配角奖	闵春晓

（十七）2014年第三届中国公益慈善项目大赛

附表17 2014年第三届中国公益慈善项目大赛获奖名单

名称：2014年第三届中国公益慈善项目大赛获奖名单

主办方：中国公益慈善项目交流展示会

奖 项		获奖人（组织）	获奖项目
创意类项目	金奖	深圳市对口支援新疆（喀什）社会工作站	喀什地区视力残疾人士就业帮扶项目
		上海市慈善基金会	萌芽计划——提升进城务工人员学龄前随迁子女就学准备度项目
		杭州市生态文化协会	衣物重生项目
		华中农业大学红杜鹃爱心社	以爱育爱·断翼天使创业计划
		深圳市北斗社会工作服务中心	倦鸟有巢——随子女来深中老年人社区融入计划

奖　项		获奖人（组织）	获奖项目
创意类项目	银奖	北京圆恩咨询有限公司	圆恩墙上咖啡
		南江县南江黄羊发展专业协会	黄羊光彩互助专业合作社能力建设项目
		东莞市沁源社会工作服务中心	童心缘——新莞人随迁子女社区融入计划
		绵阳市正轩文化交流中心	"S·E·A"灾后儿童青少年培养计划
		瑞安市星儿爱心服务社	守护天使－预防儿童走失项目
	铜奖	南京市玄武区同仁社工事务所	"共筑幸福梦"——南京市单亲家庭社会融合促进项目
		杭州滴水公益服务中心	彩虹盒子助学项目
		周飞祥	"童心网 助成长"——南京市鼓楼区流动儿童社会支持网络构建项目
		广东省社会工作师联合会	广东省粤东西北社工实务能力训练计划
		长沙心翼精神康复所	"康复之友"长沙市精神病医院综合康复服务项目
		成都心家园社会工作服务中心	公益同行·芦山仁加乡村社工培育计划
		云南省家馨社区儿童救助服务中心	关爱流浪儿童
		南昌市崛美行动公益发展中心	崛美行动女红坊
		北京红枫妇女心理咨询服务中心	圆梦工程项目
		北京瓷娃娃罕见病关爱中心	残障青年自立生活
实施类项目	金奖	北京天使妈妈慈善基金会	贫困患儿医疗大病救助
		中华少年儿童慈善救助基金会	回家的希望项目
		广东深圳援建雅安社工服务中心	芦山地震灾后建设三友村社区生计发展项目
		东莞市横沥镇隔坑村社区服务站	新生代农民工工余发展计划
		南昌市崛美行动公益发展中心	老还童关爱空巢老人项目
	银奖	深圳市郑卫宁慈善基金会	"百城万人"居家残疾人远程就业计划
		北京市石景山区乐龄老年社会工作服务中心	乐龄社区养老综合照顾服务模式复制扩展

奖 项		获奖人（组织）	获奖项目
实施类项目	银奖	四川省绿色江河环境保护促进会	长江源生态拯救行动
		上海零点青年公益创业发展中心	黑苹果青年先锋行动
		瑞丽市妇女儿童发展中心	HIV 感染者互助网络服务推广项目
	铜奖	亮睛工程慈善基金	亮睛工程河南项城扶贫眼科中心
		深圳市龙岗区龙祥社工服务中心	我们都是深圳的孩子——新市民成长计划
		光华慈善基金会	光华公益创业行动
		苏州欢乐鼓青少年互助中心	乐助欢乐鼓——青少年快乐成长计划
		上海市慈善基金会	玉佛禅寺觉群大学生创业基金
		杭州青年公益社会组织服务中心	青年公益人才计划
		上海公益事业发展基金会	一个鸡蛋的暴走
		中天发展控股集团有限公司	母婴平安项目
		重庆市江北区绿叶义工志愿者协会	流动女青少年潜力开发项目
		爱盟公益	"行善 APP"
创新奖		杭州市生态文化协会	衣物重生项目
		深圳市北斗社会工作服务中心	倦鸟有巢——随子女来深中老年人社区融入计划
		东莞市横沥镇隔坑村社区服务站	新生代农民工余发展计划
		南昌市崛美行动公益发展中心	老还童关爱空巢老人项目

三 2014 年度中国公益研讨会及论坛

附表 18 2014 年度中国公益研讨会及论坛（不完全统计）

序 号	会议名称	日 期	主办机构或发起人
1	2014 年度中国社科院《宗教慈善与社会关爱》研讨会	2014 年 2 月 19 日	中国社会科学院世界宗教研究所、国家宗教事务局《中国宗教》杂志社
2	第二届全国高校公益论坛	2014 年 2 月 21 日	中国扶贫基金会、阳光文化基金会、基金会中心网等
3	2014 中国新公益论坛	2014 年 3 月 7 日	"稀捍行动""触动传媒"《第一财经日报》

续表

序　号	会议名称	日　期	主办机构或发起人
4	2014 当代公益之路经济论坛	2014 年 3 月 17 日	阿拉善 SEE 生态协会上海项目中心、中国社会福利基金会
5	上海慈善公益论坛	2014 年 4 月 20 日	上海市慈善基金会、上海社科院、解放日报社、文汇报社、新民晚报社
6	2014 中国公益趋势论坛	2014 年 4 月 28 日	中国扶贫基金会、《中国财富》杂志
7	北京 2014 公益电影研讨会	2014 年 5 月 16 ~ 17 日	北京翼达九州影视文化有限公司
8	2014 灵山公益慈善促进大会	2014 年 5 月 17 ~ 18 日	中国灵山公益慈善促进会
9	2014《慈善蓝皮书》发布会暨中国慈善事业发展研讨会	2014 年 5 月 31 日	中国灵山公益慈善促进会、中国社会科学院社会政策研究中心、社会科学文献出版社
10	2014 首届上海交大公益论坛	2014 年 6 月 11 日	上海交通大学产业投资俱乐部文化产业分会
11	中国慈善立法专题研究系列	2014 年 6 月 12 日，24 日，7 月 17 日，8 月 22 日，10 月 22 日	北京师范大学中国公益研究院
12	第二届两岸公益论坛	2014 年 6 月 13 日	中国宋庆龄基金会、两岸交流基金、中国致公党中央海外联谊委员会、台湾中华文化推广协会、台湾张老师基金会、台湾十大杰出青年基金会、台湾中华华夏文化交流协会
13	中国公益金融论坛暨《社会责任投资实践指南》中文版发布会	2014 年 6 月 19 日	宜信公司
14	第八届国际公益慈善论坛	2014 年 6 月 20 日	人民日报社《民生周刊》杂志社、人民日报海外版办公室、民政部 SOS 儿童村协会、国际公益慈善论坛组委会等

序 号	会议名称	日 期	主办机构或发起人
15	2014 恩派（NPI）社会企业论坛	2014 年 6 月 23 日	恩派社会创业家学院（SEI）
16	2014 年两岸社会福利学术研讨会	2014 年 6 月 16～18 日	哈尔滨工业大学人文与社会科学学院社会学系、中华文化社会福利基金会
17	2014 青少年环保公益教育论坛	2014 年 7 月中旬	《兴业银行理财周刊》、中旅集团、上海交通大学海外教育学院
18	2014 儿童慈善救助高峰论坛	2014 年 7 月 17 日	北京天使妈妈慈善基金会
19	第二届中国儿童大病救助论坛	2014 年 7 月 22 日	中国红十字基金会、北京师范大学中国公益研究院
20	2014 陕西慈善文化论坛——"佛教与慈善"	2014 年 7 月 24 日	陕西省民族事务委员会（陕西省宗教局）、陕西省慈善协会、陕西省佛教协会、陕西省慈善文化研究中心、陕西省社科院宗教研究所
21	首届中国慈善论坛	2014 年 8 月 16 日	中国慈善联合会
22	2014 中国女性公益慈善·健康论坛	2014 年 8 月 26 日	中国妇女发展基金会、北京师范大学中国公益研究院
23	国际罕见病组织交流会——加拿大、新西兰罕见病国家联盟来访交流	2014 年 9 月 6 日	罕见病发展中心
24	第五届中国企业家国学公益论坛——中华文化与企业传承	2014 年 9 月 11 日	华本书院
25	社会企业中的女性领导力峰会	2014 年 9 月 13～14 日	The Foundation For Youth Social Entrepreneurship（FYSE）
26	美英商会 2014 公益慈善研讨会	2014 年 9 月中旬	中国美国商会、中国英国商会、《慈善家》中英文版杂志社
27	中国基督教两会 2014 慈善周·第三届养老服务研讨会	2014 年 9 月 16 日	中国基督教两会

序　号	会议名称	日　　期	主办机构或发起人
28	第三届中国公益慈善项目交流展示会	2014 年 9 月 19~21 日	民政部、国资委、全国工商联、广东省政府、深圳市政府
29	2014 中国公益彩票创新研讨会	2014 年 9 月 20 日	深圳市福利彩票发行中心、中国留学人才发展基金会益彩基金、公益时报社
30	2014 中国健康教育慈善论坛	2014 年 10 月底	北京联益基金会
31	中国特色残疾人事业研讨会暨第八届中国残疾人事业发展论坛	2014 年 11 月 1~2 日	中国残疾人事业发展研究会、中国残疾人联合会、湖北省残联
32	中日慈善立法研讨会	2014 年 11 月 4~5 日	北京师范大学中国公益研究院
33	2014 中国公益论坛	2014 年 11 月 25 日	中国国际友好联络会、财经杂志、集善嘉年华
34	第十二届中国社区参与式治理交流研讨会——政府购买中的政社合作开放空间论坛	2014 年 11 月 27~28 日	社区参与行动服务中心
35	第五届西部社区服务创新公益论坛	2014 年 11 月 29 日	陕西省妇女理论婚姻家庭研究会、陕西妇源汇性别发展培训中心
36	社区治理创新的实践与途径·社区治理创新上海论坛	2014 年 11 月 30 日~12 月 1 日	城市社区参与治理资源平台、中央编译局比较政治与经济研究中心
37	第六届中国非公募基金会发展论坛	2014 年 12 月 8~9 日	友成基金会、万通公益基金会、纯山教育基金会等 15 家非公募基金会联合发起
38	首届"佛教与现代慈善"研讨会	2014 年 12 月 9 日	北京师范大学中国公益研究院
39	2014 品质公益峰会	2014 年 12 月 13~15 日	杭州青年公益社会组织服务中心、杭州市青年研究会
40	2014 首届汽车公益创新研讨会	2014 年 12 月 19 日	中国汽车报社、中国汽车新闻工作者协会、中国汽车文化促进会

序 号	会议名称	日 期	主办机构或发起人
41	"消费公益诉讼"法律研讨会	2014 年 12 月 19 日	广州市律师协会、广东省消费者委员会、《消费者报道》杂志社
42	广东侨务慈善研讨会	2014 年 12 月 30 日	广东华侨华人研究会

四　2014 年度中国公益文献状况

（一）研究报告

附表 19　2014 年度中国公益主题研究报告

序号	名　称	作者/编者	出版时间
1	《中国第三部门观察报告（2014）》	康晓光、冯利	2014 年 1 月
2	《向恶？向善？中国公益观察 2013》	陈友华、方长春	2014 年 1 月
3	《2013 中国慈善捐赠发展蓝皮书》	刘京	2014 年 5 月
4	《慈善蓝皮书：中国慈善发展报告（2014）》	杨团	2014 年 5 月
5	《现代慈善与社会治理——2013 年度中国公益事业发展报告》	王振耀	2014 年 8 月
6	《中国慈善透明报告（2009～2014）》	彭建梅	2014 年 9 月
7	《2013 年度中国慈善捐助报告 》	中民慈善捐助信息中心	2014 年 9 月
8	《中国公益慈善发展报告 2013》	朱健刚	2014 年 9 月
9	《2014 中国公益慈善行业高端人才就业市场及薪资指南》	Lloyd Morgan	2014 年 9 月
10	2014 中国公益行业人才发展现状调查	南都公益基金会、壹基金、阿拉善 SEE 等 8 家机构联合零点研究咨询集团	2014 年 9 月
11	《民间组织蓝皮书：中国民间组织报告（2014）》	黄晓勇、潘晨光、蔡礼强	2014 年 12 月
12	《社会组织蓝皮书：中国社会组织评估发展报告（2014）》	徐家良、廖鸿	2014 年 12 月

（二）书籍

附表 20　非营利理论前沿类公益书籍

序号	名　称	作者/编者	出版时间
1	《首善：我的慈善谁做主》	徐余	2014 年 1 月
2	《从梦想到影响：一流慈善的艺术》	〔美〕托马斯·蒂尔尼、〔美〕约尔·弗莱什曼著，于海生译	2014 年 1 月
3	《草根慈善：特立独行的基金资助工作者之实地笔记》	〔美〕比尔·萨莫维尔、〔美〕弗雷德·赛特伯格著，吴靖译	2014 年 1 月
4	《中国草根组织的功能与价值：以草根组织促发展》	冯利、章一琪	2014 年 2 月
5	《公益之重：富裕阶层如何兼济社会福祉》	〔美〕佐尔坦·J. 艾斯著，李昆、李颖译	2014 年 4 月
6	《中国慈善事业体系建构研究》	胡卫萍、赵志刚	2014 年 4 月
7	《公益伴我成长》	张弘迪	2014 年 5 月
8	《中国残疾人自助组织发展的社会性影响因素》	何欣、郑功成、杜鹏	2014 年 5 月
9	《现代慈善随想录》	刘国林	2014 年 6 月
10	《国外慈善事业简论》	耿云	2014 年 9 月
11	《我国村级公益事业建设与投入机制创新问题研究》	葛深渭	2014 年 1 月
12	《公益筹款》	卢咏	2014 年 10 月
13	《慈善传播：历史、理论与实务》	王卫明	2014 年 10 月
14	《中国慈善事业发展研究》	张奇林	2014 年 10 月
15	《慈善的逻辑》	张亚维、魏清	2014 年 8 月
16	《慈善中国》	李玉林	2014 年 11 月
17	《香港非营利组织》	王名、李勇、黄浩明	2015 年 1 月

附表 21　基金会类公益慈善书籍

序号	名　称	作者/编者	出版时间
1	《基金会评估：理论体系与实践》	卢玮静、赵小平、陶传进、朱照南	2014 年 6 月

续表

序 号	名 称	作者/编者	出版时间
2	《基金会蓝皮书：中国基金会发展报告（2013）》	刘忠祥	2014 年 6 月
3	《洛克菲勒基金会与协和模式》	〔美〕玛丽·布朗·布洛克著，张力军、魏柯玲译	2014 年 8 月
4	《中国基金会发展独立研究报告（2014）》	基金会中心网	2014 年 8 月
5	《中国基金会透明度发展研究报告（2014）》	基金会中心网、清华大学廉政与治理研究中心	2014 年 9 月

附表 22　公民社会类公益慈善书籍

序 号	名 称	作者/编者	出版时间
1	《网络公民社会研究》	朱蠡灏	2014 年 1 月
2	《公民社会与公共财政：良政与善治的政治经济学分析》	孙凤仪	2014 年 1 月
3	《国家与社会》	〔加〕卜正民、〔加〕傅尧乐编，张晓涵译	2014 年 4 月
4	《儒教与公民社会》	陈明	2014 年 4 月
5	《公民治理：引领 21 世纪的美国社区》	〔美〕理查德·C. 博克斯著，孙柏瑛译	2014 年 5 月
6	《我国公民意识及其培植研究》	伍华军、周叶中	2014 年 9 月
7	《公共政策制定与公民参与研究》	朱德米	2014 年 11 月
8	《全球公民社会研究：国际政治的视角》	刘贞晔	2014 年 12 月
9	《中国公民慈善意识培育》	陈东利	2014 年 12 月

附表 23　文化与历史类公益慈善书籍

序 号	名 称	作者/编者	出版时间
1	《中国近代慈善事业研究》	周秋光	2013 年 12 月
2	《中国宗教的慈善参与新发展及机制研究》	明世法	2014 年 4 月
3	《中国佛教和慈善公益事业》	王佳、印顺	2014 年 4 月
4	《清代宾兴公益基金组织管理制度研究》	毛晓阳	2014 年 5 月

序　号	名　称	作者/编者	出版时间
5	《民国时期社会调查丛编：社会组织卷（二编）》	李文海	2014 年 6 月
6	《公益：中国慈善事业与公益慈善学百年》	朱健刚、林猛	2014 年 6 月
7	《陕西省慈善文化研究文库：善的人生》	陈国庆、沈韬	2014 年 7 月
8	《慈善事业发展丛书：中国古代慈善简史》	吕洪业	2014 年 9 月
9	《青岛慈善史》	蔡勤禹、张家惠	2014 年 9 月
10	《慈善事业发展丛书：港澳台地区慈善事业概览》	闫晶	2014 年 9 月
11	《中国近代公民课程的孕育》	陈华	2014 年 11 月
12	《宁波帮系列丛书·甬商办医：宁波帮与近代宁波慈善医院史料集》	宁波市政协文史委员会 孙善根（作者）范谊（编者）	2014 年 11 月
13	《中国慈善研究丛书：民国时期救灾思想研究》	文姚丽	2014 年 12 月

附表 24　社区与社会管理类公益慈善书籍

序　号	名　称	作者/编者	出版时间
1	《北京蓝皮书：北京社会治理发展报告》	殷星辰	2014 年 4 月
2	《社会组织与社会治理》	王名	2014 年 6 月
3	《社会改革与社会治理》	李培林	2014 年 6 月
4	《社会治理创新与新型城镇化建设》	向春玲	2014 年 7 月
5	《社会管理创新：理论与实践》	徐顽强	2012 年 3 月
6	《社区治理》	张永理	2014 年 9 月
7	《社会治理创新》	全永波	2014 年 10 月
8	《社会治理创新的地方经验研究》	周望	2014 年 10 月
9	《基于和谐社会建设的拉萨社区治理研究》	高大洪	2014 年 11 月
10	《大国治理——中国社会治理创新的基层实践》	连玉明	2014 年 11 月
11	《社会管理蓝皮书——中国社会管理创新报告 No.3：治理体系与治理能力现代化》	连玉明、朱颖慧	2014 年 11 月
12	《社区管理与矛盾化解机制——创新社会管理 维护和谐》	于显洋	2014 年 12 月
13	《中国社会治理研究》	龚维斌、马福云、张林江	2014 年 12 月

附表 25　法律法规类公益慈善书籍

序　号	名　称	作者/编者	出版时间
1	《非政府组织行为准则译汇》	刘海江译	2014 年 4 月
2	《中国慈善事业法律体系建构研究》	胡卫萍、赵志刚	2014 年 4 月
3	《中国非营利组织法前沿问题》	金锦萍	2014 年 4 月
4	《社会治理视角下的社会组织法制建设研究》	柴振国	2014 年 7 月
5	《以法促善：中国慈善立法现状、挑战及路径选择》	北京师范大学中国公益研究院	2014 年 9 月
6	《外国环境公益诉讼和集团诉讼案例评析》	杨严炎	2014 年 9 月
7	《经济法视域内之公益诉讼研究》	单锋	2014 年 11 月

附表 26　社会组织治理类公益慈善书籍

序　号	名　称	作者/编者	出版时间
1	《规划未来——社团和非营利组织领导人面对的趋势、挑战和选择》	美国快速未来、李勇	2014 年 1 月
2	《我国社会组织转型发展的地方经验：上海的实证研究》	张良	2014 年 1 月
3	《社会组织治理的公共政策研究》	袁浩、刘绪海、张文宏	2014 年 2 月
4	《非营利组织管理概论》	周恩毅	2014 年 2 月
5	《慈善公益组织运行模式研究》	仲鑫	2014 年 3 月
6	《非营利组织创业与发展：孵化器、跨部门合作与市场导向》	蔡宁	2014 年 4 月
7	《和谐的动力：上海市长宁区社会组织发展研究》	许涞华	2014 年 5 月
8	《探索与前行：社会组织研究论文集》	徐彬	2014 年 5 月
9	《中国公共物品非营利组织供给研究》	冷功业	2014 年 6 月
10	《社会组织创新机制探索与实践》	黄浩、石忠诚	2014 年 7 月
11	《现代社会组织与社会和谐发展》	李永杰	2014 年 8 月
12	《中国、欧洲和南美民间组织对话会后续案例集》	黄浩明	2014 年 8 月
13	《管理创新与政策选择：政府培育扶持社区社会组织的研究》	谭日辉、罗军	2014 年 8 月

序　号	名　称	作者/编者	出版时间
14	《中国社会组织的发展与转型》	余晖	2014 年 8 月
15	《行业协会与经济发展报告》	民政部民间组织管理局、国家发改委经济研究所	2014 年 8 月
16	《慈善事业发展丛书：慈善项目管理》	王冬芳	2014 年 9 月
17	《慈善组织能力建设》	白少飞	2014 年 9 月
18	《社会组织与现代国家治理——基于案例的分析》	康晓强	2014 年 8 月
19	《慈善事业发展丛书：慈善组织能力建设》	白少飞	2014 年 9 月
20	《中国社会组织年鉴（2014）》	中国社会组织年鉴编委会	2014 年 9 月
21	《社区志愿组织管理》	董文琪	2014 年 11 月
22	《养老服务的社会组织与管理：上海经验》	汤艳文（作者），张文宏（编者）	2014 年 11 月
23	《非营利组织管理》	张冉	2014 年 11 月
24	《企业、政府与非营利组织的管理比较研究》	黄群慧、张蒽	2014 年 11 月
25	《中国社会组织改革发展舆情报告》	李勇	2015 年 1 月
26	《慈善组织公信力研究》	石国亮	2015 年 1 月
27	《社会团体信息公开理论与实践》	朱晓红、李勇	2015 年 2 月

附表 27　志愿服务类公益慈善书籍

序　号	名　称	作者/编者	出版时间
1	《志愿服务：理念与行动》	谭建光	2014 年 2 月
2	《法律援助志愿者培训读本》	郑自文、朱昆	2014 年 3 月
3	《中国企业志愿服务发展报告 2013》	王忠平、史常亮	2014 年 4 月
4	《科普志愿者培训教程》	张子睿	2014 年 6 月
5	《社会的良心与善行——聚焦社会志愿服务》	迟云	2014 年 7 月
6	《志愿者服务岗位能力培训教材》	广州志愿者学院	2014 年 7 月
7	《志愿服务与践行》	林诚彦	2014 年 7 月
8	《大学生志愿服务理论与实践知识读本》	张兴德、朱剑松	2014 年 8 月
9	《广州蓝皮书：广州志愿服务发展报告（2014）》	魏国华	2014 年 9 月

序　号	名　　称	作者/编者	出版时间
10	《中国志愿服务大辞典》	北京志愿服务发展研究会	2014 年 9 月
11	《志愿之城：广州志愿服务实践和理论创新研究》	李小鲁、魏国华	2014 年 9 月
12	《志愿者的力量》	辽宁省精神文明建设指导委员会办公室	2014 年 9 月
13	《大学生公益服务长效机制建设》	钟一彪	2014 年 10 月
14	《大型活动志愿服务的组织与管理》	张晓红、任炜、李凌	2014 年 11 月
15	《青年志愿服务长效建设机制建设研究：以山东省大学生志愿服务为例》	罗公利、肖强	2014 年 12 月
16	《青少年志愿服务体系与培育机制研究》	张仕进、任广明、刘安早	2014 年 12 月

附表 28　企业社会责任类公益慈善书籍

序　号	名　　称	作者/编者	出版时间
1	《企业社会责任研究：基于经济学和法学的视野》	卢代富	2014 年 1 月
2	《共享责任，共创和谐：中央企业优秀社会责任实践（2009～2011）》	国务院国有资产监督管理委员会研究局、中国社会科学院经济学部企业社会责任研究中心	2014 年 1 月
3	《中央企业履行社会责任报告 2013》	王再文、张晓	2014 年 1 月
4	《企业公民蓝皮书：中国企业公民报告（No.3）》	邹东涛、王再文、张晓	2014 年 2 月
5	《企业社会责任教程》	易开刚	2014 年 3 月
6	《四川蓝皮书：四川企业社会责任研究报告（2013～2014）》	侯水平、盛毅、平文艺等	2014 年 4 月
7	《企业社会责任会计体系构建研究》	孙红梅	2014 年 4 月
8	《利益相关者视角下企业社会责任问题研究》	张兆国	2014 年 5 月
9	《企业社会责任：经典观点与理论的冲突》	〔澳〕苏哈布拉塔·博比·班纳吉著，柳学、叶素贞译	2014 年 5 月

序 号	名 称	作者/编者	出版时间
10	《企业社会责任手册》	〔英〕维恩·维瑟、德克·马特恩、曼弗雷德·波尔等编，钟宏武等译	2014 年 5 月
12	《共享责任，共创和谐：中央企业优秀社会责任实践（2013 年)》	国务院国有资产监督管理委员会研究局、中国社会科学院经济学部企业社会责任研究中心	2014 年 5 月
11	《企业社会责任与中国发展：国际学术研讨会论文集》	中国传媒大学广告学院、中国传媒大学公关舆情研究所	2014 年 4 月
12	《2013 河北企业社会责任感优秀案例》	王春和、李杨林	2014 年 6 月
13	《中国企业社会责任发展报告（2006 ~ 2013)》	《中国企业社会责任发展报告（2006 ~ 2013)》编写组	2014 年 6 月
14	《中国企业社会责任公共政策的演进与发展》	李凯	2014 年 7 月
15	《中国民营企业社会责任研究报告》	全哲洙	2014 年 7 月
16	《企业社会责任与劳动者权益保护研究》	石娟	2014 年 12 月
18	《中国企业社会责任案例》	张蕙、钟宏武、魏秀丽	2014 年 9 月
19	《战略企业社会责任（中国版）》	〔美〕戴维·钱德勒、小威廉·B. 沃瑟，〔中〕杨伟国、黄伟	2014 年 9 月
20	《负责任的企业》	〔美〕伊冯·乔伊纳德、文森特·斯坦利著，陈幸子译	2014 年 6 月
21	《企业社会责任实现机制研究——基于高阶管理理论的视角》	姜志华	2014 年 8 月
22	《民营企业社会责任履行的路径创新与制度博弈研究》	冯巧根	2014 年 10 月
23	《企业慈善捐赠问题研究——基于高阶理论的视角》	孙德升	2014 年 9 月
24	《食品企业社会责任行为表现评价及消费者响应》	赵越春	2014 年 10 月

序　号	名　　称	作者/编者	出版时间
25	《企业社会责任传播：理论与实践》	郑保卫、陈绚、张文祥、李新颖	2014 年 10 月
26	《企业社会责任培育过程中的政府作用研究》	华东萍	2014 年 11 月
27	《中国企业社会责任研究报告》	黄群慧、彭华岗、钟宏武、张蒽	2014 年 11 月
28	《国有企业社会责任信息披露问题研究》	李锐	2014 年 12 月

附表 29　社会创新与社会企业类公益慈善书籍

序　号	名　　称	作者/编者	出版时间
1	《社会企业的岔路选择：市场、公共政策与市民社会》	〔比〕马尔特·尼森著，伍巧芳译	2014 年 3 月
2	《社会责任投资实践指南》	〔美〕席琳·卢什、史蒂夫·莱登伯格著，陆奇斌，张强，张晓思译	2014 年 6 月
3	《社会企业业绩计量理论、方法及其应用》	孙世敏	2014 年 6 月
4	《社会企业家的七个角色》	姜岚昕	2014 年 8 月
5	《社会企业：链接商业与公益》	苗青	2014 年 9 月
6	《真正的问题解决者：社会企业如何用创新改变世界》	〔美〕夏露萍编，刘冉译	2014 年 11 月

五　中国大陆佛教背景基金会列表

附表 30　中国大陆佛教背景基金会

序　号	基金会名称	成立年份	注册类型	省级行政区
1	山西省佛教文化基金会	1994	公募	山西
2	深圳市弘法寺慈善功德基金会	2000	非公募	广东
3	湖南省佛慈基金会	2000	公募	湖南

序　号	基金会名称	成立年份	注册类型	省级行政区
4	青海省格萨尔公益基金会	2004	非公募	青海
5	无锡灵山慈善基金会	2004	公　募	江苏
6	天津市佛教慈善功德基金会	2005	公　募	天津
7	海南三亚南山功德基金会	2005	非公募	海南
8	江西省庐山东林净土文化基金会	2006	非公募	江西
9	重庆市华岩文教基金会	2006	公　募	重庆
10	北京市仁爱慈善基金会	2006	非公募	北京
11	南京大报恩文化发展基金会	2007	公　募	江苏
12	慈济慈善事业基金会	2008	非公募	江苏
13	河南中原大佛基金会	2008	公　募	河南
14	青海省雪域仁济慈善基金会	2008	非公募	青海
15	陕西法门寺慈善基金会	2009	公　募	陕西
16	甘肃省世恩慈善基金会	2009	非公募	甘肃
17	厦门观音寺慈善基金会	2010	非公募	福建
18	北京云居寺慈善基金会	2011	非公募	北京
19	苏州和合文化基金会	2011	非公募	江苏
20	青海佛教慈善基金会	2011	非公募	青海
21	陕西福智慈善基金会	2012	非公募	陕西
22	河北省佛教慈善基金会	2012	非公募	河北
23	浙江雪窦慈光慈善基金会	2012	非公募	浙江
24	广东省广济慈善基金会	2012	非公募	广东
25	湖南省长沙洗心禅寺慈善基金会	2013	非公募	湖南
26	福建省同心慈善基金会	2012	非公募	福建
27	广东省天柱慈善基金会	2012	非公募	广东
28	河南省会善助老基金会	2012	非公募	河南
29	湖南省大药王寺安养基金会	2012	非公募	湖南
30	广东省佛教协会慈善基金会	2013	非公募	广东
31	苏州弘化社慈善基金会	2013	非公募	江苏
32	山东省普觉公益基金会	2013	非公募	山东
33	云南宝华福田慈善基金会	2013	非公募	云南
34	海南南山寺慈善基金会	2013	非公募	海南

序　号	基金会名称	成立年份	注册类型	省级行政区
35	兰州报恩寺慈善基金会	2013	非公募	甘肃
36	湖南益阳市白鹿寺慈善基金会	2013	非公募	湖南
37	常州宝林慈善基金会	2013	非公募	江苏
38	峨眉山行愿慈善事业基金会	2013	非公募	四川
39	河南大相国寺慈善基金会	2013	非公募	河南
40	广东省慈光慈善基金会	2013	非公募	广东
41	石家庄市佛教慈善基金会	2013	非公募	河北
42	湖北省佛协慈善基金会	2013	非公募	湖北
43	河北省摩诃佛缘慈善基金会	2013	非公募	河北
44	扬州文峰慈善基金会	2013	非公募	江苏
45	深圳市福顺公益基金会	2014	非公募	广东
46	杭州云林公益基金会	2014	非公募	浙江
47	星云文化教育公益基金会	2014	非公募	江苏
48	河南省永帝善缘基金会	2014	非公募	河南
49	珠海市金台文化慈善基金会	2014	非公募	广东
50	福州开元志业文教慈善基金会	2014	非公募	福建
51	广东省信和慈善基金会	2014	非公募	广东
52	无锡仁济佛教慈善基金会	2014	非公募	江苏
53	江苏省同泰慈善基金会	2014	非公募	江苏
54	江西青原弘济慈善基金会	2014	非公募	江西
55	酒泉市玄奘文化保护基金会	2014	非公募	甘肃
56	池州九华山慈善基金会	2014	非公募	安徽
57	广东省岭南禅宗文化发展基金会	2014	非公募	广东
58	上海大慈公益基金会	2014	非公募	上海
59	泉州市普贤教育基金会	2014	非公募	福建
60	太仓市海天慈善基金会	2014	非公募	江苏
61	上海觉群文教基金会	2014	非公募	上海
62	嘉兴市圆通大悲慈善基金会	2014	非公募	浙江

后　记

　　这是中国公益研究院第四次正式出版的中国公益事业年度发展报告。报告力求全方位地记录中国公益慈善行业的现状与突出进展，并以其核心特征作为当年的报告主题。2012 年以来，我们相继发布以"走向现代慈善""现代慈善与社会服务""现代慈善与社会治理"为主题的报告。2014年，十八届四中全会确定了"依法治国"的方略，开启中国法治新时代。在这一背景下，中国慈善立法取得历史性突破，立法体制和社会参与机制发生重大变革，毫无疑问是 2014 年中国公益事业的最大亮点。因而，我们以"现代慈善与法治社会"为题描述 2014 年中国公益事业概貌。

　　历经四年打磨，报告保持了在结构上的延续性和稳定性。以总论开篇，回顾过去一年中国公益事业的重要进展，并对未来发展趋势做出判断；分章介绍政策进展、捐赠趋势、组织发展、人才培养、老年公益事业、儿童公益事业、公益行业公信力建设，力求呈现中国公益事业全貌。同时，根据 2014 年的特点，新增了佛教背景基金会的专题。

　　报告经过策划、主题确定、提纲讨论与修改、资料分析与初稿撰写、多轮内审和改稿、编辑出版等系列流程，历时 8 个月，倾注了整个研究团队的诸多心血。报告各章节作者为：序言——王振耀，总论、第八章——程芬，第一章——叶萌、黄浠鸣，第二章——孙晓舒，第三章、第七章、附录——赵延会，第四章——童蓓，第五章——成绯绯，第六章——张柳。全书统稿由程芬和赵延会负责、王振耀、高华俊、柳永法和章高荣对报告进行审定。孙晓舒对总论进行了修改，程芬对第一、二、三、四、七章进行了修改，高华俊对第六章进行了修改，叶萌对第八章进行了修改。赵延会对数据进行了核对，汪颖佳和黄浠鸣负责报告文字的校对。江涛、王阳、毛金桦负责报告的传播工作。

　　实习生陈玥、王维青、王伟、赵邀天、房珊珊、胡含之、沈雨霏、王瑶琪、程烨烨、韩婧、杨千叶协助开展大量的资料搜集整理、初步分析和校对等工作，在此一并感谢。

特别感谢本书责编孙以年，项目统筹吴超，他们的专业和严谨保证了本报告的出版质量。

由于编写时间和资料获取的限制，本报告难免存在偏误与不足，敬请读者指正。

中国公益研究院

2015 年 6 月

图书在版编目（CIP）数据

现代慈善与法治社会：2014 年度中国公益事业发展报告／
王振耀主编 . —北京：社会科学文献出版社，2015. 10
ISBN 978 - 7 - 5097 - 7945 - 3

Ⅰ. ①现… Ⅱ. ①王… Ⅲ. ①慈善事业 - 研究报告 -
中国 - 2014 Ⅳ. ①D632. 1

中国版本图书馆 CIP 数据核字（2015）第 194448 号

现代慈善与法治社会
——2014 年度中国公益事业发展报告

主　　编／王振耀

出 版 人／谢寿光
项目统筹／吴　超
责任编辑／孙以年

出　　版／社会科学文献出版社·人文分社（010）59367215
　　　　　地址：北京市北三环中路甲 29 号院华龙大厦　邮编：100029
　　　　　网址：www. ssap. com. cn
发　　行／市场营销中心（010）59367081　59367090
　　　　　读者服务中心（010）59367028
印　　装／三河市东方印刷有限公司

规　　格／开 本：787mm × 1092mm　1/16
　　　　　印 张：22. 25　字 数：350 千字
版　　次／2015 年 10 月第 1 版　2015 年 10 月第 1 次印刷
书　　号／ISBN 978 - 7 - 5097 - 7945 - 3
定　　价／79. 00 元